主 编 李振辉
副主编 郎宏岩
参 编 于 方 孙安丽

应用文写作

（第4版）

清华大学出版社
北 京

内 容 简 介

本书共介绍了公务文书、工作文书、经济文书、日常文书和科技文书5个类别、60余个应用文文种。在各文种内部的体例安排上,本书遵从由感性认识上升到理性认识、再从理性认识回到实践应用的认知规律,采取"例文点评—文种指要—写作训练"的顺序编排,有利于学习掌握。侧重于格式写法与写作训练,突出实用,学练结合,强调能力为本书的基本特色。

本书适于作各类工科高职院校的教材,也可供工程技术人员及相关读者自学使用。

图书在版编目(CIP)数据

应用文写作/李振辉主编 . —4 版 . —北京:清华大学出版社,2024.3
ISBN 978-7-302-65781-1

Ⅰ.①应… Ⅱ.①李… Ⅲ.①汉语-应用文-写作 Ⅳ.①H152.3

中国国家版本馆 CIP 数据核字(2024)第 056227 号

责任编辑:颜廷芳
封面设计:刘艳芝
责任校对:袁 芳
责任印制:丛怀宇

出版发行:清华大学出版社
  网 址:https://www.tup.com.cn,https://www.wqxuetang.com
  地 址:北京清华大学学研大厦 A 座 邮 编:100084
  社 总 机:010-83470000 邮 购:010-62786544
  投稿与读者服务:010-62776969,c-service@tup.tsinghua.edu.cn
  质量反馈:010-62772015,zhiliang@tup.tsinghua.edu.cn
  课件下载:https://www.tup.com.cn,010-83470410
印 装 者:三河市龙大印装有限公司
经 销:全国新华书店
开 本:185mm×260mm 印 张:20.25 字 数:462 千字
版 次:2005 年 2 月第 1 版 2024 年 5 月第 4 版 印 次:2024 年 5 月第 1 次印刷
定 价:59.00 元

产品编号:094956-01

前　言

　　本书第 1 版出版于 2005 年 2 月，并分别于 2009 年 2 月、2015 年 9 月进行了第 2 版、第 3 版的两次重新修订。其独特的"例文先行"编排体例，"实践—理论—实践"的编排顺序，符合人的认知规律，具有很强的可操作性、针对性与实用性，得到了广大读者特别是教师及学生的认可、欢迎与好评，至今印数已逾 10 万册。但随着时间的推移，部分例文内容已显陈旧、老化，国家对部分文种也有了新的要求。为此，结合教学中反映出的问题和读者的意见，我们组织有关人员对本书进行了本次的修订。

　　本次修订，在保持原书的体例、框架与风格的基础上，主要做了以下修订：一是依据党和国家的有关文件，对第 1 章"公务文书"部分进行了大幅度的调整；二是根据现实需要，在第 3 章中增加了"责任书"的相关内容；三是替换了书中的大部分例文，新选例文侧重于公司、企业等基层单位典型实用的材料，使教材更加贴近现实，更加具有时代性。

　　本次再版修订工作的分工如下：第 1 章由辽宁省本溪市机电工程学校于方编写；第 2 章、第 4 章由辽宁省本溪市机电工程学校孙安丽编写；第 3 章由辽宁省本溪市第四高级中学郎宏岩编写；第 5 章及附录由李振辉编写。全书由辽宁省本溪市机电工程学校李红艳主审；李振辉主持修订、统稿并担任主编；郎宏岩担任副主编。

　　自 2005 年 2 月至今，本书面世已十载有余，在此期间，广大读者特别是使用此教材的教师提出了许多建设性的意见与建议，这些宝贵、有益的建议对本次修订起到了极其积极的帮助。在编写过程中，本书引用了许多资料，参考了许多书籍，限于篇幅未能一一列出，在此一并致以诚挚的谢意！由于编者水平有限，书中的不足与缺憾在所难免，真诚希望读者不吝指正。

编　者

2024 年 1 月

目 录

第 1 章 公 务 文 书

公务文书(以下简称公文)是党政机关实施领导、履行职能、处理公务的具有特定效力和规范体式的文书,是传达贯彻党和国家方针政策,公布法规和规章,指导、布置和商洽工作,请示和答复问题,报告、通报和交流情况等的重要工具。根据中共中央办公厅、国务院办公厅 2012 年 4 月 16 日发布的《党政机关公文处理工作条例》规定,党政机关公文共有十五种,本章主要学习以下八种常用的公文。

1.1 通 知

通知是机关、社会团体、企事业单位,在批转下级机关的公文,转发上级机关和不相隶属机关的公文,发布、传达要求下级机关和有关单位周知或者执行的事项,任免人员时,使用的公文种类。

1.1.1 例文点评

1. 指示性通知

为保障劳动者的基本生活和合法权益,根据《中华人民共和国劳动法》规定,结合本市实际,××市人力资源和社会保障局调整了本市最低工资标准。将这一标准下发给有关单位和部门,要求有关单位和部门遵照执行。

例 文 (一)

××市人力资源和社会保障局文件

×人社劳发〔2021〕77 号

××市人力资源和社会保障局
关于调整××市 2021 年最低工资标准的通知

各区人力资源和社会保障局、××经济技术开发区社会事业局,各人民团体,各类企、事业等用人单位:

点 评

发文机关标志 由发文机关全称加"文件"二字组成。

发文字号 由发文机关代字、年份、发文顺序号组成。

标题 由发文机关名称、事由和文种组成,居中排列。

主送机关 公文的主要受理机关,表明发文对象、范围。顶格写起,后加冒号。

按照国家有关要求，经市委、市政府批准，对我市最低工资标准进行调整。现将有关事宜通知如下。

一、我市最低工资标准由每小时不低于 12.64 元、每月不低于 2 200 元，调整到每小时不低于 13.33 元、每月不低于 2 320 元。下列项目不作为最低工资标准的组成部分，用人单位应按规定另行支付：（一）劳动者在中班、夜班、高温、低温、井下、有毒有害等特殊工作环境、条件下的津贴；（二）劳动者应得的加班、加点工资；（三）劳动者个人应缴纳的各项社会保险费和住房公积金；（四）根据国家和本市规定不计入最低工资标准的其他收入。

二、综合考虑本市降低社会保险费率和调整社保缴费基数等因素，非全日制从业人员小时最低工资标准确定为 25.3 元/小时，非全日制从业人员法定节假日小时最低工资标准确定为 59 元/小时。以上标准包括用人单位及劳动者本人应缴纳的养老、医疗、失业保险费。

三、实行计件工资形式的企业，要通过平等协商合理确定劳动定额和计件单价，保证劳动者在法定工作时间内提供正常劳动的前提下，应得工资不低于我市最低工资标准。

四、生产经营正常、经济效益持续增长的企业，原则上应高于最低工资标准支付劳动者在法定工作时间内提供劳动的工资；因生产经营困难确需以最低工资标准支付全体劳动者或部分岗位劳动者工资的，应当通过集体协商确定或经职工代表大会（或职工大会）讨论通过。

五、在劳动合同中约定的劳动者在未完成劳动定额或承包任务的情况下，用人单位可低于最低工资标准支付劳动者工资的条款不具有法律效力。

六、上述各项标准适用于本市各类企、事业等用人单位。

七、本通知自 2021 年 8 月 1 日起执行。

　　　　　　　　　××市人力资源和社会保障局
　　　　　　　　　2021 年 6 月 11 日（公章）

正文　开头，简洁写明制发本通知的根据、主要内容和执行时间，是指示性通知的习惯写法；主体，写本通知的具体内容。采取条文式结构，详细、具体写清本市最低工资标准、适用范围以及执行日期，条理清晰，层次分明。特别强调了不属于最低工资范围的项目，对特殊情况予以考虑，便于下级机关理解、执行。

署名

印发日期　在其上加盖发文机关印章。

2. 转发性通知

中共××市委党史学习教育领导小组办公室在接到中共××省委党史学习教育领导小组办公室下发的《关于组织参与"学党史 悟思想 办实事 开新局"大型在线答题活动的通知》后，该办公室以通知的形式将该文转发给下级机关，要求下级机关按照要求组织实施。

例 文（二） **点 评**

中共××市委党史学习教育领导小组办公室文件

×学组办发〔2021〕21号

关于转发《关于组织参与"学党史 悟思想 办实事 开新局"大型在线答题活动的通知》的通知

各县（区）委党史学习教育领导小组办公室，高新区党工委党史学习教育领导小组办公室，市委各部委党史学习教育领导小组办公室，市直各单位、各人民团体党组（党委）党史学习教育领导小组办公室，市属国有企业党委党史学习教育领导小组办公室，省、市属高校党委党史学习教育领导小组办公室：

根据省委党史学习教育工作安排，近期将开展"学党史 悟思想 办实事 开新局"大型在线答题活动，现将《通知》转发给你们，请各县区各部门各单位高度重视，广泛宣传，将活动内容传达到基层党支部，积极发动党员干部、群众以及青少年参与答题，并将有关情况报市委党史学习教育领导小组办公室。

中共××市委党史学习教育领导小组办公室
2021年6月9日（公章）

中共××省委党史学习教育领导小组办公室《关于组织参与"学党史 悟思想 办实事 开新局"大型在线答题活动的通知》

×学组办发〔2021〕31号

（略 编者）

发文机关标志 由发文机关全称加"文件"二字组成。

发文字号 由发文机关代字、年份、发文顺序号组成。

标题 由事由和文种组成，居中排列。

主送机关

正文 采取一段式的形式。简洁写清转发依据，并提出相应要求。

发文机关署名

印发日期 在其上加盖发文机关印章。

附件说明 有两种方式，一是在正文下空一行，前面空两格写"附件"加冒号，再加所转发文件的名称（后加发文字号）；二是另起一页直接转发原文。这是转发性通知重要的、必不可少的组成部分。

3. 颁布性通知

为进一步规范执业药师注册及其相关监督管理工作，加强执业药师队伍建设，国家药监局组织修订了《执业药师注册管理办法》，将这一办法印发给有关单位和部门，要求其遵照执行。

<table>
<tr><th>例　文　（三）</th><th>点　评</th></tr>
<tr><td>

国家药品监督管理局文件

国药监人〔2021〕36 号

国家药监局关于印发
《执业药师注册管理办法》的通知

各省、自治区、直辖市药品监督管理局，新疆生产建设兵团药品监督管理局，国家局机关有关司局、有关直属单位：

为进一步规范执业药师注册及其相关监督管理工作，加强执业药师队伍建设，国家药监局组织修订了《执业药师注册管理办法》，现予以印发，请遵照执行。

原国家药品监督管理局《执业药师注册管理暂行办法》（国药管人〔2000〕156 号）和原国家食品药品监督管理局《关于〈执业药师注册管理暂行办法〉的补充意见》（国食药监人〔2004〕342 号）、《关于〈执业药师注册管理暂行办法〉的补充意见》（食药监人函〔2008〕1 号）、《关于取得内地〈执业药师资格证书〉的香港、澳门永久性居民执业注册事项的通知》（国食药监人〔2009〕439 号）同时废止。

附件：《执业药师注册管理办法》

国家药监局
2021 年 6 月 18 日

</td><td>

发文机关标志

发文字号

标题　由事由和文种组成，居中排列。

主送机关

正文　开头，简洁明了写清印发依据和文件名称，并提出了明确的执行意见。第二段具体说明对原有相关文件同时废止。

附件说明　发布文件的名称。这是发布性通知重要的、必不可少的组成部分

发文机关署名

印发日期　并在其上加盖印章

</td></tr>
</table>

4. 一般事务告知性通知

为贯彻落实党中央、国务院关于建设质量强国的决策部署以及"安全第一、质量第一"的核电建设方针，不断巩固和提升核电建设管理与质量水平，积极推动我国核电高质量发展，中国核能行业协会拟召开核电工程建设经验交流会议。为此，该协会用通知的形式将这一决定告知各相关单位。

中国××行业协会文件

×××发〔2021〕220号

关于召开2021年核电工程建设
经验交流会议的通知

各有关单位：

当前，我国核电建设稳步推进，在建装机容量继续保持全球领先，华龙一号、国和一号等三代核电工程建设进展总体顺利，对促进我国核电安全高效可持续发展和能源结构优化调整发挥着重要作用。

为贯彻落实党中央、国务院关于建设质量强国的决策部署以及"安全第一、质量第一"的核电建设方针，不断巩固和提升核电建设管理与质量水平，积极推动我国核电高质量发展，中国核能行业协会拟于2021年5月12日在××省××市召开2021年核电工程建设经验交流会议，共同分享核电工程建设管理以及质量提升方面的良好实践和经验教训，持续提高我国核电工程建设的安全性、经济性、创新性和市场竞争力。会议同期还将召开协会核电建设评估及经验交流技术委员会2021年度工作会议暨成立大会，2020年核电建设优秀质量成果分享活动，参观××核电××号机组工程等系列活动。现将有关事项通知如下。

一、会议总体安排

1. 5月11日下午：核电建设评估及经验交流技术委员会工作会议2021年度工作会议暨成立大会（通知另发）。

2. 5月12日全天：2021年核电工程建设经验交流会议。

3. 5月13日（周四）上午：2020年核电建设优秀质量成果分享。

4. 5月13日（周四）下午：××核电3、4号机组工程现场参观。

会议议程预安排详见附件1。

二、会议地点

××酒店（××省××市××区环湖路××号）。

发文机关标志

发文字号

标题　由事由和文种组成。

主送机关

正文　开头，简洁写明当前形势、制发本通知的依据、主要内容、目的，再用"现将有关事项通知如下："过渡到主体。

主体，写本通知的具体内容，包括会议的时间、地点、参加人员、会议内容和要求，以及联系方式等。具体、明确，便于受文单位理解。

三、会议报到

参加 2021 年核电工程建设经验交流会议的报到时间为 5 月 11 日全天。

参加中国核能行业协会核电建设评估及经验交流技术委员会 2021 年度工作会议暨成立大会的代表报到时间见相关会议通知。

报到地点：同会议地点。

四、参会人员

中国核能行业协会核电建设评估及经验交流技术委员会全体委员，行业核电工程建设领域股份公司、业主公司、工程监理单位、工程公司、建安施工单位代表及特邀专家等。

五、会议报名

会议采用线上报名方式，请参会嘉宾扫描会议须知（附件 2）中的二维码进行报名，报名截止时间为 2021 年 4 月 30 日。

六、其他事项

1. 会议不收取费用。会议期间食宿统一安排，住宿费用自理（××酒店住宿协议价格：标准房每天 350 元/间，行政房每天 530 元/间）。

2. 会议安排机场、高铁站至酒店的接送，相关信息见附件 2 会议须知。请参会嘉宾在报名会务系统的交通模块填写到达时间和地点等信息。

3. 会议安排参观××核电××号机组工程，请拟参观人员在报名会议系统中做出选择。

4. 会议的其他注意事项请参见附件 2。

5. 联系人

中国××行业协会×××　电话×××××××××

××核电有限公司×××　电话×××××××××

特此通知。

> 结尾，以通知常用语"特此通知"结束。

附件：1. 2021 年核电工程建设经验交流会议议程预安排

　　　2. 参加 2021 年核电工程建设经验交流会议须知

> **附件说明**　按照顺序，排列两个附件的顺序号和名称。

中国××行业协会

2021 年 4 月 19 日（公章）

> **发文机关署名**
> **印发日期**　在其上加盖发文机关印章。

中国××行业协会综合管理局　2021 年 4 月 19 日印发

> **印发机关和印发日期**

　　为加强加工工程、施工工程的协调性,确保各项加工、施工合同的顺利实施,更好地调度资金审批、材料采购、车间加工、工程施工及各个方面的关系协调,××股份有限公司将设立运营调度部。为此,该公司下发了一份通知,向公司各部室、车间告知这一情况。

例　文　（五）	点　评

××股份有限公司文件

××公司字〔2020〕13 号

关于成立运营调度部的通知

各部室、车间:

　　为加强加工工程、施工工程的协调性,确保各项加工、施工合同的顺利实施,更好地调度资金审批、材料采购、车间加工、工程施工及各个方面的关系协调,公司决定设立运营调度部。

　　一、工作职责

　　运营调度部代表总经理行使安排调度权,财务部、企管部、市场部、生产部、安装事业部要积极做好配合。

　　二、人员设置

　　1.××经理任总调度长,××经理任副调度长。

　　2.××、××、××等各部门经理任运营调度部成员。

　　三、工作要求

　　1.各部门经理要积极服从调度长、副调度长的调度,并配合好各项工作。

　　2.各部门之间要积极配合,做好各项工作的协调工作。

　　特此通知

　　　　　　　　　　　　　　××股份有限公司
　　　　　　　　　　　　2020 年 8 月 17 日(公章)

点评

发文机关标志

发文字号

标题　由事由和文种组成,居中排列。有发文机关标志,公司内部发布,故省略发文机关名称。

主送机关

正文　开头,写明制发本通知的原因与事由。

主体,写通知的具体内容。采取条文式结构,分三条写清新部门的工作职责、人员设置以及工作要求。

结尾,以"特此通知"作为结束语,是通知的常见写法。

发文机关署名

印发日期　在其上加盖发文机关印章。

　　5. 任免通知

　　××管理有限公司决定聘任××为公司餐饮部经理。为此下发通知,告知公司各部门。

例 文 （六）　　　　　　　　　　　点 评

××管理有限公司文件

××公司字〔2021〕12 号

　　　　　　发文机关标志

　　　　　　发文字号

关于××同志的任免通知

公司所属各部门：

　　因公司经营发展需要，经酒店研究决定：聘任××为××管理有限公司餐饮部经理，全面负责该部门日常管理工作。免去××同志××管理有限公司餐饮部经理职务。

　　特此通知

　　　　　　　　　　××管理有限公司
　　　　　　　　2021 年 3 月 19 日（公章）

　　　　　　标题　由事由和文种组成。
　　　　　　主送机关
　　　　　　正文　直接写任免事项，精练简洁。
　　　　　　结尾，以"特此通知"作结束语。

　　　　　　发文机关署名
　　　　　　印发日期　在其上加盖发文机关印章。

1.1.2　文种指要

1. 通知的适用范围

通知适用于发布、传达要求下级机关执行和有关单位周知或者执行的事项，批转、转发公文。

（1）发布行政法规、行政措施等有关文件。

（2）批转下级机关的公文，转发上级或不相隶属机关的公文。

（3）对下级进行指示，要求下级机关办理或者执行有关要求、事项，告知有关单位需要周知的事项。

（4）发布对有关人员职务的任免决定。

2. 通知的格式写法

1）标题

标题也称题目，标题位置首行居中。（本书各章节例文的标题如无特殊说明，格式要求均与此相同，不再一一赘述）通知的标题一般有三种形式。

（1）三要素式。由发文机关、事由和文种（"文种"即文章的种类，此处的文种就是"通知"）组成，如例文（一）。

（2）两要素式。由事由和文种组成，如例文（二）、例文（三）、例文（四）、例文（五）、例文（六）。

（3）省略式。如果通知内容简单，只是通知本单位内部，不以正式公文发文，可以只写

"通知""会议通知"。(这种情况一般不用发文字号)

2)发文字号

3)主送机关

4)正文

正文一般分三部分。

(1)开头,写明制发通知的根据、目的和原因等内容。

(2)主体,写通知的事项、措施、态度、要求和希望等内容。

(3)结尾,常用"特此通知"一类的话作结束语。还可以再次明确通知的主题或作其他必要的说明,如"××的具体办法另行通知"等。此内容也可不写,事项写完,正文即可结束。各种通知的写作要点详见例文点评。

5)署名

6)抄送机关

7)附件

注:2)、3)、5)、6)、7)各项详见1.8节:公务文书的相关知识。

3. 通知写作的注意事项

(1)主题集中,一事一文。每份通知只告知一件事情,布置一项工作。不要试图在一份通知中表明许多事情或多种目的,即一事一文,一文一主题。

(2)重点突出,措施具体。通知的写作要点在于将通知的事项、要求、措施等交代清楚,要明确具体、切实可行,使受文单位能正确理解并准确执行。例如批转、转发式的通知,批语如果过于简略,没有对被批转、转发的文件进行评价,提出的要求也不具体,目的也不清楚,就会使受文单位弄不清应当如何处理文件的要求,执行到何种程度。

(3)结构合理,详略得当。内容不复杂的可采用短文式,一段、几段不等。内容繁多的,可采用分条列项的条文式结构形式,并在条目前加上序号,如例文(一)、例文(四)、例文(五)。

(4)讲求时效,快捷及时。通知的写作、传递要求及时、快捷,以免贻误时机。

1.1.3 写作训练

1. 下面一份指示性通知在格式、语言表达等方面都有不当之处,请指出并在此基础上重新拟写一份通知。

××机械厂关于在全厂进行一次
法制道德教育的通知

厂内各单位:

自今年6月29日工厂发出《坚决刹住打架斗殴歪风的紧急通知》以后,各单位认真地进行了传达贯彻。一个多月来,我厂的劳动纪律和治安秩序经过领导和广大职工的努力,有了明显的好转,但问题仍然存在,隐患仍有不少。最近厂里处理了李××、杨×等斗殴打人违纪的几起事件。从这些案例中,我们可以看出,有些青年根本不懂得什么是法律,什么是厂规厂法,有的随意行凶打人,有的无故旷工,有的知法犯法,流氓偷盗,甚至有的老职工也在这些方面犯了错误。这就证明了当前在全厂进行一次法制教育尤为重要。为配合各单位的宣传教育，现将李××、杨×等人斗殴打人违纪的处理决定发给你们，望组织职工进行传达，并结合国家《治安管理处罚条例》和工厂《职工守则》《工厂劳动管理制度》《职工奖罚条例》的学习，发动群众讨论，进行具体的法制道德教育。使广大职工特别是青年职工，增强法制观念，树立共产主义道德风尚，提高遵纪守法的自觉性。

2021年××月××日

2. 根据下面的材料，拟写相应的通知，发文字号自拟。

(1) 2021年春节即将来临，为做好春节期间的各项工作，确保广大师生员工过一个欢乐、祥和、安定的节日，××高职院办公室将《××省教育厅关于做好2021年元旦春节期间有关工作的通知》转发给该院的各个部门。要求各部门遵照执行。

(2) 经个人申请、群众测评，报请上级有关部门同意，××高职院院长办公会研究决定，任命于××同志为科研处处长，免去其教务处副处长的职务；王××为行政处处长，免去其行政办公室副主任职务。××高职院办公室给学院各个部门发通知知照此事。

(3) 国家发展改革委定于2021年12月21日到22日召开"2021年全国中小企业和非公有制经济发展工作座谈会"，会议报到时间是12月20日，地点在中国职工之家（北京市西城区真武庙路1号，电话010-68576699）。会议内容：①学习贯彻2022年全国发展和改革工作会议精神；②总结通报《国务院关于鼓励支持和引导个体私营等非公有制经济发展的若干意见》下发后，各地结合实际贯彻执行、制定有关政策的工作情况；③总结交流2021年中小企业和非公有制经济发展工作经验；④研讨2022年中小企业和非公有制经济发展工作思路和工作重点；⑤部署实施"中小企业成长工程"。参加人员为各省、自治区、直辖市、计划单列市、试点城市及新疆生产建设兵团发展改革委、经贸委（经委）、中小企业局（厅、办）相关负责同志和处长各1名，全国推动中小企业发展工作领导小组有关成员单位相关同志1名。要求各单位认真总结2021年中小企业和非公有制经济发展工作经验，提出2022年的工作思路和重点，以书面材料提交会议交流。并要求与会代表于12月17日前将回执（附后）传真至国家发展改革委中小企业司。（参会代表回执以附件的形式附于文后）联系人是国家发展改革委中小企业司李×、张×。联系电话：010-6853××××、010-6853×××× 传真：010-6853××××。

1.2 通 报

通报是上级机关向下级机关传达重要情况与事项、沟通情况、表彰先进、批评错误时使用的一种告知性公文。

1.2.1 例文点评

1. 表彰性通报

2020年度，××市××镇全面贯彻落实党的十九大和十九届二中、三中、四中、五中全会精神，以习近平新时代中国特色社会主义思想为指导，深入推进"三争三拼、六大赶超"行动,统筹推进疫情防控和经济社会发展。全镇综合实力稳步提升,开放格局日益壮大,产业结构持续优化,发展后劲不断增强,为建设"创新、活力、和美、文明"的城东新城区打下了扎实的产业基础。为树立典型表彰先进,镇党委发出通报,对有关单位和个人予以表彰。

例 文（一）　　　　　　　　　　　　　　　　**点 评**

中共××市××镇委员会文件

×委〔2021〕17 号

**关于表彰 2020 年度全镇经济工作
先进集体和先进个人的通报**

各村（居委会）、事业单位、机关各办：

　　2020 年,全镇上下全面贯彻落实党的十九大和十九届二中、三中、四中、五中全会精神,以习近平新时代中国特色社会主义思想为指导,深入推进"三争三拼、六大赶超"行动,统筹推进疫情防控和经济社会发展。全镇综合实力稳步提升,开放格局日益壮大,产业结构持续优化,发展后劲不断增强,为建设"创新、活力、和美、文明"的城东新城区打下了扎实的产业基础。为树立典型表彰先进,经研究,决定对以下先进集体和个人予以通报表彰。

　　一、制造业十强企业　（略　编者）

　　二、制造业高成长企业　（略　编者）

　　三、商贸、建筑业十强企业　（略　编者）

　　四、×商回归突出贡献奖　（略　编者）

　　五、杰出贡献企业家　（略　编者）

　　希望受表彰的先进集体和个人珍惜荣誉,再接再厉,充分发挥示范引领作用。全镇企事业单位和广大干部群众要以先进为榜样,锐意进取,开拓创新,为××经济发展和社会建设作出新的更大贡献。

中共××市××镇委员会
2021 年 4 月 19 日（公章）

××镇党政综合办公室　　　2021 年 4 月 19 日印发

点评

发文机关标志

发文字号

标题　由事由和文种组成,居中排列。

主送机关

正文　首先用简洁的语言,高度赞扬被表彰者的精神风貌、高尚品质。这是表彰的事实依据。

其次,写发文机关的具体表彰决定。"为了……,经研究,决定对××予以通报表彰"是表彰性通报的习惯用语。之后以条文式列举受表彰的单位和个人（也可用附件的形式将受表彰的单位和个人列出）。限于篇幅,具体企业和个人名称省略。

最后,对表彰对象提出要求,对其他人发出号召。"希望……以……为榜样（……向……学习）,学习……"是表彰性通报的习惯用语。

发文机关署名

印发日期

印发机关和印发日期

2. 批评性通报

　　××县教育局监察部门查处了本县××小学部分教师违反师德师风的相关问题，教育局根据相关规定，经研究决定对相关单位和人员进行了处理。为此，县教育局将有关调查及处理情况通报给有关单位，并提出具体要求。

例　文　（二）	点　评

××县教育局文件

×教监字〔2019〕1号

**关于对××县××小学部分教师违反
师德师风规定情况的通报**

各中学、中心小学、县直属学校：

　　日前，我局监察部门查处了××县××小学部分教师违反师德师风的问题，现将调查及处理情况通报如下。

　　经查，××小学×年级八个班共648人，有530位学生购买了《名校课堂》，作为语文、数学科任老师布置的晚作业。其科任老师的做法存在暗示学生购买的错误行为，违反了师德师风的相关规定。

　　根据《××县教育系统责任追究实施办法（修订）》第三条第三款"师德师风方面的责任追究"的相关规定精神，经教育局党组会议3月6日研究，决定作出如下处理意见。

　　一、责成××小学向教育局党组作出深刻书面检讨，取消××小学2018—2019学年度评优评先的资格。

　　二、责成××小学对×年级涉事16位科任教师进行诫勉谈话，并向学校作出深刻书面检讨，同时取消他们2018—2019学年度评优评先的资格。

　　三、将此违规情况通报全县。

　　全县各级各类学校要以此为鉴，加强师德师风建设，强化教育教学管理，规范办学行为，吸取教训，举一反三，防止类似事件的发生。凡违反规定者，一经查实，坚决予以严处。

　　特此通报。

××县教育局
2019年3月6日（公章）

点评

发文机关标志

发文字号

标题　二要素式，由事由和文种组成，居中排列。

主送机关

正文　首先，用简洁的语言概述被通报对象所犯的错误及性质。这是批评的事实依据。

其次，写发文机关根据相关规定作出的具体处理意见（如果没有党纪、政纪处罚，可采用"为了……，××决定：给予××通报批评"的习惯用语）。

再次，要求其他人以此为鉴，从中汲取教训，引以为戒。

结尾，"特此通报"为习惯用语。

发文机关署名
印发日期

3. 情况通报

为挖掘和培养文字综合人才，提高以文辅政水平，××县人民政府办公室举办了现场写作比赛，并将比赛情况通报给全县各部门。

例　文　（三）	点　评

××县人民政府办公室文件

×政办发〔2024〕05 号

关于全县第七届现场写作比赛情况的通报

各乡镇人民政府、街道办事处、县直各单位：

为挖掘和培养文字综合人才，提高全县以文辅政水平，2024 年 4 月 27 日上午，县政府办举办了全县第七届现场写作比赛，现将有关情况通报如下：

此次比赛采取现场写作、闭卷评分的方式举行，共有来自全县党政机关、事业单位（学校）的 343 人报名参赛，实际参赛 332 人，报名人数和参赛人数均为历年最多。根据比赛规则，分 A、B 两组进行评奖，其中 A 组欧阳××同志获得一等奖，陈××等 3 名同志获得二等奖，许××等 6 名同志获得三等奖，颜××等 6 名同志获得优胜奖；B 组文××同志获得一等奖，王×× 等 3 名同志获得二等奖，谭××等 6 名同志获得三等奖，张××等 27 名同志获得优胜奖（获奖名单见附件）。

此次比赛题目融入了习近平总书记 2024 年春季学期中央党校（国家行政学院）中青年干部培训班开班之际的重要指示精神以及家风建设等重要内容，广大参赛选手在比赛中围绕"担当作为、奋勇争先"和廉洁家风的主题直抒胸臆，展示了较高的理论、实践和写作水平。通过比赛，发现了一批优秀写作人才，提高了干部职工写作积极性，促进了全县文字综合人才队伍建设。希获奖选手珍惜荣誉、积极进取、再创佳绩，全县各级各部门立足长远和全局发展需要，进一步提高政治站位，加大文字综合人才培养和队伍梯队建设力度，为加快建成××南部经济发

发文机关标志

发文字号

标题　二要素式，由事由和文种组成。

主送机关

正文　开头，用简洁的语言说明此通报的目的，以"现将……情况通报如下"（此为通报常用语）过渡到主体部分。

主体，以比赛举行方式起笔，再以具体、翔实的数字，通报参赛人数及获奖情况。用数字说话，有说服力。最后点明此次比赛的意义。

展轴区域中心城市提供高质量的参谋服务和高水平的智力支撑。

　　附件：1. ××县第七届现场写作比赛考题
　　　　　2. 全县第七届现场写作比赛获奖名单

××县人民政府办公室
2024年5月9日

附件1

××县第七届现场写作比赛考题

考题一（80分）：

　　习近平总书记在2024年春季学期中央党校（国家行政学院）中青年干部培训班开班之际作出重要指示，强调"要自觉做勇于担当作为的不懈奋斗者，锐意改革创新，敢于善于斗争，愿挑最重的担子、能啃最硬的骨头、善接烫手的山芋，在直面问题、破解难题中不断打开工作新局面"。

　　近年来，××县深入开展"三定三比三创"赛马比拼活动（三定即定目标、定任务、定职责，三比即比作风、比实绩、比贡献，三创即创标兵单位、创岗位先锋、创服务之星），激励干部担当作为、奋勇争先，全县干事创业氛围浓厚。

　　请立足工作岗位，结合个人实际，围绕"担当作为、奋勇争先"这一主题，自拟题目，写一篇议论文。要求：导向正确、观点鲜明、逻辑严谨、论述清晰，做到有理有据、言之有物，不能泛泛而谈、空洞乏味。篇幅2 000字左右。

考题二（20分）：

　　家风正，则民风淳；家风正，则政风清。为推动全县广大干部把家风建设摆在重要位置，教育引导广大干部家属当好廉内助、筑牢"防火墙"，县委计划在全县组织开展"好家风·好传承"主题活动。其中一项工作是以县委名义，向全县广大干部家属写一封廉洁家书。

附件说明

发文机关署名
印发日期　并在其上加盖印章

请您代拟这封廉洁家书。篇幅 500 字左右。

附件 2

全县第七届现场写作比赛获奖名单（共 53 人）

A 组

一等奖（1 人）：（具体人名略，下同　编者）

二等奖（3 人）：

三等奖（6 人）：

优胜奖（6 人）：

B 组

一等奖（1 人）：

二等奖（3 人）：

三等奖（6 人）：

优胜奖（27 人）：

1.2.2　文种指要

1. 通报的适用范围

通报适用于表彰先进、批评错误、传达重要精神和告知重要情况。

（1）将当前的重要工作、主要工作或专题工作、专项治理工作的进展情况、落实情况、评比检查结果等传达给下级机关。

（2）表扬有突出先进事迹、优秀业绩的团体或个人。

（3）对重大事故或失误、错误倾向、不良风气提出批评。

2. 通报的格式写法

1）标题

通报的标题常由两种形式构成，一是三要素式，即发文机关、事由、文种；二是二要素式，即事由和文种。通报的标题不能省略事由，更不能省略文种。

2）正文

不同种类的通报，因内容的不同导致正文的写法略有不同。

表彰通报的内容是肯定、表扬先进，一般是先简明扼要地将事迹、经验写清楚，重点是表明发文机关对先进的态度，赞成什么，学习什么，眉目清晰，观点鲜明。其结构一般是采取"概述事实—表彰决定—提出要求"的顺序，如例文（一）。

批评通报是对重大事故或失误、错误倾向、不良风气提出批评。其基本要点是事实清楚，定性准确，特别是要指出需要从中汲取的教训。要入情入理，观点鲜明，切中时弊，对改正措施还应有原则性的指导意见。批评通报一般是先简明扼要地将重大事故或失误、错误倾向、不良风气写清楚，重点是表明发文机关对通报内容的态度，批评什么，反对什么，是什么性质，汲取什么教训，都要眉目清晰，观点鲜明，使下级机关有所借鉴。其结构一般是采取"概述事实—批评错误—提出要求"的顺序，如例文（二）。

情况通报的内容主要有工作进展情况、落实情况、评比检查结果等。一般是有问题、有分析、有结果，目的是激励先进、督促后进，推动工作开展。其结构根据具体情况而定，大多情况都是既有对先进的表扬，也有对后进的批评，并有原则性的指导意见，如例文（三）。

其他部分的格式内容要求同一般公文。

3. 通报写作的注意事项

1）事例典型

通报的内容必须典型，即应选取择新颖的具有代表性的典型事例，选择与推进当前中心工作密切相关的重要事项或重大情况，以便通报一点带动一处，使读者从中受到教育与启示，引起广泛的重视，进而对工作起到引导与促进的作用。

2）内容真实

通报的内容必须真实，情况真实是通报的生命。通报中涉及的时间、地点、人员姓名、事实情节、数据、背景、群众的反映等均不得有半点虚假或错漏，对其原因、影响、经验教训的揭示要客观、科学，使人们从中得到教益。

3）要求具体

要对下级提出明确的要求或改进措施。要求、措施要有针对性，要切实可行。

4）清楚准确

表扬性通报和批评性通报的"决定"部分是上级机关对通报对象的表彰或者处理决定，要写得具体、准确、言简意明。

5）讲求时效

通报具有指导现实的作用，时间性要求很强，时效性很强。尤其是对具有重大借鉴作用的典型事例，通报发得越及时，对现实工作的指导作用就越大。

6）篇幅适中

通报的篇幅一般不宜过长，表彰先进事迹、授予荣誉称号的通报，数百字即可；推广典型经验的也以不超过两千字为宜。不描写、不抒情，对有关情况叙述清楚即可。

1.2.3　写作训练

1. 下面一则批评性通报在写作格式上、内容选择上、语言、文字方面都存在不当之处，请指出并以此材料重写一份批评性通报。

煤气厂关于发生煤气爆炸的通报

各街道、各工厂、企业单位：

今年2月10日，煤气厂检修工擅离值守，在煤气管发生漏气的时刻不在值班室，因此，未能及时处理漏气问题，以致造成爆炸，不幸造成伤4人，直接经济损失500万元的特大事故。

这次严重事故,尽管责任在检修工,但也与厂领导管理不严有关,为严肃纪律,教育本人,给予厂长撤销职务处分,给予党委书记撤销书记职务处分。

××区人民政府

2. 根据下面的内容写一篇通报。

2020年11月25日下午5时左右,广东机械厂青年工人王松林在骑自行车下班途经广州登峰北路时,看见一个歹徒抢了一位女青年的皮包后逃走。小王跳下自行车截住歹徒并把他抓住,但却被另外一个随后接应的歹徒从背后扎了一刀,小王大臂受伤,仍紧紧抓住歹徒不放。最后,闻讯而来的几位民警和保安人员把两个歹徒都抓获了。

广东机械厂决定给予王松林通报表扬,并发给奖金5 000元。

1.3 报 告

报告是向上级机关汇报工作、反映情况、提出意见或建议、答复上级机关的询问、报送物品材料等时使用的一个公文种类。

1.3.1 例文点评

1. 工作报告

××集团××分公司党支部接到集团党委发〔2021〕48号文件,按照集团"两节"期间加强党风廉政建设和领导干部廉洁自律的要求,认真组织党员、干部学习,并做出了布置。活动结束后,他们将活动的有关情况向上级进行了报告。

例 文(一)	点 评
××集团××分公司文件 ××发〔2021〕36号 --- **××集团××分公司关于元旦春节期间** **党风廉政建设工作情况报告** ××集团纪委: 　　××分公司支部接到集团党委发〔2021〕48号文件,按照集团"两节"期间加强党风廉政建设和领导干部廉洁自律的要求,组织中心组成员进行了认真的学习。	发文机关标志 发文字号 标题　由发文机关名称、事由和文种组成,居中排列。 主送机关 正文　开头,简洁写明所报告工作的依据。

针对元旦、春节期间消极腐败现象易发的特点，对党员干部特别是党员领导干部进行一次艰苦奋斗和廉洁自律的教育。在元旦前组织党员、干部 45 人学习相关文件观看影片，教育引导党员干部"不忘初心、牢记使命"，切实加强和改进工作作风，并在分公司行政例会上做出布置。

要求各部门坚持勤俭节约、反对奢侈浪费，严禁单位之间用公款互相宴请或赠送礼品，严禁领导干部接受公款支付的各种礼金、红包和有价证券，坚决反对和制止各种封建迷信、赌博等非法活动，严禁大操大办婚丧喜庆等事宜和借机敛财。充分发挥群众对领导干部的监督作用，动员职工广泛积极参与监督对规定的落实情况，支部接受群众举报。

截止到春节上班后，分公司支部未发现有违反集团党委发〔2021〕48 号文件现象，全体员工在"两节"期间，克服了连绵阴雨天气、春运紧张的困难，保障集团物资材料、备品备件供应，度过了一个安全、祥和的春节。分公司党支部在今后的工作中，加强领导，按党风廉政建设责任制的规定搞好监督检查，党员干部以严格执行规章制度的实际行动，影响和带动干部职工做好每一项工作。

特此报告

××公司党支部

2021 年××月××日（公章）

点评（右栏）

然后过渡到对工作情况的具体报告。

报告工作的结果，便于上级机关了解所报告的工作情况。

"特此报告"是工作报告习惯性的结尾用语。

发文机关署名

印发日期

2. 答复报告

××市人民政府收到关于××学校"乱收费用"的情况反映，特向该校发函询问此事。该校接到市政府的函件后进行了认真核实，将核实所得的情况写成报告，回复××市人民政府。

例　文　（二）　　　　　　　**点　评**

××××学校关于学生收费情况的报告

×校字〔2021〕××号

市人民政府：

前接"×政办字〔2021〕××号"函，询问我校对学

点评（右栏）

标题　三要素式，由发文机关、事由和文种构成。

发文字号　没有发文机关标志，发文字号排在标题之下。

主送机关

正文　首先，写行文的缘由。引述上

生收费的情况,现报告如下。

我校对学生收费的标准是根据省人民政府"×政发〔2019〕××号"文件精神,同时又针对我校所设专业的不同而制定,并报市物价局核准后执行的,不存在乱收费、多收费的情况。另外,我校对部分特困生实行减免部分学费和不定期补助的做法,使部分特困生得以顺利完成学业。

今后,我校在收费方面将继续严格按上级有关文件精神和当地物价部门核准的收费标准执行,决不做违规之事。

以上报告妥否,请指示。

附件:1.《××××学校收费标准》
2.《××市物价局关于××××学校收费标准的批复》

×××学校
2021年××月××日(公章)

级来函文号及询问的问题,然后用"现报告如下:"过渡。其次,对上级的询问作具体的回答,同时还简要说明本校不仅没有多收费,还对特困学生在费用问题上给予照顾。最后,表明态度。

结束语。

附件说明 列举学校制定收费标准所依据的有关文件,以此证明本校的收费并未违规。

发文机关署名
印发日期

3. 报送文件、资料的报告

××市文化和广电旅游体育局为落实《××省人民政府办公厅关于印发××省全面推行行政执法公示制度执法全过程记录制度重大执法决定法制审核制度实施方案的通知》中的规定,将2020年度行政执法统计年报报送市人民政府。

例 文 （三）　　　　　　　　点 评

××市文化和广电旅游体育局文件

××文广旅体〔2021〕4号

××市文化和广电旅游体育局关于报送2020年度行政执法统计年报的报告

××市人民政府:

《××省人民政府办公厅关于印发××省全面推行行政执法公示制度执法全过程记录制度重大执法决定法制审核制度实施方案的通知》规定:"建立行政执法统计年报制度,于每年1月31日前公开本机关上年度行政执法总体情况有关数据,并报同级政府和上级

发文机关标志

发文字号

标题 三要素式,由发文机关、事由和文种构成。

主送机关

正文 只有一段,简要说明报送依据和报送文件的名称,用"请审阅"结尾。此类报告常用的结尾语句还有"随文上报""请……批准""请予备案"等。

主管部门。"为落实该规定,现将我局 2020 年度行政执法统计年报上报(详见附件),请审阅。

附件:××市文化和广电旅游体育局 2020 年度行政执法统计年报

××市文化和广电旅游体育局
2021 年 1 月 20 日(公章)
(联系人:××,联系电话:××××××)

××市文化和广电旅游体育局办公室
2021 年 1 月 20 日印发

1.3.2　文种指要

1. 报告的适用范围

适用于向上级机关汇报工作、反映情况。回复上级机关的询问。

(1) 一定时期或一个阶段的全面工作或单项工作的进展情况、结果要向上级书面汇报。

(2) 社会、政治、经济等方面出现的值得注意的新情况,重大方针政策出台以后干部群众的思想反映及贯彻情况需要向上级反映。

(3) 就某项工作、某方面的工作向上级机关提出意见和建议。

(4) 答复上级机关对某问题、某项工作、某个事件的询问。

(5) 向上级报送公文、资料、物件。

(6) 根据组织原则、法规程序或有关规定,将有关事项材料或文件向上级主管机关报告存案以备查考。

2. 报告的格式写法

1) 标题

标题一般有两种形式。

(1) 发文机关名称、事由、文种三要素。

(2) 发文事由、文种两要素,这种形式通常是在文件上有发文机关标志的情况下使用。

2) 正文

不同种类的报告,其写法和要求均有不同。

工作报告主要是向上级机关汇报情况,供上级机关掌握了解。其结构一般是由工作情况(包括工作或成绩、措施或经验)、存在的问题和今后工作的意见三部分构成,重点放在工作情况部分。一般用"特此报告"(不必加句号)或"以上报告如有不妥,请指示"做结尾。

情况报告一般是把正常工作运转中出现的新情况、新问题,特别是突发事件、特殊情况、意外事故、个别问题的处理情况,向上级机关报告。其结构往往是某个情况发生全过程的始末、原因分析、直接或者间接后果、处理过程以及处理意见等,使上级机关比较清楚地了解事情的全貌。如果是出现的新问题,处理起来没有政策依据,还要请求上级机关给予指示。

意见、建议性的报告一般是下级机关对属于本部门的职能范围而与其他机关交叉的事项,或需要上级机关批准、认可的事项提出的意见或建议,请求以上级机关的名义予以批转或转发的报告。它的重点应放在对今后工作的意见、建议或下一步采取的措施方面。属于本机关职权范围能自行决定自己处理的事项不应写入报告。

答复上级机关询问的报告要针对上级机关征询的问题写,一般要求就事论事、中心集中、重点突出、条理清晰、一目了然,不可答非所问。

报送文件、资料的报告正文内容较少,一般只要简单写清报送文件、资料的名称、依据、原因即可,"附件"是此类报告不可缺少的组成部分。

其他部分的格式内容要求同一般公文。

3. 报告写作的注意事项

(1) 正确使用文种。报告一般制发于工作任务完成或问题解决之后,不要求批复。不要"报告""请示"不分;也不可报告与请示结合使用,写成"请示报告"。除极个别的情况报告外,在报告中不得夹带请示事项。

(2) 实事求是,力戒片面。对工作中的成绩和问题都要如实反映,不要报喜不报忧。同时,讲成绩要留有余地,写问题要把握好分寸,评价一个单位要实事求是。

(3) 突出重点,详略得当,不要面面俱到。

(4) 以叙述为主要表达方式。概括地叙述工作的进程、成绩、有关动态与经验教训以及建议。即使是需要阐明观点和论证道理时,也必须在叙述事实的基础上,做到叙议结合。

(5) 报告结束语的使用要注意分寸,要与报告的内容相适合。如关于方针、政策方面的报告,结束语多用"请审查";关于财经、物质方面的报告,结束语多用"请审核";情况报告,结束语多用"特此报告";呈转性报告,结束语多用"请予批转""如无不妥,请批转……"。

1.3.3 写作训练

1. 指出下面这份报告存在的问题,并予以修改,所缺资料可以自己补充。

关于××高速公路塌方事故的报告

××市建设委员会:

2021年××月××日,××高速公路××路段发生塌方事故,造成一定的伤亡。事故发生前,桥面上分散有二三十名工人,在桥面已经浇注了200m³的混凝土,而且属违章施工。按照施工程序应分两次浇注的混凝土却一次浇注,估计事故原因是桥面负荷过大。事故发生后,近200名消防队员、工地工人、公安干警到现场紧急抢救,抢救时间持续近28小时。据查,该工程承建商是××市市政总公司第一分公司。

特此报告。

市政总公司第一分公司

2021年××月××日

2. 按照相关规定，××市审计局对××市市场监督管理局的商标专项资金近三年绩效情况进行了审计。审计后指出，该局该项工作存在政策制定与执行方面未建立监管制度、部分区（县、市）市级补助资金未拨付到位及项目申报和管理方面项目审核把关不严三个主要问题。收到专项审计调查报告后，市场监督管理局领导高度重视，对整改工作专门召开会议进行研究和部署，并将整改情况进行报告。请就该事代该局写一情况报告。

1.4 请示、批复

请示是向上级机关请求指示或批准的一种上行公文。它的主要目的是把自己职权范围内无权解决、无法解决而又必须解决的事项向上级机关反映或提出建议，请求上级指示或批准，具有呈批性的特点。

批复是收到下级机关请示有关事项的公文后，给予答复的下行公文。具有针对性和指示性特点。无请示则无批复，有请示必有批复，二者之间密不可分，故将其放在一节中学习。

1.4.1 例文点评

1. 请示

强降雨造成××市的乡镇不同程度受灾，据气象预报显示，后期仍有明显降水过程，灾情有可能进一步发展。为了妥善安置受灾群众，保证受灾群众基本生活需求，××市应急管理局将有关情况写成一份请示，向省应急厅申请调拨棉被等物资。

例　文　（一）	点　评
××市应急管理局文件　　　　　　　　　　　　　　　　　　　　　　　　　　　　　　　　×应急〔2020〕106号　　　　　　　　　　　　　　　　　　　　　　　**关于申请调拨救灾物资的请示**　　　　　　　　　　　省应急厅：　　　6月20日以来，我市普降大到暴雨，局部遭遇持续强降雨，强降雨造成我市××、××、××、××、××、××、××7县区81个乡镇不同程度受灾，给人民群众生产生活造成很大影响。据统计，受灾人口126 007人，我们紧急转移安置群众1 680人，其中839人尚未返家。据气象预报显示，6月27日后期我市仍将有一次明显降水过程，灾情有可能进一步发展。为妥善安置受灾群众，保证受灾群众基本生活需求，特申	**发文机关标志**　　　　　　　　　　　　　　　　　　　　　　　**发文字号**　　　　　　　　　　　　　　　　　　　　**标题**　由事由和文种组成。　　　　　　　　　　　**主送机关**　　　　　**正文**　首先，用具体数字说明因大雨造成的受灾情况，说明后期仍将有降水，灾情有可能进一步发展，受灾群众需安置，基本生活需得到保障。

请省应急厅给予我市调拨 1 450 床棉被,850 床空调被,360 张折叠床(××县 100 床棉被、100 床空调被,××县 100 床棉被、100 床空调被、100 张折叠床,××县 300 床棉被、300 床空调被、100 张折叠床,××区 600 床棉被、××区 350 床棉被、350 床空调被、160 张折叠床)

妥否,请批示。

××市应急管理局

2020 年 6 月 25 日(公章)

其次,提出请示事项,请求调拨的物资,具体、详细。

结语,提出请求。"妥否,请批示"是请示中常用的结语。

发文机关署名

印发日期

××市××区金融服务办公室机关工会拟召开第三次会员大会,需区机关工会批准。为此,他们将这一打算向上级部门进行了请示。

<table>
<tr><td align="center">例　文　（二）</td><td align="center">点　评</td></tr>
</table>

××市××区金融服务办公室文件

×金融办〔2020〕14 号

××市××区金融服务办公室
关于召开机关工会第三次会员大会的请示

区机关工会联合会:

　　区金融办工会第二届委员会和经费审查委员会的任期已于 2019 年 7 月届满,根据《中国工会章程》和有关规定,经工会研究,并经机关党组织同意,拟召开××市××区金融服务办公室机关工会第三次会员大会,选举产生新一届工会委员会、经费审查员以及表决通过女职工委员名单。现将有关事项请示如下。

　　一、会议主要议程

　　(一)听取、审议第二届工会委员会工作报告、财务工作报告、工会经费审查委员会工作报告。

　　(二)选举产生第三届工会委员会和经费审查员。

　　(三)表决通过第三届工会女职工委员名单。

　　(四)表决通过第二届工会委员会工作报告、财务工作报告、工会经费审查员工作报告。

　　二、机关工会委员会、经费审查员和女职工委员名额及选举方式

发文机关标志

发文字号

标题　三要素式,由发文机关、事由和文种组成。

主送机关

正文　说明请示的事由、依据及请求的具体事项。条理清晰,层次分明。

（一）机关工会委员会、经费审查员和女职工委员名额

根据《中国工会章程》等有关规定，本届工会委员会拟由5名委员组成，其中设工会主席1名；设工会经费审查员1名；设工会女职工委员1名。

（二）机关工会委员会、经费审查员、女职工委员产生办法

1. 工会主席和经费审查员由会员大会采取无记名投票方式等额直接选举产生。

2. 工会委员会委员采取无记名投票方式差额选举产生。工会委员会委员选举按差额率不低于10%的要求，候选人为5名(不含主席)。

3. 女职工委员名单由本届工会委员会提名，再由大会表决通过。

三、大会召开日期

××区机关工会第三次会员大会计划于2020年8月召开。

以上当否，请批复。

××市××区金融服务办公室机关工会

2020年8月21日

（××市××区金融服务办公室代章）

点评

结语，提出请求。"以上当否，请批复"是请示中常用的结语。

发文机关署名

印发日期 因办公室机关工会无公章，故由办公室代章。

2. 批复

在收到××镇《关于村庄布局优化调整组织融合的请示》后，××市人民政府对请示的问题回文作了答复。

例 文（三）   **点 评**

××市人民政府文件

×政字〔2020〕55号

××市人民政府关于同意
××镇撤销和设立村民委员会的批复

××镇人民政府：

你镇《关于村庄布局优化调整组织融合的请示》

点评

发文机关标志

发文字号

标题 三要素式，由发文机关、事由和文种组成。

主送机关

正文 开头，引述来文的标题、发文字

(××政呈〔2020〕34 号)收悉。现批复如下。

  一、同意撤销××村、××村、×××村、××村、×××村 5 个村庄的村民委员会,改为自然村,设立××村村民委员会,村民委员会地址为原××村村部。

  二、同意撤销××村、×××村、××村、××村、××村、××村、××村 7 个村庄的村民委员会,改为自然村,设立××村村民委员会,村民委员会地址为原××村村部。

  新设立的村民委员会应严格按照《中华人民共和国村民委员会组织法》的规定,切实做好各项后续工作。

  特此批复。

××市人民政府

2020 年 6 月 24 日(公章)

(此件公开发布)

> 号,用"批复如下:"转入批复的主体,引起下文。主体,首先写批复意见——同意,意见明确,简洁明了。
>
> 然后提出具体的指示要求,这是批复常用的写法。
>
> 结尾,用"特此批复"做结束语,是批复习惯性的用法。
>
> **发文机关署名**
> **印发日期**
> **附注** 说明此文的发送范围

1.4.2 文种指要

1. 请示写作的要求

1)请示的适用范围

请示适用于向上级机关请求指示、批准。

(1)对现行方针政策、法律法令、规章制度了解不足,工作中遇到疑难问题,需要上级机关作出答复才能办理的事项。

(2)本单位无权决定,按照规定必须请示上级主管部门审核、批准后才能办理的事项。

(3)工作中出现了新情况、新问题,而又无章可循,有待上级机关明确指示或提出解决的措施和办法,需上级机关批准后方可办理的事项。

(4)因为情况特殊,难以执行现行规定,请求上级机关批准本机关在执行制度时可根据具体情况变通处理的问题。或对上级的某项决定、措施有不同的看法,请求上级机关予以重新考虑。

(5)工作中遇到了人、财、物等方面的困难,需要上级帮助解决。

(6)由于意见分歧,难以统一,无法工作,需要上级裁决才能办理的事项。

(7)涉及面很广,而职能部门无法独立解决、协调,必须请求上级领导机关出面协调、统筹安排的事项。

(8)本单位虽可以开展工作,但因事关重大,为防止工作中出现失误,需要请上级审核把关的事项。

2）请示的格式写法

（1）标题。请示的标题一般有两种表现形式。

① 三要素式，发文机关、事由和文种。

② 两要素式，事由和文种。表述事由时，一般只宜使用一个动词，且不能与文种词语重复。如《××研究所关于请示批准给我调拨基建资金的请示》中，"请示批准"两个动词多余，且与文种"请示"语义重复，应删除。

（2）正文。正文一般包括以下内容。

① 请示问题或事项的原因、背景、理由。要事实清楚，理由充足，为上级机关的批准提供充分的依据。如××光机所在给其上级主管部门——中国科学院物资局的请示中，开头写道："最近，地区电网负荷太大，市郊线路经常停电，给我所科研、生产带来许多困难和损失。"

② 请求事项。要写得明确、具体。如××光机所的请求事项是："为确保科研、生产的正常进行，在市郊线路停电时，我所应自己发电。根据历年我所用电情况，急需一台××千瓦的柴油发电机组。"

③ 提出处理意见、建议和看法。一般情况下，请示中都要提出自己的处理意见、建议和看法，以供领导参考。如××光机所的处理意见是："在去年年底院物资调剂会议上，院属长春科仪厂处理积压物资的清单上有6250型柴油发电机两台，江南科仪进出口公司有××型柴油发电机组供应。我们希望能从长春科仪厂调拨给我所一台6250型柴油发电机，若此处两台均已处理，请拨专款从江南公司购进一台，以解燃眉之急。"提出了两个处理方案，并且表明自己的倾向性意见，供领导参考。处理意见也可以是一个或几个方案，个别请示这部分可以不写。

④ 请求。这是请示的结语部分，明确提出请示要求。格式上，另起一段，用诸如"以上当否，请批示""特此请示""请指示""请审批""当否，请批复"等一些常用的规范用语作结束语。

请求事项的请示，正文一般是由事由。事由的必要性可行性组成。要翔实有据、充分可行。这类请示的主送机关是直接的主管机关，而不是谁有最后审批权就主送谁。

请求解决问题的请示，正文的结构一般分事由和请求解决事项两部分。事由要条理清晰，理由充分，哪些问题需要上级机关协助解决要写清楚。请示解决事项部分中，要有明确的、合情合理的解决意见、设想。

请求指示、答复性的请示重点是把问题焦点、难点、矛盾点表述清楚，同时还要把自己的理解、意见一并汇报，以便于上级机关答复。

其他部分的格式内容要求同一般公文。

3）请示写作的注意事项

（1）不能多头请示。一个请示事项，一般不要同时请示两个以上的领导机关或主管部门，以免出现"公文旅行"，单位之间互相推诿的情况，延误了请示的批复。受双重领导的单位，应根据具体情况，主送一个上级机关，抄送另一个上级机关；有些特殊的涉及几个部门的事项，也应分别向几个不同部门的上级机关请示。

（2）不能越级请示。除极特殊情况外不得越级请示。因特殊情况，必须越级行文时，一般应抄送越过的上级机关。不论什么内容的请示,需要同时送其他机关的,应当用抄送形式,但不得抄送其下级机关。

(3)不能横向请示。请求平行职能部门或不相隶属的上级机关审批其管辖范围内的事项,不可使用"请示",而是用本章将要学习的"函"。

(4)不能事后请示。请示必须事前行文,决不能"先斩后奏",或边请示边办理。

(5)不能向领导个人请示。请示除领导直接交办的事项外,一般不得直接送领导者个人。

(6)不能一文多事。一份请示只能写一个问题,不要把几个性质不同的问题或事项同时写在一份请示中,以免上级机关不好批复而贻误工作。

(7)不能请示、报告混用。不得在报告等非请示性公文中夹带请示事项,把"……的请示"写成"……请示报告"或"……的报告"都是不对的。(请示与报告的区别见下文)

(8)不得有要挟、命令或催促式的口吻,语言要谦恭,要尊重上级。下级机关的请示事项,如需以本机关名义向上级机关请示,应当提出倾向性意见后上报,不得原文转报上级机关。

4)请示与报告的区别

(1)写作目的、结果不同。请示是就某一个问题请求上级机关指示、批准,并需上级批复;报告是向上级汇报工作、反映情况、提出建议,不一定需要上级答复。

(2)写作的时间不同。请示必须事前行文,不能"先斩后奏";报告一般在事后或工作进行过程中行文,即"事前请示,事后报告"。

(3)写作事项要求不同。请示一般应一文一事;报告则可一文一事或数事。

(4)主送机关的多少不同。请示只写一个主送机关;报告则可写一个或多个主送机关。

2. 批复的写作要求

1)批复的适用范围

批复适用于答复下级机关请示事项。

2)批复的格式写法

(1)标题。由发文机关名称、事由、文种三要素组成。必要时可以在标题中表明发文机关对下级的请示内容同意或不同意的态度,如例文(三)的标题。

(2)正文。正文一般包括以下内容。

① 引言。首先引述下级机关来文的标题或文号,必要时还可引述来文的要点,以使受文单位明确批复的事项。如中国科学院物资局给××光机所作的批复,开头就写道:"你所《关于调拨柴油机的请示》一文收悉。经研究,现批复如下:"。

② 主体。根据有关政策、法令、规章制度和实际情况,对请示中所提出的问题作出恰当明确的答复。如中国科学院物资局同意了××光机所请示中的部分事项,分别写明理由:"1. 我局业务经费紧张,不能给你所下拨购买柴油机的专项 2. 根据你所请示中所提出的建议,经与长春科仪厂协商,该厂同意调拨××型柴油机支援你所,请你所速派人前往该厂物资处联系,商议办理具体事宜。"如果全部同意,就写上肯定的意见,不复述理由;如果不予批准,在否定意见后面简明扼要地阐述一下原因、理由;如果请示的内容只有简单的一

个,直接表明态度即可,如例文(三)。

③ 结尾。一般用"此复""特此批复"等做结束语,结束语独自成段。

其他部分的格式内容要求同一般公文。

3) 批复写作的注意事项

(1) 批复是指示性文件,具有明确的针对性和指示性。写批复时必须经过详细调查,周密思考,认真研究,务求在批复的内容上明确、具体、恰当,以便下级机关有章可循,遵照办理。

(2) 凡是引用政策、法令或规章制度,都要写明出处,必要时要引述原文。

(3) 批复原则上是一文一事,一个批复针对一件请示。有时几个下级机关上报请示同一件事,经研究同意后,应分别行文批复,而不应是一件批复回复数个请示。

(4) 篇幅不宜长,要文字精练,言简意赅。

1.4.3　写作训练

1. 下面是××学校写的一则请示,在内容、语言、格式上都有不妥之处,请指出并据此材料重写一份请示。

请　　示

市人民政府、市教育局:

我校今年由于住校生急剧增加,现有的学生宿舍已经无法容纳,现在住校生基本上是一铺二人住宿,严重影响了学生的身心健康。为解决这一困难,我校需要再建一栋学生宿舍。另外我校的图书馆也尚未达到省两基标准,望上级部门给予适当支持。

特此请示,请回复。

××市××工业学校

2020 年 10 月 20 日

2. 根据"文种指要"中的相关材料,为××光机所写一请示,为中国科学院物资局写一批复。

3. 辽宁省××学校因资金缺乏,新开设的数控专业没有实训场地,影响了该专业学生的操作技能训练和教学计划的完成。为此,学校向其上级主管部门辽宁省教育厅写了一份请示,请求从教育厅设备处以无偿或缓期付款的方式,调给学校 20 台数控机床,以解决教学上的燃眉之急。辽宁省××局收到××学校的请示后,经研究协商,作出批复,同意采用缓期付款的方式,从局设备处调给××学校 15 台数控机床。请用上述材料为辽宁省××学校写一份请示、为辽宁教育厅写一份批复。

1.5　决　　定

决定是对重要事项作出决策和部署、奖惩有关单位和人员、变更或者撤销下级机关不适当的决定事项时所使用的公文文种。决定具有较高的权威性与极强的约束力,下级必须坚决贯彻执行,认真遵守,不得违反。如果违反了,就要受到批评、处分乃至惩办。

1.5.1 例文点评

为深入贯彻落实习近平总书记对技能人才工作重要指示精神和党的十九届五中全会精神,褒奖为我国经济社会发展作出突出贡献的优秀高技能人才,增强其获得感、自豪感、荣誉感,激发其积极性、主动性、创造性,人力资源保障部决定对第十五届中华技能大奖和全国技术能手予以表彰。为此,行文告知有关单位和部门。

例　文　(一)	点　评
人力资源社会保障部文件　　　　　人社部发〔2021〕38号	发文机关标志　　发文字号
人力资源社会保障部关于表彰第十五届中华技能大奖和全国技术能手的决定	标题　三要素式,由发文机关、事由和文种组成。
各省、自治区、直辖市及新疆生产建设兵团人力资源社会保障厅(局),国务院有关部门,中央军委政治工作部,全国工商联,有关行业协会、中央企业:	主送机关
为深入贯彻落实习近平总书记对技能人才工作重要指示精神和党的十九届五中全会精神,褒奖为我国经济社会发展作出突出贡献的优秀高技能人才,增强技能人才获得感、自豪感、荣誉感,激发其积极性、主动性、创造性,根据《中华技能大奖和全国技术能手评选表彰管理办法》有关规定,经各省(自治区、直辖市)人力资源社会保障部门和国务院有关部门、行业协会、中央企业推荐,并经专家严格评审,人力资源社会保障部决定。	正文　开头,写明作出决定的原因。
授予刘丽等30名同志"中华技能大奖"称号,颁发中华技能大奖奖章、证书、奖杯和奖金。 　　授予赵斌等293名同志"全国技术能手"称号,颁发全国技术能手奖章、证书、奖牌和奖金。 　　同时,对为国家技能人才培育工作作出突出贡献的北京控股集团有限公司等64家单位和杨郁等78名同志给予通报表扬。	主体,写决定事项,决定对有关单位和个人进行奖励,并予以表彰。
希望受表彰的个人和单位不忘初心、牢记使命,珍惜荣誉、再接再厉,大力弘扬劳模精神、劳动精神、工匠精神,继续发挥示范引领作用,创造无愧于时代和人民	结尾,对被表彰者提出希望与要求。全文语言简洁,不枝不蔓,结构流畅。

的新业绩。希望各单位深入贯彻落实党中央、国务院《新时期产业工人队伍建设改革方案》《关于提高技术工人待遇的意见》等文件精神，进一步加大对技能人才工作的支持力度，健全技能人才培养、使用、评价、激励制度，不断优化技能人才发展环境，为加强创新型、应用型、技能型人才培养，壮大高技能人才队伍作出新贡献。希望广大劳动者以中华技能大奖获得者和全国技术能手为榜样，爱岗敬业、刻苦钻研、追求卓越、建功立业，以优异的成绩迎接中国共产党成立一百周年，为全面建设社会主义现代化国家、实现中华民族伟大复兴的中国梦而不懈奋斗！

　　附件：1. 第十五届中华技能大奖获得者名单　　　　　附件说明
　　　　　2. 第十五届全国技术能手名单
　　　　　3. 国家技能人才培育突出贡献单位名单
　　　　　4. 国家技能人才培育突出贡献个人名单

　　　　　　　人力资源社会保障部　　　　　　　发文机关署名
　　　　　　　2021 年 6 月 4 日（公章）　　　　印发日期

　　根据《××市行政规范性文件管理办法》规定，××市人民政府决定废止市政府部分规范性文件。

例　文　（二）　　　　　　　　　　**点　评**

××市人民政府文件

×府发〔2021〕5 号

发文机关标志

发文字号

××市人民政府关于
废止部分市政府规范性文件的决定

标题　三要素式，由发文机关、事由和文种组成。

各区、县（自治县）人民政府，市政府各部门，有关单位：
　　根据《××市行政规范性文件管理办法》（××市人民政府令第 329 号）规定，经 2021 年 1 月 18 日市第五届人民政府第 127 次常务会议审议通过，决定将《××市人民政府关于进一步做好对口支持三峡工程库区移民

主送机关
正文　一段式，写决定的依据和决定的事项。简洁明了，清楚明白。

工作的通知》等 77 件市政府规范性文件予以废止。

　　本决定自公布之日起施行。

　　附件:废止的市政府规范性文件目录(77 件)

××市人民政府
2021 年 2 月 9 日(公章)

(此件公开发布)

"本决定自公布之日起施行"为决定常用语。

附件说明

发文机关署名
印发日期
附注　说明此文的发送范围。

1.5.2　文种指要

1. 决定的适用范围

适用于对重要事项作出决策和部署、奖惩有关单位和人员、变更或者撤销下级机关不适当的决定事项。

(1) 对重要事项作出决策。

(2) 对重大行动作出安排。

(3) 对重大问题作出定论。

(4) 对重要工作作出部署。

(5) 宣布对有重大贡献的单位或个人的表彰奖励。

(6) 宣布对犯有较大错误的单位或个人的处理意见。

(7) 变更或撤销下级机关不适当的决定事项。

2. 决定的格式写法

1) 标题

一般是由发文机关、事由、文种三要素组成。如果是由会议通过的"决定",还要在标题下标注"决定"通过的时间、会议名称。

2) 正文

正文一般包括开头、主体、结尾。

(1) 开头。写明作出决定的目的、意义及依据。依据包括理论依据和事实依据,既可以是有关的政策、法规、议案,也可以是有关的人和事,或某个方面、某项工作的具体情况。

这部分要求文字简洁,说明透彻,使领受者能充分认识到作出这一决定的意义。

(2) 主体。这部分写决定的事项,层次要清楚,政策界限要明确,措施、要求要具体。

这部分常见的写法有以下几种。

① 篇段合一式。这种写法是将决定的事项与决定依据合为一个自然段,不再分段表达。这种结构方式适用于一般的人事安排、设置或撤销机构的决定,或者是内容比较单一、文字不多的决定,如例文(二)。

② 分条列项式。这种方式是把所要解决的有关问题,按先后次序、主次轻重列出条项,用数码逐一标出,有时还加上小标题。这种结构方式适用于牵涉具体事项较多或有必要作出明确解释的决定。

③ 分段叙述式（又称分类式）。这种方式是由几个自然段组成，每段表达一个独立的意思。这种结构方式一般用于观点明确、内容相对集中的奖惩决定，如例文（一）。

④ 条类结合式。这种方式常见的是把决定采取类别和条款相结合的方式来写。先将整个决定的事项划分为若干类别，然后将每一类别分为若干条款，并将所有条款排好序目。这种结构方式采纳了条款式和分段式两者的长处，使决定事项表达集中突出，又条目清晰。如《中共中央、国务院关于保护森林发展林业若干问题的决定》就采用了这种写法。该写法共分8类25条，层次清晰地表达了决定的全部事项。

（3）结尾。通常是专设一自然段，发出号召或提出希望。有些决定也可不写结尾，决定事项说完全文即结束；有的结尾内容与主体内容合为一段，这样安排显得结构简洁，不枝不蔓。

3）时间

时间的写法有两种：第一种是用圆括号写于标题下面；第二种写在文末。无论哪一种，时间都一定要具体写清年月日。

其他部分的格式、内容要求同一般公文。

3. 决定写作的注意事项

（1）要注意避免把应当使用"决议"或"通知"发布的文件错用为"决定"。

（2）普发性决定不写主送机关。

（3）决定的主题必须鲜明、集中，任务要求必须具体、明确，措施办法必须清楚、有力，体现出鲜明的针对性和可操作性。

1.5.3　写作训练

1. 下面是一则决定的草稿，在格式、内容取舍上都有不妥之处，请指出并修改为一份规范的决定。

中共××县委　××县人民政府
关于向××同志学习的决定
（二○二○年××月××日）

二○二○年××月××日凌晨2时25分，共产党员、县商业局仓库主任××同志值班巡逻到商业局5号仓库时，发现一伙歹徒正在作案。歹徒见他来了，转身就跑。××同志大喝一声："站住！"歹徒怔了一下，见只是××一个人，便向××求饶："你放了我们，哥儿日后一定给你好处。""别啰唆，跟我上派出所，争取宽大处理。"××同志义正词严地说。歹徒见软的不行，就凶相毕露，从腰间拔出匕首，向××围了上来，恶狠狠地说："你识相些，否则别怪我们不客气。"××同志毫无惧色地说："你们这是罪上加罪，放下凶器，跟我上派出所！"罪犯一拥而上，拿着匕首向××同志刺去。××同志一面高喊"抓强盗！抓强盗……"一面与歹徒展开搏斗，终因寡不敌众，倒在血泊中。职工群众闻讯赶到把他送进医院。医院立即组成抢救小组抢救。××同志因失血过多，抢救无效，光荣牺牲，年仅30岁。

为此，县委、县人民政府决定，在全县开展向××同志学习的活动，号召全县广大党员、职工、群众向××同志学习。

2. 根据下面的材料，以某厂厂长办公室的名义写一则决定。

某厂青年工人刘某，目无纪律，旷工达八个月之久；参与聚众斗殴，致使一人双目失明、两人住院治疗,刘某已经被公安局拘留。为严肃厂纪,教育全厂职工,根据该厂《职工考勤管理暂行办法》"连续旷工十五天或一年内累计旷工 30 天者,给予除名处分"的制度,决定将刘某除名。

1.6 函

函是平行机关、不相隶属机关、单位之间相互商洽工作,通报情况,询问和答复问题,征询意见,向有关主管部门请求批准事项时使用的公文。

从格式上看,函分为正式公函和便函两种。其区别在于:正式公函是《党政机关公文处理工作条例》规定的公文种类之一;便函不使用发文机关标志,不加公文编号,也可以没有标题,结束语可用一般书信常用的表示尊敬的祝颂语。内容上,公函用于处理比较郑重的事项或问题,一些公函在业务上具有指导意义;便函是进行一般事务的沟通,不具备指导意义。本节的"函",专指公函。

1.6.1 例文点评

1. 请求批准的函

××市××区城市管理行政执法局为了进一步改善执法车辆的正常使用,提高执法效率,降低执法成本,确保局日常执法管理高效、有序地开展,拟报废三辆执法用车,向区财政局发函,恳请批准。

例 文 (一)	点 评
关于申请部分执法车辆报废处置的函 ××城管执〔2021〕2 号 区财政局: 　　为了进一步改善执法车辆的正常使用,提高我局执法效率,降低执法成本,确保局日常执法管理高效、有序地开展,结合我局部分执法车辆车况差等实际情况,拟将牌号为×K59101、×GE5609、×D07821 三辆执法用车(均在 2010 年 7 月前购置)予以报废,恳求批准。 　　　　　　××市××区城市管理行政执法局 　　　　　　2021 年 1 月 20 日(公章)	**标题** 二要素式,由事由和文种构成。 **发文字号** 没有发文机关标志,发文字号排在标题之下。 **主送机关** **正文** 说明申请事宜的目的以及申请的具体内容,语言简洁、凝练。结语使用习惯用语"恳求批准"。 **发文机关署名** **印发日期**
××市××区城市管理行政执法局　　2021 年 1 月 20 日印发	**印发机关和印发日期**

2. 复函

×× 省人民政府办公厅在收到省农业农村厅《关于要求增加生猪强制免疫病种和范围的函》后，给对方回函，对其要求的内容给予答复。

例　文　（二）	点　评

×× 省人民政府办公厅文件

× 政办函〔2021〕6 号

**×× 省人民政府办公厅关于
增加生猪强制免疫病种和范围的复函**

省农业农村厅：

你厅《关于要求增加生猪强制免疫病种和范围的函》（浙农字函〔2021〕51 号）收悉。经省政府同意，现函复如下。

一、为保障 2022 年杭州亚运会马术比赛顺利进行，根据《中华人民共和国动物防疫法》有关规定，同意对在建的杭州桐庐无规定马属动物疫病区内的生猪和保护区内的种猪，以及保护区、生物安全通道所涉及的杭州市西湖区、滨江区、萧山区、富阳区、临安区和淳安县、建德市的种猪，开展生猪日本脑炎强制免疫。

二、你厅要做好相关业务指导工作，并按规定及时报农业农村部备案。

×× 省人民政府办公厅

2021 年 2 月 4 日（公章）

（此件公开发布）

3. 商洽函

×× 省人力资源和社会保障厅根据人社部办公厅部署拟开展"万名专家服务基层行动计划"活动，所以与省卫计委、×× 大学商请选派专家事宜。因相互间无隶属关系，省人社厅给省卫计委、×× 大学写了一份便函，商洽此事。

例　文　（三）	点　评
关于商请选派专家赴基层开展服务活动的函 省卫计委、××大学： 　　根据人社部办公厅《关于确定 2021 年专家服务基层工作项目和基地的通知》（人社厅函〔2021〕107 号）部署，拟定于 2021 年 9 月 13—17 日开展 2021 年"万名专家服务基层行动计划"活动。人社部要求，今年服务活动由我省自行选派专家，经前期与有关单位沟通确定专家需求，现商请省卫计委选派 15 名医疗专业专家，××大学选派 5 名农学专家（需求信息见附表）赴××州、××市开展服务活动，请予以支持。具体要求如下。 　　1. 接此函后，请做好工作时间协调，确保选派专家全程参加此次服务活动，圆满完成服务任务。 　　2. 请于 2021 年 9 月 3 日前将专家选派落实情况报省人社厅，以便与项目服务单位对接具体工作日程。 　　联系人：××× 　　联系电话：×××××××× 　　附表：万名专家服务基层行动计划重点服务项目 　　　　　信息表 　　　　　　　　　　　　××省人力资源和社会保障厅 　　　　　　　　　　　　2021 年 8 月 24 日（公章）	**标题**　由事由和文种组成，无发文字号。作为便函也可以没有标题。 **主送机关** **正文**　这份函的内容是与不相隶属的机关商量工作。一方面说明这件工作的依据，另一方面是与对方商请的相关事宜，希望得到对方的支持。内容交代清楚，语言又十分得体。 **附件说明** **发文机关署名** **印发日期**

1.6.2　文种指要

1. 函的适用范围

适用于不相隶属机关之间商洽工作、询问和答复问题、请求批准和答复审批事项。

2. 函的格式写法

1）标题

标题一般由发文机关、事由、文种三要素组成，有时省略发文机关。便函可不用标题，以示行文简便，突出"便"的特点。

2）正文

不同内容的函，写作内容及要求均有不同。

（1）商洽函。商量和接洽工作用的函。先写发函的根据或理由，然后陈述商洽的事项。要求观点明确，内容具体，用语得体、谦恭、清楚，便于对方理解与解答，如例文（三）。

（2）询问函。询问事项、问题时使用的函。要求内容集中，表达清楚，一般只询问一个问题，以便对方尽快答复。如果问题较多，要分条写明。应注意的是所询问的应是对方了解且能回答的事项、问题。

（3）请求批准的函。一般用于向不相隶属的主管机关请求批准有关经费、人员调配、营业执照、物资调拨等有关事项。在内容上，这种函首先要说明请求批准的理由、原委，然后写请示批准的事项。写作时，理由、原因要充分，请示的事项要明确、具体、合理。用语要简明得体，语气要诚恳，力求征得对方的同意，如例文（一）。

（4）答复函。是指答复来函所提出的问题、回复来函商洽的事宜、回答来函请求批准事项的函。一般先引用来函的题目或发文字号。有时可同时引用来函的题目和发文字号（写法是先写题目，后用括号标明发文字号），如例文（二）。然后针对来函所提的问题、请求事项或商洽的内容作出明确的答复。要注意的是，如果不同意或否定对方来函请求或商量的事项或问题，一定要说明理由，让对方明白你不是在刁难他或不与他合作。

3）结语

结语即结束语，函的结语可根据情况不同而有所区别，但都是独自成段。

如果去函仅是告知对方机关有关事项、情况，可用"特此函告"；商洽函的结尾处一般是提出予以复函的请求或予以尽快办理的具体要求，可用"请（谨请）复函""妥否，请函复""特此函告，请复"，或根据情况用"请予支持""请研究函复"等；询问函的结尾一般用"（妥否）请函复"，而不能用"请审批"；如果是复函，可用"特此函复""此复"等。

其他部分的格式内容要求同一般公文。

3. 函写作的注意事项

1）文种正确

向平行或不相隶性机关行文请求或回复需要批准的事项，要使用"函"，而不用"请示"或"批复"。如例文（一），虽然是请求对方批准，但仍然用"申请"而非"请示"。

2）一事一函

避免一函中夹杂需要几个部门办理的事情，这样不仅行文不规范，而且常由于辗转传递而延误时间，欲速则不达。

3）内容简洁

写函要开门见山，简短明快，直陈事项，并要主动把问题症结和自己的处理意见告诉对方，不要兜圈子、绕弯子、讲套话，也不必寒暄，更不要借题发挥，大发议论或抒情。

4）用语得体

公函的语言讲究规范、明了，不能用指示、命令式语言，也不必用普通信件中"不胜感激""永将图报""此致""敬礼"之类的谦辞，但行文用语要注意礼貌和尊重对方。

5）态度严谨

虽然有些函以陈述情况，告晓询问为主，不具有领导和指导作用，但有凭证作用，所以写作时必须慎重。如例文（二），在依据有关规定，给予对方明确答复后，补充说明"你厅要做好相关业务指导工作，并按规定及时报农业农村部备案"，内容十分严谨。

1.6.3　写作训练

1. 下面一则公函在格式上、内容上都有不妥之处，请指出并以此材料重写一份符合要求的公函。

×××市政府办公厅：

　　据悉,贵市化肥富足,我市目前化肥短缺,已严重影响我市农业春耕生产,为此,特去此函,请贵市支援我市尿素××吨。望能照此办理,并请及时复函。

×××市人民政府办公厅

二○二×年××月××日

　　2. 东风机械厂缺乏得力的企业管理干部,拟从现有的技术人员中抽出四人送出去进行培训。听说省发改委举办了一个短期企业管理干部培训班,于是该厂向省经委办公室写了一则询问是否同意为本厂代培管理干部的公函。省发改委办公室收到函后,即给东风机械厂回了函,同意该厂派四人参加为期3个月的短期企业管理干部培训班,为该厂代培管理干部。培训时间是 2021 年 9 月 15 日至 2021 年 12 月 30 日,报到时间是 2021 年 9 月 13 日,地点在省干部管理学院,联系电话是 0×××-28286699。请按上面的材料替东风机械厂和省发改委办公室各写一份询问函和复函。标题、发文字号等内容自拟。

1.7 纪　　要

　　纪要也称会议纪要,是根据会议的宗旨、议程、有关会议文件、会议记录以及到会人员提供的材料进行整理,用准确而精练的语言概括地综合反映会议概况和会议精神的一种公文。会议纪要有两个目的,一是为了向上级汇报会议情况,以便及时得到上级的指导;二是为了向下级传达会议精神,以便下级及时贯彻执行。

1.7.1　例文点评

　　××县人民政府召开了由副县长主持、有关部门负责人参加的专题会议。会后,县人民政府办公室将会议概况和会议精神进行整理,形成一篇会议纪要,以便向上级汇报会议情况、向下级传达会议精神。

例　文	点　评
××县人民政府专题会议纪要 ×政纪发〔2020〕12 号 <hr> **××县人民政府专题会议纪要** （2020 年 3 月 30 日） 　　3 月 30 日上午,副县长×× 主持召开会议,专题研究××县××灌溉引水工程干管延伸项目相关事宜。	**发文机关标志** **发文字号** **标题**　由主持会议的领导机关名称、会议名称和文种三要素组成。 会议时间（也可以是期号）。 **正文**　导语部分交代会议时间、主持人、内容和参会人员等,简要说明会议

县水务局局长××，县农业农村局长××，××乡乡长××，供水工程指挥部副指挥××，财政局农财股负责人××参加会议。现将会议内容纪要如下。

会议指出：××县××灌溉引水工程自引大入秦工程东二干渠末端引水，通过明渠、隧洞和长距离输水管道，向××乡区域供水。工程建成后，将有力促进××乡农业产业转型升级，带动群众发展致富，实现乡村振兴。目前工程正在管道敷设和蓄水池施工。由于资金原因，××灌溉引水工程干管设计未能覆盖××乡××村、××村区域约5.5万亩土地，需实施××县××灌溉引水工程干管延伸项目。

会议议定：

一、县水务局负责实施××县××灌溉引水工程干管延伸项目，在××灌溉引水工程干管末端取水，新建输水管道约7km，向××乡××村、××村区域供水。

二、为确保××乡××村、××村区域高标准农田灌溉用水需求，××灌溉引水工程干管延伸项目要加速推进，确保于4月底前完工。××乡负责做好临时土地征用及矛盾纠纷化解工作。

三、县财政局、水务局负责，通过争取中央省市项目投资、统筹整合涉农资金、县财政局筹措等方式解决项目建设资金，并于2020年12月底前落实到位。

××县人民政府办公室

2020年3月31日

概况。如果参会人员较多，参会人员一般是单独作为一项写在正文之后（如果有缺席人员，要分项列出缺席人员姓名和缺席原因）。然后用"现将会议内容纪要如下："过渡到主体。主体部分具体写明会议的主要内容，用"会议指出""会议议定""会议听取""会议肯定""会议强调""会议明确""会议部署"等会议纪要固定的惯用词语，具体写出会议的各项议题。

发文机关署名

印发日期

1.7.2　文种指要

1. 纪要的适用范围

纪要适用于记载会议主要情况和议定事项。

（1）用于记载需要向上级汇报的比较重要的会议情况和议定事项。

（2）用于记载需要向下级传达的比较重要的会议情况和议定事项。

2. 纪要的格式写法

纪要的结构可以分为标题、期号、正文、出席人员名单、发送范围、印发机关与时间六个部分。

1）标题

常见的标题形式有三种。

（1）由会议名称加上"纪要"二字，如《××会议纪要》。

（2）在前一种标题的基础上，加上主持会议的领导机关名称，如《中共××市委常委扩大会议纪要》。

（3）复式标题，即有正、副标题。正标题表明纪要主旨，副标题表明会议纪要名称，如《一切围绕经济转，一切围绕效益干——安徽沿江四市负责同志座谈会纪要》。

2）期号

在标题下标明期号（有的还有总期号）。会议纪要不需要写发文字号，有的会议纪要甚至连期号也不写（或者只标明会议时间），标题写完后就进入正文。

3）正文

正文包括开头、主体、结尾三个部分。

（1）开头。写会议概况，内容包括开会的根据（有的还写上开会的背景）、必要性和重要性、目的、时间、地点、参加会议的单位和人员、主要议程（包括提出的问题、讨论的事项等）、对会议总的评价等。以上内容，有的可省略不写，有的可放在主体里写，可根据实际情况灵活处理。

以上内容的安排，通常有两种写法，一种是叙述式，即将各项内容一气呵成，一以贯通（或至多分为两段）；另一种是条目式，就是分条列项地写各项内容。

（2）主体。这部分是有关单位贯彻执行会议精神的依据。内容包括会议所讨论的工作或问题的意义；对过去工作的回顾、评价；会议研究的问题、讨论的主要意见、取得的结果；对会后工作的指导思想、要求和措施等。

主体的常用写法有以下几种。

① 分类归纳式。即把会议讨论、研究的内容分类归纳成几个问题来写的方式。常见的有三种：第一种是将主体分为几个小自然段，每一自然段写一个问题，这种写法比较适合内容不复杂的会议；第二种是将会议精神归纳为几个大问题，每个大问题之下，又分为几个自然段，这种写法比较适合内容复杂的会议；第三种是将会议精神归为若干具体问题，分为若干条款来写，这种写法适合内容广泛，涉及许多方面，每一方面又都有一些相对独立内容的会议。分类归纳式能够把比较复杂的事项写得条理清楚，层次分明，重点突出。

② 概述式。即根据会议进程，将会议议题、主要讨论意见、决定事项加以综合、提炼，概括表述的方式。这种写法，多用于小型会议、例会，讨论的问题比较集中，意见又比较一致。

③ 发言记录式。即按照在会上发言的顺序，把每个发言人的主要观点和意见择要出来。这种写法的好处是，能如实地反映会议进程和各种观点，便于如实反映发言人的不同看法和会议原貌，多用于座谈会议纪要和高层领导会议。发言记录式要写发言者的名字，有的还要在名字后面的括号内写明其工作单位和职务。

（3）结尾。主要写会议的希望或要求，这部分有时可以省略。

4）出席人员名单

标注出席、请假和列席人员名单。在正文下空一行标注出席人单位、姓名，回行时与冒号后的首字对齐。"请假"或"列席"人员名单，除依次另起一行并将"出席"二字改为"请假"或"列席"外，编排方法同出席人员名单。如果出席的人不是很多，也可以作为正文的一部分,放在正文中说明,如例文。

5）发送范围

纪要印发送达的范围,根据送发对象,可以用"送发""分送""主送""抄送"等词,后加冒号,单位之间用逗号隔开。

6）印发机关与时间

写印发文机关的全称与印发时间。此项也可以标在期号之下,《党政机关公文格式》规定,"纪要格式可以根据实际制定。"

纪要不需加盖公章。

3. 纪要写作的注意事项

（1）突出会议的中心和重点。"纪要"顾名思义,即综合、归纳、整理要点,"会议纪要"就是要反映会议的中心和要点,因而要根据会议材料,综合、归纳、整理出会议的精神、问题或事项,不要面面俱到,也不可记流水账。

（2）实事求是地反映出会议的各项内容。会议的各项内容,特别是与会者的发言,绝不能按编者的主观意图,随意增添,甚至歪曲或篡改。对会议中出现的重大分歧,应如实记载与反映。

（3）层次分明,条理清楚。会议纪要除可用小标题、序号表示外,还可以使用"会议决定""会议同意""会议听取了……"等惯用词语表示层次,以使纪要条理清楚,层次分明,内容集中、明确。

（4）使用固定的惯用词语。会议纪要通常用"会议认为""会议指出""会议决定""会议要求""会议号召"等词语写出会议的主要内容。意见有分歧的,可用"部分代表认为""一些代表认为"等。要注意用词的准确、简明。

4. 会议纪要与会议记录的异同

会议纪要与会议记录的相同点是:都要反映会议的基本情况和全过程;都必须尊重事实,以会议实际情况作为写稿的依据。但二者也有明显的不同。

（1）形成的过程不同。会议纪要是在会议结束后,根据会议中心议题,对所有的会议材料进行综合整理后形成的;会议记录是随着会议的进程进行的,会议一结束,记录随之完毕,一般不需再进行综合整理。

（2）写法不同。会议纪要按公文的格式写作,内容上要求概括、精炼地反映会议的主要内容、基本精神和决定事项;会议记录不需要按公文的格式写,内容上只要如实地记录会议的进程及与会人员发言的情况即可。

（3）作用不同。会议纪要是公文的一种,对下级的工作具有指导作用;会议记录不是公文,不具指导功能,只是作为凭证或资料保存,以备查考。

（4）使用范围不同。会议纪要一般用于比较重要或大型的会议;会议记录使用的范围较广,各种会议都可以用。

附:会议记录有关知识

会议记录是在会议期间由专门人员当场把会议的基本情况、研究和讨论的问题,报告和发言的内容以及形成的决议和各方面的意见如实地记载下来的书面材料。它既可以为起草会议纪要、会议简报以及正式文件提供可靠的原始素材,也可为日后的查考提供可靠的依据和凭证,是重要的历史档案。

会议记录由会议的组织情况和会议内容两部分组成。

会议组织情况包括会会议名称、会议时间(年、月、日、时,起止时间)、具体地点、主持人(姓名、职务)、出席人(人数较多的要写主要出席人姓名、职务,其他人可以用泛称)、出席人数(包括应出席人数、实出席人数、缺席人数,一般性会议此项可无)、缺席人(要标明缺席原因,若无缺席人,此项填"无")、列席人(一般是会议的特邀人员,若无此类人员,此项则不设)、记录人。以上各项,应在主持人宣布会议开始前填好。

会议内容,即会议中有关情况的记录,要求写明会议主持人的发言、主讲人的报告或传达的事情、交流的情况、讨论的问题、作出的决议、会议涉及的其他主要内容,这是会议记录的主体。记录会议内容的方式有详细记录和摘要记录两种。

详细记录多用于比较重要的会议(如党政机关、企事业单位、社会团体领导班子的会议)和重要的发言。要尽量做到有言必录、尽可能记下发言人的原话。

摘要记录用于一般性会议记录。只记录会议要点和中心内容,记清楚讨论的问题、发言要点、通过的决议、决定等即可。

会议结束,记录完毕,另起一行写"散会"二字。如果中途休会,要写明"休会"字样(标明休会、重新开始的时间)。会议记录完成、经主持人审核无误后,主持人、记录人签名。

1.7.3 写作训练

1. 指出下面这篇会议纪要的问题并予以修改。

××市税务局市场征收工作经验交流大会纪要

××××年5月28日,××市税务局召开了"市场征收工作经验交流大会",×××副局长对去年6月1日农贸市场实行征税以来的工作进行了回顾总结,部署了今后的工作。

×副局长在总结中指出,在各级党政领导重视支持和有关部门的密切配合下,经过广大税务专管员的努力,一年来征收税款×××万余元,市场物价基本稳定,摊位、品种并未减少。"管而不死"的方针得到了贯彻,在税收工作上取得了不少成绩。

一、运用税收经济杠杆,加强税收管理。在保护合法经营、打击和限制投机违法活动方面发挥了积极的作用,如××区税务分局第×税务所,从宣传着手,提高商贩的遵纪守法观念;从检查着手,促使商贩正确申报;从管理着手,做到十足收齐。

二、初步摸索、积累了一些行之有效的征收管理办法。如××区税务分局与工商局密切配合,思想上统一认识,管理上统一步调,处理上统一行动,通过一年实践,证明这样做法有利于加强市场征收工作。

三、在培养、锻炼新生力量方面迈出了可喜的一步。据统计,一年来拒腐蚀的事例共有289起,不少分局摸索、总结了一些培养干部的经验。××区税务分局第三税务所在大会上介绍的"晓之以理、导之以行、抓紧队伍"的做法,就是这些经验的代表。

×副局长还号召市场税务专管员向一年来立功受奖的同志学习,拒腐蚀,永不沾,只有思想上筑起一道防线,方能在种种糖弹面前立于不败之地。

最后，×副局长要求各单位进一步加强市场专管员的队伍建设，在政治思想、业务水平、工作经验上都有一个新提高，认真贯彻市委18号文件，密切与其他部门配合，把整顿市场秩序的工作做好。

2. 根据下文提供的会议记录的内容，写一篇会议纪要。

××学校学生会2021年第五次会议记录

时间：2021年3月29日下午4时

地点：校学生会办公室

出席人：吴双（学生会主席）、关键（学习部长）、路鸣（宣传部长）、刘小菲（文娱部长）、钱为民（生活部长）、周翔（体育部长）

缺席人：李想（副主席，因病）

列席人：韩昕茹（老师）

主持人：吴双

记录人：郑晓梅（学生会干事）

会议内容：研究纪念五四运动八十九周年的活动。

（一）主持人讲话

今年5月4日是五四运动八十五周年纪念日，如何开展纪念活动，请各位充分发表意见。

（二）发言

关键：我们学习部准备举行有关五四运动的知识竞赛。

路鸣：围绕纪念五四运动八十五周年，我们将举行《发扬五四精神，迎接新世纪挑战》演讲比赛。

刘小菲：文娱部准备在5月4日召开的纪念会上献上一台文艺节目。

周翔：为纪念"五四"，体育部在一年级举行篮球比赛，二年级举行排球比赛。

钱为民：为搞好这次纪念活动，我们生活部在做好后勤服务工作的同时，还要搞好全校的卫生工作，干干净净迎"五四"。

（三）决议

由学生会主席草拟一份纪念活动计划，报学生工作处审批。

召开班长会议，布置纪念活动的内容，提出要求。

演讲比赛于4月30日举行。

知识竞赛由学习部组织各班学习委员去搞，5月2日前完成。

文艺节目由文娱部组织各班文娱委员筹备，在5月4日的庆祝会上演出。

篮球、排球预赛由体育部统一安排时间、场地，决赛安排在5月3日下午举行。

为使各项活动、竞赛有序进行，各部长拟一份详细计划报主席处。各项竞赛的成绩于5月3日下午6时前交主席，以便5月4日下午纪念会上宣布、颁奖。

下午5时30分散会。

主持人：吴××（签名）

记录人：郑××（签名）

1.8　公务文书的相关知识

1. 公文的特点

（1）具有法定的作者。这里所指的法定作者是指依法成立并能以自己的名义行使权力、承担义务的组织（单位）或组织的负责人。单位负责人以个人名义制发公文，并非以私人的身份行事，而是以他所在单位法定领导者的身份行使职权。

（2）具有法定的权威性和行政的约束力。公文是法定机关制发的，具有法定的权威性和行政的约束力，对于下行文来说尤其如此。公文的这一特点，是其他文书所不具备的。

（3）具有规范的格式和制发程序。制发公文是一件严肃的事情，必须按照规定的格式，不得随心所欲，独出心裁，另搞一套。具体要求可参阅附录1《党政机关公文处理工作条例》、附录2《党政机关公文格式》。

（4）具有很强的时效性。首先，公文要在规定的时间内及时办理。如果不在相应的时间内办理，就会影响工作。如请示、批复、通知、公告等，如果不及时送达、办理、答复或公示，就将导致工作无法进行。行政公文极其讲究工作效率，时效性极强。其次，公文的效力都有一定的期限，有关工作完成后，该效力也随之消失。

（5）大多具有保密性。公文一般都有特定的读者。很多文件都涉及党和国家的秘密，"绝密""机密"级的还标有份数、序号，只允许特定的少数人阅读，保密性很强。

（6）语言的规范性。公文属于事务文书，使用机关事务语体。较多地采用说明、议论、叙述等写作方法，一般不抒情、不描写。公文有特定的习惯用语（具体见下文）。

2. 公文的习惯用语

公文用语有比较特殊、规范的要求，主要有以下几个方面。

（1）使用规范的书面语，不用口语、方言或俗语。

（2）使用某些特定的文言文词语。在公文中适当运用一些文言词语，可使公文庄重精炼。如"为荷""悉""业（经）""兹"等文言词语，都是公文中常见的。

（3）广泛使用公文专用语。公文专用语是指那些在公文中使用频率比较高、用法比较固定的词语。常用的公文专用语有以下几种。

① 标题用语："关于"是标题中最常见的词语，主要用于引进发文事由。

② 开头用语："根据""据查""遵照""按照""为了""关于""由于""兹"等，主要用来表达行文的目的、依据、范围，或用来表示时间，或用作发语词。

③ 引述用语："接""前接""近接""现接""收悉""敬悉""悉"等，用来引起本文。

④ 经办用语："经""业经""兹经""交由"等，用于说明工作处理过程及处理时间。

⑤ 综合过渡用语："为此""对此""据此""鉴此"等。综合过渡用语用于总括上文内容，连接下文，起承上启下的作用。

⑥ 祈请用语："希""请""拟请""务请""贯彻执行""遵照执行""参照执行"等。"希"

"请"等上下级可通用；"遵照执行"等用于上级对下级机关的文尾。

⑦ 表态用语："同意""不同意""照办""可行""不可""准予"等，一般为下行公文用语。

⑧ 询问用语："妥否""是否妥当""是否可行""请批示""请回复""请指示"等，常用于请示、报告的结尾。

⑨ 结尾用语："特此报告""现予公布""为妥""为盼""为荷"等。结尾用语多用于一般公函和部分通知、通报、布告、通告、报告、批复等。"为荷""为盼""为要"一般用于平行文；"为要"，有加强期望语气的作用；"为盼"常有盼望之意；"为荷"有感谢的意味；"为盼""为荷"表示客气；"为妥"则不表客气。

以上几种专用语在前几节的各类公文中均有例句，请参见例文点评内容。

3. 公文的分类

根据行文方向，公文可分为上行公文、下行公文和平行公文三种。上行公文是下级机关向其归属的上级机关所发的公文；下行公文是上级机关向其所属的下级机关发的公文；平行公文是给平级或不相隶属机关所发的公文。由于行文方向不同，所使用的文种、语言也有不同的要求。

4. 公文的格式（亦称公文的体式）

公文的书面格式包括以下几个部分。

1）发文机关

发文机关是文件的法定作者，要写全称或规范的简称，几个机关联合行文，应将主办机关排列在前。发文机关一般都在标题中出现，有的则只写在正文末尾。若使用印有版头的文件首页（版头的文字由份号、密级和保密期限、紧急程度、发文机关标志、发文字号与签发人一起组成），在标题中可以不写发文机关。如果为了表示郑重，也可以写。例如国务院下发的文件均有版头，但大多数文件的标题中都有发文机关。

2）份号

公文印制份数的顺序号。涉密公文应当标注份号。如需标注份号，"份号"的位置在版头的左上角第一行，用6位阿拉伯数字标注。

3）密级和保密期限

涉及国家秘密的公文应当标明密级和保密期限。秘密公文应按其秘级的程度分别标明"绝密""机密""秘密"。"绝密""机密"公文应当标明份数序号。"密级"的位置在"份号"的正下方。保密期限中的数字用阿拉伯数字标注。

4）紧急程度

公文送达和办理的时限要求。紧急公文应当分别标注"特急""加急"，电报应当分别标注"特提""特急""加急""平急"。"份号""紧急程度"和"密级"的位置是自上而下，三项上下对齐标注。

5）发文机关标志

由发文机关全称或者规范化简称加"文件"二字组成，也可以使用发文机关全称或者规范化简称。联合行文时，发文机关标志可以并用联合发文机关名称，也可以单独用主办机关名称。

6）发文字号

发文字号由机关代字、年份和发文顺序号组成。机关代字表明发文的机关、部门；年份表明发文的时间，应标全称（四位阿拉伯数字），用六角括号"〔〕"括入，编排在发文机关标志下、反红线上，居中排布。发文顺序号表示该机关该年发文的顺序，不加"第"字，不编虚位（即1不编为01），在阿拉伯数字后加"号"字。年份、发文顺序号用阿拉伯数字标注，如"辽教高字〔2021〕10号"，其中"辽教高字"是辽宁省教育厅高教处的代字，"〔2021〕"是年份，"10号"是该年发文的顺序号。有些公文的发文字号中以"发"字代替"字"，如"国办发"（国务院办公厅）。几个机关联合行文，只标明主办机关的发文字号。一份公文只有一个发文字号。没有发文机关标志的公文，发文字号排在标题之下、正文之上的正中或正中偏右侧。

7）签发人

上报的公文，应当注明签发人姓名。签名的位置在公文首页"发文字号"的右侧。其中，"请示"应当在附注处注明联系人的姓名和电话。

8）标题

公文标题应当准确简要地概括公文的主要内容，标明发文机关，并准确标明公文种类（文种），编排在反红线下。公文标题中除法规、规章名称或批转法规性文件加书名号外，一般不加标点符号。

具体来说，公文的标题构成，有以下几种类型。

（1）完整的标题，由"发文机关""事由""文种"三要素组成，这是标题的规范形式。

（2）由"事由"和"文种"两要素组成，这种标题只能用于有发文机关标志的公文样式，无发文机关标志的公文特别是上行公文不能采用。

（3）由"发文机关""文种"两要素组成，如《人民代表大会公告》，这种标题多用于公之于众的周知性公文。

（4）转发或批转几个机关联合办理的公文，可以只写主办机关的名称；层层转发的公文，可省略重复的介词"关于"和文种，如"××省人民政府转发国务院《关于深化企业职工养老保险制度改革的通知》"。

（5）只标明文种，如《布告》《通知》，这类标题用于公之于众的周知性公文。

9）主送机关

主送机关是主要受理、承办公文的机关。在标题的下一行顶格写起，后面用冒号以提示下文。主送机关名称要用全称或者规范简称，如果主送机关较多，同类型机关也可用统称，如"市直各委办局"。

10）正文

正文是公文表述事项的主体部分，是公文的核心，具体情况可参见本章各节例文。

11）附件说明

附件说明由公文附件的顺序号和名称组成。常见的附件有两种，一种是起主要作用的附件，这种附件是公文的主体组成部分，附件的名称一般在公文标题中已反映出来，一般是用于发布性或转发性文件；另一种是用于补充说明或证实正文的文字、图表、统计数字等，这类附件，在公文标题中不作反映。附件是与"主件"（一般指正文）相对而言的部分，并不是所有的公文都有附件。如果有附件，在正文下空一行左空二字编排"附件"二字，后标全角冒号和附件名称，附件名称后不加标点符号。有关附件列于主件之后。

写附件说明时要注意：

（1）如有多个附件，为了便于对方收文时点收，应使用阿拉伯数字逐一标注附件顺序号，各个顺序号上下对齐。

（2）有的公文，附件只发给主送机关，不发给抄送机关；如果部分抄送机关需要发附件，就应分别注明。

（3）若附件名称较长需要回行时，第二行的开头要与上一行附件名称的首字对齐。如1.3.1小节的例文（二）。

12）署名、印章

公文中有发文机关署名的，要加盖发文机关印章，并与署名机关相符。除有特定发文机关标志的普发性公文和电报可以不加盖印章外，公文一律要加盖印章。联合上报的公文，由主办机关加盖印章；联合下发的公文，发文机关都应加盖印章。

印章是公文生效的标识。单一机关行文时，一般在成文日期之上、以成文日期为准居中编排发文机关署名，印章端正、居中下压发文机关署名和成文日期，使发文机关署名和成文日期居印章中心偏下位置，印章顶端应当上距正文（或附件说明）一行之内。

联合行文时，要分别用全称或规范简称署名。一般将各发文机关署名按照发文机关顺序整齐排列在相应位置，并将印章一一对应、端正、居中下压发文机关署名，最后一个印章端正、居中下压发文机关署名和成文日期，印章之间排列整齐、互不相交或相切，首排印章顶端应当上距正文（或附件说明）一行之内。

13）成文时间

成文时间要用用阿拉伯数字将年、月、日标全，年份应标全称，月、日不编虚位（即1不编为01）。

成文时间以负责人签发的日期为准；联合行文以最后签发机关负责人签发日期为准。会议通过的文件，应在标题之下，正文之前注明会议名称和通过日期。决议、决定、条例、规定等不标明主送机关的公文，成文日期加括号标注于标题下方居中位置。

14）附注

附注用于说明其他项目不便说明的事项，例如某些公文限定发送范围、规定阅读或执行要求等的说明，加圆括号标注，如"（此件发至县、团级）""（此件口头传达到群众）"等。

附注编排在发文日期下一行。

15）抄送机关

报送机关是指除主送机关之外，需要执行或知晓、但不负责处理公文内容的其他机关。将公文送给相关的机关，目的是使其了解有关事情或协助处理有关问题。

抄送机关要使用机关全称、规范化简称或者同类型机关统称，标于成文时间之下，用横线成文时间隔开；在"抄送"后加冒号；抄送机关之间用逗号隔开，回行时与冒号后的第一个字对齐；在最后一个抄送机关后标句号。

16）印发机关和时间

印发机关是指印制文件的机关，一般是发文机关的办公室或秘书处。时间是指印制时间,与"成文时间"有区别。其位置在"抄送"下的两横线之间。如需要注明印发份数,可标注在印发时间或报送机关之下。

上述各项中,发文机关、发文字号、标题、主送机关、正文、印章和成文时间等七个部分是各种公文都必须具备的("会议纪要"可以不加盖印章),其余各部分则根据具体情况而定。如果不需要,可以不写。

公文中必须加冒号之处有:签发人、主送机关、附件、抄送(报)诸项紧随其后加冒号。

公文中必须留空格处为:紧急程度(如"紧　急"),两字之间空一格;正文每自然段开头空两格;"附件"左端空两格;"附注"左端空两格。

公文的相关知识、要求,详见《党政机关公文处理工作条例》(中共中央办公厅、国务院办公厅 2012 年 4 月 16 日发布)、《党政机关公文格式》(中华人民共和国国家质量监督检验检疫总局、中国国家标准化管理委员会 2012 年 6 月 29 日发布)(详见本书附录 1、附录 2)。公文处理的一切工作,均以这两个文件为准,具体案例可参见本章各节的例文。

1.9　综合练习

1. 判断在下列各种情况下,适用何种公文。

(1) 某中学欲购买教学设备,向市财政局申请拨款。

(2) 某高职院要求,除节假日外,未经申请,各系不得在校园范围内举办舞会。

(3) 国务院告之黑龙江人民政府,同意将哈尔滨海关驻大庆办事处调整为大庆海关。

(4) 西安市人民政府对在 2021 年工作中取得突出成绩的市电信局予以表彰。

(5) ××省财政厅对国务院颁发的有关规定不甚了解,有不同的看法,请求财政部予以答复。

2. 某单位党委全体会议审议通过,确定了在本年内为职工办的八件实事及相应的措施,应采用"决定"还是"决议"行文? 请作说明。

3. ×市准备举办全市中学生运动会。在运动会召开半年前,该市教育局告之各全市中学,请各校组织好运动队,作好训练准备工作,并通过选拔运动员,带动学校体育运动的开展,并准备向市体委借用运动场及体育馆以作为召开运动会的场地。请代教育局拟写两份相应的公文

4. 2021 年 5 月 13 日中午,前进轮胎厂单位职工何×在单身职工宿舍使用电炉烧水,水未开时遇厂突然停电,后何×未将插头拔出便离开宿舍上班了。下午四时来电,电炉烘烤旁边的写字台达两个小时之久,致使写字台着火,蔓延至窗户,烧毁三开窗户一扇,写字台一张,幸亏厂里工人及时发现,才避免造成更大的火灾。为此,厂里决定给何×记行政大过处分一次,扣发第二季度奖金,并责令按价赔偿火灾造成的损失,并将这一决定告之全厂,希望全厂引以为戒,加强安全意识。根据上述材料写一份公文。

5. ×县××乡××粮站于 2021 年 6 月 20 日晚突降暴雨,子夜一点左右山洪暴发,冲毁了仓库两座,冲走稻麦等粮食×××公斤,冲垮宿舍平房八间。事前,气象站未发出准确预报,所以事情刚发生时全所职工措手不及,公私财产损失严重。目前大雨仍时断时续,粮

站职工正在全力抢救国家财产,已有×××公斤粮食转移到安全处。为××乡××粮站拟写一份公文,将上述情况汇报给××县粮食局。

6. ××无线电工业学校经过几年的发展已升为高等职业技术学院,在校生人数已超过五千人,但是学校的一些必要的教学设施却一时不能适应其发展规模的需要,特别是缺乏一座独立的图书馆,这既影响了学生的学习,也制约了学校的发展。为解决这一问题,学校决定建造一座独立的图书馆。为此,学校向省计委计财处写一份请示,请求拨款480万元修建一座4 000平方米的图书馆,并抄报省教委计财处,省财政厅计财处。请你代拟这份请示。

省计委计财处接到××无线电工业学校的请示后,批准其所提出的要求,请你代省计委计财处给××无线电工业学校写一份批复。

7. 据下面材料写相关的公文。

(1) ××信息职业技术学院2019级机要专业学生按教学计划要到××省各市的机要局进行为期一个月的毕业实习。实习内容:机要知识;实习时间:2021年5月25日—6月25日;实习人数:30人;食宿无须对方安排;实习费用按有关文件规定付给对方。为此,××信息职业技术学院给××省机要局发文请求对方予以支持。省机要局接到××信息职业技术学院的公文后,经研究决定同意对方的要求。根据上述内容,请代××信息职业技术学院和××市机要局拟写相应的公文。

(2) ××省机要局办公室根据5月10日局长办公会议精神给各地、市、县机要局下发一份公文,要求其做好接收××电子信息职业技术学院为本系统代培的2019级机要专业毕业生回各自原委培单位实习的工作。据此内容,请代××省机要局办公室写一份布置事项的公文。

(3) ××县机要局由于接收本单位委培学生实习而发生了经费困难,请以××县机要局之名向上级主管部门(××市机要局)写一份公文,请求上级主管部门增拨学生实习经费。

8. ×厂因地处城乡接合部,治安情况较差,为保障国家和全厂职工的财产及职工的生命安全,××厂欲加强厂内警卫力量,成立一支护厂队,负责厂内及厂外所属地段的治安。护厂队人员由厂内保卫处招收的保安人员组成。××厂不知此举是否合法,因此向××市公安局写了一份公文,请求公安局给予政策上的答复。××市公安局收到××厂的公文后,根据国发〔2020〕310号文件和×市政办发〔2020〕7号文件精神给××厂答复,表示可以成立护厂队,并提出一些具体的要求。请代××厂和××市公安局分别拟写相应的公文。

第 2 章 工作文书

此处的工作文书是指党政机关、群团组织、企事业单位及相关的工作人员，在处理工作事务中使用的文书，它包括总结类、信息类、调研类等多个类别。本章侧重学习计划、规章制度等十一种在工作中经常使用的文体。

2.1 计 划

计划是机关、团体、企业事业单位或个人，对未来将要完成的工作或学习任务提出预想目标，制定具体实施办法时使用的应用文体。

2.1.1 例文点评

为切实保障师生生命和学校财产安全，维护正常的教育教学秩序，促进教育事业稳定健康发展，依据《中小学幼儿园安全管理办法》和上级有关精神，结合学校实际，××市教育局制订了 2021 年度安全管理工作计划。

例　文　（一）	点　评
××市教育局 2021 年度安全管理工作计划 为切实保障师生生命和学校财产安全，维护正常的教育教学秩序，促进教育事业稳定健康发展，依据《中小学幼儿园安全管理办法》和上级有关精神，结合学校实际，特制订本工作计划。 一、指导思想 2021 年度，学校安全工作紧紧围绕"安全立教"这一主线，坚持"安全第一、预防为主"的工作方针和"以人为本、安全发展"的原则，以保障师生生命安全为基本出发点，以强化学生"三生"（生命、生存、生活）教育、	**标题** 四要素式，由单位、时限、内容和文种组成。 **正文** 前言，简要写明制订本计划的目的和主要依据，解决"为什么做"的问题。用"特制订本计划"过渡到主体。 主体，第一部分阐明本计划的指导思想，它是确定计划目标的依据。

遏制安全事故为重点，从学校和谐稳定的大局出发，严格落实责任，强化监督管理，为师生营造一个安全祥和的工作环境和学习环境。

二、工作目标

通过精心组织、缜密安排、积极投入和务实工作，不断提高学校安全工作管理水平，不断加固安全防线，有效消除各类安全隐患，确保师生生命财产安全，确保学校不出安全责任事故。

三、具体工作

（一）提高工作认识，落实安全责任

学校安全工作关系到广大师生的生命和国家的财产安全，关系到学校的发展和稳定，所以必须从维护发展稳定的大局出发，充分认识学校安全工作的重要意义，高度重视安全工作。要做到警钟长鸣、常抓不懈，决不能有丝毫侥幸心理和懈怠情绪。今年是安全工作责任落实年，各校要切实抓好安全责任落实。要把安全工作纳入目标责任和教育教学常规管理的考核范畴，建立安全管理岗位责任制，形成层层负责的安全工作网络。本年度，继续实行年度安全工作目标责任制，教育局与各中心校、直属中小学校签订学校安全目标管理责任状，各校也要将目标层层分解，落实到所辖校、班级、具体人员，明确各职能部门和相关人员的职责，细化"谁主管、谁负责，谁在岗、谁负责"，使全体教职员工都承担起学校安全教育和管理的责任，形成齐抓共管的良好局面。

（二）建立健全制度，促进规范管理

要进一步完善安全工作制度建设，及时修补、更新各类安全规章制度，重点建立和实施好以下安全工作制度，做到用制度促管理，用制度保安全。

1. 建立学生"一日安全常规"制度。对学生每天上学、放学、课间活动和实践活动等各个环节提出具体要求，使学校安全工作成为教育行政管理的一项经常性工作，并列入重要工作日程。

2. 建立班级点名制度。要求任课教师每堂课上课前都要对学生进行细致清点，发现缺课现象要马上让班主任知晓，让值周教师和学校知晓，在查明缺课原因的同时，及时与家长取得联系。

第二部分，写要达到的目标。"工作目标"与"指导思想"相互配合，在"指导思想"的指引下，"工作目标"从宏观到微观两个层面上解决了"做什么"的问题。

第三部分是具体工作，采用条文式，分两个大方面结合"工作目标"来写。每项任务，均有相应的措施与办法。具体可行，便于操作，科学性强，解决"怎么做"的问题。

3. 建立与学生家长的联络制度。学校要密切与学生家长联络，共同承担起对学生的教育和监管任务。寒暑假以及其他较长节假日，学校都要以适当方式提示家长监护好自己的子女，防止意外事故发生。学生返校时间如遇雪大路滑等恶劣天气或突变气候，学校要及时主动地与教育局联系，可推迟返校时间，并及时告之家长。学生放学途中天气突变、学生不明原因未返校或缺课、学生在校生病或有其他异常情况，都要及时与家长取得联系，保证他们始终在家长和学校的监控范围内。

4. 实行低年级学生上学和放学家长接送制度。

（具体内容略　编者）

5. 坚持学生请假制度，履行好请假手续。

（具体内容略　编者）

6. 坚持晨检和午检制度，做好晨检和午检记录。

（具体内容略　编者）

7. 继续实行来客来访登记制度。充分发挥门卫的作用，严禁闲杂人员进入校园，严禁校外机动车辆进入校园，严禁携带危险品进入校园。

8. 继续实施校内大型活动、校外集体活动申报审批制度。学生出游和进行校内外集体活动，须经主管部门审批同意，并与各责任人签订安全责任书后，方可实施。

9. 继续实施安全事故即报制度。要建立畅通的信息传输渠道，遇到发生在本学校的重大安全事故、重大突发事件，在及时做好处置的同时，必须在2小时之内将有关情况报送给上级部门，不得迟报、漏报、瞒报和不按程序越级上报。对因事件不能及时上报以及不能及时妥善处置，造成不良后果的，要按照规定追究有关责任人的责任。

10. 完善学校安全预警机制。定期分析校舍、交通、治安、饮食、传染病、校园周边环境以及大型集体活动等方面可能会出现的问题，根据安全工作动态，确定不同阶段和不同季节安全工作重点，发现苗头性问题，尽早进行教育和防范。

11. 完善安全工作考核奖励制度。各校要从实际出发，健全安全考核机制、评价机制和奖励机制，对各责任点责任人及班主任必须建立安全工作考核制度，制定完善的考核办法。要将考核结果与评优晋级以及学校年终安全管理目标挂钩,对在安全工作中成绩显著或有特别贡献的单位或个人视情况给予表彰奖励。在考核工作中,实行安全工作一票否决制度。

12. 强化档案管理制度。不断加强档案整存和管理工作,要将安全工作文件、年度计划总结、安全检查记录等资料及时分类归档。档案材料要真实,不准出现先上车后买票的现象。对档案不健全、资料不完善的学校责令其限期整改。

××市教育局
2020 年 12 月 25 日

落款 由制订者和制订时间组成。本计划是以通知的附件形式下发,故未加盖印章。

为进一步提高应用文写作水平,蔡同洋同学结合自身情况,制订了如下学习计划。

例　文（二）	点　评

学　习　计　划

　　学习应用文写作两个月来,在老师的指导和帮助下,已对常用应用文的写法有了初步的了解。为了进一步提高应用文写作水平,结合自身情况,我制订了如下计划。

　　一、任务和目标

　　深入学习《应用文写作》内容,全面提高应用文写作水平,力争做到能轻松地写出一般常见的应用文。

　　二、方法和措施

　　1. 以自学为主,老师辅导为辅。查缺补漏,不懂的地方进行强化学习,懂的地方进行周期复习巩固。

　　2. 养成良好学习习惯,分配好每天的学习内容和时间,多和老师同学沟通,交流经验。

　　3. 一步一个脚印,循序渐进。每天总结,每周总结,在学习中总结,在总结中学习。

　　三、时间和步骤

　　12 月份:了解应用文写作基础知识,包括主题、材料、结构、语言。学习每种文种的格式、写作要求、内容、语言、排版要求,重点是写作格式的写法。

标题 二要素式,由计划内容与文种构成。个人的学习计划,无制订单位。

正文 前言,说明制订该计划的原因是为了提高应用文写作水平。

主体,第一是任务和目标——全面提高应用文写作水平。

第二是方法和措施,三个方面具体采用自学为主、养成良好学习习惯和循序渐进。

第三是时间安排。十分详细,具体到每一天,每一个小时的安排。

周一至周五:晚上 8:00—9:00 看书,9:00—9:30 与舍友讨论学习、巩固、总结。

周末:上午 9:00—11:00 看书,下午 3:00—5:00 写作练习,晚上 8:00—9:30 看应用文写作模板,对比学习。

1 月份:深入学习《应用文写作》内容,全面提高应用文写作水平。

周一至周五:晚上 8:00—9:00 看书复习,查缺补漏。

周末:上午 9:00—11:00 基础知识复习,下午 3:00—5:00 对不懂的地方进行强化学习、巩固,晚上 8:00—10:00 看应用文写作模板、写作练习。

以上就是我这段时间的应用文学习计划。再完美的计划也不如脚踏实地去实施,没有比人更高的山,没有比脚更长的路。我相信"有志者,事竟成",通过自己的不懈努力,我一定可以提高应用文写作水平。

> 总结,回顾全文,进行小结。表明实现计划的决心。

蔡××

2021 年 11 月 30 日

> **落款** 署名和制订日期。

为了在发生安全事故时,学生能够迅速、科学、有序应对,避免现场混乱,贻误救治时机,造成重大的人员伤亡和财产损失,明确各职能部门在学生发生安全事故时的职责和分工,××学校制定了校园安全应急预案。

例 文（三）	点 评

××学校校园安全应急预案

为了确保师生的人身安全,严格执行《学校安全制度》《教师护送学生制度》《安全职责追究制度》,保证一旦发生安全事故能够及时妥善处理,特制定我校安全应急预案。

一、成立应急领导小组

组长:×××(校长)

副组长:×××、×××、×××

成员:各班班主任

> **标题** 三要素式,由制订计划单位名称、内容与文种构成。

> **正文** 前言,简明扼要地说明制订目的,解决"为什么做"的问题。以"特制定以下应急预案"一句过渡到主体部分。

二、主要职责

1. 组长负责召集领导小组会议，部署处置安全工作，安排检查落实学校有关安全等工作的重大事宜与决定。

2. 领导小组成员具体负责学校各年级各部门突发安全事故的处理监控报告等事宜，并保证领导小组指令传达的畅通。做好安全工作的宣传教育、落实、检查等，把安全事故减少到最低限度。

3. 副组长负责学校安全应急预案的落实情况，处理突发安全事故，完成校领导交办的各项安全工作任务。

三、应急措施

1. 室内用电及电器安全由安全员每月检查一次，教学设施谁主管，谁负责，每月检查一次。若因用电等原因引起火灾，总务处立即通知电工切断电源，拨打报警电话，组织人员开启楼内灭火器、消防栓进行扑救，班主任教师迅速进班组织学生按规定秩序、线路下楼疏散。

2. 学生上下楼梯，在各个楼梯口安排指定教师看护，值班人员随时检查。若学生发生拥挤踩踏事件，看护教师指挥全体学生原地不动，通知值班人员、政教处人员、班主任救护踩伤学生。政教处派人将受伤学生送往医院，体育教师、班主任教师负责疏散楼梯内学生。

3. 学生上操及集会安全由体育组负责。下操及散会时，学生回班由体育教师负责按规定顺序排队回班。学生外出活动和校内大型活动的安全由教导处负责，若发生意外伤亡事件，由校务处专人处理，并及时上报。

4. 各班选出一名安全监督员，每日在教室班级门口楼道内检查，制止不安全行为。

5. 保证每天学校门口有两位值班教师，早晨上学、中午上下学和晚上放学时间段在校门前值班，待全部学生离校后方可下班。若在校门口学生发生交通事故，由当班领导负责处理，一名值班人员把学生送往医院，另一名值班人员通知其家长，并及时报警。

6. 加强夜间巡逻。来客门卫盘问登记制度。

（具体内容略　编者）

主体，第一部分是组织构架。第二部分明确领导小组中各位的具体职责。这两部分解决了"做什么"的问题。第三部分从十个方面制定具体应急措施。第四部分从五个方面阐述如何进行宣传教育。三、四两部分解决的是"怎么做"的问题。因是为未发生的突发事件所做的预案，所以无"何时完成"一项。

主体部分采用条文式写法，分别从"组织架构""主要职责""应急措施""宣传教育"四个方面着手，清晰明了地表达出应急预案应表述的内容。四个方面均采用分条列项的写法，使表述内容一目了然，有充分的可执行性。主体内容陈述完毕后，自然收结，干脆利落。

7. 学生有病有事须请假,若有无故不到者,班主任务必在一小时内上报政教处。若查实学生离家出走或被坏人控制,由班主任通知家长,需要报案的立即向公安机关报案。

8. 实行安全事件报告制度和安全职责追究制度。

(具体内容略　　编者)

9. 学生碰伤撞伤后,任课教师务必立即送医院治疗,及时通知学生家长,上报学校校务处,按《学生伤害处理办法》有关规定迅速处理。

10. 班主任教师负责组织学生站队放学,按两路纵队排列,做到校大门外50米内不解散。

四、宣传教育,确保安全

1. 教导处少先队要经常开展丰富多彩的安全教育活动,让学生学会、掌握生存自救本领。

2. 利用国旗下讲话、主题班会、黑板报和健康教育课等多种形式,加强对学生的安全教育。

3. 认真落实教育在先,预防在前的工作原则,牢固树立安全意识,提高防范意识,完善救护措施。

4. 安全教育要渗透到各科教学之中,时时讲,事事讲。

5. 定期举行全校性的安全教育报告会。

总之,安全工作重于泰山,全体教职工务必高度重视安全工作,若因工作失职造成安全事故的,将直接追究有关人员职责,按学校规定严肃处理。

××学校

2021年7月4日

落款　署名和制订日期。

2.1.2　文种指要

1. 计划的适用范围

(1) 新的工作将要开始,需要为此提出预想目标,制定具体实施办法。

(2) 工作已经进行了一个阶段,下一阶段的工作将要开始,需要针对下一阶段提出预想目标,制定具体实施办法。

2. 计划的分类

计划只是一个统称,常见的规划、设想、打算、安排、意见、要点、方案、预案等,都属于计划。在使用时,常根据内容等方面的需要,来确定计划的具体名称,大体上说,它们之间的差别如表 2-1 所示。

表 2-1　计划的形式分类

名　称	时　间	内　容	范　围
规划	时间跨度大	涉及面广，内容概括，只提远景目标，是大阶段的全面性的战略部署	本单位，本部门
设想	长期或近期	对工作任务作粗线条、非正式的安排	本单位，本部门
打算	近期内	提出任务，但其中的指标、措施较具体	本单位，本部门
安排	短期内	任务明确，内容较单一，措施较具体	本单位，本部门
意见	一个阶段内	布置任务，交代政策，提出要求，制定措施	上级对下级
要点	一定时期内	布置主要任务，交代政策，提出原则性要求	上级对下级，本单位，本部门
方案	近期或短期内	就某项任务、课题的具体实施，从目的、要求到方式、方法都作出全面的安排	本单位，本部门
预案	近期内	就可能发生的影响公众安全的意外突发事件，预先做出的具体应对方法、措施与安排	上级对下级，本单位，本部门

　　在各类计划中，预案属于比较特殊的一种，它具有方案的专一性、专业性、周密性、时限集中性等特点。预案的种类很多，有应急预案、分配预案、活动预案、编制预案多个种类。目前使用频率最高的是应急预案，根据本单位的具体情况，各机关、企事业单位几乎均需要制定火灾应急预案、停电应急预案、地震应急预案等预案。本节所说的预案，专指应急预案。

　　应急预案是针对自然灾害、事故灾难、突发公共卫生事件和突发社会安全事件，以及在大型活动、集会中，可能发生的影响公众安全的意外突发事件，预先做出的应对方案。制定预案，要针对具体设备、设施、场所和环境，在安全评价的基础上，为降低事故造成的人身、财产与环境损失，就事故发生后的应急救援机构和人员，应急救援设备、设施、条件和环境，行动的步骤和纲领，控制事故发展的方法和程序，负责的组织、机构、人员等，预先做出科学而有效的计划安排。

　　应急预案的相关工作，要依据国务院办公厅 2013 年 10 月 25 日发布的《突发事件应急预案管理办法》进行。

　　应急预案的主体内容一般要写清楚以下四个方面。

　　(1) 指导思想。强调制定、执行此预案的重要性、必要性和总的原则与理念。这是不可或缺的重要内容，只有认识上提高、统一了，全单位上下才能在行动上重视和统一，拧成一股绳，确保预案实施的力度和效果。

　　(2) 组织架构。将有限的人力合理分工配置，包括领导班子、一线的机构与成员、后勤人员、办公室值班人员等。只有组织架构清晰，才能确保分工到人，责任明确，同时要注意分工中亦有合作，齐心协力，达到要求。

　　(3) 信息网络。包括与各部门横向联系的方式，也包括单位内部紧急状态下的联系方式。如内容较多，可只在正文部分简述，将具体的人员名单、电话号码、单位、地址等作为附件列于其后。

（4）具体任务、措施和步骤。这部分是预案的实质性核心部分。通常是将相关单位划分成若干责任区，每一责任区形成一个章节，围绕各自的任务、措施、步骤，分别阐述。

3. 计划的格式写法

常见的计划的格式有条文式、表格式和条文表格相结合式三种形式。大多数计划采取的是条文式格式，如例文（一）、例文（二）、例文（三）。

表格式计划常用在一些内容单一、数字使用较多的计划中，如生产计划、财务计划、购销计划等。科研计划需要罗列项目、成果类别。学习计划中需要在不同的时间段安排相应的内容时也经常使用表格式计划。当表格反映不充分或不清楚时，可以辅以简单的文字进行补充说明。

条文加表格的形式多用在内容较为复杂，既需要用文字说明计划的事项，又有较多的数据、资料、安排需要用表格表述的计划上。在这种计划的正文里，条文、表格互相补充，兼而有之。

无论采取哪种形式，计划在结构上都是由标题、正文和落款三部分组成。

1）标题

标题的位置在首行正中，字体可稍大。如果计划还未成熟，就应在标题的后面或下面用括号注明"初稿""讨论稿"或"征求意见稿"等字样。标题的形式与公文的标题相似，一般有以下三种形式。

（1）四要素式。由制订计划单位名称、时限、内容和文种组成，如例文（一）。

（2）三要素式。由制订计划单位名称、内容、文种或者时限、内容、文种组成。前者如《××集团公司"创优"工作安排》，后者如例文（一）标题，也可以写成《2021年度安全管理工作计划》。

（3）二要素式。由内容和文种组成，如《职业技术教育发展纲要学习计划》。

这三种形式都是单位制订计划时使用的，如果是个人为自己制订的学习、工作计划，一般不加制订单位名称，只有内容和文种，如例文（二）。

2）正文

正文一般包括前言、主体两部分。表格式计划，表格就是该计划正文的内容，通过填报数据来反映计划的有关事项。

（1）前言。前言要写清楚"为什么做"，即制订计划的依据和理由。包括制订本计划的指导思想和主要依据，工作的总目标或总任务。有的还概述本单位的实际情况，包括当前的形势特点和分析得出的有利因素与不利因素。

前言的文字表达要简明扼要，通常写成一段式，个别的也可写成二段或三段式的。简要计划、表格式计划可不写前言。是否写前言、写成一段还是两段，要根据具体情况灵活掌握。

前言常常用"为此，特制订计划如下"或"为此，要抓好以下几方面的工作"等作结束语，以过渡到主体部分。

（2）主体。主体内容一般要写清楚以下三个方面。

① 任务要求。写出一定时间内要完成的工作任务，要达到的指标。如果任务不止一

个,常常标明序号。要突出重点,主次分明,明确、具体,使人知道"做什么"。

② 措施办法。写采取何种办法,利用哪些条件,由什么单位或部门负责,如何协调配合以完成计划。要具体可行,便于操作,有科学性,使人明白"怎么做"。

③ 步骤和程序。写明实现计划分哪几个步骤、计划的进展程度及完成期限等内容,使人明确"何时完成"。也有一些计划,把步骤和程序、措施和办法穿插起来放在一起写。一些长期规划,因时间跨度大,只能提出终极目标,分段目标及完成时间可以不写。

如果是较大的计划,还应有简明的可行性论证。主体常常采取标序列述的方法进行表述,以求做到条理分明,结构清楚。

综上所述,正文内容一般包括:目的要求(为什么做)、任务和目标(做什么)、实施的步骤和措施(怎么做)、进度和时间安排(何时完成)。它们又称为计划内容的四要素。在表格式计划中,"目的要求"项可以省略。

3）落款

在右下方写明制订计划的日期。如标题中没有单位名称,应将单位名称写在日期前。上报或下达的计划,还应在日期上加盖单位印章。

有些不便在正文里表述的内容,可以以"附件""附表""附图"的形式,附在计划正文后面。

4. 计划写作的注意事项

(1) 注重依据。制订计划有要有依据。一是依据党和国家在一定时期内的方针政策、法令法规,以及上级部门、领导同志的指示、意见和要求,这是必须遵循的。如果违背,制订出的计划就可能会失去正确的方向。二是要针对本地区、本部门、本单位的实际情况,确定计划内容。

(2) 立足全局。制订计划要有全局观念。要从全局出发,正确处理好全局和局部、长远和目前的关系,处理好国家、集体和个人三者的利益,使计划发挥积极作用。

(3) 量力而行。制订计划要坚持实事求是的原则,量力而行,使其具有可行性。要在深入细致地调查研究的基础上进行,不能只凭主观愿望、热情、意气办事。既不应盲目,也不要保守。确定的目标,应该是经过努力能够达到的最高目标,这个目标既不是可望而不可即,又不是唾手可得的。

(4) 留有余地。计划是事先考虑安排的,难免有预料不周之处。在执行的过程中,要根据遇到的新情况、新问题及时地进行修正、补充、调整。所以计划必须要留有余地,保持一定的弹性。

(5) 具体明确。计划的整体设想要具体明确,文字表达要简明扼要,任务措施要分项列出,使人一目了然,以利于实施检查。

(6) 说明为主。计划的表达方式以说明为主,行文中不要夹杂不必要的叙述、议论,更不要抒情。

2.1.3　写作训练

1. 选择题。

(1) 制订计划要在深入细致调查研究的基础上进行,确定的目标、措施,应该是经过努力就能做到的,因此,计划应具有(　　)特点。

  A. 预见性   B. 导向性   C. 可行性   D. 主观性

(2)"凡事预则立,不预则废"讲的是(　　)的作用。

  A. 计划   B. 总结   C. 规章制度   D. 通知

(3)集体或个人对一定时期内的任务预先设想、部署、安排的一种应用文体是(　　)。

  A. 总结   B. 请示   C. 计划   D. 申请

(4)计划个人的署名,应写在(　　)。

  A. 标题中   B. 正文右下方   C. 标题下   D. 标题后

(5)下面哪一个要素不是计划必须具备的要素(　　)。

  A. 目标   B. 措施   C. 步骤   D. 范围

2. 小美即将升入高中,请替她拟一份高一上学期学习计划。

2.2　总　　结

  总结是单位、部门或个人对一个阶段内的工作、学习思想情况进行回顾、检查和分析研究,从中找出经验和教训,获得规律性的认识,以便指导今后工作的一种应用文体。

2.2.1　例文点评

  按照上级的有关要求,××幼儿园对 2020 年度安全工作进行了总结。

例　文　（一）	点　　评

**××幼儿园 2020 年度
安全工作总结**
 	
  在总校各级领导的关心支持下,我园坚持预防为主、防治结合、加强教育的原则,通过安全教育,增强了幼儿自我防护能力,通过齐抓共管,营造了全园教师关心和支持幼儿园安全工作的局面,从而切实保障了师生安全和财产不受损失。为进一步做好安全教育工作,切实加强对安全教育工作的领导,我园把安全工作列入重要议事日程。转眼间,一年即将过去,现对过去一年来的安全工作总结如下。
  一、为幼儿提供轻松愉快的安全环境
  幼儿园是幼儿每天生活、学习的地方。为了确保幼儿能够生活在一个健康安全的环境中,我们在开学
	标题　四要素式,由单位名称、时限、内容和文种组成。
	
	正文　前言,开门见山,回顾过去的一年时间里,幼儿园坚持预防为主、防治结合,为师生营造了一个良好安全的环境。用"现总结如下"过渡,引入对主体的阐述。
	
	主体,第一部分阐述为幼儿提供轻松愉快的安全环境,幼儿园做了哪些工作。

初就对教室的每个角落进行了全面检查,彻底排除不安全因素。平时用不到的插座尽量用玩具柜、床铺挡住,以免幼儿用手触摸,发生危险;把平时常用的插座告知幼儿,并提醒幼儿不玩它们;把平时常用的尖锐的钉子等物品,摆放在幼儿够不到的地方;把幼儿平时经常使用的各种工具(如剪刀等)摆放在教师与幼儿都能看到的地方,以便教师控制;对教室里物品的摆放,我们都会先考虑到是否安全,做到科学合理的摆放,为幼儿创设了一个温馨安全的生活学习环境。

二、领导重视,措施得力

为进一步做好安全教育工作,切实加强对安全教育工作的领导,幼儿园把安全工作列入重要议事日程,在园长的领导管理下,幼儿园教职工分工负责、组织实施好安全教育工作。

第二部分,幼儿园领导重视,措施有力。

三、把安全教育融入幼儿的日常生活中

我们面对的是一群三五岁的孩子,他们年龄小,控制力低,安全意识差,对他们讲大道理有时不能理解。于是,我们就通过各种途径,比如搜集一些常见的有关安全方面的信息、图片等资料,让孩子们观察讨论,谈谈自己的看法,讨论并总结应当注意的问题。例如开学初,好多小朋友总会把小椅子倒过来或是顶在头上搬,这样搬椅子很容易把小椅子撞到别的小朋友身上,或是撞到桌子、墙上,发生危险。于是,我们就教会孩子正确的搬法,学期将近结束,全园没有一位孩子因为被小椅子撞到而产生不良后果。午餐时,有的孩子会不知不觉把筷子咬在嘴里,我们在教育幼儿不把筷子咬在嘴里玩的同时,教会孩子正确使用筷子的方法,做到不咬、不挥、不戳、不敲,确保午餐安全。孩子在生活中,经常会碰上突如其来的事情,除了保证幼儿稳定的情绪外,我们还及时教会孩子处理紧急事情的办法,杜绝安全隐患。

第三部分,幼儿园安全教育工作的举措。

四、制度保证,措施到位

1. 成立幼儿园安全领导小组。由园长负责,制定严格的责任追究制度。如有造成重大安全事故者,将严肃追究有关老师及直接责任人的责任。

2. 签订责任书。幼儿园和老师签订安全责任书,明确各自的职责,贯彻"谁主管谁负责"的原则,做到职责明确。

第四部分,从四个方面具体阐述幼儿园安全教育工作的制度保证。

3. 不断完善幼儿园安全保卫工作规章制度。建立幼儿园安全保卫工作的各项规章制度,不定期检查和日常防范相结合的安全管理制度,以及幼儿管理、门卫值班、巡逻值班、防火防灾、健康体检等规章制度。严禁组织幼儿进行危险性活动,严禁教师个人利用假期私自带幼儿外出,做到有章可循、违章必究、不留盲点、不出漏洞。

4. 建立幼儿园安全意外事故处置预案制度。

五、把安全教育融入教学活动中,牢固树立幼儿的安全意识

我们依据学期安全教育计划,有的放矢地把安全教育融入主题活动。在开展"小小旅行家"主题活动时,我们经常提醒幼儿外出要注意的安全事项。这次幼儿园组织的秋游,正是一次给幼儿树立安全意识的好机会,在带领幼儿外出参观前,我们会强调幼儿的安全意识,让他们遵守外出规则,杜绝安全隐患。在开展"帽子"主题活动时,我们曾引导幼儿讨论过帽子的用途,不同帽子的不同作用。我们也会通过一些实例提醒幼儿,骑摩托车要戴头盔、工地施工要戴安全帽等的安全作用,幼儿都会用心地记下来,甚至回去提醒父母及叔叔、阿姨注意,幼儿在轻松、愉快的氛围中树立了牢固的安全意识。

六、齐抓共管,群防群治

幼儿园安全教育工作是一项社会性的系统工程,需要社会、幼儿园、家庭的密切配合。为此,幼儿园组织开展了一系列道德、法制教育活动,并取得了良好的教育效果。

七、家园沟通,确保幼儿安全

本年度,我们利用家长园地、家园联系册、家访、电访等形式,与家长联系,及时提醒家长确保幼儿在家时、外出时的安全。我们还对每一位幼儿的来园、离园接送车辆、接送家长进行登记并核实,确保幼儿接送安全。

八、加强检查,及时整改

开展常规检查。每学期开学后,幼儿园都把安全教育工作作为重点检查内容之一,对校舍进行全面的安全检查。

第五部分,具体阐述如何把安全教育融入教学活动中。

六、七、八三个部分,分别从"齐抓共管,群防群治""家园沟通,确保幼儿安全"和"加强检查,及时整改"这三个不同的角度,对本年度安全教育工作进行总结。

九、存在的主要问题和下一步打算

我们在安全保卫方面做了一些工作，安全保卫工作得到了很好的加强，但现在幼儿园安全保卫工作的难度越来越大，这一工作的开展面临着许多新的困难。例如社会育人环境中存在着不利于师生安全的因素，幼儿自我保护意识和安全防范能力低等。

安全工作是一项长期而艰巨的工作，我们将努力克服困难，尽力为幼儿提供健康安全的环境，确保每位幼儿健康快乐地成长。今后，我们将进一步重视安全保卫工作，及时解决安全保卫工作中发现的新问题，不断提高我园安全保卫工作水平。

××幼儿园
2020 年 12 月 25 日

> 第九部分，阐述目前存在的问题和下一步打算。

> **落款**　署名和日期。

2020 年，××社区党建工作取得了很大的成绩，他们将他们的做法加以总结，进行了先进经验介绍。

例　文　（二）　　　　　　　　　　　　**点　评**

创新举措抓党建 强基固本促发展
——××社区 2020 年基层党建工作总结

2020 年，在区委、区政府的正确领导和区委组织的大力支持、指导下，街道党工委紧紧围绕"与时俱进抓党建，抓好党建促发展"的工作思路，以实践科学发展观为主线，以提高党的执政能力建设为核心，不断创新党建工作方式，丰富党建工作载体，扎实有效地推进了基层党建工作的发展，为街道经济实现跨越式发展提供了坚强有力的政治基础和组织保证。现将有关情况汇报如下。

一、健全体系，狠抓落实，基层党建工作机制运行有序

街道党工委不断强化党建责任制，努力形成上下联动，一级抓一级，一级促一级，层层抓落实的良好格局。建立层级责任体系，不断强化"党工委书记全面抓、副书记直接抓、班子成员包片抓、支部书记具体抓"

> **标题**　双标题，主标题概况总结内容，副标题由单位、时限、内容和文种组成。

> **正文**　前言，概述××社区基层党建工作在 2020 年取得的成绩。

> 主体，从三个方面阐述具体工作，主要是介绍经验。

> 第一部分，介绍健全体系，狠抓落实的情况。

的党建工作责任制。根据 2020 年年初制订的党建工作任务目标，与各基层党组织签订基层党建工作目标责任书，逐级明确职责，分解任务，严格奖惩，构建上下联动、团结协作的组织网络。强化领导包居(居，"居委会"的简称)机制。针对各居委会的具体情况，制定《包居(村)工作量化考核实施细则》，包居(村)领导定期走居入户，开展调查研究，帮助各居委会理清工作思路，制订党建工作计划，协调解决其具体困难和问题。完善两个例会制度，为更好地促进基层党建工作制度化、规范化、经常化，街道党工委在全区率先试点基层党建月例会制度，党工委根据每个支部上报的情况，及时调整工作思路，改进工作方法，提高服务质量，现已形成长效机制，收到了良好效果。

二、围绕中心，强化共建，基层党建工作凝聚力明显增强

街道党工委牢固树立"大党建"的观念，以经济建设为中心，努力找准经济建设和基层党建的结合点，切实做到围绕发展抓党建，抓好党建促发展。建立健全组织，扩大覆盖范围，加强党建促发展。2020 年 5 月，街道新建立社会组织党支部 1 个，同时，在"两新"组织中开展"组织找党员，党员找组织"活动，排查摸底辖区企业，引导"隐形"党员亮出身份，并及时纳入党组织的教育管理和服务中，实现了党建工作全覆盖，真正把党的强大战斗力注入到了经济社会发展的各个层面。突出岗位特点，开展争创活动，激活动力促发展。逐步规范党员承诺、践行承诺内容，每半年将践行承诺情况向群众公示，接受群众监督。开展争创"五好党支部""党员示范岗""我为企业献一策""党员示范经营户"等活动，不断增强党员荣誉感和责任感，发挥党员的先锋模范作用，形成了人人争当先锋的良好局面。培养过硬作风，狠抓落实能力，一线建功促发展。街道党工委不断加强作风建设，在党员干部中大力发扬"三讲三不讲"工作精神，引导广大党员立足岗位，深入一线，在一线摔打锤炼，在一线建功立业，高效率、快节奏地推进工作开展，促进经济社会发展。

三、坚持创新，突出亮点，党建工作整体水平不断提升

去年，街道党工委积极探索创新工作模式，不断提

第二部分，介绍如何开展"围绕中心，强化共建"的。

升党建工作整体水平，取得了较为明显的成效。

1. 创新服务载体。实施"社区先锋活动"，深化社区党建"网格化"管理，健全完善大社区党委体制，建立"街道党工委—社区党委—网格党支部—楼宇党小组"的组织架构，搭建创新社会管理服务平台。充分发挥社区党员作用，搭建联系服务群众平台，组建志愿者服务队伍，组织开展"进百姓家、做群众贴心人"活动。活动开展过程中，共清运垃圾48车，小广告2 000余处，粉刷墙面5 000余平方米，结成帮困、助残、助学、助老对子57对，为困难群众解决了一大批实际困难。

2. 创新管理方式。积极推行"楼宇党建"模式，在居民小区成立楼宇党小组，充分发挥基层党员的先锋模范作用，2020年8月，全区学习12号楼文明创建工作经验观摩会在南门社区举行，街道上下掀起了学习12号楼文明创建工作热潮。在各个社区都建立起符合条件的楼宇党小组，真正形成"自我教育、自我管理、自我服务、自我监督"的楼宇自治、团结互助的和谐局面。健全帮扶机制，街道党工委不断丰富党内激励关怀帮扶机制内容。

3. 积极为辖区每位党员过好政治生日。为党员送上"政治生日贺卡"，让他们感受到组织关心的同时，帮助他们时刻牢记党的宗旨，不负党的使命，全心全意为人民服务。成立街道党员服务中心党支部，及时接纳转入社区的党员组织关系，定期开展组织活动，抓好教育管理。实施"党员关爱计划"，开展下岗失业党员技能培训，帮助近200名党员实现了再就业。

2020年党建工作，虽然取得了一定的成效，但也存在一些不容忽视的薄弱环节。下一步，我们将按照区委的总体部署和有关要求，以科学发展观活动为动力，进一步创新工作思路，强化工作措施，狠抓工作落实，不断开创党建工作的新局面，为推动我区科学发展跨越发展提供坚强有力的组织保证。

×× 社区
2020 年 12 月 13 日

第三部分，阐述"坚持创新，突出亮点"的有关问题。局部采用段旨撮要法（即把内容归纳成几个观点，把观点置于每一段的开头，并在前面加上序号，然后详细地解释说明的方法），详细地介绍了"创新服务载体""创新管理方式"和"积极为辖区每位党员过好政治生日"三种典型有效的工作方法。

本文采用横式结构，根据内容归纳出几个观点，每一个观点就是一个大层次，用"一、二、三……"序号排列，逐条叙述，条文之间形成比较严密的逻辑关系。

结尾，以下一步的工作打算，为全文作结。

落款 署名和日期。

2.2.2 文种指要

1. 总结的适用范围

（1）某个方面的工作已经结束或者告一段落，需要进行回顾、检查和分析研究，以期从中找出经验和教训，获得规律性的认识，从而指导今后工作。

（2）推广、介绍典型经验，进行专题性报告。

2. 总结的分类

依据不同的标准，总结可以分成不同的类别。通常把总结划分为综合性工作总结和专题性工作总结两大类。

综合性总结又称全面总结，着重于对本部门、本单位一定时期内的全面工作做综合性的回顾。内容涉及各个方面，侧重于工作情况的概括，使用的材料多是任务完成情况、数据和做法，表达方式多以概括为主。

专题性工作总结又称专项总结，是对某项工作、某一问题、某件事情或某一生产任务所进行的专门总结。它主要着重于典型经验介绍，其内容侧重于介绍事实、做法，并从中找出经验教训，深入展开分析，总结出规律性的东西。使用的材料多为展开的具体事例，多采用夹叙夹议的表达方式。

3. 总结的格式写法

总结的格式写法比较灵活，不十分固定。它要针对不同的对象，根据不同的内容和目的，确定相应的写作格式和写作重点。常见的大多由以下三个部分构成。

1）标题

标题一般有三种形式。

（1）公文式标题。与计划的公文式标题格式相同，也由单位、时限、内容和文种构成，只是文种为"总结"，如例文（一）。

（2）双标题。由正副标题组成，正标题用结论性的语言概括总结的内容，副标题由单位名称、时限、内容和文种组成，如例文（二）。也可以省略单位名称或时限。

（3）新闻式标题。新闻式标题与一般文章的标题基本相同，它是对总结内容的高度概括。这类标题大多用于专题经验总结，如《谈我们是怎样加强素质教育的》或《××××学校加强素质教育的经验介绍》。

2）正文

正文一般包括两个部分。

（1）前言。一般是基本情况概述，介绍总结所涉及的时间、背景（当时的形势和实践基础）、主要成绩或效果等。要写出所总结的工作或任务是在什么形势下，遵循什么方针完成的，有哪些主要成绩，存在哪些主要问题。介绍时有所侧重，或重在概述情况（单位基本情况或工作基本情况），或重在指出成绩。不论哪一种形式，前言都要开门见山，简明扼要，紧扣中心，统领全文，有吸引力。

（2）主体。主体一般有以下三方面的内容。

① 基本做法、成绩和经验，多数总结把这部分内容作为重点。写明在什么思想指导

下，做了哪些工作，采取了哪些措施，取得了哪些成绩，其主客观原因是什么，有哪些经验和体会等。成绩、做法是基础材料，经验体会是重点，它决定材料的详略取舍。要点面结合，重点突出，数据具体，使之具有较强的说服力。切忌面面俱到，不分主次，写成流水账。

为了使归纳出的经验眉目清楚，常用下面的方法来安排层次：一是恰当地运用小标题，每条经验用一个小标题表示；二是采取"段旨撮要法"，即把内容归纳成几个观点，把观点置于每一段的开头，并在前面加上序号，然后详细地解释说明。如例文（二）就是在大的方面用小标题概括，第三部分则是采用"段旨撮要法"来写的。

② 问题与教训。要坚持一分为二的观点，写出工作中存在的问题与不足，并分析其主观原因，由此得出的教训等。不同的总结，可以有不同的侧重点。如果是着重反映问题的总结就要把这部分作为重点来写；如果是典型经验总结，或者工作中确无大的失误，这部分就不必写。也可以合并到"努力方向"中去写。如果是常规工作总结，就要抓主要的问题，概括来写。

③ 今后工作和努力的方向。这部分内容是在总结经验教训的基础上，针对工作中的实际情况，提出改进措施、今后打算、努力方向，或者说明工作发展的趋势，提出新的目标。这部分内容要写得简单明了，这部分有时也可以不写。

总结的主体写法比较灵活，常用的有以下几种结构形式。

分部式结构。按"情况—成绩—经验—问题—意见"或者"主旨—做法—效果—体会"的顺序，分成几个大部分来写。每部分可用序号列出，也可以用小标题。这是总结中最常见的写法，有人称之为传统式、程序式，也叫块式。这种形式适应于内容比较单一的单位总结、个人小结或体会。

纵式结构。把工作的整个过程，按时间顺序，划分为几个阶段来写。每个阶段写成一个部分，在各个部分中再以块式结构来安排内容，各个阶段之间要有一定的连贯性，最后给以整体的认识。这种形式适用于写时限较长而又有明显阶段性的工作总结，也称为阶段式。

横式结构。根据内容归纳出几个观点，每一个观点就是一个大层次，常使用"一、二、三……"序号排列，逐条叙述，条文之间形成比较严密的逻辑关系。这种结构形式，能提出总结的理论性，适用于专题经验总结。

总分式结构。它不同于纵式结构的按工作阶段划分，也不同于横式结构的以思想观点为依据的划分，而是以工作的各个方面来界分大层次，大层次中再用块式结构来组织材料。常用于全面的工作总结。

贯通式结构。也称漫谈式。不分部分，也不分序号、标题，而是围绕总结的中心谈体会、经验，全文融为一体，主要靠清晰的思路串联材料。这种结构较难驾驭，只适用于篇幅较短、内容较少的总结。

3）落款

在右下方署单位名称，名称下面标明时间，单位名称也可以署在标题的下一行中间。上报的总结，还应在日期上加盖单位印章。

4. 总结写作的注意事项

（1）指导思想正确。我们做任何工作都是在党和国家的方针政策指导下进行的。总结经验、评价工作的标准，只能是党和国家的方针政策。只有这样，才能正确地总结成绩和失误、经验和教训，分清现象和本质、主流和支流，才能真正发挥总结的积极作用。

（2）坚持实事求是。总结经验是对实践的再认识，又是对实践的本质概括，实事求是是写好总结的基础，也是总结写作时应有的态度。要做到从客观实际出发，恰如其分地反映实践活动的本来面目。既不应言过其实，虚报成绩；也不可文过饰非，掩饰问题；更不可任意拔高，自我吹捧，任何的主观臆造都是总结写作的大忌。

（3）观点材料统一。总结要求有正确的观点，典型的材料。观点来自材料，但观点形成之后，又必须要用材料来说明，以观点统帅材料，这就需要对材料进行分析选择、合理安排，努力做到观点与材料的和谐统一。

（4）注意点面结合。写总结时，要注意既有面上的材料，又有点上的材料，做到点面结合。面上的材料具有概括性，反映的是事物的全貌；点上的材料要具体，用来充实、印证面上的情况，增强说服力。

（5）善于发现新经验。写总结要善于发现新事物，揭示新规律，总结新经验。要运用典型的事例、典型的数据，抓住最能反映总结对象的具有本质特点的事实来写，抓住其特殊点、闪光点，揭示出具有普遍规律性的内容。

（6）进行恰当的分析。总结写作最容易犯的毛病是只做回顾，只得结论，不做分析。如果不对材料进行适当的分析，就难以得出规律性的经验来，即使是得出了，也易给人以油水分离、牵强附会之感。

（7）坚持平实的文风。语言要朴实准确，不必追求辞藻华丽，生动形象；也不必引经据典，反复论证。对于事例，用平实的语言，概括地把"做了什么""做得怎样"简述出来，以供分析使用即可。

2.2.3 写作训练

下面是一个同学学习总结的大标题和小标题，你是否有同感？请根据你的学习体会，从中选取一个内容写一份个人学习总结。

（1）大标题：学习需要总结　总结为了学习

（2）小标题：①与其明天做今天的事，不如今天做明天的事。②与其死记硬背，不如灵活运用。③与其故步自封、不得其解，不如多方求教、融会贯通。④与其临时"抱佛脚"，不如平时多"烧香"。⑤与其错而不悟、重蹈覆辙，不如前事不忘、后事之师。

2.3 规 章 制 度

规章制度是国家机关、社会团体、企事业单位，为了建立正常的工作、生活、学习秩序，依照法律、法令、政策而制定的，具有法规性或指导性与约束力的应用文，是各种行政法规、章程、制度、公约的总称。

2.3.1 例文点评

为了规范财务行为,防范财务风险,确保公司整体资金高速运转,根据国家、本单位的相关法律法规规定,结合公司实际情况,××集团公司制定了本单位的《财务管理办法》。

例 文（一）	点 评

例 文（一）

财务管理办法

第一章 总 则

第一条 为了规范财务行为,防范财务风险,确保公司整体资金高速运转,根据《中华人民共和国会计法》《企业财务通则》《企业会计准则》《中国葛洲坝集团公司财务管理办法》等相关法律法规,结合公司实际情况,制定本办法。

第二章 会计机构与会计人员管理

第二条 公司必须设置会计机构,会计机构的会计人员编制必须保证在两人以上。

第三条 公司所属分公司及项目部是否设置会计机构,由公司根据其业务繁简及核算的具体情况确定。对设置会计机构的分公司、项目部,实行"报表制"管理;对不设置会计机构的分公司、项目部,实行"报账制"管理。对不设置会计机构的分公司、项目部,可设置一名兼职财务专管员,办理与公司财务部之间的账务往来业务。

第四条 公司所有的在职财会人员,由公司统一管理。

第五条 公司及所属各单位的一切财务收支,都必须纳入公司和本单位的财务账内。其财务收支由各单位主要负责人一支笔审批,其会计业务处理由财会人员按规定办理。

第六条 会计人员应实行回避制度。各单位领导人的直系亲属不得担任本单位的财会机构负责人、会计主管人员。会计机构负责人、会计主管人员的直系亲属不得在本单位财会机构中担任出纳岗位。

第七条 会计人员的任职条件。

（一）坚持原则,廉洁奉公,遵纪守法,忠于职守,具

点 评

标题 二项式标题,规章主题加文种形式。

正文 采用"繁"式结构。

第一章是总则,是整个管理办法的总纲。阐述清楚,定位准确,语言简练,概括性强。

第二章至第九章是分则,这是规章制度的主体部分。

一切管理,归根结底都是对人的管理,因此第二章首先分八条具体阐述会计机构与会计人员管理的有关规定。

有良好的业务素质。

（二）公司财务部主要负责人必须具备本科以上学历或中级以上技术职称。其他单位财务负责人必须具备助理会计师以上的职称或相应学历。

（三）会计人员必须是与公司签有正式劳动合同的职工，并持有会计证。

第八条　会计人员的工作职责。

（一）认真编制并严格执行财务收支计划，遵循各种费用开支渠道和开支标准，合理使用资金。

（二）认真记账报账，做到手续完备，账目清楚。

（三）加强现金管理，做好银行结算工作。

（四）定期检查分析财务计划执行情况，考核资金使用效果。

（五）妥善保管会计凭证、账簿、报表等档案资料。

（六）要求本单位人员认真执行国家财政财经法规及集团公司、上级各单位的各项财务规章制度；对于违法乱纪行为，有权上报本单位领导或上级主管部门。

（七）参与编制本单位经营计划、签订经营合同等生产经营活动。

（八）监督检查本单位的财务收支及资金使用等。

第九条　公司定期对财会人员进行业绩考核，凡违纪违规的财会人员一律严肃处理。

第三章　资金管理

第十条　货币资金管理。

（一）各单位必须加强资金的计划管理，坚持收支两条线。取得的货币资金收入必须及时入账，不得私设"小金库"，不得账外设账，严禁收款不入账。

（二）各单位应当加强现金库存限额的管理，超过库存限额的现金应及时存入银行。

（三）各单位必须根据《现金管理条例》的规定，结合本单位的实际情况，确定本单位现金的开支范围。不属于现金开支范围的业务应当通过银行办理转账结算。

（四）各单位借出款项必须执行严格的授权批准程序，严禁擅自挪用、借出货币资金。

（五）各单位应当指定专人定期核对银行账户，每月至少核对一次，编制银行存款余额调节表，使银行存

财务工作管理的主体对象，就是资金。所以第三至十章，就是对资金问题详细而具体的规定。第三章分六条具体阐述资金管理的有关规定。

款账面余额与银行对账单调节相符。如调节不符，应查明原因，及时处理。

（六）各单位应当定期和不定期地进行现金盘点，严禁挪用和"白条抵库"，确保现金账面余额与实际库存相符。发现不符，及时查明原因，做出处理。

第十一条　严格执行"财务一支笔"审批制度。各单位行政一把手为"财务一支笔"责任人，责任人外出时，由责任人指定审批人。

第十二条　凡有上交任务的单位，必须严格按"责任书"的规定，每月末以货币资金足额上缴公司。

第十三条　非法人单位不得对外投资、提供担保，公司内部单位之间不得相互借贷资金，如确实需要借贷资金的，必须经过公司同意。

第十四条　公司各职能部门不准向公司下属单位提出各种资金赞助要求，不准在公司下属单位报销各种费用。

第十五条　各单位应严格按集团公司下达的标准控制使用业务招待费。业务招待费超支部分及控制标准内 40% 的部分，各非法人单位必须按 25% 交纳企业所得税，以货币资金上交公司财务部。

第四章　成本管理

第十六条　各单位必须严格执行国家颁布的《成本管理条例》。

第十七条　各项目部是工程成本控制的主体，要依据项目工程合同规定的施工预算单价，制定出各分部分项工程每道施工工序的目标成本。

第十八条　各单位要严格执行国家规定的成本费用开支范围，按照权责发生制的原则进行成本核算。要正确划分本期与下期、已完工程成本与未完工程成本及各项费用的界限，如实反映在建工程成本，不得随意挂记"在建工程"账，虚列盈亏。

第十九条　下列支出不得列入成本费用。

（一）购建或建造固定资产支出。

（二）购入无形资产和其他资产的支出。

（三）对外投资的支出。

（四）支付的罚款、滞纳金、违约金、赔偿金、赞助及捐赠支出。

第四章分五条具体阐述成本管理的有关规定。

（五）被没收的财务支出。

（六）国家法律、法规规定以外的各项付费。

（七）国家规定不得列入成本费用的其他支出。

第二十条 各单位实际成本中耗用的材料数量，必须以计算期内实际耗用量为准，不得以领代耗。各种材料的核算，一律按实际价格计算。

第五章 固定资产管理

第二十一条 凡符合固定资产条件的，不论其资金来源，各单位均应按规定进行固定资产管理与核算。

第二十二条 各单位应根据集团公司规定的固定资产目录和折旧率，采用直线法按月足额计提折旧。对技术进步较快或使用寿命受工作环境影响较大的施工机械、运输设备，如需采用加速折旧方法计提折旧的，应事先向公司申报，经公司报主管税务机关批准后执行。

第二十三条 各单位购置单台价值在 15 万元以上的固定资产，必须事先报公司同意。固定资产购置完成后，应将设备技术参数等详细资料报公司机电管理部门备案登记。

第二十四条 内部单位之间相互调动固定资产，一律以账面固定资产净值计价。

第六章 会计报告管理

第二十五条 各单位会计人员必须按会计制度的规定，根据经过审核的会计账簿记录和有关资料编制财务会计报告。财务会计报告由会计报表、会计报表附注和财务情况说明书组成。

第二十六条 各单位会计人员必须按公司财务部要求的期限报送财务会计报告，并按财务部要求按时划交各种费用。

第二十七条 各单位会计人员在报送财务会计报告时，要做到人表同到，实行会计电算化的单位，要做到人表盘同到。如本单位会计报告需要修改，必须由本单位会计人员修改，公司财务部会计人员不得代为修改。

第二十八条 财务情况说明书要说明报告期内本单位生产经营状况、利润实现情况、资金增减和周转情况、税金缴纳情况、各种财产物资变动情况和其他需要

第五章分四条阐述固定资产管理的有关规定。

第六章分七条阐述会计报告管理的有关规定。

说明的情况。如报告期内发生亏损，必须上报说明亏损原因及扭亏措施。

第二十九条　各单位上报的会计报表要加盖公章，并由单位负责人、会计机构负责人及主管会计工作的负责人及编表人签名并盖章。

第三十条　各单位不得随意停报、漏报会计报告。因停报、漏报会计报告而造成公司的会计信息失真及财务核算状况混乱等一系列后果，追究该单位负责人及会计人员的责任。

第三十一条　各单位在报送会计报告之前，必须将本单位与公司财务部的往来账核对一致。

第七章　应收款项管理

第三十二条　应收款项包括应收账款、应收票据、其他应收款（包括职工个人借款、周转资金）。

第三十三条　备用金及周转金实行审批报账制度，前账不清、后账不借，不得长时间挂账。特殊情况需延期报账的，须说明情况并经单位负责人批准。

第三十四条　各单位应严格执行退休或调动职工的部门会签制度，对手续不清的职工应严格把关。对未执行会签而造成坏账损失的，公司将追究相关人员的经济责任。

第三十五条　各单位对于预付工程进度款和采购物资的预付款，应根据合同严格执行，严禁超前、超量支付而不及时进行结算，不得人为控制经营期间成本而不对外结算。

第三十六条　根据招标文件办理投标保证金，由合作方承担的，必须在合作方将保证金汇到公司账户后方可汇出；由公司承担的，汇出保证金由经办人负责收回。项目部支付投标保证金或履约保证金的，由项目部负责收回。

第三十七条　应收款项实行"谁经办谁负责"的原则，各单位应当对债务人进行跟踪分析，及时掌握其偿债能力和信用能力，防止坏账风险的发生，各相关部门要相互配合，保证公司资金的安全与完整。

第八章　重大财务事项报告制度

第三十八条　下列事项须向公司请示报告。

（一）法人单位对外投资、提供担保或财产抵押，

第七章分六条具体阐述应收款项管理的有关规定。

第八章分两条具体阐述重大财务事项报告制度的要求。

以及向金融机构借款。

（二）各单位购置单台价值15万元以上的固定资产。

（三）各单位对外提供捐赠和赞助。

（四）其他需要请示的事项。

第三十九条 请示方式和程序。

（一）重大事项请示，一律由请示单位以书面形式报送公司，由总经理办公室呈送总经理批示。

（二）各单位提出的请示事项，一般在十日内答复，超出十日未答复的，可视为同意办理。

（三）批复意见一律采用书面形式。

第九章 财务监督

第四十条 各单位必须依照法律和国家有关规定，接受财政、审计、税务机关的监督，如实提供会计信息、资料。

第四十一条 各单位的会计机构，会计人员对本单位实行会计监督，履行《中华人民共和国会计法》规定的会计监督职责。

第四十二条 各单位的主要负责人、会计人员必须对本单位会计信息的真实性负责。

第十章 其他费用管理

第四十三条 移动通信费用管理。

（一）移动通信工具一律个人出资购买，不得公费报销。

（二）移动电话费用报销范围。

公司领导、机关各部门正副职、子（分）公司正副经理、项目部正、副经理及经总经理批准的可报销移动电话费用的人员。

（三）移动电话费用限额标准。

1. 公司领导：200元/月。

2. 机关各部门正职：100元/月。

3. 机关各部门副职：80元/月。

（四）移动电话费用报销方式。

公司领导的移动电话费由公司总经理办公室负责交纳、报销，根据财务核准金额对超额部分不予报销。其他人员移动电话通讯费每月先由个人垫付，凭发票据实到总经理办公室办理登记审核手续报总经理审批

第九章分三条具体阐述财务监督的要求。

第十章分五条详细阐述了机关办公电话费用管理等其他费用管理的有关规定。

后报销,话费实行总额控制,一年内有效。充值发票、定额发票不予报销。

第四十四条　机关办公电话费用管理。

(一)公司办公电话的管理坚持按需配备、有利工作、经费包干的原则。

(二)各部门可配备1～2部城区电话,视工作需要可有一部电话开通外线功能。部门内部增加科室的,可采取并号方式或者购置无绳电话设备解决通讯问题。

(三)公司机关各部门办公电话费以单部电话为单位按月限额使用,每部门开通外线电话一部,设在部长办公室。

(四)总经理办公室负责公司办公电话费的统一交纳、核报。机关各部室必须按照以上列定的限额使用,超额部分由总经理办公室从部门负责人工资中扣除。

(五)办公电话产权为公司所有,不允许私自移机、拆卸。因保管不当造成话机损坏的,其更换电话机费用从各部门核定的办公费用中开支。

第四十五条　交通费用管理。

(一)公司不报销职工上下班交通费,只对机关工作人员公务交通费用按部门限额报销。

(二)各部门公务交通费限额报销标准。

1. 总经理办公室1 000元/月。

2. 财务部600元/月。

3. 生产经营部、工程管理部400元/月。

各部门如有人员变动,由总经理办公室据实进行费用调整。

(三)限额公务交通费用由各部门负责人管理使用,于每月底凭票(可以是公交车票、的士票等)限额报销,节约可留用。

(四)除差旅费外,公司财务部不再报销任何个人交通费用。

第四十六条　业务招待费的管理。

业务招待费应严格按照公司经营管理的需要,遵循"平等、对口、节约、周到、保密"的原则进行接待。对外招待坚持"先审批,后招待"的程序,业务招待费应做到专项专用,严禁互相挪用。各部门招待标准不得突破 500 元/次(含酒水)。

第四十七条 其他相关规定。

(一)公司下属各单位、项目部、驻外项目部、驻外经营部,可参照此办法制定本单位通信费用、交通费用管理办法和报销标准,经报公司党政主要领导批准,并报公司总经理办公室和财务部备案后方可执行。

(二)主持工作的各级副职领导通信费用报销及补贴标准可享受正职待遇。干部如因工作、职务变动,对其享受的通信费报销及补贴标准也随之变动。

(三)公司下属的各独立核算单位及项目部,其负责人通信费用按以上标准由其所在单位支付。

(四)本规定自发文之日起执行,凡有与本规定相抵触的,按本规定执行。

(五)本规定解释权属公司财务与产权管理部。

第十一章 附 则

第四十八条 本办法未尽事宜,遵照集团公司财务管理办法的有关规定执行。

第四十九条 本办法自下文之日起执行,解释权属公司。

××集团公司办公室
2021 年 7 月 7 日

第十一章,附则部分,对上面没有说明部分进行补充说明。

落款 署名和日期。

为进一步严肃考勤纪律,完善管理制度,使管理规范化、制度化、科学化,综合执法局制定了《综合执法局考勤制度》。

例 文 (二)   **点 评**

综合执法局考勤制度

为了加强管理,调动职工的工作积极性,提高工作效率,根据国家有关法律政策的规定,结合单位实际情况,特制定本制度。

一、作息时间

实行每周 5 天工作日、每日 7 小时工作制。每周一至周五为工作日,期间,职工必须严格遵守我局规定

标题 由适用对象、规章内容和文种组成。

正文 采用简式结构,前言简要写明制定本制度的依据、目的。

第一条,员工工作时间与纪律要求,这是考勤的依据。

的作息时间。上午工作时间为 8:30—11:30,下午工作时间为 13:30—17:30 ,星期六、日为法定公休日。

二、考勤制度

职工每日上班按时签到,由局办公室负责考勤。次月月初三个工作日内,各科室负责人整理考勤统计后交办公室,作为职工当月出勤情况的原始记录。科室负责人对本科室职工的迟到、早退、旷工、加班情况进行考勤记录。办公室不定期对考勤情况进行抽查,凡抽查到有迟到、早退、旷工现象的职工,即按我局有关规定处理。凡抽查到科室负责人对迟到、早退、旷工现象未作记录的,一次扣除负责人 10 元。

（一）关于迟到、早退、旷工的规定。为严格综治办纪律,特制定如下规定。

1. 迟到　职工应在 8:30 之前到岗,8:30—9:00 之间到岗者视为迟到。每月迟到超过 3 次（不含 3 次）的,每再迟到一次扣除工资 20 元。

2. 早退　即在不向科室负责人请假的情况下,下班之前提前半小时之内离开者视为早退。每早退一次扣除工资 20 元。

3. 旷工　没有假条又没有履行相关手续而无故未到岗者视为旷工。如无特殊情况,迟到或早退半小时以上 3 小时以内又没按规定请假者视为旷工半天;迟到或早退 3 小时以上又没按规定请假者视为旷工一天。旷工半天扣发此职工半日工资的 3 倍,旷工一天扣发此职工一日工资的 3 倍。当月累计旷工 3 天（不含 3 天）,年度累计旷工 30 天（含 30 天）者按规定除名。

（二）关于事假、病假的规定。

1. 事假　职工如遇私事需要处理,可请事假。最小记录单位为一小时。职工应提前办理请假手续,来不及办理请假手续的,要及时打电话声明,回单位后及时补办,否则按旷工处理。3 天以内（含 3 天）事假报科室负责人审批,并填写事假条;3 天以上（不含 3 天）事假除报科室负责人外,还应将假条提交局长签字后方可休假。科室负责人以上领导请事假或外出一律报局长审批。职工全年累计事假不得超过 15 个工作日（不含 15 个工作日）,事假在 15 个工作日以内（含 15 个工

第二条,考勤制度,这是本制度的主体。明确全面地界定了迟到、早退、旷工以及病事假等假别的范围及其处理规定。各种假时间精确到小时,日月也明确是否包含,十分准确清晰,利于执行。

作日)的工资照发,超过此期限扣发超假期间日工资(如超1天,扣1天日工资)。

2. 病假　职工因病不能上班,应请病假。最小记录单位为半天,3天以内(含3天)病假只需填写单位请假条,向科室负责人报批。3天以上(不含3天)病假应提供正规医院开具的病假条,并通知局长,否则按事假处理。工作人员因病休假在2个月(含2个月)以内的发给原工资。工作人员因病休假在2个月以上(不含2个月)不超过6个月(含6个月)的,工作年限不满10年的,发给本人原工资的90%;工作年限满10年的,工资照发。工作人员因病休假超过6个月(不含6个月)的,工作年限不满10年的发给本人原工资的70%;工作年限满10年及以上者,发给本人原工资的80%。职工不得采取欺骗手段获取病假,一经发现,单位将严肃处理;情节严重者,解除劳动合同。

(三) 关于其他假别。

1. 丧假　工作人员的配偶、直系亲属、同住岳父母(公婆)去世的,可以请丧假,假期不超过5天。异地奔丧的,可以酌情根据路途远近给予路程假。假期工资照发。

2. 探亲假　假期与待遇按国家有关规定执行。探亲假期工资为本人职务工资与按国家规定比例计算的津贴。已婚职工探望父母的往返路费由单位负担。工作满一年已婚在职职工,与配偶不住在一起,又不能在公休假日团聚的,可以享受探望配偶的待遇;工作满一年已婚在职职工,与父母都不住在一起,又不能在公休假日团聚的,可以享受探望父母的待遇。职工探望配偶每年给予一方探亲假一次,假期为30天;未婚员工探望父母,每年给假一次,假期为20天;已婚职工探望父母的,每2年给假一次,假期为20天。

3. 婚假　按国家相关规定执行。

4. 生育假　按国家相关规定执行。

5. 工伤假　因公受伤,休假视为上班。

6. 路程假　结婚(不包括旅行结婚)、奔丧、探亲给路程假。路程假按照事假处理。

7. 年度假　工龄1至10年休假5天;10至20年休假10天;20年以上休假15天。年假以每年3月1日到次年 3 月 1 日前有效。一年内连续病假超过半年或事假超过 15 天的,不再享受当年的休假待遇。如在本年休假以后再请病、事假超过上述规定的,在下一年度不再安排休假。休假时间的计算,包括公休日,不包括法定节假日。休假期间工资照发。因工作需要,经局长批准可以分两段休假,但不得跨年度使用。

8. 假期计算　职工休假包括公休日在内。病假、生育假、路程假、探亲假、工伤假均包括公休日和法定节假日在内;婚假、丧假、事假均不包括公休日和法定节假日在内。期间如有国家相关假期政策的调整则按照国家相关政策执行。

本制度在公司内实施,所以没有落款。

为了让同学们有一个干净、整洁、有序的生活环境,某大学 216 宿舍在开学初制定了宿舍公约。

例 文 （三）　　　　　　　　　　点　评

216 宿舍公约

一、遵守纪律,按时作息

1. 工作日期间零点前睡觉,周末可以延后一个小时,严禁熄灯后有影响他人休息的行为及声响。

2. 午睡时间为 12:45—14:00。保持宿舍安静,不大声讲话,不玩游戏,开关门要轻声,以免影响他人休息。

3. 上课、午睡和晚上休息时间由寝室长统一锁门、关灯,如有特殊原因晚间在外住宿的情况,应向寝室长说明情况方可离开宿舍。

4. 宿舍安全。最后一位离开宿舍的同学务必锁好门窗,否则发生一切后果由此人负责。

二、注意卫生,预防疾病

1. 按照值日表认真值日。每天中午、晚间休息前清扫寝室、倒掉垃圾,保持寝室内空气清新。

2. 值日生要每天保持宿舍通风,透光,睡觉前关好门窗。

3. 每天起床后叠好被子,整齐摆放好,不能有被褥凌乱的现象。

标题　由适用对象和文种两要素构成。

正文　"简"式结构,开篇就切入正题,结尾收束自然。干净利落,不枝不蔓。分五个大的方面,每一个大的方面里又有若干个小方面组成,要求明确具体,极具条理性,可操作性强。

4. 要养成良好的卫生习惯，不随地吐痰，不往窗外或者走廊乱扔垃圾，不在室内乱涂乱画，不在宿舍烧煮东西。

5. 违反第1条和第4条者，连续值日四天。

三、爱护公物，勤俭节约

1. 爱护宿舍内的公共设施，不私自拆迁床架，不将课桌凳子搬回宿舍。

2. 节约用水用电。

四、防火防盗，注意安全

保管好自己的财物，尽量少放现金在宿舍。离开宿舍要关好门窗，关灯。不在宿舍内用火，不带易燃易爆危险品、管制刀具进入宿舍。

五、文明礼貌，团结互助

举止文明，不说脏话，不骂人，不打架，不在宿舍内打闹。不看淫秽、凶杀、迷信的影视及书刊。团结互助，尊重他人。

2020年9月1日

落款 因标题中有单位名称，故落款只写制订日期。

为了倡导读者遵守社会公德，遵从文明守则，维护好图书馆的秩序，使读者有一个良好的阅读环境，北京大学图书馆特制定了《读者须知》。

例　文　（四）　　　　　　　　点　　评

读 者 须 知

1. 凭证入馆

凭本人有效校园卡、借书证或阅览证刷证（或刷脸）入馆出馆，检测仪报警时应配合管理人员检查。

2. 保持安静

保持图书馆内安静，手机或电脑等设备要调至静音。不在馆内公共区域喧哗、朗读或大声接打电话，尤其不在阅览区域接打电话。

3. 安全防火

图书馆是重点防火单位，不在馆内任何地方吸烟、用火。

标题 二项式标题，由适用范围和文种组成。

正文 内容比较简单，故省略引言部分，直接进入主体，开门见山，切入主题。列出八条规定，态度明确，界限分明，要求做什么，不允许做什么，一目了然。条理清晰，语言通俗易懂，简练准确，具有很好的指导作用。

4. 保持清洁

保持馆内清洁卫生，不随地吐痰，乱扔废弃物，不携带任何食品进入图书馆。

5. 爱护公物

爱护图书馆的书刊资料，文明阅览。爱护馆内设施设备，不随意涂抹刻画和破坏设备，不随意挪动阅览桌椅。未经许可，不在馆内张贴或散发广告及其他宣传品。

6. 文明礼貌

进入图书馆应着装整齐，举止文明，礼貌待人，不妨碍他人查阅资料，不抢占阅览座位，维护文明优雅的图书馆环境。

7. 遵守规定

自觉遵守图书馆的各项规章制度并维护馆内秩序，服从图书馆工作人员的管理。

8. 维护知识产权

遵守知识产权的有关规定，合理使用和复制图书馆文献资源。

××大学图书馆

落款 制订单位名称。

2.3.2 文种指要

1. 规章制度的适用范围

规章制度的种类繁多，根据 2017 年 12 月 22 日国务院令第 694 号公布的、自 2018 年 5 月 1 日起施行的《国务院关于修改〈行政法规制定程序条例〉的决定》及现行的有关规章的文件，规章制度大致可以分为行政、章程、制度、公约四大类。不同类别反映了不同的需要，适应于不同的范围，起着不同的作用。

（1）行政法规类。行政法规是由国家立法机关或政府部门所制发的，具有法律性质和公文效用的规章制度，多用"条例""规定""办法""细则"等名称，并且以行政命令发布实施。

（2）章程类。章程是党政机关、社会团体、企事业单位，用于规定其组织的性质、宗旨、任务、组织结构、成员条件、权利、义务、纪律活动规则的纲领性文件。章程必须经过集体讨论和全体人员大会或代表大会通过。章程一经颁布，就成为其组织内每个成员的思想和言行的准则，具有权威性和约束力。如《中国工会章程》《中国作家协会章程》。

（3）制度。制度是行政部门，企事业单位根据实际需要而制定的、有关人员共同遵守的办事规程和行动准则。它对人们有指导和约束作用，是人们行动的准则和依据。它也是严肃政治纪律、加强有效管理的手段。常用"制度""规则""规程""守则""须知"等名称。

（4）公约类。公约是机关团体、人民群众在自愿自觉的基础上，经协商订出的共同遵守的行为规范。

2. 规章制度的格式写法

规章制度一般由标题、正文、落款三部分组成。

1）标题

规章制度的标题有以下几种形式。

（1）由制发单位、规章制度内容和文种组成。如《珠江机械厂用电管理制度》《天时利商店文明公约》等。

（2）由适用对象、规章制度内容和文种组成。如《电工操作规程》。

（3）由适用对象和规章制度种类组成。如《辽宁信息职业技术学院学生守则》。

（4）由规章制度内容和文种组成。如《教师资格条例》《制止谋取暴利的暂行规定》。

（5）由制发单位和文种组成。如《中国共产党章程》《恒通集团公司章程》。

如果是草案或暂行、试行的，可在标题内写明，如国务院发布的《促进产业结构调整暂行规定》，也可写成《促进产业结构调整规定》，然后在标题后或标题下加括号注明"暂行""试行"。标题写在第一行中间，重要的规章制度常把批准通过的会议、批准颁布的机构、日期等，加圆括号写在标题下一行中间。

2）正文

正文是规章制度的主体，规章制度的正文写作有两大独特之处。

- 特殊的章条体例。采取条款式的章条体例。把全文分成若干章，每章再分成若干条，有的每条又分成若干款。最繁杂的可分成编、章、节、目、条、款、项七个层次，但这种情况比较少见。常用的是"章""条""款"三级或"条""款"两级，有的只有"条"。
- 特殊的条目序号编排法。采取"条"号统编、"款"号分列的方式。从始至终，条号不因分章而断开，每一条里的款号都独自成序，不与前条的款号相衔接。

根据内容的繁简，规章制度的正文一般有繁简两种结构形式。

（1）"繁"式结构。正文一般分为总则、分则、附则三部分。各部分又按内容的多少分列成若干章或若干条款，并且用序数标明。内容比较复杂的规章制度，如条例、章程等，大都采用这种形式，如例文（一）。

① 总则。是文章的开头部分，用小标题写明"总则"。采用概述或条款形式，写订立规章制度的目的、要求、指导思想和适用范围。

② 分则。中间的各章叫作分则，但小标题不写"分则"。分则是规章制度的主体部分，分条款写具体的事项和内容。

③ 附则。是对中心内容的补充和说明，放在最后一章，用小标题写明"附则"。主要写明规章制度的制订数、修订数、说明权或解释权，以及适用对象和施行日期等。

（2）"简"式结构。这种结构只分条不分章，根据具体情况，可以在开头、前言或第一条中说明制定的缘由、依据、目的和要求等，然后逐条陈述具体内容。也可以直接分条陈述具体内容。那些内容比较简单的规章制度，如公约、守则等，一般都采用这种结构，如例文（二）、例文（三）、例文（四）均属此类。

3）落款

在正文的右下方写明订立该规章制度的单位名称和日期。

如果在标题中或在标题下面已经注明的，可以无须再写；由领导机关随公文发送的规章制度，可以省略；公约类也可以无落款；有些内容简单在特定场合使用的规则、须知、守则，也可以没有落款；如果是一级政府或一个系统的制度需要广泛下发执行的，则需加盖公章，以增强其权威性与严肃性。

3. 规章制度写作的注意事项

（1）符合党和国家的政策、本单位的实际情况。规章制度是党和国家方针政策的具体化。制订者政策观念要强，对政策的掌握要全面，理解要深刻。所制订的计划既要有正确性、先进性，又要体现政策的连续性和长远性，还必须根据本单位的实际情况，实事求是，不搞形式主义，有针对性地制定规章制度，才能使规章制度具有可行性。

（2）明确制订的权限。全国性的行政法规，由中央、国务院制定；部门性、地方性行政法规由国务院各部、委、省、市、自治区制定；各机关、团体、企事业单位，根据自己的实际情况制定本部门、本单位的规章制度。要注意不得越权、越级随意制定，下级的规章制度不得同上级的有关规定相抵触。行政法规要经上级主管部门批准。

（3）内容要确切科学。规章制度在一定范围内、一定程度上具有法定效力，牵涉到人们的切身利益，影响到人们工作、生活的方方面面。编制规章制度一定要考虑周全，充分发扬民主，集思广益，使规章制度的内容科学合理，确切具体，切实可行，能体现大多数人的利益及意愿。

（4）语言准确，结构整齐。语言要高度概括，可以省略的词句尽可能省略，文字表达简明扼要。使用概念要准确、周密，要态度肯定，表意明确，用词恰当，不能含糊。允许做什么，不允许做什么，界限分明，使人看后明白"必须这样做，不许那样做"。用语要庄重，体现出规章制度的严肃性、权威性。一般不用比喻、夸张的手法，更不用幽默、讽刺的语言。结构要大体整齐，条款要完整单一，每一条表达一个完整的意思，便于记忆、执行、检查。

（5）表述严密有条理。规章制度是规范人们行为的依据，也是对人们工作、学习、生活等事项做出评判及处理的凭证。规章制度的语言表述要富有逻辑性、严密性，不能有漏洞，不能有歧义，否则会给执行带来困难。表述还要有条理性，便于执行者理解、熟记与执行。

2.3.3 写作训练

1. 下面是一篇××阅览室制定的借阅须知，请指出其问题并予以修改。

阅览室规章制度

（1）本室图书只准室内借阅，不可带出室外，违者将给予通报批评。

（2）借阅图书，凭本人的身份证或学生证，一次一册。

（3）本室采用开架阅览方式。

（4）所借图书要在当天归还，逾期一天不还者，除扣留一周证件外，给予通报批评。

（5）所借图书要当面检查是否有损坏，有损坏时，向阅览室工作人员声明，否则还回时将向你追查损失责任。

（6）爱护图书，避免折叠、勾画、污损和裁剪，违者，按有关规定进行赔偿。

（7）维护室内秩序和清洁卫生，不准大声喧哗、聊天、吃零食、吸烟。

（8）禁止穿跨栏背心、短裤和拖鞋进入阅览室。

（9）禁止用各种物品占座，不准在桌面和墙壁上乱写乱画。

（10）离开座位时，要将椅子轻轻放在桌子下面。

2. 制定一份班级管理制度。

2.4 述职报告

述职报告是党政机关、群众团体、企事业单位的工作人员，向所在单位的组织人事部门、主管领导机关或本单位职工群众，陈述自己在一定时期内履行岗位职责情况而写成的自我评述性的书面材料。述职报告是报告的一种特殊形式，它的着眼点是自己履行岗位职责情况和称职与否，以报告德才实绩为主，局限于个人职责范围之内，是述职者本人对在任期间或年度、阶段工作的自我回顾、检查和评鉴。

2.4.1 例文点评

李××是一名小学教师，他在全校职工代表大会上对自己一年来的工作实绩、存在的主要问题，作了比较实事求是的陈述。

例　文（一）	点　评
××小学李×× **2021 年度述职报告** 各位领导、各位老师： 　　从执教的第一天起，我就要求自己的举止行为要更加规范，因为我的一言一行都影响着下一代，我要对他们负责。因此，我在工作上兢兢业业，不敢有丝毫马虎，备好每一节课，上好每一堂课，批好每一份作业，教育好每一个学生，努力去做一个深受学生尊重和信赖的老师。一个学年又将结束，在这一年里，我觉得自己	**标题**　由述职人、述职年限和文种组成的公文式标题。 **称呼** **正文**　前言，首先简要介绍一年来的工作情况，然后从五个方面分别进行具体阐述。

在思想、工作、学习以及个人素质能力等各方面都进步了许多。下面就从五个方面谈谈一年来本人的表现情况。

一、爱岗敬业，师德高尚

从事教育事业以来，我忠诚党的教育事业，认真贯彻党的政策和教育方针，热爱本职工作，政治思想表现好，遵纪守法，爱岗敬业，坚持党的四项基本原则，有强烈的事业心和高度的责任感。任现职以来，我严格遵守《中小学教师职业道德规范》，服从领导安排，团结同志，关心集体，师德高尚，作风正派，为人师表。我坚持教书育人的宗旨，关心爱护学生，对他们言传身教，循循善诱，从不训斥、侮辱、体罚学生，师生关系和谐融洽，深受家长和学生爱戴。

二、倾注爱心，精心育人

任教以来，我一直担任班主任工作。"关爱每一名学生，不让一名学生掉队"，是我做班主任工作的原则。今年刚接手这个班，我全面深入地了解学生，确定班级奋斗目标，制订出班级工作计划，推行优化评分方案，并和科任教师及家长密切配合，共同制订出培优计划和帮扶计划，把各方面的教育力量统一协调起来，做到齐抓共管，共同做好学生的思想教育。通过各种各样的活动对他们进行教育，使他们在德、智、体、美、劳等方面得到全面发展。此外，我组织学生每周一都进行一次主题班会，每月开展一次队活动，还注重挑选和培养学生干部，让他们成为班级的骨干和核心，能够帮助自己管理班级。通过以上努力，我所带的班形成了"团结、友爱、求实、勤奋"的优良班风。在抓整体的同时，我还认真做好培优转差工作，做到"抓两头，促中间"。对尖子生，我实行高起点，高标准，严格要求。对后进生，我则努力发掘他们的"闪光点"，多鼓励，少批评，勤家访，并帮助他们解决学习和生活中的实际困难，促进他们的转化。我所带的班级中，好人好事层出不穷，勤学守纪蔚然成风，学生在德、智、体、美、劳等各方面得到全面发展。

三、勇于改革，认真教学

任职以来，我一直担任的是双班数学教学工作，今年还兼任健康教育课等学科的教学工作，教学量很大

> 思想正确，是一切工作的保证。第一方面，谈思想上如何严格要求自己。

> "传道、授业、解惑"，教师的首要工作就是育人。第二方面，阐述工作中具体采用了哪些措施，做好育人工作，提高自己的业务能力。

> 教育的重点是教学，第三方面阐述如何做好教学工作。

任务很重。在教学中，我坚持用普通话教学，注重素质教育，并根据学生年龄、个性等特点，理论联系实际，勇于开拓创新，精讲多练与分层测试卡相结合，探索出一套行之有效的教学方法，形成了有自己特色的教学风格。我注重培养学生的自主学习精神，善于启发、引导学生在学习过程中质疑问难，要求学生有"打破砂锅问到底"的探索精神和顽强的学习恒心。我在教学上坚持启发式教学，巧用现代化教学手段提高教学效率，使学生能主动地、创造性地学习，从而真正达到素质教育。在课堂上我大胆地进行改革，把现代化的教学手段（如光盘课、多媒体课）和传统的教学手段（如讲解、板书、画线段图等）结合起来，根据教学的目标、内容、重难点的需要，恰如其分地运用实物演示、音乐渲染、编顺口溜等手段进行优化组合，从而获得了良好的教学效果。例如在今年平山区组织的农村远程优质光盘课评比活动中，我运用多媒体教学手段所授的《口算乘法》一课，荣获一等奖。

四、积极参与教研活动，提高自身教学水平

在日常教学中，我除了认真备好、上好每一节课外，还刻苦学习文化知识，不断充实自己。我初步学习了《心理学》《教育学》等理论知识和《数学课程标准》等专业知识，并虚心向有经验的教师学习，做到取人之长，补己之短，使自己的教学观念、教学水平跟上时代步伐。

我每学期都主动承担公开课或试验课，并不断总结经验，改进教法，提高自己的教学水平和教学艺术。针对"育才小学数学能力提升项目"这一课题，我进行教改实验，每星期坚持听课、使用分层测试卡，取得了很好的教学效果。

一分耕耘，一分收获。兢兢业业，默默无闻地工作，使我在教学上取得了可喜的成绩。我所教的数学课，在今学年期中测试中，均名列同级同科前列。其中四（1）班平均分是 87.2 分，合格率 92.2%；四（2）班平均分是 87.8 分，合格率 94.3%。在全面提高学生素质的同时，我还注重提高自身业务素质，本学期我撰写了《小组合作探究学习》《帮帮学困生》等论文。

五、做一个理念新的教师

在教育改革已经在全国全面展开的今天，我在认

教研活动是做好教学工作的重要保证，第四方面，阐述教研情况。

第五方面，阐述如何形成自己的教学风格，使自己成为一名有新理念的教师。

真学习新课程理念的基础上,结合自己所教的学科,积极探索有效的教学方法,形成自己的教学风格。我把课本知识与学生的生活相结合,为学生创设一个富有生活气息的学习情境,同时注重学生的探究发现,引导学生在学习中学会合作交流,提高学习能力。在教学上,我一改以往教师演示、学生模仿的传统教学方式,在学生中开展探究式学习,使学生的知识来源不只是老师,更多的是来自对书本的理解和与同伴的交流,促使学生在轻松的环境中学会学习。

教育是一项高难度的工作,要做好它,十分不易。我还年轻,在教育的岗位上还须不懈地努力。教育是艺术,艺术的生命在于创新。

我相信,只要乐岗敬业,定会有所收获。

> 结尾,结束实绩介绍,归纳总结全文,概述下一步设想,这是述职报告常用的写法。

××小学　李××

2021 年 12 月 30 日

> **落款**　由署名和述职日期组成。

在 2020 年度,王×担任××学校党支部书记一职。临近年终,按照上级的要求,王×对自己一年来的工作情况进行了回顾,写述职报告向所在单位的职工代表述职。

例　文　（二）　　　　　　　　　　**点　评**

述 职 报 告

> **标题**　由文种构成。

各位领导、全体教师:

> **称呼**　对与会者称呼

本人将一年来的工作总结一下,向大家作述职,敬请各位审议。一年来,在县委宣传部和教育局党委的正确领导下,在我校全体党员和广大教职员工的大力支持下,我带领校党支部坚持以解放思想、改革创新为原则,坚持以建设学习型、服务型、创新型党支部为目标,全面加强支部建设,充分发挥三个作用:即党支部的政治核心作用和战斗堡垒作用以及党员的先锋模范作用,较好地履行了党支部书记职责,现将我一年来的工作情况汇报如下。

> **正文**　前言,简介自己分管的工作范围、任职时间,概述任职以来的工作情况。"现将我一年来的工作情况汇报如下"过渡到主体部分,这是述职报告的常见写法。

一、思想宣传工作

一年来,认真贯彻落实党的十九大精神,带领全体教职工认真开展政治理论学习和一系列党的主题教育实践活动,取得了良好的教育效果。

本学年,通过集中学习、分散学习和网上在线学习等形式,先后学习了党的十九大相关文件、新党章、习近平在党的群众路线主题教育实践活动总结大会上的讲话、《让爱与智慧同行》等。根据上级文件要求结合我校实际,有针对性地开展了创先争优、三亮三比三评、党的知识进校园、十九大知识竞赛、"中国梦,我的梦"、支部书记讲廉政党课活动及廉政知识答题、政德与官德教育实践、公民道德宣传活动和观看最美乡村教师颁奖晚会等一系列活动。

这些活动的开展,增强了全校师生的爱国情怀和道德水平,增强了全体师生对中国特色社会主义道路的理论自信、制度自信,全面理解和把握党的建设"五位一体"的总布局,深刻理解党的十九大对全面深化改革的总部署,增强了改革的信心和动力,对"空谈误国、实干兴邦"有了深刻的认识和体会,在工作中自觉践行科学发展观,对全面建成小康社会充满希望和期待。

二、党建工作

根据党的十九大提出党的建设"五位一体"的总布局,提出了我校党建工作的总要求,即我校党建工作要以加强先进性和纯洁性建设为主线,以贯彻落实好党的思想路线、组织路线、群众路线为突破口,全面加强党的思想建设、组织建设、作风建设、反腐倡廉建设、制度建设,增强自我净化、自我完善、自我革新、自我提高能力。

1. 思想建设

思想建设主要做了两件事。

(1)在党员、教师、学生中开展了世界观、人生观、价值观教育。针对现实中追求物质享受、理想信念淡薄的实际情况,在全体党员、教师、学生中大力倡导爱国守法,爱岗敬业,诚实守信,团结友善的社会主义核心价值观,大力弘扬"天辽地宁、爱国奉献、诚信务实、创新争先"的辽宁精神。自觉抵制个人主义、拜金主义、享乐主义、官僚主义等资本主义价值观。以党支部、政教处、团委为主阵地,充分利用党会、校会、班会、团会、广播、板报、橱窗等形式,在师生中大力宣传社会主义世界观、人生观、价值观、荣辱观,大力弘扬民族精

主体,由于是述职,以突出实绩为主,以工作成果为重点。分思想宣传工作、党建工作、工会、团委工作和处理好党务与教学的关系四个方面,对自己一年来的工作进行了详细的述职。每条都用一句话概括段落内容,然后具体地使用数据、实例(限于篇幅,引文从略)来说明个人完成工作的情况,自己的决策能力在所担负的领导工作中发挥的作用和效果。事实清楚、材料翔实、内容可信。

神和时代精神，深入开展爱国主义、集体主义、社会主义教育，收到了很好的效果。

（2）执行好党的思想路线。如何执行好思想路线？就是要求同志们在工作中坚持一切从实际出发，理论联系实际，实事求是。就是要求同志们坚持解放思想，改革创新，不要墨守成规、因循守旧。就是要求同志们实事求是地发现问题，与时俱进地分析问题，求真务实地解决问题。就是要求同志们，用唯物主义基本原理和方法认识教育规律、尊重教育规律，更加能动地推进各项工作。一年来，广大党员干部教师自觉地深入实际，调查研究，开展同课异构活动，赴西营子中学学习课改经验，积极探索符合学生实际的教学方法，教学做到了因材施教，受到学生的好评。

2. 组织建设

组织建设主要做了两件事。

（1）执行好党的组织路线。如何执行好党的组织路线？就是执行好民主集中制原则。学校的重大事项、重大决策都要在职工代表大会上讨论，通过后才能执行，一般的事情，也要经过班子会决定。在讨论会议决定时，充分发扬民主，坚持少数服从多数的原则，在执行会议决定时，强调集中统一，坚持下级服从上级、局部服从全局的原则。一年来，班子周一例会，雷打不动。定期召开班主任会议、教职工会议，广纳民意，集中民智。

（2）做好组织发展工作。认真贯彻落实"坚持标准，保证质量，改善结构，慎重发展"的方针，做到组织发展工作有计划，有目标，有措施，在严格考察和培养的基础上，严格按照党章规定，具体细致地做好吸收和培养新党员的各项工作。办好业余党校。本学年我们支部聘请了七位教师为业余党校教员，为学员上好党课，对学员进行党性教育、思想教育。使业余党校不但是入党积极分子成长阵地，也是学生干部的培养培训基地。

3. 作风建设

作风建设主要做了三件事。

（1）贯彻落实好党的群众路线。引导党员干部牢固树立群众观点，保持好同人民群众的血肉联系，坚持全心全意为人民服务宗旨，自觉抵制形式主义、官僚主义、享乐主义和奢靡之风这四大歪风。一年来，全体党员干部，都能做到依靠广大师生，相信广大师生，认真倾听师生的意见，把师生的冷暖装在心上，做到情为民所系、权为民所用、利为民所谋。

（2）找准转变工作作风的着力点。根据×××总书记提出的转变工作作风密切联系群众八项规定，结合本校实际，认真研究了学校干部教师如何转变工作作风的问题。通过实践摸索，大家认为，要想使转变工作作风见到实效，必须找准转作风的着力点在哪，同时必须搞明白怎么转。就是领导必须由事务型转变为专家型，变管理为研究，变管理为服务。教师必须由传授知识型转变为培养能力型，变教学为导学，变教书为教书育人并重。把转作风的着力点聚焦到提高教学质量上来。

具体地说，就是领导要从具体的事务中抽出身来，把事务性的东西交给干事去做，把更多的精力用在深入课堂、深入实际、研究教学上来。教师要实现教学方式方法的转变，由原来侧重于研究自己怎样教，转变为侧重于研究指导学生怎样学，使学生由厌学到乐学。只有实现这样的转变才能保证教学质量的提升，才能赢得家长和社会的认可，转变工作作风才能见到实效。

（3）净化办公环境，强化劳动纪律。依据市县行风软环境集中整治方案，要求干部教师在办公时间不准做与工作无关的事情，主动删除办公电脑中的非办公软件，安装廉政桌面。加强坐班管理，杜绝上班时间私自离岗现象的发生，杜绝在编不在岗现象。

4. 反腐倡廉建设

按照党要管党、从严治党的要求抓好党风廉政工作，严明党的纪律，充分发挥党支部对党员干部的教育功能、管理功能、纪检功能、监督功能。使反腐倡廉工作常抓不懈，增强了领导干部的防腐拒变能力，做到干部清正、学校清廉、支部清明。主要做了以下两点。

（1）加强廉政教育，制定廉政准则。一年来，通过支部书记讲廉政党课、廉政知识竞赛等形式，认真学习《中国领导干部廉洁从政若干准则》等相关法律法规，结合我校实际，制定了我校《廉洁从教若干准则》，并同我校全体教师签订了《廉洁从教责任状》，党员干部又做了履职述廉公开承诺。

（2）将廉政建设与师德师风建设紧密结合。师德师风建设事关教育形象、教师形象、党的形象，因此支部对师德师风建设非常重视，把它列入党建工作的重要组成部分。积极开展师德师风集中整治活动，同时，把师德师风考核内容纳入教师量化考核范围，并实施师德师风一票否决制。支部与领导班子签订了《行风建设责任状》，与教师签订了《师德师风建设责任状》和《禁止教师乱办班乱补课责任状》。适时召开教师、家长、学生代表座谈会，征求意见、发现问题，研究整改措施，制定整改方案。聘请了部分党代表、政协委员、离退休人员为行风建设监督员，并充分行使其职能。

这一系列的措施，进一步规范了学校的教学行为和全体教师的从教行为。一年来，没有出现乱办班、乱补课、乱收费现象，没有出现乱订教辅材料现象，没有出现体罚和变相体罚学生的现象，没有出现违法违纪现象，行风建设取得了新进展，师德水平显著提高。

三、工会、团委工作

1. 工会工作

积极协助工会办好职工之家，解决好职工工作生活中的困难，解决好职工最关心最直接最现实的利益问题，替职工分忧，努力提高教职工的福利。做好职工的思想政治工作，化解职工之间的矛盾，协调好职工之间的利益关系。

2. 共青团工作

指导团委做好共青团工作，做好共青团队伍建设，团员发展工作，搞好团活动，加强共青团工作与学生管理工作的有机结合，充分发挥团委管理学生的作用。

四、处理好党务与教学的关系

在学校，如果党务与教学的关系处理不好，各自为政，就会影响学校的发展。针对这种情况，党支部明确了自己的工作指针：把握方向，服务大局。"把握方向"指的是什么？就是要保证学校发展的社会主义方向，保证党的路线方针政策的贯彻落实，保证党支部政治核心作用和战斗堡垒作用，保证党支部监督作用的发挥。这个大局是什么？就是教学。党支部各项工作，始终围绕为教学服务、为教学保驾护航这一中心开展，参与学校的决策、团结协调各种关系。

同时还明确了党支部的工作准则，就是"工作到位而不越位"。充分发挥党支部的职能，明晰党支部的职责，处理好党务与教学的关系。具体的就是党支部要"执掌政务而不包揽业务""管理党务而不包办教务""监督校务而不干涉事务"。一年来，做到了党务工作与教学工作既有区别又互相融合、互相促进。

五、主要业绩及今后工作打算

1. 主要业绩

2020年，我校涌现出一大批先进人物，例如，我校党支部被评为朝阳市教育系统先进党支部，朝阳县先进党支部，荣获县级创先争优先进单位，行风软环境建设先进单位，师德师风建设先进单位，我校房玉芬同志被评为省级优秀党员，苑凤梅被评为市级优秀党员，牛丽华同志被评为朝阳县十佳师德标兵，还有多名同志被评为县级优秀教师。

2. 今后工作打算

在今后的工作中，我们努力做到四个"进一步"。进一步抓好班子建设、党员队伍建设，提升整体工作实效；进一步密切联系群众、深入群众，积极参与党的群众路线主题教育实践活动；进一步创新工作方法，增强党支部的凝聚力和战斗力；进一步引导广大干部教师树立"大教育观"思想，深化教育改革。

以上是我的述职报告，不妥之处，敬请指正！

谢谢大家！

×× 中学　王××

2020 年 12 月 30 日

结尾，简要地归纳了今年的主要业绩，同时概述了今后的工作打算。

落款　包括署名和述职日期。

2.4.2　文种指要

1. 述职报告的适用范围

党政机关、群众团体、企事业单位的工作人员，向所在单位的组织人事部门、主管领导机关或本单位职工群众，陈述自己在一定时期内履行岗位职责情况。

（1）在本职工作岗位上工作一个阶段后，一般是一个年度或一个任职期。

（2）在本职工作岗位上离任前。

2. 述职报告的格式写法

述职报告一般由标题、主送机关或称谓、正文和落款四部分组成。

1）标题

述职报告的标题通常有三种形式。

（1）直书式。直接用文种做标题或在文种前加人称，如例文（二）。

（2）公文式。由任职时间和文种或述职者、任职时间和文种组成，一般用于向上级领导机关或所在单位的组织部门述职。如例文（一），再如《××厂厂长2022年度述职报告》。

（3）正副标题式。正标题揭示内容主题，副标题是"人称加文种"或"时间加文种"形式。如《高扬创业主旋律 打好建区第一仗——××区人民政府区长王××2020—2021任职期的述职报告》。

2）主送机关或称谓

用于书面行文的写主送机关；用于口头宣讲的写称谓。顶格写起，后加冒号。

3）正文

正文由前言、主体、结尾三部分组成。

（1）前言。概述基本情况。一般有两方面内容，一是任职简介，包括所任职务、任职时间、分管的部门与工作、岗位职责等内容；二是概括评价任职以来的工作情况，包括任职工作目标、内容、范围或任务。使考核者对述职者的情况有个概括的了解，同时也确定了述职的范围和基调。前言要写得简明扼要。

（2）主体。一般从德、能、勤、绩四个方面考虑，大多写以下三个方面。

① 个人岗位职责、工作计划或指标完成情况。

② 决策能力在所担负的工作中发挥的作用和效果。

以上两点是述职报告的重点和精华部分，要尽可能让事实说话，以"述"为主，在"述"的基础上做出定性、定量分析。以概述本人履行工作职责的情况、估计个人作用发挥的大小为主，突出本职工作的特色。总之，要写出自己干了哪些工作（数量多少），取得了哪些成绩（质量怎样），采取了哪些措施（职责履行如何），有哪些经验（今后履行职责的借鉴）等内容，把德、能、勤、绩，特别是"德"和"能"的水平显示出来。

③ 存在的问题与不足。主要是对履行职责时的工作失误或有待改进、完善地方的自我评价（必要时可以简要分析其产生的原因），提出今后改进的意见措施。这样，一方面可以使述职者明确今后努力的方向；另一方面也有助于考评者了解述职者解决问题的能力和态度。这部分写作要实事求是，评估力求客观、公允，行文力求简短、自然。

主体部分涉及面广，内容较多，常用分条列项的方法。在结构上一般采用两种方式，一种是纵向式；另一种是横向式。纵向式是以时间为序，谈任职期间先后拟订了哪些计划或指标，提出了哪些构想，取得了哪些效果。横向式是按照事情的性质分类，拟出小标题，标出序码，平行排列，横向展开阐述。述职者可根据自身工作实践选择适合自身特点、便于展开述职的结构方式。本节的两则例文均为横向式。主体部分是考核者对述职人员评价的主要依据，是述职报告的核心，也是决定述职者述职成败的关键部分。

（3）结尾。一般是用几句表态性的话结束全文，或写今后打算，或表示自己恪尽职守、争任职位的决心，也可使用"述职至此，谢谢大家""以上报告，请审查""希望得到……的批评指正"之类的句子。可以独立成段,也可和今后的努力方向放在一起。

4）落款

报送上级有关单位的述职报告应写落款,落款主要是署名和述职日期。署名写述职人的单位、职务和姓名,署在篇末的右下角日期之上,也可以放在标题下。如果述职报告有附件,要写明附件名称、件数,附件名称标于正文之下署名之上。如果述职报告要抄送有关部门或领导,也应注明。如果不上报只作为个人述职时的底稿,也可不署名,只写日期。

3. 述职报告写作的注意事项

（1）实事求是,一分为二。述职报告要写自己履行职责的情况,既要实事求是地写出工作成绩,又要诚恳地写出存在的问题。要做到写成绩,不夸张,恰如其分,符合实际;讲问题,不掩饰,抓住要害,直截了当;讲经验,有理有据,态度端正,严谨求实。要一分为二,分析中肯。

（2）点面结合,突出重点。述职报告,不是事无巨细、面面俱到的流水账。述职一般是有时间限制的,篇幅不宜过长。撰写述职报告一定要围绕中心,抓住重点,陈述大事、要事以及能反映自己工作实绩的事,做到精心选材,主次分明,实绩突出,文理顺畅,切忌平铺直叙,拖沓冗长。

（3）力求创新,写出个性。工作的岗位层次不同,述职内容自然各异。即使同一时期担任相同职务的人,也因各自具体情况的不同,导致述职内容各有特点,绝不可千文一面,千篇一律。在同一岗位的同一个人,也不能年年届届一个样,也应拿出自己的新成绩、新经验、新贡献。写作时,要根据自己的具体情况,突出个性,力求创新,使写出的述职报告各具千秋,特色鲜明。

（4）客观评价,掌握分寸。任何工作的成败都是主客观因素影响的结果。因此,在述职时不管是叙述成绩还是说明问题,都应客观地加以分析。不要谈成绩时,舍我其谁,只强调主观因素;谈问题时,怨天尤人,过分强调客观因素。在述职报告中,一定要讲清主客观因素的影响,以便人们能做出正确的评价。还应注意,履行某项职责往往不只是一个人的事,而是上有领导、下有同仁。一定要摆正自己所处的位置,正确评价自己的作用,切不可过分夸大自己的功绩,甚至贪他人之功据为己有,要掌握好分寸。

（5）立足现实,描绘蓝图。对未来工作的设想是述职报告的一个重要组成部分。人们不仅要通过述职报告了解你做了什么,还要了解你将来要做什么,能不能使目前的工作有更大的进展。人们通过它来判断你驾驭未来工作的能力与潜力,描绘蓝图部分决不能马虎。蓝图不是空中楼阁,它是建立在现实基础之上的,必须有现实条件做依据。

（6）语言简练,朴实无华。述职报告的语言要精练,要尽量写得简短一些,不可长篇大论。也不必过分追求文字的华美,尽量少用形容词,不写诸如"大体上""差不多"之类的模棱两可的话。虽然提倡用事实说话,但切忌概念化、数字化,更忌讳讲假话、大话、空话。

4. 述职报告与个人总结的异同

述职报告和个人总结都是个人对已完成的工作进行回顾、整理而形成的材料,说的都是自己做过的事，用的都是第一人称，这是它们的相同之处。二者的区别在于以下方面。

（1）从陈述的范围看，总结陈述的范围很宽泛，思想修养、业务进修、工作进展、为人处世等，只要是自己经历的都可以写成总结，都可以独立成篇；而述职报告陈述的范围仅限于履行职责的情况。在陈述履行职责的情况下，也可以涉及思想修养、业务进修等，但那都是为履行职责提供思想和业务能力基础的，不能独立成篇。

（2）从陈述的角度看，个人工作总结可以按照时间、空间不同，把工作分成几个阶段或几个侧面，从做法的角度来写，也可以从整体工作实践中提炼出几个体会，几条规律，从体会的角度来写；而述职报告只能从履行职责的情况着眼，落脚到干了哪些事，克服了哪些困难，取得了什么效果。述职报告中可以有体会，但不能以体会做思路、从体会的角度写。

（3）从陈述内容看，个人工作总结，特别是工作经验总结，允许只讲成绩，只讲经验，至于缺点、不足可以一笔带过，也可以不谈；而述职报告要求成绩和不足并重，实事求是，对履行职责过程中存在的问题不能轻描淡写，更不能文过饰非。

（4）从作者范围看，总结是谁都可以写的，普通学生可以写学习总结，普通农民可以写生产总结；而述职报告的作者仅限于有职、有责者。工人有岗位有职责，保管员有岗位有职责，各级干部有岗位有职责，他们都可以写述职报告，而普通学生学习，农民种田，"职"是有的，"责"呢？很难说对谁负责，他们就没有写述职报告的必要。

2.4.3　写作训练

1. 选择题。

（1）述职报告使用的最主要表达方式是（　　　）。

    A. 叙述　　　　　　B. 描写　　　　　　C. 议论　　　　　　D. 抒情

（2）述职报告重在突出自己谋事干事的能力、态度和水平，要事无巨细罗列成绩。（　　　）

    A. 正确　　　　　　B. 错误

2. 根据下面的总结，写一份述职报告。

学生会体育部

2019—2020 学年第二学期工作总结

2019—2020 学年第二学期，学生会体育部为了活跃校园文体气氛，丰富同学的课余生活，在开展学校群众性体育活动方面做了很大努力，并取得了一定的成绩，使以前有些单调沉闷的课余生活变得丰富多彩。

概括起来，本学期体育部主要做了以下四项工作。

一、严格早操考勤

由于部分同学在出操问题上存在惰性心理，早操出勤率低的问题成了体育部乃至学校近年来很难解决的老大难问题之一。为此，在学校领导和学生科的指导下，体育部加强了对早操出勤的检查工作，对过去的考勤方法作了一些改动。从本学期开始，把原来由各班体育委员各自检查本班出操人数变为由学生会成员对各班交叉检查，并把各班每天出操人数上报体育部，体育部汇总后报学生科公布于众。采用交叉检查的办法有利于各班互相监督，避免了各班在自查时"讲情面"，出勤率"掺水分"的现象，及时公布当天各班出操情况，表扬出勤率高的班级,激发了同学们的集体荣誉感。对各班个别经常缺操的同学,体育部列出名单,建议学校给予一定的处理。这个建议被教务长采纳。采取这些措施后,早操出勤率有较大提高。

二、因地制宜,开展多种体育竞赛

我们学校有 600 多名学生,但场地很有限,没有正式的跑道、田径场、足球场,要组织体育竞赛困难很多。体育部本学期从实际出发,因地制宜,利用有限的场地,成功地举行了各种班际体育比赛,其中举行大型全校性体育比赛有:××篮球联赛、女子乒乓球擂台赛、篮球对抗赛等。通过组织这些体育比赛,活跃了同学们的课余生活,并吸引了大部分同学参加。大多数同学对此反映很好,对体育部组织的活动给予了充分的肯定。

三、与外校保持联系,互相交流经验

体育部除了在校内举行一系列比赛外,还与附近的省供销学校共同组织体育竞赛活动。本学期与该校联系组织了第一届两校篮球流动杯赛、乒乓球对抗赛以及象棋对抗赛。比赛采取互访的形式,轮流到对方校内举行赛事。通过组织比赛,不仅共同切磋球艺棋艺,而且互相交流工作经验,大大促进了两校的联系,活跃了两校的文体气氛,得到两校师生的好评。体育部计划今后除了与供销学校继续保持联系外,也与附近的第一商业学校取得联系,以便开展校际体育活动及交流经验。

四、配合学校做好有关工作

体育部能主动向学校有关部门征求开展体育工作的意见,努力完成学校交给的各项任务。如及时召开各班体育委员及副班长会议,传达学校有关指示,通报各班体育锻炼情况;作好健身房管理工作;组织同学定期清扫乒乓球室、羽毛球室等。

本学期,体育部主要做了以上四大方面的工作,成绩是主要的,但也存在一些薄弱环节,不少工作还有待于进一步开展。工作的不足主要表现在以下方面。

一、计划中的一些项目未能很好地完成。

二、工作主动性仍不够,一些具体的工作还要在学校的催促下才做。

三、经验不足,在开展工作中也发生了一些不愉快的事情。如××级篮球联赛时,体育部未报经学校批准,就对××班篮球队骂裁判一事做出轻率处理。

以上几点在今后工作中应注意改进。

2.5　调查报告

调查报告是运用科学的方法,有目的、有计划地对某一典型情况、问题或经验进行认真调查研究,揭示出客观规律的书面报告。系统周密的调查、客观深入的研究、准确完善的表达是调查报告的三要素。

2.5.1　例文点评

网上购物已然成为一种风尚。王晨同学通过问卷等形式,对大学生群体的网购问题进行了调查研究。他将调查的内容、过程、结论与建议写成了一篇调查报告。

关于大学生网上购物的调查报告

××大学　　××

一、调查的背景和目的

随着我国社会主义市场经济的迅速发展，人们的物质文化需求日益增长，网络和电子商务的发展以及互联网的迅速普及，人们的消费方式也发生着巨大的改变。网络购物已经从一个新鲜事物变成了一种时尚。网购凭借其各种优势，冲击并改变着人们的消费观。在网购的消费群体中，当代大学生充当着主力军。大学生作为对网络较为敏感和接触频率比较高的一支庞大的队伍，无疑是网上购物市场中的重要用户群体。尽管大学生在校期间没有经济收入来源，在消费能力上受到了限制，但其消费方式及水平却在一定程度上代表了整个社会的消费方式和水平。这次大学生网上购物调查研究的目的是研究大学生网上购物行为并对其进行分析，了解当代大学生对网络购物的消费态度，正确指导大学生网上购物消费行为，以及对网购发展潜力的期望。

二、调查方法和对象

这次调查，我们主要是对在校大学生的调查。因为在校大学生受教育程度较高，对网络的使用驾轻就熟，对适合在网上销售的、满足精神需要的产品具有较多需求，其预期收入也相对较高，因此他们主宰未来网络消费的可能性较大。我们采取调查分析法，首先用随机抽样的方法向各高校在校大学生发放电子版问卷，进行问卷调查，然后对问卷进行了统计和分析，最后得出了结论。

三、调查结果及其分析

1. 大学生网上购物潜力巨大

通过本次调查显示，有网上购物经历的大学生有90%，而没有网上购物经历的大学生只占10%。不难看出大学生在网上购物的市场潜力是巨大的，说明大学生对网上购物这一行为能够接受，并且接受得比较快。

点评

标题　公文式标题，由调查对象、内容和文种构成。

署名

正文　第一部分是调查的背景和目的，作用相当于前言。在网购的消费群体中，当代大学生充当着主力军。本次调查研究的目的就是研究大学生网上购物行为并对其进行分析，了解他们对网络购物的消费态度，正确指导其网上购物消费行为。

第二部分交代调查方法和对象。采取随机抽样发放电子版问卷的方法进行调查分析，调查对象是各高校在校大学生。

第三部分是调查结果及分析。结果是有90%的大学生有网购经验，在未尝试网购的大学生中，表示今后有可能尝试网购的也占了57.5%。由此可知，大学生网上购物的比例极高，市

2. 大学生网购群体特征

网购群体特征主要体现在性别特征上。调查结果显示，有 90％的大学生有网购经验，而其中男生网购群略低于女生。女生比男生更勇于冒险和追求新的事物，女生的网络基础知识普遍比男生好一些，这可能是造成大学女生网购比率要高于男生的原因。

3. 网购原因分析

(1) 没有尝试网购的原因。调查显示，在没有购买经历的大学生中，没有尝试网购的主要原因主要有不知道如何网上购物、习惯传统购物、网上购物商品质量难以保证、害怕网上支付不安全、网上购物程序太麻烦。

(2) 选择网购的原因。大学生选择网购的原因有节约时间、节约费用；方便、送货上门；寻找稀有产品；出于好奇、有趣；时尚、款式新颖；受身边朋友影响；可以货比三家；没有营业员压力等。而比例较大的三项是节约时间、节约费用，方便和送货上门。由此可以看出大学生选择网购的主要原因在于网购更方便，更节约成本。

4. 大学生对购物网站的选择特征

在大学生心目中，可供网上购物的首选网站共分为三大类：主要进行网上零售的 B2C 网站、拍卖网站以及门户网站。从调查结果来看，大学生选择的网购网站主要包括淘宝（98％）、易趣（60％）、拍拍（65％）、当当（47.5％）、卓越（62.5％）。大学生有着较清晰的品牌意识，对知名度高、信誉良好的网站更加青睐。尤其是拍卖网站，如淘宝、易趣、卓越，网上零售如当当成为学生的首选。

5. 大学生网购行为特征

(1) 购买的商品或服务类型。从调查结果来看，大学生在网上最常购买的商品和服务包括书籍及影音类（23.5％）、衣服饰品（23.5％）、礼品（14.4％）、手机及数码产品（5.9％）、电脑及配件（5.9％）、生活与体育用品（26.5％）。可以看出书籍及影音类、衣服饰品、生活与体育用品所占比例最大。书刊质量风险不大，运输较为方便，而衣服饰品、生活用品的网购价格比传统购物的商品价格低。这体现了大学生在生活、学习和文

场潜力巨大。接着继续用数字说话，对大学生网购的群体特征、网购的原因、对购物网站的选择特征、网购的行为特征以及对网购的评价特征，进行了全面系统的分析。这一部分是全文的主体。

化娱乐等各方面的消费特点。与其他网上购物有所不同的是，对网上购买食品的接受程度显然还有待提高，其主要原因是时间不能保证，因为食品类产品对保质期要求严格，一旦时间太久或者过了保质期，不但不能食用，有时甚至会对人的健康造成威胁。同时，觉得麻烦、不信任、没有想过，也是制约网上购买食品发展的重要原因。

（2）购物频率与购买金额。从调查结果来看，购物频率最多的是平均每季一次（35.3%），每月的平均购物金额最多为 50～100 元（35.3%），也有 28% 的大学生月消费金额随所购商品价格而定。这与上述的大学生主要购买的商品和服务类型是相吻合的。

（3）付款方式。从调查结果来看，61.2% 的网购学生选择的是第三方支付（如：支付宝、微信）。我国的电子支付状况已得到较大改善，大部分学生对网上支付的安全性比较信任。

6. 大学生对网购的评价特征

（1）网购的担心因素。调查显示，网购的担心因素包括卖家诚信、货款的支付问题、商品的递送问题、售后服务问题、网络安全问题、观念问题。没有网上购物经历的大学生对网络购物的感知风险较高。全部被调查者中，担心的因素主要有卖家诚信（例如假货、质量差）占 22.9% 和货款的支付问题占 25.6%。其他担心因素如售后服务问题、商品的递送问题、网络安全问题分别占 20.9%、16.3%、9.3%。有过网上购物经验的大学生，已经对其有了基本的信任，说明大学生的初次网购体验非常重要。

（2）未来的购买意愿。在未尝试网购的大学生中，表示今后有可能尝试网购的占了 57.5%，说明他们对网购的发展很是期待，在网购条件让他们感到满意时，他们还是很愿意尝试的。网购与传统购物相比，在方便及时性、信息丰富性等方面具有很多优势，将会吸引越来越多的大学生参与。

（3）网上购物的可信度。调查研究显示，由于网上购物与传统形式的购物有着时间与空间的差异，大学生中认为网上购物的可信度达到 60%～80%。

四、总结

1. 大学生网上购物市场已经形成。由调研我们可以看出,大学生上网已经普及,大学生每天上网的平均时间普遍为 1~5 小时,这些人群对网络可谓相当依赖。同时,在曾经有过网上购物经验的人群中,86% 的购物者对其进行的网上购物是基本满意的,是能够接受的。以上数字说明,大学生网上市场已经形成,正等待着商家去开发。

2. 大学生网上购物前景广阔。大学生虽然受经济条件的约束,在校期间无法开展更多的网上购物活动,但其参加工作之后,将会在很大程度上进入社会中中高收入的群体。所以,大学生的价值绝不仅仅局限于他们目前的实际购买量,而在其终身价值。一旦有了固定的收入,他们参与电子商务活动的潜力是巨大的。此次问卷调查也支持这一结果,90% 的被调查学生有过网上购物经历,83.7% 的大学生网络购物者明确表示在未来的一年还会继续进行网络购物,10% 没有尝试过网络购物的大学生中多数也表示今后会进行网络购物。

3. 网购和传统购物的对比。虽然说网上购物有很多的优势,而传统的购物形式还是不可替代的。比如去买衣服、鞋子,以及自己没有用过的(如化妆品)东西,需要自己本人亲自去试了才确定要买的商品,人们一般情况下还是会选择传统购物。电子商务的快速发展给网购带来新的革命,新的生机,也是将来购物发展的趋势。可以看出,网上购物预期很好,将有很大的发展前景。网上购物市场的基础环境越来越稳定,淘宝、易趣、当当、卓越等网上购物网已成为广大网民网上购物的场所。随着我国经济持续快速的增长,人民生活水平的提高,中国电信网络规模的壮大,电脑普及率的提高、计算机技术的发展以及政府多层次多角度的推动,网上购物市场会越来越火爆,并且会逐渐发展进而形成人们购物的主要形式。

五、附录

大学生网上购物的问卷调查(略   编者)

第四部分是总结。通过前文的分析,得出了大学生网上购物市场已经形成并且前景广阔,网上购物市场已经越来越火热,并且会逐渐发展进而形成人们购物的主要形式的结论。

第五部分是附录,限于篇幅,引文从略。

为了了解大学生睡眠情况,便于学校、家长和社会能够有目的地帮助大学生正确安排他们的作息时间,引导他们养成健康的生活习惯,××学院的学生在本校进行了认真的调查研究后,以书面形式写出了这份调查报告。

例文（二）   点　评

关于大学生睡眠情况的调查报告

一、前言

在大学，对许多大学生来说，熬夜早已成为一种生活常态。每天的深夜或是凌晨都会看到这样的情景，宿舍的灯熄了，但是电脑的屏幕还是亮着的；校园的街道是安静的，而宿舍的楼道依然是吵闹的。这样的情景使大部分同学的生活变得很不规律，或者是习惯于晚睡晚起，熬夜已成了一种习惯，不熬夜反倒少见。针对这一现象，我们进行了大学生睡眠情况的调查。对大学生睡眠情况的研究，有助于帮助大学生正确安排自己的作息时间，关注自己的健康。

二、调查目的及方法

（一）调查目的

睡眠是每天都必须做的事。有的人睡眠时间长，有的人睡眠时间短，精神自然就不一样。正处于青少年时期的大学生，每天都应保证 10 小时左右的睡眠时间，然而现在很多的大学生远远达不到这个标准。如果没有充足的睡眠，那么势必会影响第二天的学习，听课效率也会降低，长此以往，就会让一个成绩优秀的学生成绩逐渐下降，其他方面也势必会受到影响。

（二）调查方法

借助 QQ、微信等网络平台发送问卷链接，采用网络问卷方式发起调查，调查了我校在校大学生的睡眠质量情况。发出问卷 1 000 份，收到有效问卷 952 份。

三、调查结果

调查结果显示，现在的在校大学生中 96％以上都有过熬夜经历，93％以上的同学每天的睡眠时间都能保持在 8 小时以上。这就不禁令人产生疑惑，大部分人都会熬夜，然而大部分人的睡眠时间都很充足。这究竟是怎么回事？在我们对填写问卷的同学进一步了解后发现，73％以上都选择了在上课的时候补充睡眠，这就直接影响了听课质量和效果。

标题　公文式标题，由调查对象、内容和文种构成。

正文　前言，简要介绍调查原因。研究大学生熬夜情况，帮助大学生正确安排自己的作息时间，关注自己的健康。

主体，第二部分交代调查的目的及方法。

第三部分，调查结果。大部分人都会熬夜，73％以上都选择了在上课的时候补充睡眠。

四、大学生熬夜原因分析

（一）内因

1. 学习拖拉。在我国，相当一部分大学生都有这样的经历。因为中国学生往往很聪明，所以哪怕最后只剩很少的时间了，只要短期内突击一下，也往往会考得不错。此后经常采取这样的工作学习方式，周而复始，反复循环。有时便不可避免地会熬夜学习，养成不良的生活习惯。我们在调查中可以看到，有 23% 的学生因为拖拉或因其他原因将学习抛到脑后，作业一拖再拖，最后只有临时抱佛脚，通宵达旦，在"千钧一发"的时刻交上熬夜的"结晶"。可是只有少数聪明的人可以拿到好成绩，大多数人效果不佳。在接受调查的人中，有 26% 的人平时成绩在班级里排到 25%～50% 之间，而占有 42% 的人只排到班级 50%～75% 之间。

2. 如此熬夜只为学习。很多同学从很小开始便接受"囊萤映雪""凿壁借光""焚膏继晷"等故事及传统观念的熏陶，而社会亦将是否"勤奋苦读"作为衡量一个人品质的重要因素。因此导致了很多学生片面地将熬夜学习视为学习努力的标志，亦是未来成功的标志，从而制订出超过自身实际能力的计划。每当一阶段的任务无法按时完成时，很多大学生便不自觉地会向"熬夜"求助。所以，有很大一部分同学熬夜是为了学习，保持着中学时代的刻苦努力精神，但调查显示，其中占有 22% 的人依旧在期末考试中挂过科。

（二）外因

1. 环境因素。我们是 6 人宿舍，每个人都有自己的生活习惯，不免会影响到其他人的生活。大一的同学更是如此，他们彼此还未相互适应，使得这种客观的因素占据了主导地位。再加上不适应周围新的生活环境，导致某些大学生睡眠质量不高。良好的睡眠环境是高质量的睡眠所必需的条件，要拥有高质量的睡眠，一定要讲究睡眠卫生，营造良好的睡眠环境对大学生来说尤为重要。一个人在声音嘈杂，光线刺眼的环境中是很难拥有高质量的睡眠的。学校提供一个安静的睡眠环境能让我们很好地放松大脑，提高睡眠效率。

2. 网络里的世界很精彩。随着科技进步，网络技术已迅速发展。互联网作为传播信息的新媒体，越来

第四部分，从内因和外因两方面，对大学生熬夜原因进行了详细分析。引用大量数据，准确，翔实。

越多地成为当代大学生获取知识和信息的新途径，对广大大学生的学习、生活乃至思想观念产生着广泛而又深刻的影响。正如某大学生所言，仰天大笑出门去，我辈正是弄潮儿。这敏锐的一代，自信的一代，成长的一代，正是新生事物的支持者。他们正参与其中，喜乐其中，忧伤其中，沉溺其中，徘徊其中，回味其中，并将成为明天中国互联网事业的弄潮者、推进者。然而，从大学生如今在校的日常生活中可以看到，大多数同学都是沉溺陶醉其中，精彩的网络世界让他们在深夜依然生龙活虎。经调查的数据分析得知，参与问卷调查的同学中，认为科技产品和娱乐方式多样化加重了大学生熬夜状况的占了73％，而科技产品和娱乐方式当然主要是电脑和手机了。在熬夜原因调查中可知，有48％的大学生是因为上网而熬夜，有54％的学生玩手机而熬夜，他们或沉浸于刺激的网络游戏，或恋上虚拟的QQ、微信聊天世界，或痴迷于精彩的电子小说，或神游在眼花缭乱的电影天堂。夜里，有了书桌上电脑的陪伴，他们不再空虚无聊，有了床头手机的形影不离，他们不再感叹所谓青春时的孤独寂寞。网络里的世界太精彩，熬夜，已然成为大学生的一种生活习惯。

3. 学习的压力。我们是学生，学习是我们生活中最重要的一部分。由于目前大学生们面临的学习竞争和就业压力加大，为了保证自己有充分的竞争力，纷纷加强学习强度，考证、考研使他们经常处于高强度的学习压力下，从而减少了睡眠时间。

五、睡眠不足的危害

（一）影响大脑思维

相信大家都深有体会，在熬夜的隔天，上班或上课时经常会头昏脑涨、注意力无法集中，甚至会出现头晕头痛的现象，长期熬夜、失眠对记忆力也有明显的损伤。专家实验证明，人的大脑要思维清晰、反应灵敏，必须要有充足的睡眠，如果长期睡眠不足，会使人心情忧虑焦急。且大脑得不到充分的休息，就会影响大脑的创造性思维和处理事物的能力，继而工作效率也就大打折扣了。

（二）影响正常发育

现代研究认为，青少年的生长发育除了与遗传、营

第五部分，阐述睡眠不足的危害。采用分条列项式，分影响大脑思维、影响正常发育、"催人老"和导致各种疾病四个方面进行了详细的阐述。

养、锻炼等因素有关外，还与生长素的分泌有一定关系。由于生长素的分泌与睡眠密切相关，即在人熟睡后有一个大的分泌高峰，随后又有几个小的分泌高峰，而在非睡眠状态，生长素分泌明显减少，所以，青少年要想发育好，长得高，睡眠必须充足。

（三）"催人老"

压力、偏食、睡眠不足等不良生活习惯，会令黑色素增加。晚上10时及早上6时是新陈代谢的最好时机，所以睡眠时间不稳定的人，就容易制造很多的黑色素，皮肤的代谢率也不佳，睡眠不足极易导致眼袋、皮肤干燥。夜晚是人体的生理休息时间，该休息而没有休息，就会因为过度疲劳，造成眼睛周围的血液循环不良，而引起黑眼圈或是白眼球布满血丝。中医认为，晚上11时到凌晨3时是美容时间，也就是人体的经脉运行到胆、肝的时段。这两个器官如果没有获得充分的休息，就会表现在皮肤上，容易出现粗糙、脸色偏黄、黑斑、青春痘等问题。

（四）导致各种疾病

经常睡眠不足，会使人心情忧虑焦急，免疫力降低，由此会导致种种疾病发生，如神经衰弱、感冒、胃肠疾病等。另外专家研究表明，睡眠不足或不规律除了让人们眼睛胀涩外，还会增加多种重大疾病的患病风险，包括癌症、心脏病、糖尿病和肥胖症等。

六、解决我校学生睡眠不足的建议

第六部分，针对调查结果，对睡眠不足的普遍现象提出合理化建议。

（一）辅导员加强教育管理

找同学进行谈话或以开班会的形式提倡同学早睡早起，对生活不规律的同学进行谈话教育，同时不定期进行检查，严格控制同学们的睡眠时间。实行奖惩机制，对生活规律的同学进行表扬，对晚上不睡，早上不起，影响上课的同学进行批评教育。同时及时了解学生的心理动态，对心理有起伏的同学进行开导。

（二）学校严格限制上网断电时间

学生的自控能力固然重要，但学校也应采取强制手段限制学生上网时间，以避免学生因为上网而晚睡的情况。

（三）学校要尽可能的改善学生的住宿条件

晚睡有很大一部分原因是因为同学间的相互影响，

我校还存在六个同学同寝的寝室,这大大增加了同学间互相影响睡眠的概率。应改善住宿条件,尽量把六人间改为四人间,减小同学间相互影响睡眠的概率。

（四）合理安排好自己的学习和生活

减小学习压力,正确使用互联网等现代化工具。沉溺于网络游戏,不仅对身心健康有严重影响,还荒废了学业,危害极大。

××大学　××

2020 年 6 月 26 日

落款　由署名和日期组成。

2.5.2　文种指要

1. 调查报告的适用范围

（1）在某一领域、某一行业出现了具有普遍意义的情况、问题,通过调查分析,系统地反映各个方面的情况,为有关部门了解情况、研究问题、制定措施提供参考。

（2）工作中出现先进典型、新的经验,通过调查总结先进经验,推动和指导某方面的工作。

（3）针对社会上出现严重的问题,进行专项调查,澄清事实真相,揭示问题的原因、性质,揭露问题的严重性,以引起有关部门、有关方面乃至整个社会的重视,达到解决问题的目的。

2. 调查报告的分类

按照不同标准划分,调查报告可以分成许多种类。以其反映的内容作标准来划分,可分为反映情况的调查报告、总结经验的调查报告和揭露问题的调查报告三种。

（1）反映情况的调查报告。这类调查报告也称情况调查、综合调查。它是在对调查对象的基本情况、发展变化过程等方面进行深入、系统地调查研究的基础上写成的,目的是供上级机关或有关部门参考,作为贯彻政策,制定措施的依据。一般内容比较全面、具体,观点比较明确,既可以反映成绩,也可以谈存在问题和解决问题的意见。如例文（一）。

（2）总结经验的调查报告。这类调查报告也称典型调查,通过反映某方面的成绩,着重介绍成功的经验,使之发挥以点带面、示范引路的作用。这不仅要介绍基本的工作情况,而且要从事物发展的全过程中找出规律性的内容,具有普遍的指导意义。

（3）揭露问题的调查报告。这类调查报告又称问题调查。主要用来揭示当前社会生活、工作中的不良现象或社会弊端,其目的是引起有关部门乃至整个社会的重视,以便引以为戒,达到解决问题的目的。如例文（二）。

3. 调查报告的格式写法

调查报告的写作格式没有严格的固定要求,大多是由标题、正文和落款三部分组成。

1）标题

调查报告的标题一般有以下几种形式。

（1）公文式标题。这是调查报告常用的标题形式，一般由调查对象、内容和文种构成，如例文（一）、例文（二），再如《关于陕北地区治理水土流失建设生态农业的调查报告》。

（2）内容概括式标题。这是类似一般文章标题的一种形式，直接说明调查的对象、内容或者揭示文章的中心。如《莫把"温饱"当"小康"》（揭示中心）、《北京国内游客的调查》（点明调查对象）、《粮食霉变的原因何在》（点明调查问题）等。

（3）双标题。由正题和副题组成，正题揭示主题、基本观点，副题对正题加以补充，如《高校发展重在学科建设——××大学学科建设实践思考》。再如例文（二）标题，也可以改为《令人担忧的不眠之夜——关于大学生睡眠的调查报告》。

2）正文

正文由前言、主体和结尾三部分组成。

（1）前言。前言又称"引言"或"导语"。这是调查的基调，要紧紧围绕主题介绍有关情况，为主体内容的展开做必要的铺垫。

前言的写法灵活多样，常用的有说明式、陈述式、议论式、介绍提问式等几种形式。

① 说明式。交代调查的时间、地点、对象、范围、目的、方法。

② 陈述式。简要叙述调查的基本情况、基本经验或调查的结论，给读者以总体印象。

③ 议论式。就调查内容的实质和意义表明作者的观点与态度，以唤起读者的共鸣。

④ 介绍提问式。先概括介绍调查对象的情况，然后设问，正文部分作答，以启发读者思考，调动阅读兴趣，增强报告的说服力。

也有部分调查报告不写前言，起笔就直接进入到主体部分或者与主体部分合写。虽然前言的写法因其内容的不同、表现主旨的需要而有所不同，但它们都必须用概括的文字，为主体的展开做必要的交代与铺垫，务求言简意赅。

（2）主体。主体是调查报告的核心，是结论的依据。首先要详细介绍调查对象的具体情况，例如事情产生的前因后果，发展经过，具体做法等。其次，要对所调查的内容进行认真的分析研究，找出规律，最后要得出明确的结论。

由于调查报告的种类不同，主体的内容也不相同。

反映情况的调查报告，主体主要由"情况、分析、建议"组成。

总结经验的调查报告，主体一般由"成果、做法、经验"或"做法、经验、成果"组成。

揭露问题的调查报告，主体一般由"问题、原因、意见或建议"组成。

主体在结构安排上可有以下三种形式。

① 纵式结构。按事件发展的时间顺序，或变化的先后顺序，或一次调查过程的先后顺序，或一项工作开展的前后过程等来安排调查内容。通常以时间为主线，先介绍事件的起因、发展，后介绍事件的结局。如果是情况调查，可先列出各种情况，后简要写出作者的分析意见，各部分之间是递进关系。

② 横式结构。就是以问题为主线来安排，把调查得到的情况、经验和问题，按照内在的逻辑联系，分成几个部分并列来写，在横断面上表现出事物的各个方面。这样能突出主要问题或基本经验，这是调查报告中最常用的结构方式，本节所选的两篇例文均为横式结构。

③ 纵横式结构。兼有上述两种结构的特点。从文章全貌来看，是按事物发展的脉络

来写的，呈现出纵式结构的特点。但在叙述过程中或叙述完事物发展过程后，又分别对一个问题的几方面或一个典型的几条基本经验，分别加以阐述，从而呈现出横式结构的特点。它既考虑时间顺序，又考虑空间位置，往往给各个方面冠以小标题，使重点更加突出。

（3）结尾。结尾是调查报告的收束，由于调查报告的内容不同，结尾形式也各异。有的总结全文，深化主题；有的照应前言，点题作结；有的展望前景，催人奋发；有的提出建议，供人参考；有的交代事物产生的影响或群众的意见，反映或是概括说明调查结果；也有的调查报告全部内容在前文已表述完，则无须再加结束语。无论哪种形式，都必须做到简洁有力，切忌拖泥带水，画蛇添足。

3）落款

由作者署名和写作时间组成，在正文右下方。如果在标题的下面已写明，此处可省略。

4. 调查报告写作的注意事项

（1）熟悉党的方针政策。多数调查报告是反映人们执行党和政府有关方针政策的情况、经验和问题的，写调查报告必须有政策观念，要熟悉、掌握与调查课题有关的方针政策，并以此作为观察事物、分析问题、判断是非的标准。这样，写出来的调查报告就不会"离谱""走调"，也才有普遍的指导意义。

（2）做好调查前的准备工作。调查前的准备工作主要分以下几步。

① 确定好调查目的。

② 了解调查的具体任务和调查对象的基本情况。

③ 掌握有关的方针、政策。

④ 制订调查计划，包括调查的组织、时间、地点、方法、步骤等。

⑤ 拟定调查纲目或调查表格。

（3）采用恰当的调查方法。调查研究要取得成功，还必须有恰当的调查方法，一般的调查方法如下。

① 开调查会。

② 个别访谈。

③ 观察采访。

④ 抽样调查。

⑤ 查阅档案和有关资料。

⑥ 掌握准确的统计数据。

（4）占有第一手材料。通过调查，翔尽、系统、全面地占有材料，特别是第一手材料，是写好调查报告最基本、也是最重要的环节。收集材料不要"一面观"，而是要"面面观"，现实的和历史的、典型的和一般的、正面的和反面的、概括的和具体的、领导的和群众的都应在收集之列。只有占有丰富的材料，写作时才能取舍自如。

（5）认真分析，找出规律。调查报告要有情况、有议论、有办法。要对经过深入调查占有的材料，在正确的思想指导下，用科学的方法，进行去粗取精，去伪存真，由此及彼，由表及里的比较研究，分析综合。努力做到观点和材料相统一，提炼出调查报告的中心主旨，归纳出正确的结论，得出具有规律性的结论，给出对策建议。对策建议部分要简练，最好采用条文式,清晰明了易于读者理解。

(6)叙述、议论、说明相结合。调查报告要用事实说话,要叙述在调查中得来的经过分析的事实和情况。这就决定了它应以报告为主体,以叙述为主要表达方式;同时它又必须是在明确观点的支配下叙述,叙述的目的是说明问题,对叙述内容必须有恰当的分析议论,引发规律性的认知,从而得出结论。调查报告还要用说明的表达方式,如问题提出的因由、背景的交代、调查情况的介绍、报告的目的等,这些几乎每篇调查报告都涉及的内容,必须使用说明的表达方式才能交代清楚。

(7)注意时效性。调查报告回答的是当前工作中迫切需要解决的问题,它的时间性较强。写调查报告的各个环节都要抓紧时间,否则,"时过境迁",就失去了指导意义。

5. 调查报告与总结的区别

1)使用人称不同

调查报告大多是调查外单位的情况之后写成的书面报告,作者从局外人的角度,以局外人的语气客观地叙述情况、分析问题,因此采用第三人称的写法。即使是写本单位的情况,也要采用第三人称的写法。

总结,主要是总结本单位或者个人的情况,作者从当事人的角度,以当事人的口吻语气叙述情况、分析问题,所以采用的是第一人称。即使是上级单位派人来帮助总结典型经验,写作者也必须站在当局者的角度,采用第一人称的写法。

2)写作目的不同

调查报告要从全局出发,选择具有普遍意义的问题、情况和经验,通过对某个"点"的剖析研究来指导、推动、改进"面"上的工作。问题经验部分要详细,要展开,因为调查报告具有极强的针对性,调查的目的是发现问题、解决问题,介绍经验、示范引路。

总结则是通过回顾、检查自己的工作,分析以往工作的成绩与问题,来指导今后的工作实践,或者向上级汇报工作。

3)材料来源不同

调查报告的写作材料,主要是通过深入细致的调查了解得来的,调查是获取材料的主要途径。调查工作的好坏,是调查报告写作成败的关键。

总结的写作材料主要靠平时积累,材料积累的多少就成为总结写作的关键。虽然,也需要适当地进行调查研究,取得材料,以便把总结写得更全面。

4)题材范围不同

调查报告的写作题材要比总结广泛得多,可涉及社会生活的各个领域,不受空间和时间的限制。而总结的写作题材既受空间的限制——只能写本单位或个人的情况;又受到时间的制约——只能写已经完成的或已经进行了一个阶段的工作。从这个意义上说,调查报告的写作题材要比总结广泛得多。

2.5.3 写作训练

对下面三个内容任选其一进行调查,调查完毕写一份调查报告。

(1)高职学校学生消费情况调查(可选择本校、本班同学每月支出项目、金额,分若干档次进行调查)。

（2）本校本班同学阅读情况调查（如书籍、杂志、报纸占用时间，兴趣爱好等）。

（3）选择一个经营情况比较好的生产、销售或服务单位进行调查。

2.6 致 辞

致辞又称"讲话"或者"发言"。"讲话"和"发言"本是同义语，但由于约定俗成的原因，现在二者之间略有区别。在现实工作生活中，许多时候需要在特定场合表达自己的想法、观点、态度、意见、看法，或汇报思想、工作情况，这些表达一般称为"发言"。如果发言者是以领导的身份，在会议上或在特定场合发表带有宣传、指示、总结性质的意见，则叫作"讲话"，作为来宾或被邀请的嘉宾所作的发言，也可称为"讲话"。无论是发言还是讲话，一般都需要事先准备好文稿，讲起来才能井井有条。这既是对自己、对自己代表的单位负责任，也是对听众的尊重。致辞的种类极多，本章主要学习欢迎词等五个常用的种类。

2.6.1 例文点评

1. 欢迎词

欢迎词是在欢迎宾客的仪式上，主人发表的对宾客的到来表示欢迎的致辞。

××市中心医院举办学术讲座。在学术讲座开始之前，该院办公室主任王兰代表会议主办单位致如下欢迎词。

例 文（一）	点 评
欢 迎 词	**标题**
尊敬的各位专家、各位同仁：	**称谓** 对全体与会者的称谓。
大家下午好！	**问候语**
今天，在多方的努力下，我们有幸邀请到中国超声医学工程学会理事、中国超声医学工程学会超声心动图专业委员会常务委员、妇产委员会委员、中国产前诊断专家委员会专家张桂珍教授来院授课。我谨代表××市中心医院全体职工向远道而来的专家、同仁表示最热烈的欢迎和衷心的感谢！	**正文** 首先，对来宾表示欢迎。
张教授从事小儿心脏超声心动图诊断和研究工作已30余年，精通先心病、复杂心脏病及成人各种心脏病的超声诊断，潜心研究胎儿超声心动图诊断近20年，完成上千万例胎儿超声心动图诊断，积累了丰富的临	其次，介绍专家张教授的成就。

床经验。主编了《实用超声心动图学》《先天性心脏病图谱》和《实用胎儿超声心动图学》等多部著作。我们举办此次学术讲座,将为从事小儿心脏超声心动图诊断和研究的专家、同仁们提供一个互相交流学术意见、研究成果和工作经验的平台,增进大家的相互了解和友谊,促进交流与合作。

我们相信,通过为期两天的学术讲座与交流,与会各方将更加相互了解,彼此合作将更加深入,友谊将更加深厚持久。我们祝愿,所有与会人员都能通过此次学术讲座,增进交流,切磋学艺,收获超声医学学术发展的丰硕成果。我们希望,通过此次学术讲座,能有更多的朋友了解超声医学,我们愿与大家一道,携手并进,共谋发展。

最后,预祝学术讲座圆满成功!祝大家工作愉快、身体安康!谢谢大家!

结尾 对大会表示美好的祝愿,对来宾表示祝福与谢意。

××市中心医院办公室主任 王××

2021年5月9日

落款 由署名和致辞日期组成。

2. 欢送词

欢送词是在欢送宾客的仪式上,或承办的大型会议结束时,主人对宾客的离去表示热烈欢送时的致辞。

××博士讲学结束,在欢送他的宴会上,×××同志致了如下欢送词。

例 文 (二)

点 评

欢 送 词

标题

尊敬的××博士,尊敬的朋友们、同志们:

称呼 首先是被欢送者,然后是全体与会者。

××博士结束了在我校为期三年的执教生活,今天就要回国了。今日我们略备薄酒,为××博士饯行。

三年来,××博士以出众的才智和辛勤的工作,赢得了全校师生的信赖与尊敬。他所做的几次学术报告,开阔了我们的视野,推动了我校的教学改革。对此,请允许我代表全体师生对××博士再次表示感谢!

在三年的教学工作和日常交往中,××博士与油

正文 交代宾客执教生活结束,即将离去。对宾客来校工作所付出的努力、做出的贡献、取得的成果表示肯定和谢意。回顾、肯定双方的友谊,并请宾客留下意见与建议。

脂专业的师生诚挚交流，以友相待，结下了深厚的友谊，我们为此感到高兴。

在××博士即将踏上回程的时候，请带上我们全体师生的深厚友谊，也请给我们留下宝贵的意见和建议。

中国有句古话："海内存知己，天涯若比邻。"千山无阻于我们友谊的发展，万水隔不断我们彼此之间的联系。我们期望××博士在适当的时候再到我校做客、讲学。

最后，祝××博士回国途中一路平安！

×××

2023年××月××日

结尾 对欢送对象致以美好的祝愿，并欢迎其再度来访。这是欢送词结尾的习惯写法。

落款 由致辞人姓名及致辞日期组成。

3. 开幕词

开幕词是党政机关、企事业单位或社会团体在举行大型会议、大型活动（如运动会、旅游节）开始时，由大会主席或主要领导人向与会代表所作的重要讲话。

由新加坡××有限公司主办、中国××协会与上海市国际贸易信息和展览公司承办的"中国国际××展览会"在上海开幕，××协会常务副理事长李××代表承办方致开幕词。

例 文（三）   **点 评**

"中国国际××展览会"开幕词

（2023年7月7日）

××协会常务副理事长李××

标题 完全式标题，由会议名称和文种构成，下面标注开幕时间和致辞者姓名。

女士们、先生们：

大家早上好！

由新加坡××有限公司主办、中国××协会与我分会所属的上海市国际贸易信息和展览公司承办的"中国国际××展览会"今天在这里开幕了。我谨代表中国国际贸易促进委员会上海市分会、中国国际商会上海分会表示热烈祝贺！向前来上海参展的西班牙、比利时、中国台湾省、香港地区以及我国各省的中外厂商表示热烈的欢迎！本届展览会将集中展示具有国际水准的各类××产品及生产设备，为来自全国各地的

称呼 顺序安排合乎习惯。

问候语

正文 首先宣布大会开幕，对来宾表示欢迎。这是开幕词的习惯写法。介绍了参加会议的单位。

科技人员提供一次不出国的技术考察机会。同时,也为海内外同行共同切磋技艺创造了条件。

　　朋友们、同志们,上海是中国最重要的工业基地之一,也是经济、金融、贸易、科技和信息中心。上海作为长江流域乃至全国对外开放的重要窗口,将实行全方位的开放。我国政府已将浦东的开发开放列为中国今后十年发展的重点,上海南浦大桥的正式通车,标志着浦东新区的开发已经进入实质性的启动阶段。上海将进一步改善投资环境,扩大与各国各地区的合作领域。我真诚地欢迎各位展商到上海的开发区和浦东新区参观,寻求贸易和投资机会,寻找合作伙伴。作为上海市的对外商会——中国国际贸易促进会上海市分会,将为各位朋友提供卓有成效的服务。

　　最后,预祝"中国国际××展览会"圆满成功! 感谢大家!

> 其次介绍了上海是中国最重要的工业基地之一,也是经济、金融、贸易、科技和信息中心,说明了大会在此举办的意义。

结束语　"预祝……圆满成功!",是开幕词的常用写法。

4. 闭幕词

　　闭幕词是党政机关、企事业单位或社会团体在隆重会议或大型活动即将结束时,由有关领导在会议上作的总结性讲话。

　　红山乡第六届迎新春农民运动会,已经圆满地完成了各项预定赛事,即将结束。在闭幕会上,红山乡党委书记×××致闭幕词。

例　文　（四）　　　　　　　　　　**点　评**

闭　幕　词

各位来宾、同志们、父老乡亲们:

　　红山乡第六届迎新春农民运动会,在乡党委、政府的亲切关怀指导下,在全乡人民的关心支持下,在各代表队的大力协助以及全体运动员、教练员、裁判员、工作人员的共同努力下,已经圆满地完成了各项预定赛事,今天即将落下帷幕。

　　本届农民运动会从大年初一开始,历时 5 天,共有 11 支代表队参加,各项赛事都取得了圆满的成功。本届运动会开得隆重、热烈、精彩,办成了我乡农民的体育盛会,群众团结的盛会。在这里,我谨代表乡党委、

标题　直接以文种为题。

称呼

正文　前言,首先说明运动会已经圆满完成各项赛事(议程),即将闭幕,这是闭幕词的习惯写法。

主体,首先介绍本次运动会的时间安排,并作出积极肯定的评价。

乡政府，向在本届运动会中取得优异成绩的代表队和运动员表示热烈的祝贺！向为成功举办本届运动会付出辛勤劳动的组委会全体工作人员，向积极参加本届运动会的裁判员、教练员，所有为本届运动会付出努力的同志们，表示衷心的感谢！本届运动会无论是各代表队的有序组织，还是运动员的顽强拼搏，都充分体现了我们红山乡人民团结奋进、精诚协作、敢于拼搏、勇攀高峰的精神风貌。

　　运动会期间，运动员不畏强手，争创一流；工作人员尽职尽责，认真公正。这一切都为本届运动会的圆满成功提供了有力的保证。这次运动会不仅展示了运动员较高的运动水平和高尚的体育道德，更增强了我乡人民的凝聚力、向心力，体现了各参赛代表队的集体意识、竞争意识、团队精神。这一切都将成为一种宝贵的精神财富，激励我们做好今后的各项工作。

　　本届运动会是在继续开展创先争优活动，全面开展学、抓、树、促活动热潮之际举办的一次体育盛会。本届运动会的成功举办，对振奋全乡人民精神，调动上下、内外积极性，进一步促进我乡精神文明建设的发展具有十分重要的意义。

　　生活要小康，身体要健康。同志们、乡亲们，红山乡第六届农民运动会即将落下帷幕，但发展体育运动、开展全民健身活动永不落幕。让我们以本届运动会为契机，坚持体育活动面向群众、面向所有村民的指导思想，继续发扬团结拼搏、争创一流的精神，推动我乡群众性体育活动的深入开展。掀起全民健身的热潮，推动全乡各项事业更好、更快发展，共同迎接红乡美好的未来！

　　现在，我宣布，红山乡第六届迎新春农民运动会闭幕。

红山乡党委书记　×××

20××年××月××日

> 其次说明本次运动会的意义，提出希望，鼓励大家坚定信心，做好以后的各项工作。

> 结尾，发出号召。

> **结束语**　宣布运动会闭幕。

> **落款**　署名加日期。

5. 祝辞

祝辞也写作"祝词"，是指在各种喜庆场合中，对人、对事表示祝贺的言辞和文章。祝贺词又可细分为祝词和贺词两种。事情未果之前的祝愿、希冀、祝福言辞为祝词；事情已果之后的祝贺、庆喜、赞美言词为贺词。

2021 年 9 月，航天英雄聂海胜和他的战友们，圆满地完成了神舟十二号载人航天飞行任务。为此，他的故乡襄阳市市委、市人民政府，代表家乡人民给他发了一封热情洋溢的贺信，表达了祝贺之情。

例　文（五）	点　评

中共襄阳市委 襄阳市人民政府向航天英雄聂海胜致贺信

标题　由祝贺者、受祝贺者和文种组成。

尊敬的聂海胜将军：

称谓

在全国各族人民喜迎新中国成立 72 周年和中秋佳节之际，您和您的战友以特别能吃苦、特别能战斗、特别能攻关、特别能奉献的载人航天精神，圆满完成了神舟十二号载人航天飞行任务，为中国航天事业刷新了纪录、书写了传奇。您也为家乡襄阳、湖北争得了荣誉，家乡人民为您骄傲！今天，你们顺利凯旋着陆，家乡亲人牵挂的心也欣然安放。值此，特向您和您的家人、战友们，表示热烈祝贺并致以崇高敬意！

正文　首先，代表家乡人民，对聂海胜和他的战友圆满完成了神舟十二号载人航天飞行任务，表示热烈祝贺并致以崇高敬意。开篇明义，说明祝贺的原因。

作为荆山楚水的优秀儿女，您勇担使命，为国出征，三次鹰翔苍穹，成为首位在太空生活超过 100 天的中国航天员。您在充满风险挑战的航天飞行和出舱活动中，展现出沉着冷静的优秀品质、敢于担当的责任意识、不畏艰难的开创精神。家乡人民倍感自豪，纷纷表示要向您学习，弘扬"航天精神"，争做知行合一、勇立潮头的奋斗者！

中间两段，称赞对方的优秀品质、责任意识以及开创精神，祝贺对方取得的优异成绩，并给出了极高的评价，表达了向聂海胜学习的决心。

梦魂常向故乡驰，人生难舍是乡情。您不仅心系航天，胸怀理想，用三次征战太空的优异成绩，诠释了"敢于战胜一切艰难险阻、勇于攀登航天科技高峰"的奋斗精神，还在浩瀚的宇宙心系家乡，一句"回到地球后最想和家人们、战友们团聚，最想吃的是襄阳牛杂面"，把对家乡的深厚情谊转化成对襄阳的最强代言，让我们深深感受到了您对家乡人民创造美好生活的精神激励和无限期待。

当前，家乡襄阳正以习近平新时代中国特色社会主义思想为指导，全面贯彻落实党中央决策部署和省委工作要求，以加快建设美丽襄阳、率先实现绿色崛起

最后，表达了向以聂海胜为代表的航天人学习、建设好家乡的决心，以"热诚欢迎您和家人常回来看看！"的盛情

为目标，全力推进区域性中心城市、区域性科技创新中心、全国性综合交通枢纽城市、国家物流枢纽承载城市、区域消费中心城市"五城共建"，在加快实现高质量发展新征程上奋力前行。我们将大力弘扬以您为代表的载人航天精神，勇于登攀、敢于超越、科学求实、拼搏进取，努力把襄阳建设得更加富强、更加美好，让家乡人民更加幸福、更加美满！热诚欢迎您和家人常回来看看！

祝您身体健康，阖家欢乐，万事如意！

中共襄阳市委　襄阳市人民政府
2021 年 9 月 17 日

邀请为全篇作结。

结尾　表达美好祝愿。

落款　由署名和致辞时间组成。

××老师，在教育战线耕耘一生，桃李满天下。老师八十岁寿诞之日，学生们欢聚一堂，为老师祝寿。在聚会上，××同学向老师致了一篇感情真挚的祝寿词。

例　文（六）　　　　　　　　　　　　　　　**点　评**

祝　寿　词

标题

尊敬的老师：

在您八十诞辰的日子里，请接受学生真诚的祝愿。在此我向您三鞠躬，一鞠躬祝您松鹤长春，二鞠躬祝您阖家幸福，三鞠躬祝您事业常青！

在我的人生旅途中，受到过不少的赞扬、嘉奖，但这些我都忘了，唯独对于您的两次批评，我总是"耿耿于怀"。一次是您在课堂上要我背课文。小的时候，我特腼腆，外号"假妹子"，特别不敢当众说话。您大概抓住了我的弱点，要我背一首刚学会的唐诗。我站起来，先是出不了声，后来像蚊子叫，您一遍又一遍要我重来，最后您说："我到教室外面去，要是我听不清就不算，什么时候背完了什么时候吃午饭。"您走出教室，全班五十名同学都盯着我，我鼓足所有的勇气，终于像吵嘴一样"吼"出了唐诗，当时真是"字字泪"。随着话音落地，您满面笑容走进教室。还有一次全校作文竞赛，

称呼　祝寿的对象。

正文　首先直接表达自己的心情。行三次礼（或者敬三杯酒），说出三个祝愿，这是祝寿词程式性的写法。

其次列举亲身经历的两个典型事例，回忆、感谢老师对自己的教诲之恩。也是从侧面赞扬老师的师德高尚。事例典型，情真意切。最后汇报自己毕业后取得的成绩，再次感谢恩师的教诲。

我获得全校第一名。可五天后,您怒气冲冲地把我叫到办公室,指着一篇报纸上的文章说:"你自己看!"我马上明白了,老师发现了我"参考"的那篇文章,我的脸唰地红了。老师那天把我训了三个多小时,从作文讲到做人。老师,旧事重提,我不是记仇,我是记恩啊!屠格涅夫说,一件极微小的事情,有时候可能完全改变一个人。我今天向您汇报的是,我大大小小发表过一千多篇文章,没有一篇是"参考"别人的。我大大小小作过一百多场报告,多大的场面也不发怵。老师,您知道吗,这些都是从您的批评中起步的!

　　鲜花凋落了,果实是对它最好的回报。老师,我不敢说我是您的一个好学生。但是,老师,我一直在努力做,一直在努力做一个您的好学生。我想在您多皱的面孔上,增添一份属于为我而欣慰的笑容。

　　为了筹备您的八十诞辰聚会,竟有十多个同学不约而同地给我打电话、写信,您的学生都十分钦佩您的学识,更十二分地钦佩您的人品。您这一辈子活得跟您的板书一样,堂堂正正、一丝不苟。成为您的学生,是我的骄傲。为了这一份莫大的荣誉,老师,请相信,我一定会好自为之,为自己,也为您!

　　最后,祝您寿诞愉快,万事如意!

以自己的努力来烘托老师的伟大。

回忆筹备聚会的准备过程,以同学们对老师的钦佩,烘托老师的学识与人品,并用老师的板书做比喻(突出教师特点),盛赞老师的正直认真,堂堂正正、一丝不苟。

结尾　再一次祝福,是祝寿词的固定写法。

落款省略。

2.6.2　文种指要

1. 欢迎词

1) 欢迎词的适用范围

(1) 本单位、本部门有客人来访,举办较正规、正式的欢迎仪式。

(2) 承办大型会议,承办方对与会者的到来表示欢迎之意。

(3) 欢迎新领导、新同事、新同学的欢迎仪式。

2) 欢迎词的格式写法

欢迎词一般由标题、称呼、正文、结尾和落款五部分组成。

(1) 标题。欢迎词的标题有以下两种写法。

① 只写文种,直接在第一行正中写"欢迎词"三个字,字体比正文稍大。

② 在"欢迎词"前边加上修饰性、限制性词语。如"×××在欢迎×××代表团仪式上的讲话"。

(2) 称呼。在标题下一行顶格写被欢迎者的称呼。为了表示亲切和尊敬,可根据主客之间的疏密程度、被欢迎者的身份,在被欢迎者姓名前加"尊敬的""敬爱的""亲爱的",姓名后加"阁下""先生""女士"等词语。称呼中要涵盖全体被欢迎者（包括与会者），不可遗漏。

需要强调的是称呼的顺序，各种致辞通常的习惯都是先上后下、先长后幼、先疏后亲、女士优先，如果有特别重要的人员，必须单独提出来，按照由重到轻的顺序放在最前面。如在第四届全国网络媒体××行××站欢迎晚宴上，××州的领导在致辞中是这样安排称呼顺序的："尊敬的××（时任××省委宣传部副部长）副部长，各位领导、媒体界的朋友们，女士们、先生们："。

（3）正文。欢迎词的正文要表达三层意思。

① 要对客人表示热烈的欢迎、诚挚的问候和谢意。

② 阐述客人来访的意义、目的和作用，赞颂客人方面取得的各种成绩，或者回顾双方友谊的历史，赞颂主客双方的友好合作。

③ 最后表示良好的祝愿和希望。

（4）结尾。再一次对客人表示热烈的欢迎和良好的祝愿。

（5）落款。在正文右下方署上致辞者的姓名或单位名称。在下一行写致辞日期。如标题中已有名称可不再署名，只标明日期即可，日期也可标注在标题的正下方。由于致辞都是现场发言时进行，因此许多致辞都省略落款。实际上，即使是写了落款，在发言时也不必、不能读出来。

3）欢迎词写作的注意事项

（1）要热情洋溢，真诚感人。

（2）要礼貌周全，分寸适度，符合双方身份，不卑不亢。

（3）要语言简洁生动，口语化，适合听众。

（4）要篇幅短小，内容精练，不宜长篇大论。

2. 欢送词

1）欢送词的适用范围

（1）正式的欢送宾客的仪式上，主人对宾客的离去表示热烈欢送。

（2）承办的大型会议结束时，主人对宾客的离去表示热烈欢送。

2）欢送词的格式写法

欢送词的结构、格式写法基本与欢迎词相同，一般也包括标题、称呼、正文、结尾和落款五部分内容。

（1）标题。写法同欢迎词，只是把"欢迎词"改为"欢送词"。

（2）称呼。写法要求与欢迎词相同。

（3）正文。欢送词的正文包括三层内容。

① 对客人的离去表示热烈的欢送之意。

② 对客人来访或会议阶段取得的成绩予以充分肯定和适当的评价，有的还要指出其重要意义与深远影响。

③ 对客人提出希望，希望客人对自己指导、帮助；或希望双方进一步加强合作、交流，增进友谊；或希望客人再次来访。

（4）结尾。表达对客人依依惜别的感情，并致以美好的祝愿。

（5）落款。写法要求与欢迎词相同。

3）欢送词的写作的注意事项

与欢迎词写作的注意事项同。

与欢迎词、欢送词关系密切的还有答谢词。答谢词也称"答词"，是客人在受欢迎的仪式上或离去时，对主人的迎送或热情接待表示感谢的致辞。除身份不同外，它的结构格式、写作要求与欢迎词、欢送词基本相似。

答谢词的正文一般由以下内容组成。

（1）对主人的欢迎或欢送表示衷心的感谢。

（2）赞颂欢迎者或欢送者以及他所代表的国家、组织以往在各方面的成就，或赞颂其为增进双方友谊所做的贡献。

（3）说明建立友谊或合作的愿望，阐明一些重大的原则、立场问题。

（4）提出希望和要求，指出双方共同前进的目标和方向。

（5）再一次对主人的欢迎或欢送表示感谢，并致以美好的祝愿。

3. 开幕词

1）开幕词的适用范围

党政机关、企事业单位或社会团体在举行大型会议、大型活动开始时使用。

2）开幕词的格式写法

（1）标题。标题通常有两种方式。

① 由会议全称和文种组成，下面注明开幕时间和致辞者姓名。如例文（三）。

② 新闻式标题，由正标题和副标题组成。正标题标明目的、结果，副标题由致辞者、会议名称和文种组成。如《进一步推动我国对外汉语教学的发展——××在第二届国际汉语教学讨论会开幕式上的致辞》。

（2）称呼。称呼中要涵盖全体与会者，不可遗漏。根据与会人员的结构安排顺序，顶格写起，后加冒号以提起下文。

（3）正文。正文一般包括下列内容。

① 开头。在称呼下一行空两格写起。首先宣布会议开幕，会议名称要写全称，以表示严肃、庄重。接着交代会议筹备工作情况；或者说明出席会议的领导和来宾的单位、姓名，并向他们表示欢迎；或者交代出席人员情况，尤其是各级政协、人大会议，要根据有关规定把出席人员的情况交代清楚。

② 主体。首先，简要说明本次会议召开的背景和意义，借以帮助与会人员理解这次会议的重要性，提高认识，引起重视。在这一层中，可以概括地阐明政治经济形势，社会背景，回顾过去的工作和成绩、经验和教训。但要简明扼要，以免与会议工作报告重复。

其次，交代会议的主要任务，说明会议的主要议题和议程，提出对会议的具体要求。这是开幕词的重要部分，必须重点突出，以便使与会人员心中有数，做好思想准备，把握会议进程，开好本次会议。

最后，阐明会议的指导思想，提出今后的方针、路线和任务。使与会者在讨论中有所遵循，准确把握。从而统一认识，统一步调，使会议健康发展，达到预定目标，取得圆满成功。

（4）结束语。一般是发出号召，提出希望要求，动员大家把会开好。结束语要简短有力，带有号召性、鼓动性和预祝性，将会场气氛调动起来。常用"预祝大会圆满成功"结尾，以表对会议的良好祝愿。一般结尾不再加"谢谢大家"之类的赘语，这样会显得不够严肃。

3）开幕词写作的注意事项

（1）内容的针对性。开幕词的写作因会而定，针对性要强。要掌握会议的主要精神，了解会议的全面情况，听取会议主持人或有关领导人的意见和指示，按照会议的宗旨来写。

（2）语言的简明性。力求简明概括，篇幅不宜过长。要紧紧把握会议的中心议题，不要任意发挥。对会议各项内容只作原则性的交代，点到为止，不要讲得过多过细。

（3）态度的庄重性。语言庄重严肃而不呆板，热情明快而不诙谐。要尽量口语化，多选用那些鼓舞人心的词语，肯定有力的句式。要具有亲切感，富有号召力、感染力和鼓动性。

4. 闭幕词

1）闭幕词的适用范围

党政机关、企事业单位或社会团体在隆重会议或大型活动即将结束时使用。

2）闭幕词的格式写法

闭幕词的结构形式与开幕词基本相同。

（1）标题。闭幕词标题的格式与开幕词基本相同，只是将"开幕词"换成"闭幕词"。

（2）称呼。与开幕词称呼的要求相同。

（3）正文。闭幕词的内容主要是概括会议的基本精神，评价大会内容，总结大会的经验和收获，对贯彻会议精神提出要求和希望。

① 前言。简要叙述会议议程进行情况，说明大会在什么情况下圆满结束。一般是简要说明这样的意思：大会在各级领导的关怀下，经过与会人员的共同努力，圆满完成了预定的任务，今天就要闭幕了。

② 主体。对大会进行概括总结，通常包括两项内容，一是通过概述大会所完成的任务，肯定会议的成果，对大会作出客观评价。总结评价时，要注意对会议上与会人员提出的合理化建议和讨论中的正确意见加以肯定，不能笼统地只说会议开得很成功，很鼓舞人心，那样就显得空泛和客套。二是提出贯彻落实会议精神，做好今后工作的要求。提出希望，发出号召，鼓励大家坚定信心，为完成新的任务而努力奋斗。这部分内容不宜过长，要抓住重点，对贯彻会议精神具有指导意义。

③ 结尾。对保证大会顺利进行的有关单位及服务人员表示感谢。

（4）结束语。宣布会议结束，通常只有一句话："现在，我宣布，××××大会闭幕。"

3）闭幕词写作的注意事项

（1）同一会议中不能既有总结，又有闭幕词，二者只取其一。因为二者内容相近，但总结较详。总结可以展开写，但结尾不能宣布闭幕，作完总结后，要由大会主持人宣布闭幕。

（2）闭幕词要高度概括，篇幅要短小精悍。与开幕一样，闭幕词的语言要求庄重严肃而不呆板，热情明快而不诙谐，尽量口语化。要多选用那些鼓舞人心的词语，肯定有力的句式，具有亲切感，富有号召力、感染力和鼓动性。

（3）闭幕词重在传达会议组织者对大会的全面估价和总结，概括会议所形成的共识和会议精神的实质要义，而不是简单回顾会议的历程。对于会议中提出的重要的、有关会议中心议题的问题，或发生的重要情况，都要作以原则说明，适当表态。当然，如果是一些正常的争论分歧,就没有必要写在闭幕词中了。

5. 祝辞

1) 祝辞的适用范围

祝辞的适用范围很广。在各种庆典仪式、节日、集会、婚礼、酒会等活动的场合中,为了沟通人们之间的思想感情,加强相互之间的了解,密切关系,增进友谊,或者增强喜庆欢乐的气氛,都可发表祝辞。

2) 祝辞的格式写法

祝辞的结构一般由标题、称呼、正文、结尾和落款五部分组成。

(1) 标题。祝辞的标题写在正文的上方,常见的有三种类型。

① 用文种做标题,直接写“祝词”“祝贺词”。

② “致辞者、事由和文种”或“事由和文种”形式的标题。“×××在新年茶话会上的祝词”“在××学校校庆典礼上的致辞”等。

③ 正副标题式标题,一般用于大型会议。正题标明致辞的内容,副题则由会议名称和文种组成。如《开创进取,走向更大的胜利——50年校庆典礼致辞》

(2) 称呼。在标题的下一行顶格写对被祝贺者的称呼(一般要同时包括对全体与会者的称呼)。

祝贺个人,按一般书信称谓写;祝贺集体,常用泛称,如“各位来宾”“各位朋友”等。祝辞称呼要用全称,语气要亲切。

(3) 正文。在称呼下一行空两格写正文,一般分三个段落层次写。

① 向受祝贺对象致意,表示热烈祝贺、欢迎、感谢或敬意、问候。

② 祝贺对方做出的成绩和贡献,并对此作出相应的评价,表示出祝词者的关心、支持、赞扬、鼓励、学习等态度。

③ 对未来事业表示良好的祝愿,提出希望、要求,或表示决心。如果是上级对下级,可以提出希望和要求;如下级对上级,要表明态度和决心;如果是平级之间,可表示虚心向对方学习。

(4) 结尾。正文结束后,用一句表示美好祝愿的话结尾。如“预祝会议圆满成功”“祝愿事业兴旺发达”“预祝工程早日竣工”“祝节日愉快”等。

(5) 落款。在正文右下方署上祝贺者的姓名或单位名称。在下一行写致辞日期。由于祝贺一般都是现场发言时进行,因此许多致辞都省略落款,即使是写了在发言时也不读出来。

祝词的种类较多,常见的有事业祝词、祝酒词、寿诞祝词和婚礼祝词四种。在内容上,各有不同。

① 事业祝词。社团机构成立及纪念日,会议开幕,重大工程开工典礼,某项活动剪彩,亲朋好友在工作、学习中取得一定成果时,使用的祝词。往往是相互鼓励、相互祝愿;或祝愿事业发达顺利,取得成功;或希望再接再厉,不断前进等。

② 祝酒词。有关领导在喜庆佳节或迎接外宾时,举行隆重盛大的宴会;单位之间送往迎来,举行正式的宴会、酒会;人们在逢年过节,或遇有喜事开怀畅饮,举行小型宴会、酒会等都要用祝酒词。通过祝酒词传达祝酒者美好的祝愿,并把自己对客人的欢迎和感谢之情

热情洋溢地表达出来。祝酒词在外交和公关活动中使用频率最高,但非正式的宴会祝酒词一般不成文。祝酒词常以"下面我提议,为了××××,为了××××,为了×××,干杯!"这种特有的形式结尾。

③ 寿诞祝词。常见的祝寿一般是对有名望的老年人寿辰的祝贺,在祝寿词中,既祝其幸福长寿,也赞颂其经历、品格、业绩和贡献。需要注意的是,对年轻人一般不称祝寿,党内一般不祝寿。

④ 婚礼祝词。在他人结婚典礼上表示祝贺的祝词,一般是赞扬他们结合的完美,祝愿新郎新娘婚后美满幸福。

3) 祝词写作的注意事项

(1) 自然得体,恰如其分。在颂扬和祝贺时,要做到真诚而实在。要礼貌、热情,又不使对方感到庸俗、虚浮。还要注意不宜使用过分的溢美之词。过分的赞美之词不仅会使对方感到不安,也会使人认为祝贺者在谄媚。

(2) 用语得当,典雅大方。祝词用词要求要热情洋溢,充满激情,富有哲理和情趣,表达温文尔雅,恰到好处,切忌使用商榷、洽谈、辩论或指责等语气的语句。

(3) 方式得当,有的放矢。生辰诞寿类和纪念类祝贺词,以喜庆为主,贺喜色彩浓烈;婚嫁类祝贺词以祝愿为主,祝贺性强,可以通过提前的方式加以表达;事业祝词、祝酒词等社交类祝贺词,以友情为重,礼貌待人,应注重公关意识。即使双方存有不同意见或分歧,也应留待以后表达。如果不得不表达,也要语言委婉,朝着求同、和解方向努力,要既坚持己方原则,又不伤害双方的友情。

(4) 短小精悍,言简意赅。祝词一般都是在正式场合中发表,事业庆典、婚庆典礼等各项活动都十分紧凑,客人不可能听长篇大论。祝辞应力求简短、充实,控制在2～3分钟左右为好,最长也应在5分钟之内,切忌拖沓冗长。

2.6.3　写作训练

1. 第二十六个教师节即将来临,请你代表全体同学,给老师写一篇祝贺词。
2. 为学校运动会或团代会写一篇开幕词、一篇闭幕词。
3. 新同学即将到校,代表老同学为新生的到来写一篇欢迎词。
4. 学校召开毕业典礼,代表全体在校学生写一篇欢送词。
5. 根据本节例文所提供的欢送词,代表××博士写一篇答谢词。

2.7　简　　报

简报是机关、团体、企事业单位内部简明扼要地反映情况,报道工作、交流经验、揭露问题的报道性文书。常用"××简报""内部参考""快报""情况反映"等名称。常见的简报有综合简报、专题简报和会议简报三种。

简报只是对本地区、本部门、本单位的重要情况、某项工作进展情况、某种问题或会议概况等简要地加以总结,报上级主管机关,发下级单位,起传递信息、交流情况作用的一般性文件,只有参阅性,没有规定性。

2.7.1 例文点评

为认真贯彻落实县委及上级法院关于冬春维稳工作的部署要求,全力确保重点时期全县社会安全稳定,××法院召开冬春维稳及2022年重点工作安排部署会。为传递会议的有关情况信息,该院办公室编发了一期简报。

<table>
<tr><td align="center">例　文　(一)</td><td align="center">点　评</td></tr>
<tr><td>

×× 简 讯

(2022)第7期

××法院办公室　　　2022年1月26日

××法院召开冬春维稳
及2022年重点工作安排部署会

为认真贯彻落实县委及上级法院关于冬春维稳工作的部署要求,全力确保重点时期全县社会安全稳定,1月26日,××法院在本院会议室召开冬春维稳及2022年重点工作安排部署会,会议由院党组成员×××主持,全体干警参会。

会议传达了中共××县委及××州中级人民法院关于冬春维稳工作的有关文件精神,通报了全省法院2021年度召开案件质效讲评会及全省法院2021年司法公开情况。

会议要求,做好春节、元宵节和冬奥会期间的维稳工作,维护县域社会大局稳定,是我们当前的首要任务。全体干警务必要在思想上引起高度重视,充分认清当前维稳形势的严峻性、复杂性和重要性,自觉把思想和行动统一到县委和上级法院冬春维稳工作的总体部署上来,切实做好线索隐患排查、风险矛盾化解、重点人员管控、网络舆情监管等各项重点工作。带班领导及值班人员要严格落实节假日期间24小时值班值守和外出报备制度,做好突出事件应对处置的万全准备,切实把县委和上级法院的各项要求落实到位,确保春节、元宵节和冬奥会期间社会大局持续稳定。

</td><td>

报头　在首页的上方,包括报名、期号、编写单位、印发日期、密级(或内部刊物,本文没有密级)等内容。

报文　标题,单标题式,以会议名称作标题,专题会议简报多使用此形式。

导语,采用叙述式,交代会议目的、时间、地点、内容和参加会议的人员。

主体,具体写明会议的两个内容:传达文件和部署工作。两条写完,自然结尾,整洁干脆,文风朴实。本文属于会议简报,它主要用于反映重要会议情况。会议简报用于反映会议进展情况,与会人员讨论中发表的重要意见,提出的重要建议,批评意见,领导人的重要讲话、指示等。如果只有一个专题,内容较单一,也可编排在综合简报中。

</td></tr>
</table>

会议还传达了××州中级人民法院院长×××在全州法院 2021 年工作总结汇报会上的重要讲话精神，并就××法院 2022 年重点工作做了安排部署。

报送：××××、×××、×××
发送：××××、×××、×××、×××

（共印 50 份）

报尾　发送范围、打印份数。

××县人民政府办公厅为传递本市有关工作情况的信息，特编发了一期综合简报。

例　文（二）　　　　　　　　　　　　**点　评**

××政务信息

2022 年第 14 期
××县人民政府办公厅　　　2022 年 2 月 8 日

【政务要闻】

2 月 7 日，山东省 2022 年工作动员大会召开。县委常委，县人大常委会主任、副主任，县政府副县长，县政协主席、副主席，县法院院长、县检察院检察长参加。

2 月 7 日，县委书记×××召开空气质量保障工作会议，县委副书记、县长×××，县委常委、副县长×××参加。

2 月 7 日晚，县委副书记、县长×××以"四不两直"方式就空气质量保障工作现场办公。县委常委、副县长×××陪同。

×××先后到部分居民家中、沿街商铺实地查看清洁取暖工作，并就发现问题整改提出明确要求。

×××强调，要把落实好空气质量保障工作作为一项重大政治任务，进一步提高政治站位，统一思想认识，切实做到守土有责、守土尽责，全力打好冬季大气污染防治攻坚战。要以实之又实的工作态度，吃透工作要求，集中力量、密切协作，形成工作合力。要摸清底数、明确范围、分类施策，采取有效措施补齐短板，坚决打好重大活动空气质量保障工作攻坚战。

报头　由报名、期号、编写单位、印发日期组成。

报文　没有标题和导语，直接分为政务要闻、部门动态和基层信息三个部分，每个部分都相对独立，简要写明基本情况即止，不评价，不分析，不议论，更不抒情。

这是一份综合简报。综合简报主要用来反映本单位、本地区、本部门当前各项工作中的重要情况或动态，以突出典型事例、总结经验教训，或者提出意见和建议，从而推动日常工作的开展。这是一种最常见的常规性简报，这种简报，一般都有相对稳定的期数。

【部门动态】

近日,山东省档案局、山东省档案馆印发了《关于2021年度全省档案工作业务建设评价结果的通报》,我县民政局被评为"山东省档案工作业务建设规范单位"。

【基层信息】

××镇、×××乡积极做好安全生产"开工第一课"××镇邀请县应急管理局、消防大队到镇指导,召集辖区内所有企业负责人参加安全培训,通过案例剖析、观看警示教育视频,筑牢思想防线。同时,督促辖区各企业做好员工安全培训,避免安全事故发生。×××乡联合消防、市场监管等部门对辖区内企业复工复产进行实地督导,要求企业树牢安全意识,严格落实安全生产各项规章制度,加强现场安全管理,确保安全生产和疫情防控工作两不误。同时,对超市、卫生院等重点场所进行排查,对存在的安全隐患立即落实整改措施,严防各类安全事故发生。

本期发:县委、县人大、县政府、县政协、县纪委领导,各乡、镇政府,有关部门负责同志。 （共印 300 份）	**报尾** 发送范围、打印份数。

无论是省级还是市级的重点项目建设,都是关系到国计民生的大事,都深受本地上下的关注。为传递本市重点建设项目情况的有关信息,××市发改委办公室发了一期简报,告知有关单位和领导。

<table>
<tr><th colspan="2" align="center">例　文　（三）</th><th align="center">点　评</th></tr>
<tr>
<td colspan="2">

××市重点项目建设情况简报

2021 第 4 期

××市发改委办公室　　　　2021 年 7 月 22 日

1—6 月省、市重点项目建设情况

一、省重点建设项目推进情况

2021 年在××市的省重点建设项目 34 个,年度

</td>
<td>

报头 由报名、期号、编写单位、印发日期组成。

报文 标题为单标题式。

不设导语,直接由省重点建设项目推进情况、省"三高四新"战略产业项目推

</td>
</tr>
</table>

计划投资 151 亿元。1—6 月完成投资 79.4 亿元，达年度投资的 52.6％，超序时进度［注：序时进度是工程专业术语，是指按照一定规章制度及时间的要求，完成相应的程序或者任务］2.6 个百分点。其中：省部投资的铁路、高速公路项目 6 个，年度计划投资 67.8 亿元，1—6 月完成投资 24.3 亿元，为年度投资的 35.9％，欠序时进度 14.1 个百分点；省相关厅局确定的打捆项目 23 个，年度计划投资 62.7 亿元，1—6 月完成投资 40.9 亿元，达年度投资的 65.3％，超序时进度 15.3 个百分点；单独实施的单体项目 5 个，年度计划投资 20.5 亿元，1—6 月完成投资 14.2 亿元，达年度投资的 69.3％，超序时进度 19.3 个百分点。

34 个省重点项目中，按序时进度推进的项目 26 个、低于序时进度的项目 5 个、未开工项目 3 个。影响项目建设的主要问题是：项目前期工作耗时长，手续繁杂。如湖南省广电 5G 覆盖工程处于基础站址查勘及网络规划阶段、张家界至官庄高速公路项目处于施工图设计和用地勘界工作阶段、沅陵至辰溪高速公路项目 A1—A3 标段仍在施工招标阶段。

二、省"三高四新"战略产业项目推进情况

1. 省重大产业支撑项目 5 个，年度计划投资 18.5 亿元。至 6 月底，已完成投资 12.32 亿元，达年度任务的 66.59％，超序时进度 16.59 个百分点。

2. 省科技创新攻关项目 3 个，项目总投资 2.1 亿元，年度计划投资 0.52 亿元。至 6 月底，已完成投资 0.413 亿元，达年度任务的 79.42％，超序时进度 29.42 个百分点。

3. 省产品创新强基项目 5 个，年度计划投资 1.694 亿元，至 6 月底，已完成投资 1.09 亿元，达年度任务的 62.6％，超序时进度 12.6 个百分点。

4. 引进 500 强企业任务数 3 个，至 6 月底，已引进"500 强企业"7 家（其中"世界 500 强"4 家，"中国 500 强"3 家），引进资金 52.8 亿元，超额完成年度任务。

5. 引进关键人才指标为 3 人，目前市人社局正在听取企业的需求，加大宣传力度，主动为各企业牵线搭桥，想方设法引进人才。

进情况、市重点建设项目推进情况以及下步工作四个内容构成，分拟四个陈述式小标题来概括本部分的主要内容。

第一部分用数字说话，详细介绍了省重点建设项目推进情况。

第二部分依然用数字说话，分类介绍了省"三高四新"战略产业相关项目的推进情况。

三、市重点建设项目推进情况

1—6月，全市333个市级重点项目已开工324个，开工率为97.3%。完成投资361.7亿元，达年度投资的65.1%，超序时进度15.2个百分点。其中：重点产业项目211个，完成投资241亿元，达年度产业投资的69.5%，超序时进度19.6个百分点，占全市重点项目完成投资的66.7%。

从区域来看，县市区项目投资进度要好于市本级项目。市本级重点项目共36个，1—6月完成投资45.9亿元，为年度投资的42.7%，欠序时进度7.2个百分点，差距主要体现在市本级单体项目（完成年度投资39.6%，欠序时进度10.3个百分点）和省在怀项目（完成年度投资42.1%，欠序时进度7.8个百分点）；各县市区（含怀化高新区、怀化经开区）重点项目297个，1—6月完成投资315.7亿元，达年度投资的70.5%，超序时进度20.1个百分点。

从行业来看，产业、民生领域项目投资进度要好于基础设施项目。1—6月，重点产业项目完成241亿元，达年度投资的69.5%，超序时进度19.6个百分点；重点民生项目完成投资47.6亿元，达年度投资的74.1%，超序时进度24.2个百分点；基础设施项目1—6月完成投资73.1亿元，为年度投资的50.7%。

从开工情况看，仍有9个项目未实质性开工。333个市重点建设项目中续建项目170个，已全部复工，复工率达100%；新建项目163个，开工154个，开工率达94.5%。9个未开工项目均为市本级项目。

四、下步工作

1. 持续推进"奋战开局年 见到新气象 庆祝百周年"行动。进一步落实主体责任，强化协调调度，充分发挥督导考评"指挥棒"的作用，严格实行"五个一""一清单四制度"的项目推进机制和"一季一评比、半年一讲评、全年一大考"的督导考评机制，督促各县市区和相关市直部门朝着既定目标加压奋进，确保完成全年各项目标任务，推动"十四五"开好局起好步。

2. 盯紧项目进度，落实交办问题整改。根据市委、市政府《关于营造一流营商环境的若干措施》文件和6月30日×××常务副市长主持召开的全市重点

第三部分照旧用数字说话，从区域、行业和开工情况三个不同的角度，对市重点建设项目推进情况进行了介绍。

第四部分采用段首撮要法方式，从持续推进"奋战开局年 见到新气象 庆祝百周年"行动、盯紧项目进度，落实交办问题整改、认真谋划第二批市级重点建设项目和优化营商环境，着力提升服务效能四个方面，对下步工作了具体的阐述。

项目暨产业项目推进调度会要求,对工程进度缓慢的张官高速等9个基础设施项目、镁合金材料及制品产业园等6个产业项目及市疾控中心建设1个民生项目进行了问题交办。下一步,我中心将按照重点建设项目"一清单四制度"要求,明确督办机制和督导责任人,即时分赴相关县市区和有关项目单位进行督导,助力完成交办事项的落实、办结、销号工作。

3. 认真谋划第二批市级重点建设项目。加强对接"三高四新"战略,瞄准国、省产业发展方向,谋划储备第二批重大产业项目。按照"开工建设一批、竣工投产一批、开发储备一批"的项目滚动开发管理机制,对收集项目进行充分论证,完善前期工作,落实年内开工条件,确保发挥重点项目对投资的关键作用。

4. 优化营商环境,着力提升服务效能。认真贯彻落实市委、市政府出台的《关于加强纪律作风建设在实施"三高四新"战略中干在实处走在前列的若干规定》《关于营造一流营商环境的若干措施》的通知要求,切实优化项目建设环境,建立健全服务机制,规范服务程序,简化办事手续,创新服务方式,努力实现"把营商环境打造成怀化城市新名片"的总体目标。

全文语言朴实、明快,采用说明为主,详细地介绍了1—6月省、市重点项目建设情况以及下步工作想法。情况介绍完,文章就结束,不枝不蔓,干净利索。

附件:1. 2021年市级重点项目建设情况汇总表(1—6月)(略　编者)
2. 市级重点建设项目未开工项目汇总表(截至2021年6月)(略　编者)

附件　将有关情况汇总表,用附件的方式附于文后,便于读者了解。

报送:市委、市政府、市人大、市政协领导同志,省重点办
发送:市直相关单位,各县市区人民政府、发改局(重点办)
(共印100份)

报尾　写报送、发送机关和印发份数。

2.7.2　文种指要

1. 简报的适用范围

(1) 反映本单位、本地区、本部门当前各项工作中的重要情况或动态。

(2) 反映开展某项工作的动态、进展情况、工作中的具体做法、经验、问题。

(3) 反映重要会议情况。

2. 简报的格式写法

简报大多是由报头、报文、报尾三部分组成。

1）报头

报头在首页的上方，约占首页版面的三分之一。它包括报名、期号、编号、编写单位、印发日期、密级等内容。

（1）报名。在报头的上方居中位置，用套红大号字印刷，以求醒目、端庄，突出其中心地位。如例文的"××政务信息""××市蓝天工程工作简报"。

（2）期数。在报名的正下方，按顺序编号。有的简报，在期数下面还注明总期数。

（3）编号。在报头左侧上方，用于表明印数序号，公开的简报不加编号。

（4）编发单位。在报头的左侧下方位置上标出"×××办公室"或"××会议秘书处"编印。

（5）印发日期。在报头的右侧下方位置上标出印发的年、月、日。

（6）密级。如果内容有保密要求的，在报头的左侧上方位置，标明"秘密""机密"或"内部文件"，公开的简报无此项。

报头和报文之间，为了眉目清楚，还要用红色横线隔开。

2）报文

报文部分，一般包括标题、导语、主体、结尾等项内容。如有必要，在标题前可加一段编者按语。

（1）标题。简报的标题一般有以下两种形式。

① 单标题。用一句话或一个短语做标题。

② 双标题。为了突出简报所反映的问题，在正标题下再加副标题。正标题概括简报内容或特点，副标题加以补充说明。

（2）导语。简报的导语与新闻消息相似，它要求用一句话或一段话概括全文的主旨或中心内容。给读者以总体印象，起到导读的作用。一般交代谁、在哪里、做什么、结果如何等。

（3）主体。主体是简报的主要部分，它将导语中提出的问题，概括的主要内容加以展开，用具体的事实、典型的材料、精确的数据来进一步详细地阐述。要求紧扣标题，围绕导语，中心突出，叙述清楚，脉络分明。常见的安排材料方法有以下两种。

① 按时间顺序安排材料，即按事件的发生、发展和结局的先后顺序来写。这种写法可使文章层次清楚，脉络分明，适合于写某一事件。

② 按逻辑顺序安排材料，即按材料之间的因果、主从等内在联系，列出几个问题，分别来写。一般先提出问题，然后提出解决问题的具体办法。这种写法逻辑性强，可使文章条理清楚，适合于写某一经验或写某一先进人物的事迹。如果内容比较复杂，一般采用小标题形式，或将问题分成若干条，按顺序号码分列层次。

（4）结尾。结尾用一句话或一段话对主体部分所阐述的内容加以概括、总结，点明主题，加深印象。或指明事物发展趋势，以引人关注；或提出希望，发出号召，以推动工作；或集中总结成绩，以强调效果等。如果内容单一、篇幅较短，主体部分已经叙述清楚，就不必再写结尾，主体写完，自然结束，以免画蛇添足。如所选三篇例文均属自然结尾。

简报一般不具名。必要时，可以在正文之后或右下方加括号注明撰稿人的姓名或供稿单位。

（5）按语。按语是出版单位说的话，一般用于内容重要的简报，具有一定的权威性。按语的作用是对简报内容加以提示、说明或评注。它代表简报编发机关的意向和要求，目的是引起读者的注意。按语一般写在报头与报文间的间隔线之下，顶格标明"按语："或"编者按："等字样。也可以插入正文之中，但应把编者按的内容用括号括上。

3）报尾

报尾一般是由"发送范围"和"印发份数"两项构成。"发送范围"在左，用"送""发"等词语注明；"印发份数"在右或者右下，用"共印××份"注明。

报尾与报文之间用横线隔开，或将报尾放在正文下的两条平行横线中间。

有的简报也可以不带报尾，写完报文自然结束。

简报的具体格式如下所示。

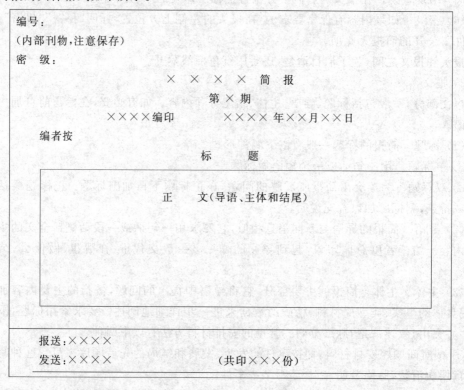

3. 简报写作的注意事项

撰写简报要做到一"真"二"新"三"快"四"简"，有人称为写简报的"四字诀"。

1）内容要真

简报反映的情况要求绝对真实、准确。事件背景、过程、结果以及事件中列举的人名、地名、时间、各种数据都必须准确无误，不能虚构，不能歪曲，不可以偏概全，也不能以点代面。

2）选材要新

简报机关报中反映的事件要求，要有新闻性，要写新问题、新动态、新趋势、新经验，唯有"新"才有启发和参考价值。

3）撰写要快

简报是应用文中的"轻骑兵"，它的生命在于快，撰写一定要及时迅速。简报中有些情况时间性很强，应尽可能快速响应，才能起到应有作用。要想做到快，就要随时掌握信息，收集典型材料。快写、快编、快印、快发。如果写作拖沓，新闻变历史，就失去了简报的意义与作用。

4）文字要简

简报的篇幅一定要短小，一般为几百字至千余字不等，太长则称不上简报；内容要简明，一般是一文一事；文字要简练，无套话、废话；叙事要简要，以概括为主，分析以旗帜鲜明地表明态度为主，不加过多的阐述。总之，简报就是把最丰富的内容用最简洁的语言表达出来，使读者尽可能花最少时间而获得最大信息量。

4. 简报编辑需要遵循的三条原则

1）配合中心工作

办简报的宗旨，是借助简报这一宣传媒体，把中心工作做好。每期简报筛选稿件、编制标题等，都要紧扣中心工作的需要。

2）把好稿件质量关

这是保证简报质量的关键。对稿件内容的审查，包括政治观点的正确性、内容的真实性与适用性、文体的规范性、文字的准确简练性等。

3）版面设计美观庄重

简报的格式虽然基本固定，但布局要讲究美观、庄重，篇章安排要疏密有致，标题要简洁醒目，字体字号要选用得体，一般不使用美术体。

2.7.3　写作训练

1. 阅读××市政协办公室编发的《情况反映》简报里《严格科学管理　提高办学水平》一文，指出问题，提出修改意见。

严格科学管理　提高办学水平
——××市政协考察××粮校的情况汇报

4月21日××市政协组织市区教育界部分委员，邀请市区各中职学校、实验中学校长和市教委有关同志一行18人，由××主席带队，赴××粮校进行了考察。

××粮校系1978年创建的省属中专，坐落在××市东郊×江之畔，占地近百亩，环境优美，景色宜人。目前在校学生八百人，教职工145人，设置粮经、计统、财会、储检、食品分析五个专业以及相应的中专、大专函授。多年来，桃李芬芳，人才辈出，莘莘学子犹如灿烂群星，光华灼灼，遍布全省各地，成为粮食部门的骨干。她是培养粮食干部的摇篮，被誉为××省粮食战线的"黄埔军校"。

当我们跨进高楼林立、绿树成荫、生机勃勃、秩序井然的校园时，映入眼帘的是"严谨、求实、团结、奋进"金光闪闪的八字校训。严字当头，从严治校，在科学管理上做文章，向管理要质量，不断提高办学水平，是这个学校的主要特色。考察组对××粮校明确职责的目标管理、突出德育的学生管理、健全考核的教学管理予以肯定，并表示赞赏。

中专是我国教育体系中的重要层次，是培养经济建设急需的中等专业人才的重要阵地，办好中专对提高全民素质有十分重要的作用。各级政府、教委和主管部门扶植、支持办好各类中等专业学校，切实帮助解决一些办学中出现的实际问题。就中专学校自身而言，则要解放思想，拓宽思路，深化改革，以适应经济建设的需要。××粮校严格科学管理，向管理要质量的经验，则是值得各学校学习和借鉴的。

2. ××市××局办公室拟编一份简报，题为《转变机关职能，大力发展第三产业》，编发时间为2020年5月15日，编号第6期，报送省××局、市委、市府、市经委，印发各县市××局，本局各科室、各直属单位，共印120份。请根据上述内容和简报的格式画出报头、正文和报尾。

3. 根据下列材料，拟写一篇会议简报。

（1）会议名称：××、××两大区××学校校际协作会议

（2）会期：2014年9月20日至25日

（3）会议地点：××省××市

（4）主办单位：××学校

（5）与会单位：16所××学校和部分省××局科教处的代表

（6）与会人数：42人

（7）会议宗旨：互相交流办学经验，建立校际协作关系

（8）会议内容：以"加强科学管理，向管理要质量"为题，交流了各校的办学经验；讨论了如何适应经济改革的新形势，深化教学改革问题；建议由××部教育司职教处牵头，建立全区××学校教育研究会，定期商讨一些教改中带共性的深层次问题；通过了《××、××两大区××学校校际协作会章程》；商定下届协作会议于2015年8月在××学校召开。

4. 请代你班班委、团支部编写一份反映班级学习情况的简报。要求自拟简报名称，设计版面，写好简报文章并加写按语，格式齐全。

2.8　综合练习

1. 根据计划写作的要求逐项检查下面这份计划，作简要的评析。

××钢铁厂

推行首钢岗位责任制先进经验的计划

一、目的意义

首钢岗位责任制是整顿和改进企业管理的样板，我们要认真学习，积极推行。通过这次学习，有关方面负责人提高了认识，认为有必要向首钢学习，建立健全我厂的生产责任制，使我厂的生产更上一层楼。

二、方法步骤

总的要求是：从7月上旬开始，利用一个半月至两个月的时间，大体完成这项任务。

具体安排是：

（1）7月上旬，全厂职工学习、讨论首钢经验，提高认识，找出差距。7月15日左右听汇报。

（2）7月下旬，各车间、科室提出方案。

（3）8月上旬，综合平衡，进一步充实完善。

（4）8月中旬，开展检查评比。

三、措施和要求

（1）开好3个会。动员会（7月2日），经验交流会（7月下旬），总结表彰会（8月下旬）。

（2）搞好试点。全厂以锻压车间为试点单位，进行改革。希望能搞好这个点，为全厂树立一个榜样。

（3）组织职工认真讨论，充分发扬民主。俗话说三个臭皮匠，顶个诸葛亮。群众的智慧是无穷的，让群众提出岗位责任制的初步方案，班组进行讨论，领导审查批准。

四、组织领导

党委统一领导，各车间、科室具体负责，工、青、妇积极配合，厂部要定期研究、讨论。一级抓一级，力争提前完成任务。

××××年××月××日

2. 某边防部队政治部拟写了一份开展科学文化教育活动的总结，导语部分五易其稿。请将五个导语逐一评析。

（1）巍巍喜马拉雅山纵情歌唱，滔滔雅鲁藏布江舒袖欢舞。我边防部队文化教育取得了令人欢欣鼓舞的丰硕成果。

（2）像东海喷出的彩虹，像喜马拉雅山盛开的雪莲，像荒漠上悠然而出现的绿，像草原上铺锦刺绣的格桑，在送走了多少坎坷之后，我们终于迎来了部队科学文化教育的明媚春光。

（3）我边防部队统一守在喜马拉雅山麓××公里的边防线上。这里海拔4 500多米，空气稀薄，气候寒冷。许多地方曾被地质学家判为"永冻层"，被生物学家划为"生命禁区"。然而，正是在这样艰苦的环境里，广大指战员为了更好地为改革开放和社会主义现代化建设保驾护航，努力学习文化，攀登科学高峰。军营中的文教事业日益兴旺发达，使"永冻层"上热气腾腾，"生命禁区"里生机盎然。

（4）我边防部队的科学文化教育是几年前就开始的。几年来，培养出不少合格人才，军营中的文教事业方兴未艾，展现了一派欣欣向荣的景象。

（5）在党的十一届三中全会以来的路线、方针、政策的指引下，在中央军委、总部和军区党委的正确领导下，在边防军党委的高度重视下，在部队各级党组织和广大指战员的共同努力下，我边防军队的科学文化教育取得了显著的成绩。

3. 阅读下面两段从调查报告中摘录的文字，请分析它们是用什么典型材料说明观点的。

（1）××制药厂又一腾飞的法宝是尊重知识、尊重人才。有一位原是南京药学院毕业的药剂师，判过刑，刑满释放后在一个街道五金厂当工人。××制药厂力排众议，招聘他来厂，让他抓技术工作。他先后与有关单位合作研制出30多种产品，其中仅"感冒清"一年产值高达一千万元以上，是广州口岸同类药品中出口量最大的产品，他现在已成为药物研究所副所长，领导全厂新产品的研制工作。

该厂生化室主任，是60年代上海科技大学毕业生。因家庭出身不好和犯过一些错误，被下入农村，1979年才落实政策回城。他到药厂不久，厂领导就让他带队到南京某兄弟单位搞科研。这使他大吃一惊，厂领导鼓励他："你不用担心，科研成功了是你的功劳，失败了，由我们负责。"领导的信任，使这位饱经风霜的中年知识分子放下了思想包袱，轻装上阵，圆满地完成了科研任务。自1980年进厂以来，他先后主持研究成功尿蛋白、尿糖和隐血试纸，质量达到国内先进水平。其中，尿蛋白、隐血试纸分别获得省科技成果三等奖和市科技成果二等奖。

（2）80年代的中国在改革中尝到了甜头，生活水平有了显著提高。据有关部门对全国28个省市568个县18 500户农民家庭的调查，1986年平均每人纯收入465.40元，比1978年增加了2.4倍，相当于1957—1976年20年所增加收入的3.42倍。收入增加了，消费水平也大大提高，1986年比1978年生活消费品支出增加了2.63倍。农民的衣食住行都有了显著的改善。1986年与1978年相比，吃的方面，细粮比重上升为78.3%，食油平均每人增长98.6%，肉类增长1.3倍；穿的方面，化纤布平均每人消费量增加2.56倍，呢绒增加2.31倍，绸缎增加2.43倍，毛线及毛衣裤增加3.72倍；用的方面，自行车增加95.3%，缝纫机增加86.5%，手表增加3.75倍，电视机增加20.12倍；住的方面，平均每人住房面积16.16平方米。1986年年底，全国农民储蓄额突破1 000亿元。

4. 根据学校学生管理的有关规定和班级实际情况，制定一份包含思想素质、纪律、学习等内容的班级管理条例。

5. 替学生会写一份学校开展第二课堂活动的简报。

第3章 经济文书

经济文书是经济管理部门、企事业单位,为处理经济事务、传播经济信息、协调经济关系而制作的有明确应用目的和较为固定格式的文书。经济文书有新闻类、契约类等多个种类。本章主要学习合同等十三种常用文书。

3.1 项目建议书

项目建议书(又称立项申请书)是项目单位呈报上级,请求批准对某一新项目进行可行性研究的书面申请文件。

根据国家上马新项目的程序规定,一个新项目必须经过项目建议——可行性研究——编制计划任务书三个程序。地方企业或单位要建设新的项目,首先要提出项目建议,如果这个项目建议得到了批准,才意味着可以进入下一步工作程序,即可行性研究阶段。

3.1.1 例文点评

为满足××市日益增长的专业化、现代化物流需求,打造现代高水平专业化仓储和物流基地,提高流通效益,加快城市市场经济循环,××市××汽车运输集团有限公司与××市××电子商务公司经过协商,准备筹建××物流园。为此,他们写了一份项目建议书呈报××市人民政府,请求批准。

例　文	点　评
关于筹建××市 **××物流园建设工程的项目建议书** ××市人民政府: 　　××市×汽车运输集团与××市电子商务公司本着平等互利、共同发展的原则,经过友好协商,拟筹建××物流园。旨在提升我市物流专业化、现代化水平,打造现代高水平专业化仓储和物流基地,促进我市市场经济发展。	**标题**　项目的内容和文种组成。 **呈报机关** **正文**　首先写承办单位、项目与立项目的,相当于其他文章的前言。

一、项目名称：××市××物流园

二、项目主办单位：××市××汽车运输有限公司、××市电子商务公司

三、项目负责人：×××（初拟）

四、项目总说明（略　编者）

五、承担单位的简介（略　编者）

六、市场分析（略　编者）

七、建设条件及项目选址说明（略　编者）

八、项目建设方案（略　编者）

九、公用设施（略　编者）

十、节能、消防与劳动安全分析（略　编者）

十一、环境和生态影响分析（略　编者）

十二、劳动定员及建设进度安排（略　编者）

十三、项目招标方案（略　编者）

十四、投资估算及融资方案（略　编者）

十五、结论及建议（略　编者）

附件：1. ××市××物流园建设工程区域位置图
　　　2. ××市××物流园建设工程区域总平面布置图

　　　　　　××市××汽车运输有限公司
　　　　　　××市××电子商务公司
　　　　　　××××年××月××日（章）

其次写项目的具体情况，这是项目建议书的主体。采用分条列项的形式，清楚明白。项目建议书的内容一般都比较多，几万字甚至几十万字都很正常，而且都设"目录"一项，以方便阅读。限于篇幅，引文中，对目录和具体内容进行了删减。

附件　补充说明正文的有关材料。

落款　由署名和日期（加盖公章）组成。

3.1.2　文种指要

1. 项目建议书的适用范围

上马新项目，需要国家有关部门审批，将该项目的对象、内容、必要性和依据等有关情况报告给有关机关时使用。

2. 项目建议书的格式写法

1）标题

由提出建议单位的名称、项目内容、文种（项目建议书）组成，也可省略建议单位名称（如例文）。

2）呈报机关

建议书所呈报的机关，向谁提出建议谁即为呈报机关，顶格写起。

3）正文

一般采用条款式结构，主要内容由以下几个方面组成。

（1）立项理由。主要是对拟投资建立的项目的必要性和依据进行论证。项目的必要性是受社会背景、经济目的等多种因素制约的，要立足于国家的国民经济发展战略，不能过分突出该项目的建立对本地本单位经济发展的重要性。项目依据的说明，即说明项目的由来和发展情况，实际上是在提出项目的直接起因，同时也说明项目的必要性、可能性，例如上级政府的有关指示精神等。

（2）项目内容。是关于具体对象、规模、范围、结构、性能、经济技术指标和建设地点等的说明。说明时主要是勾勒项目的轮廓，进一步的精确阐述一般放在下一步可行性研究报告和计划任务书中完成。

（3）投资条件。这部分主要包括资源条件、基础设施条件、技术条件、外部协作关系以及这些条件的落实情况。其中资源条件包括实物资源（如原材料资源、燃料资源、动力资源、设备资源等）、资金资源（人民币或外币）、人力资源（如承办单位的基本情况、生产创汇能力等）；基础设施条件则包括水、电、交通、通讯等。

（4）投资估算和筹资打算。用具体数字说明对本项目的投资估算，例如土建费、设备费、安装费、施工费、设计费、工程费（含公用工程费、辅助工程费、"三废"工程费）等；在总投资费用中，哪些靠贷款，哪些靠自筹，两者的比例如何等。

（5）效益分析与还贷。效益分析一般以经济效益分析为主、经济效益与社会效益并重。经济效益分析主要通过具体数字说明项目投入后的产出效益。这里的数据必须实在，有可信度。例如理论产量和实际产量、成本、内外销售比例、市场销售价格、年销售收入、实现利税以及创汇数额等，这也是进一步论证项目必要性的关键，同时，也为说明还清贷款的能力提供了佐证。根据这些数据，写明还贷期限。社会效益的分析主要着重指出项目建成后对发展国民经济、对社会公共事业、对精神文明建设等方面带来的好处。也可以把社会效益分析这部分内容放在开头的项目理由的论证中，这里仅作经济效益分析。

（6）进度安排。以数字或图表的形式，说明项目建设工期的安排，分年度或者季度、月度的进展计划。

4）落款

正文右下方署单位名称，单位名称下方写日期并加盖公章。

3. 项目建议书写作的注意事项

（1）进行深入的调查研究。编写之前要进行深入的调查研究工作，掌握第一手资料。一个项目是否值得上马，它的必要性、可行性和获利可能，绝不是凭着主观想象或者善良愿望就可以达到的，只有在深入调查研究的基础上，用翔实的数据资料和科学的分析论证来阐述，这是对国家利益和人民利益负责的表现。

（2）叙述、议论和说明相结合。项目建议书写作涉及叙述、议论和说明三种表达方式。目的却只有一个，就是使上级主管部门了解上马该项目的理由和好处，予以批准。这就要求在写作时善于利用最具可信度的科学数据，充分可靠的数据比任何道理的阐述都更具说服力。客观地叙述有关资料，准确地说明有关情况，运用数据作为议论的重要论据，是写好项目建议书的三个关键点。

（3）条分缕析，突出重点。项目建议书涉及的内容比较多，要力求全面，防止不应有的疏漏,同时更要注意克服可能由此而形成的泛泛而论,尤其是列出理由时要突出重点,分清主次。项目建议书的写作核心是论证项目建设的必要性以及实施条件的可行性和建设之后的获利可能性,其中尤以分析论证必要性为最重要。分析要恰如其分,如果有负面效应,也要实事求是地反映清楚,如可能造成的环境污染问题,对附近的公用设施如道路、水电等造成的超负荷使用等问题,并提出针对性的处理意见和解决办法,供上级有关主管部门在审查时参考。

（4）语言简洁明了。文章的语言要简洁,可以量化的地方,尽量采用数字说明或图表说明的方法,避免文字上的冗长烦琐。

（5）数据书写规范、统一。数据书写必须规范、统一。例如,百分比的表示,不能一会儿写成"50％",一会儿又写成"百分之五十";年代的表示,不能一会儿写成"2021年",一会儿又写成"二〇二一年",一会儿又写成"二一年""21年";货币数的表示,不能一会儿写成"1 000万元",一会儿又写成"一千万元",一会儿又写成"10,000,000元"。

（6）使用准确、规范的专用术语。专用术语的表达要准确、规范。例如,利润和利税、创利和创汇、产值和产量等,都是不同的概念,不能含糊、混用。

其中,（4）、（5）、（6）三条在可行性研究报告写作中同样应予以注意。

3.1.3　写作训练

根据下面的文字材料,为海南瑞盛冷链物流有限公司向海口市发改委拟一份新建海南国际冷链物流园建设工程的项目建议书,要求项目齐全,格式规范。

海南瑞盛冷链物流有限公司主营农副产品、水产品的冷藏,冷冻产品的运送直销,普通货物进出口,电子商务等业务,冷冻产品配送区域遍布全国各大城市。为了扩大产品的出口能力,提高水产品深加工的科技含量,增强国际市场的竞争能力,依托海南自由贸易港建设冷链市场的需求,充分利用贸易自由、运输便利自由,零关税、低利率的制度设计,拟与韩国爱利公司合作在海口市新建集水产品深加工,冷冻产品仓储、直销、进出口,电子商务,国内外冷链产品配送直销为一体的海南国际冷链物流园。项目投资总额××万美元,注册资本××万美元,计划两年竣工。其中中方以厂房、设备、现金投入折合××万美元,占××％,外方韩国爱利公司以现金和技术投入,共××万美元,占××％。尚缺的流动资金××万美元由中方贷款。合资初期主要新建现代化专业仓储及物流基地,中后期全力投入高科技提炼项目建立大型化验室科研楼,引进先进高深度提炼设备,对水产品加工后的鱼头、鱼刺、鱼骨、鱼皮进行提炼,提炼出高纯度医用白蛋白、胶原蛋白等,用于制药、美容保健等产品的生产。引进韩国先进的网络销售模式,进一步开拓国际国内市场,推进高科技信销,电子科技研发,精深配送直销等业务发展。物流园占地面积约需××平方米,冷库××平方米,普通仓储库房××平方米,服务型配套设施××平方米,大型化验室科研楼及深加工车间××平方米,电子商务直销基地××平方米,其建筑用地已与海口市××区××镇××乡××村签订征地合同,职工2 000名左右(其中50％为征地乡当地劳动力)。合资初期,建设原料均在中国境内采购。以后逐步扩大物流及生产规模时,视具体情况酌情而定,如若中国境内原材料价格比国际市场昂贵时,由外方负责在国际市场采购。市场预测经济效益××万美元,合资初期年经济效益为××万美元,若利润率

×％,每年可获利××万美元,××年即可收回××万美元的全部注册资金,该合资项目不会造成环境污染。

3.2　可行性研究报告

可行性研究报告是通过对技术方案、投资项目、建设工程、生产经营政策、改革措施的经济的有效性、技术的合理性、实施的可能性、未来的变化性等方面进行科学的论证和分析,确定有利和不利的因素,回答项目实施可能性咨询,提出可行的建议方案,请求决策者和主管机关审核、批准的一种上报性文件。

3.2.1　例文点评

为了响应国家振兴东北老工业基地的号召,依托当地优越的地理环境、气候条件、教科研资源,凭借中医药崛起的东风,辽宁××地区拟建一个中草药 GAP 种植生产基地。为此,他们在该项目的项目建议书得到上级肯定的基础上,写了一份可行性研究报告呈交上级部门。

例　文	**点　评**

××地区中草药 GAP 种植基地可行性研究报告

一、总说明

随着国家振兴东北老工业基地战略实施的深入,辽宁××地区依托当地优越的地理环境、气候条件、教科研资源,凭借中医药崛起的东风,拟建一个中草药种植加工基地,以弥补矿产资源枯竭带来的经济增长不足,拉动当地经济增长。

该项目拟由××地区政府主办,联合××药科大学、××农业大学及××地区下属的 10 个行政村,开展中草药 GAP 种植推广。该项目拟建设 20 000 亩中药材 GAP 生产基地,建设中药材科技研究、开发、推广中心;总投资为×××万元;政府政策投入××万元,申请扶助资金××万元,银行贷款××万元。该基地主要从事龙胆草、辽细辛、玉竹、地龙骨、人参、西洋参、辽五味子等中草药标准化种植,并依托××药科大学科研成果,生产中成药、保健品及中草药化妆品。该

标题　由单位、项目内容、文种组成。

总说明　也称前言,对论证项目提出的背景、投资的必要性和经济意义进行概要说明,内容包括项目名称、目的、作用、项目主办单位情况、位置、设备与技术来源、投资与生产规模等。

基地的建成将集产业各方之力,全力推进中药材产业健康有序发展,对稳增长、调结构、兴产业、惠民生、助力脱贫攻坚有十分重要的作用。

二、市场分析

（一）市场形势分析

1. 随着天然药物国际市场的高速增长,中草药及中草药制剂的需求也在快速增长,在国际植物药市场份额逐年扩大的同时,市场竞争正日益加剧。在国际知识产权保护不断加强和我国已加入 WTO 的新形势下,中药将成为我国医药产业参与国际竞争的主要产品,中药产业发展迎来了千载难逢的良好机遇。

2. 全国中药材种植面积达××万亩,以龙头用户企业为主导的"药厂＋公司＋基地＋农户"的 GAP 中药材生产基地模式在全国各地兴起。目前,我省中药材生产存在规模小、农业产业化程度低、品种混乱、质量下降、产量低、生产不稳定、收获加工不规范、重金属含量和农药残留量高等问题。只有建立中药材生产基地,实现中药材农业产业化、生产科学化、规范化,形成高产、优质、高效的生产模式,才能保证中药材生产健康、稳定发展。

3. 辽宁省××地区已将包括中药材行业在内的五大类产业作为本区的支柱产业,力争 3 年实现中药材产业年销售额 200 亿元的目标;积极推进中药材 GAP 种植基地建设,把中药材生产从单纯追求数量增长转变为规模质量同步增长,实现可持续发展的目标。并充分利用丰富的中药材自然资源,将资源优势转化为经济优势,形成以××集团、××集团、×××中药股份等一批中药生产为龙头工业企业,通过公司＋农户＋基地的农业产业化经营模式延伸中药产业链,提高中药产业的集中度,形成规模化生产,社会化经营 GP 与 GSP 相结合的大优势中药产业。

（二）经济效益分析

通过三年的建设期后,各项指标预计达到如下数据:年产量××亿元、产值××亿元、税金××万元,附利润测算表(略　编者)。

正文　从市场、原料和能源供应、设备与技术、经济效益、社会效益和环境效益等几个方面对该项目的市场形势进行分析。市场是项目的前提,但种植业的开发既要重视市场经济效益更要重视社会效益和生态效益,还要重视生态保护,进行可持续开发,作者对这几方面都一一做了分析。

（三）社会效益和环境效益分析

1. 本项目的实施是调整农村经济结构和提高农业生产效益的重要途径，它将为××老区和广大农民开辟一条种养、加工高品质的绿色药用经济作物的致富之路，达到农民增收、农业增效、财政增长的目的。对中药工商企业来说，则是从源头上突破中药材质量难以控制的瓶颈，提高了产品质量和档次，增加企业的市场竞争力。

2. 通过有组织地开展中药材的人工种植，在保证中药材质量和来源的同时，还可绿化荒山、荒坡，防沙固土，防止水土流失，充分利用土地资源，从而达到改善生态环境的目的，因此，具有良好的环境效益。

三、项目可行性分析

××地区是辽宁的主要林区，该地区山清水秀，大气清新，远离大都市，境内及周边无任何工业污染，优越的自然条件为药材生长、繁衍提供了适宜的环境。其中五味子、细辛、龙胆草已通过国家中药材GAP认证，龙胆草、辽细辛、玉竹、地龙骨、人参、西洋参、辽五味子已申请为国家地理标识。但药材种植面积仅占可种植面积的×％，药材产量在全国中药材生产的份额非常小，有较大的可提升空间。

四、主要开发内容及指标及进度安排（略 编者）

五、项目投资预算、资金筹措及来源、资金分配预算（略 编者）

六、进度安排与区域布局（略 编者）

七、项目组织管理与相关保障措施（略 编者）

八、结论（略 编者）

附件：……（略 编者）

××地区人民政府
××××年××月××日（公章）

> 从区域资源优势及发展空间角度进行整体评价，提出建议，最终得出"建设该项目是十分可行"的可行性结论（限于篇幅，结论部分编者予以了省略）。

> 项目建议书的内容一般都比较多，几万字甚至几十万字都很正常，而且都设"目录"一项，以便阅读。限于篇幅，引文中从略。

> **结论**

> **附件** 给出建厂的有关详细资料，这是可行性研究报告必不可少的内容。

> **落款**

3.2.2 文种指要

1. 可行性研究报告的适用范围

在项目建议得到有关部门的肯定后，进一步回答上级对技术方案、投资项目、建设工程等的询问，或请求对这些方案、项目和工程等进行审核、给予批准。

2. 可行性研究报告的格式写法

可行性研究报告一般由标题、前言、正文、结论、附件和落款六部分组成。

1）标题

标题由单位、项目内容、文种组成。标题要力求清楚、精炼，将所需交代的项目内容说明清楚，如例文的标题，再如《甘肃省酒泉裕隆公司新能源综合利用示范项目可行性研究报告》。

2）前言

前言是对论证项目的概要说明，前言的内容可以包括项目名称、项目主办单位和法人代表、项目的主要技术负责人及经济负责人名单、项目的范围、规模、目的、作用及预测的经济效益和社会效益等内容。

3）正文

正文是对该项目涉及的有关内容和影响因素加以论证说明，提出实施目标的具体步骤及可行措施，为确定项目是否可行提供科学的依据。

我国有关部门颁布的《关于建设项目可行性研究的试行管理办法》中，规定了工业项目可行性研究的基本内容。

（1）总论。

① 项目提出的背景、投资的必要性和经济意义。

② 研究工作的依据和范围。

（2）需求预测和拟建规模。

① 国内外需求情况的预测。

② 国内现有工厂生产能力的估计。

③ 销售预测、价格分析、产品竞争能力、进入国际市场的前景。

④ 拟建项目的规模、产品方案和发展方向的技术经济比较和分析。

（3）资源、原材料、燃料及公用设施情况。

① 经过储量委员会正式批准的资源储量、品位、成分以及开采、利用条件的评述。

② 原料、辅助材料、燃料的种类、数量、来源和供应可能。

③ 所需公用设施的数量、供应方式和供应条件。

（4）建厂条件和厂址方案。

① 建厂的地理位置、气象、水文、地质、地形条件和社会经济现状。

② 交通、运输及水、电、气的现状和发展趋势。

③ 厂址比较与选择意见。

（5）设计方案。

① 目的构成范围、技术来源和生产方法、主要技术工艺和设备选型方案的比较，引进技术、设备的来源国别，设备的国内外分交或与外商合作制造的设想。改扩建项目要说明对原有固定资产的利用情况。

② 全厂布置方案的初步选择和土建工程量计算。

③ 公用辅助设施和厂内外交通运输比较和初步选择。

（6）环境保护。调查环境现状，预测项目对环境的影响，提出环境保护和三废治理的初步方案。

(7) 企业组织、劳动定员和人员培训。

(8) 实施进度的建议。

(9) 投资估算和资金筹措。

① 主体工程和协作配套工程所需的投资。

② 生产流动资金的估算。

③ 资金来源、筹措方式及贷款的偿付方式。

(10) 社会及经济效果评价。

4) 结论

在前面论证分析的基础上,推出项目可行性的综合评价,也可以将存在的问题和改进的建议写在结论中。

5) 附件

与项目有关的文件,如调查材料、项目建议书、协议书,区域平面图、投资费用表、工艺流程图等必需的图表,以备查询。

6) 落款

正文右下方署单位名称,单位名称下方写日期并加盖公章。

以上各部分,个别项目如果不是十分必须,可以不写。如例文是种植、生产加工中药材,项目不仅没有影响环境,相反还可绿化荒山、荒坡,防沙固土,防止水土流失,也就无须环境保护和三废治理的相关项目了。而有的部分则绝不可以省略,如"投资估算"。

3. 可行性研究报告写作的注意事项

(1) 要深入调查研究、科学的分析预测,编写人员要具有较高的业务素质,从而使报告的内容真实、完整、准确,使报告的结论严谨、客观、科学。

(2) 要严格遵守国家的有关规定,对各方面因素的分析论证要周详完备,语言表达要准确、精练,格式要规范,专业术语、图表、数据要清楚、精确。

4. 项目建议书与可行性研究报告的区别

(1) 研究的内容不同。项目建议书是初步选择项目,其决定是否需要进行下一步工作,主要考察建议的必要性和可行性。可行性研究则需进行全面深入的技术经济分析论证,做多方案比较,推荐最佳方案,或者否定该项目并提出充分理由,为最终决策提供可靠依据。

(2) 基础资料依据不同。项目建议书是依据国家的长远规划和行业、地区规划以及产业政策,拟建项目的有关的自然资源条件和生产布局状况,以及项目主管部门的相关批文。可行性研究报告除把已批准的项目建议书作为研究依据外,还需把文件详细的设计资料和其他数据资料作为编制依据。

(3) 内容繁简和深度不同。两个阶段的基本内容大体相似,但项目建议书要求略简单,属于定性性质。可行性研究报告则是正在这个基础上进行充实补充,使其更完善,具有更多的定量论证。

(4) 投资估算的精度要求不同。项目建议书的投资估算一般根据国内外类似已建工程进行测算或对比推算,误差准许控制在 20% 以上,可行性研究报告必须对项目所需的各项费用进行比较详尽精确的计点,误差要求不应超过 10%。

3.2.3　写作训练

1. 请就本校计算机设备得以充分利用事项,作可行性研究报告。

2. 某学校商贸系工商管理专业在学校校园内拟开办一个实训商场,有关建议已经得到了学校的认可。如果你想承包一个柜台,收购、出售二手学生用品(如教材、工具书、小电器、小日用品等),试就此事给有关部门写一可行性研究报告。

3.3　决策方案报告

决策方案报告是为了实现经济活动中的某项目标,解决企业的重大问题,职能部门或有关人员依据确凿的资料,围绕既定的目标,经过分析、论证后,作出设想、预测,提出两个或两个以上切实可行的备选实施方案,供决策者在制定决策时选择最佳方案的书面报告。

3.3.1　例文点评

××厂××车间有部分厂房、设备闲置未用,造成了资源上的浪费,经济上的损失。为盘活固定资产,充分利用现有资源,该厂生产管理科依据确凿的资料,围绕既定的目标,经过分析、论证后,提出了两个备选实施方案,举出各自的利弊,供决策者在制定决策时参考。

例　文

关于××车间闲置厂房、设备处理方案的报告

一、问题

××车间有部分厂房、设备闲置未用,造成了资源上的浪费,经济上的损失,需要充分利用,盘活固定资产。

二、资料

1. 维持现状,厂房、设备的折旧费为每个月×万元。

2. 我厂每月需要××型零配件××件,××厂供应价为每件××元,每月总计支出×万元。

3. 自行生产××型零配件,每件成本××元,其中:材料费××元,工资××元,管理费用××元,厂房、设备折旧费××元。每月总计支出×万元。

点　评

标题　由决策目标与文种构成。"处理方案"可以理解为"处理决策方案"。

正文　第一部分,需要解决的问题,厂房、设备闲置,需要充分利用。

第二部分,有关资料。提供准确的数据资料,为后文确定实施方案提供客观的依据。

4. 厂房设备租给××厂,××厂同意每月支付租金×万元,××型零配件仍由××厂供应。

三、处理方案

1. 收取租金。把闲置的厂房、设备租给××厂,收取租金。

2. 取消订货,利用闲置设备生产××型零配件。投入××万元资金,对这些闲置设备进行技术改造,自行生产原来由××厂供货的××型零配件。

四、比较分析

第一个方案:优点是每月可收取租金×万元,不需要我厂管理,没有管理上的费用支出;不足是将会出现人员杂处现象,带来管理上的困难。

第二个方案:取消订货改为自产,与供应价相比较,每月可以带来经济效益×万元,每年总计××万元。可以安置我厂下岗职工××名;不足是需要投入××万元技术改造资金,而且要增加生产流动资金××万元。取消订货也会造成××厂安排上的困难,需要做好沟通工作。

比较这两个方案,方案二的经济效益好于方案一。方案二每月可比方案一多收入××万元,全年共××万元。方案二投入的技术改造资金不足 5 个月即可收回,增加的流动资金也可以在一年内收回。安置本厂下岗职工,还可以增加我厂的稳定因素。方案二优于方案一。

以上请领导决策参考。

××厂生产管理科

××××年××月××日

第三部分,提出的处理方案。提出两个可供参考实施的方案。

第四部分,对两个方案的比较分析。对两个预选方案进行分析、论证和比较,权衡各方案的利弊得失,推举最佳方案,并推导预测其实施结果,供决策者参考。

正文部分由四个小标题统领四个方面,小标题使读者一目了然,内容简洁,思路清楚。

结尾 *使用决策方案惯用的结束语结尾。*

落款 *由署名和日期组成。*

3.3.2 文种指要

1. 决策方案报告的适用范围

职能部门、有关人员为决策者制定决策,实现某项目标,解决企业的重大问题提供切实可行的备选方案时使用。

2. 决策方案报告的格式写法

决策方案报告一般包括标题、正文、结尾和落款四部分。

1) 标题

一般采用实施目标加文种的形式,如例文的标题。再如,《关于长江三峡兴建电站的决策方案报告》。

2）正文

正文是决策方案报告的主体部分，包括：

（1）决策目标。也就是确定解决问题所要达到的结果。有的微观决策方案报告可以因标题的详尽而省略。如例文就省略了决策目标。

（2）提出依据的资料。借助专业手段为决策目标搜集大量充分、准确的资料，并对其进行系统地分析，为后文确定实施方案提供客观的依据。

（3）确定实施方案。实施方案是决策方案报告的核心，就是要从多个方面寻找实现目标的有效途径。为使拟定的实施方案更具可行性、科学性，首先要掌握大量的信息和情报，其次是选好决策的类型和方案的标准，再次是把握决策的实质和各种方案的可行性，最后用系统的科学方法对可实施的方案进行归纳、综合。

（4）进行比较论证。对多种预选方案进行分析、论证、权衡和比较，用合理的标准和科学的方法，实事求是地进行可行性分析，权衡各方案的利弊得失，推举最佳方案，供决策者参考。

（5）推导预测结果。对决策的预期结果进行预测，推测目标的实现程度。

3）结尾

一般用"以上方案，供领导决策参考""请领导分析裁定"等结束语收束全文，也可以不加结束语，省略结尾。

许多决策方案内容多而且复杂，不便于所有的内容都在正文中出现，可以采用附件。在结尾的下一行，按照顺序注明附件名称，附件附于报告后。如果决策方案内容较多，要使用目录，置于标题之下。

4）落款

由具名和日期组成。

3. 决策方案报告写作的注意事项

（1）写作决策方案报告要发扬民主，集思广益，集中专家和广大群众的智慧，使决策具有客观性、高效性。

（2）尽可能地使用各种现代方法、手段和工具，进行多角度的专业化的分析论证，使决策方案报告更具科学性。

（3）决策方案报告是多方案择优，切忌主观偏重一种方案，使方案失去可比性的选择。

3.3.3　写作训练

××学校校办工厂现有车床四台，厂房五间，工人50名。该厂没有主导产品，只是靠联系一些外加生产业务维持生存。为走出困境，该厂提出了引进先进设备、扩大生产规模和利用学校教师的科研成果转产新产品两个方案，以供学校领导班子决策时参考。请为该厂拟一份相应的决策方案报告，要求格式规范，内容完整，所缺的有关资料可以根据需要自行添加。

3.4 经济分析与预测报告

运用科学的分析方法,对某一经济活动的全部或部分过程、结果和未来进行分析预测,为相关部门在经济活动中的经济目标得以实现提供指导性的参考意见,由此而形成的书面材料,就是经济分析与预测报告。

经济分析与预测报告可细分为经济分析报告与经济预测报告两种,前者侧重于分析后总结出经验、教训,提出建议或提供参考;后者关注于分析后推断出未来的发展趋势,得出结论。

3.4.1 例文点评

在中国基建行业中,建筑行业是不可忽视的主力军,对国家经济的发展有着重大影响。有鉴于此,作者对我国建筑行业"十四五"发展趋势及对策进行了详细分析。

例　文　(一)　　　　　　　　　　　　　点　评

中国建筑行业 "十四五"发展趋势预测分析

扫描全球发展百年变局,不可预测性加剧成为宏观环境的主基调,尤其在当前全球"新冠疫情"大流行背景下,全球政治与经济不确定性进一步增加,使得全球化秩序正进入新的调整阶段,持续变化性、不可预测性将成为"十四五"时期的核心关注点。"十四五"期间,双循环体系将主导全球产业链变革与再造,在"两个生产、两个市场、两个体系"的双循环背景下,中国建筑企业必将以国内循环为主,确保国内产业链安全和稳定,同时兼顾海外市场,形成有机联动。国内循环扩大内需优化供给,确保产业链安全,提升价值链,稳定供应链,促进土地要素市场化和人才自由流动。国外循环加速市场化改革,实现高水平对外开放,对接国际工程技术标准,打造由中国制造转向中国创造的世界工厂。

一、传统建筑企业处于建筑产业链中游环节,整体发展受成本攀升影响较大

近年来,环保与去产能等政策因素叠加,使重要建

标题 由预测时限、对象、内容和文种组成。

导语 简要列举影响建筑行业发展的主要因素,分析这些因素所带来的影响,给出"持续变化性、不可预测性将成为'十四五'时期的核心关注点"的观点,并提出相应对策。

主体 第一部分,论述因环境及政策的影响,建筑企业整体发展受成本攀升影响较大。

材价格大幅上涨，推高工程成本。同时，行业务工人数持续低迷，平均工资持续高增，劳务成本逐渐上升；建筑工人实名制、社保新政等制度出台，进一步拉高用工成本。在"新冠疫情"影响下，项目工期进一步拉长，资金回笼减慢。

二、建筑行业"十四五"时期发展的两大核心词："转型""升级"

成本攀升将倒逼建筑企业聚焦精细化管理和科技手段以实现降本增效，并进一步丰富现有业务组合寻求更高利润价值。基于行业研究和调研，并结合服务建筑行业客户所积累的经验，我们总结出建筑行业在"十四五"时期发展的两大核心词："转型""升级"。"转型"既是市场的需要，也是企业高质量发展的需要。随着中国建筑市场的发展，发包模式已经由传统的施工总承包模式向 EPC、EPC＋F、PPP 等模式转变，特别是对于政府类客户，需要建筑企业提供包括设计、建造、投资等内容的系统解决方案。同时，伴随施工利润空间下降，建筑企业将从赚取单一施工利润的业务模式逐步探索利润更高的项目整体投资业务，这将进一步推动建筑企业从传统的"建造商"逐步转型为"建造商＋投资商"。同时，行业标杆企业则会在此基础上，实现向"城市运营商"角色的大跨越转型，在投资、建设的基础上进一步增强对城市综合资源的优化配置和整合运营能力，提供城市综合配套服务，获取可持续的利润价值。

三、中国建筑企业"十四五"展望，"升级"既是"产品"的升级，也是"技术"的升级

产品升级则体现在由传统技术简单、竞争激烈、利润率低的项目升级为技术复杂、商业模式复杂但利润率相对较高的项目，升级为能发挥产业链优势的项目，特别是如城市综合开发、未来社区、TOD 等涉及"投融建运"一体化的大型项目。技术升级则体现于建筑企业"数智化"层面。"十四五"期间，在智能建造大趋势下，各类先进技术的广泛应用将会带来建造方式的变革。通过人工智能与高级数据分析，建筑企业可以构建更完整高效的信息化系统，从最开始的投标过程到具体工程管理成本，实现信息及时互通，提升施工效

第二部分，通过对行业的研究和调研分析，得出建筑行业"十四五"时期发展的两大核心词是"转型"和"升级"。

第三部分，对中国建筑企业"十四五"期间发展趋势进行了展望，得出了"'升级'既是'产品'的升级，也是'技术'的升级"的结论。

主体分三个部分，分列三个小标题，具体分析中国建筑行业"十四五"期间面临的挑战及应对策略，并对中国建筑企业"十四五"发展趋势进行了展望。方法科学，分析严谨，预测明确，条理清晰，次序井然。

率。通过 BIM 技术与 VR 相结合,将能更高效地通过沉浸式精准设计,降低项目管理成本,实现降本增效目标。

总之,"十四五"期间,建筑行业"危""机"并存,危机带来的行业变革转型已拉开序幕。转型既是市场的需要,也是企业高质量发展的需要,而机遇则对建筑企业自身能力提出了更高的要求。在"新冠疫情"带来的不确定性和"十四五"规划机遇的驱动下,建筑企业应当快速响应,在危机面前勇于变革转型,在机遇面前,紧抓大势,顺势而为。

（选自 2020 年 8 月 19 日《洞见研报》,作者佚名,有删改）

结尾 以主体部分的分析结论为基础,得出"建筑企业应当快速响应,在危机面前勇于变革转型,在机遇面前,紧抓大势,顺势而为"的结论,为建筑企业发展提供参考对策。

作者佚名,所以本文省略了落款。

近年来,以区域公用品牌为引领,统筹发展茶产业、茶科技、茶文化正在成为实现乡村振兴的有力抓手。与此同时,我国茶企品牌发展仍显滞后,这是一个迫切需要解决的问题。本文作者结合部分企业的成功尝试,提出了多个拓宽茶叶销售渠道的建议,这无疑对品牌茶叶企业的生产销售具有一定的参考价值。

例 文（二）　　　　　　　　　　点　评

2021 年品牌茶企茶叶营销方式分析
——以区域公用品牌为引领 茶企品牌要做出自己的"味道"

今年 5 月 10 日是第五个"中国品牌日",品牌是生产者和消费者共同的追求,是供给侧和需求侧升级的方向。近年来,在各茶产区政府的大力支持和持续推动下,茶叶区域公用品牌快速发展,以区域公用品牌为引领,统筹发展茶产业、茶科技、茶文化正在成为实现乡村振兴的有力抓手。与此同时,我国茶企品牌发展仍显滞后。专家表示,茶企要打造自己的核心技术、品牌价值、企业文化以及不可取代的品质特点和风格,做出属于自己的"味道"。

一、区域公用品牌发展强劲

近日,浙江大学茶叶研究所等发布的"2021 中国茶叶区域公用品牌价值评估报告"显示,品牌价值前

标题 由正副标题组成。正标题由对象、内容和文种组成,副标题补充正标题。

导语 强调茶企品牌的发展特点及局限,提出做出属于自己的"味道"是茶企未来发展的关键。

主体 在具体的分析预测中,在肯定区域公用品牌发展强劲的基础上,得出了"强劲茶企品牌还需深挖文化"

10位的茶叶品牌分别为：西湖龙井74.03亿元，普洱茶73.52亿元，信阳毛尖71.08亿元，潇湘茶67.83亿元，福鼎白茶52.15亿元，洞庭山碧螺春48.72亿元，大佛龙井47.74亿元，安吉白茶45.17亿元，安化黑茶41.32亿元及蒙顶山茶40.99亿元。

在消费升级大趋势下，品牌已经成为茶产区、茶企核心竞争力的重要标志和自身价值的重要组成部分，茶产业的规模化、标准化都与品牌化密不可分。在产区政府的大力支持和持续推动下，各地的茶叶区域公用品牌建设取得了不错的成绩。在大型专业的茶博会、农博会等展会上，都能看到一些区域公用品牌参展亮相，西湖龙井、普洱茶、福鼎白茶等区域公用品牌在消费终端的影响力也越来越大。以区域公用品牌为引领，统筹发展茶产业、茶科技、茶文化正在成为实现乡村振兴的抓手。

一座武夷山，半部茶叶史。近年来，为提升茶产业品牌附加值，武夷山茶产业向茶衍生品、茶文旅等方向延伸。先后打造了"印象大红袍""中华茶博园""万里茶道起点"等精品茶文化项目，推出了"香江茗苑""武夷星中华茗苑""茶言精舍"等观茶景、赏茶礼、品茶味、游茶园的茶旅项目。

中国人民大学品牌农业课题组组长、首席专家娄向鹏表示，乡村振兴的抓手是产业兴旺，而产业兴旺的抓手是品牌强盛。只有通过品牌化的产品、品牌化的服务和市场发生交换，才能真正让绿水青山变成金山银山。

二、茶企品牌还需深挖文化

据中国茶叶流通协会数据显示，截至"十三五"末，我国茶叶类登记注册商标总数超过68万件，茶叶类有37个申报获得中华老字号，全国共有131个茶叶产品获得了地理标志产品保护，地理标志证明商标注册数超过230件，28个茶叶地理标志产品入选中欧地理标志协定保护名录。各茶叶主产销区相继培育出了一批具有较强营销力和竞争力的全国知名品牌及地方特色品牌。

但目前我国茶叶品牌建设总体水平与日益增长的高质量品牌需求之间的矛盾较为突出，全行业品牌意识有待进一步提升，品牌总数及规模总体偏少偏小，品牌价值及影响力偏低偏弱，品牌工作机制及服务机构偏

的建议。分析入理，层次清晰，观点鲜明。

一般情况下，经济分析与预测报告是依据大量准确的数据，通过对专业性资料的分析，得出预测性的结论。使用的是应用文所常用的事务语体，语言庄重平实，很少使用抒情、描写、夸张、拟人等修辞手法也基本不用。而本文的主体部分既有大量数据材料，体现了事务语体语言科学严密的特点，又选取了具体案例，通过对案例的分析给出参考意见，使语言准确又富有文采，又具有文艺语体特色，语言特色十分突出。

松偏散。品牌的公信力、影响力还不够高,品牌研发创新平台明显不足。品牌发展仍然滞后于茶产业经济发展。

与区域公用品牌发展相比,茶企的品牌建设就显得滞后。在消费端的决策中,消费者的茶叶消费决策不仅来自区域公用品牌的信誉,也还需要有茶企品牌的信誉来支持。而在众多的茶企中,目前有3家茶企在谋求A股上市。

业内人士认为,借助茶叶区域公用品牌的力量来开展企业自身的品牌建设,不失为一条很好的发展捷径,毕竟在茶行业,区域公用品牌最具影响力。但茶企也不要有大树底下好乘凉的惰性,自身的品牌强大才是市场核心竞争力。目前,茶农、茶商、茶企和消费者四者利益没有合理分配,茶商缺乏专业性、鉴别力和对产品的忠诚度,大部分茶企没有形成成熟的营销体系。

云南省普洱茶协会副会长邓艳波表示,以普洱茶为例,应在加强基础教育、职业教育、专业教育基础上扩大到社会教育层面,在全省、全国乃至全世界培养更多真正懂茶的消费者,让更多的人对普洱茶感兴趣,了解它、认识它、品懂普洱茶。一个产业要做强做大持续发展,形成成熟的市场,必须在整个产业链上要有合理的利益分配。销售影响生产,云南不少茶企目前都处在一种生存举步维艰的状态。只有乡村、企业、茶山、茶消费者全链条的健康发展,才能称得上真正的持续发展。生产者要注重品质和产业,生产更好的产品贡献给消费者,着眼长远发展,提供高品质的茶让人们美好生活的愿望得到满足。

邓艳波认为,应该鼓励茶企做出更多品质至上的好品牌的同时,尝试探索发展有茶乡村实施"一村一品",做出更多原产地产品、形成乡村品牌。因地制宜建立一批初制所、精制所,大力发展集体经济,发挥茶农的主体作用,带领全村人民靠茶致富。"茶企更要打造自己的核心技术、品牌价值、企业文化。所有企业致力追求的都是不可取代的品质特点和风格。企业只有坚持做好自己,才能做出属于自己的'味道'。"

(选自 2021 年 5 月 13 日中国食品报网,作者佚名,有删改)

结尾 以普洱茶为例,提出创新性做法和专家的观点,给出了"品牌茶企应抓住当前市场调整的有利时机,打造自己的核心技术、品牌价值、企业文化。""企业只有坚持做好自己,才能做出属于自己的'味道'"的建议。

作者佚名,所以本文省略了落款。

3.4.2　文种指要

1. 经济分析与预测报告的适用范围

（1）对经济活动进行全面或专项的分析研究，以期从中找原因、作评价、探规律、拟对策，借以改善经营管理，挖掘内部潜力，提高经济效益时使用经济分析报告。

（2）根据现在的经济活动情况、特别是通过调查得到的统计资料，从历史和现状出发，寻找其发展规律，推知未来经济发展的过程与结果，为现在乃至今后的经济活动提供参考意见时使用经济预测报告。

2. 经济分析与预测报告的格式写法

经济分析与预测报告的结构一般包括标题、导语、主体、结尾、落款等五部分。

1）标题

完整的标题一般由分析预测对象单位名称、时限、分析预测对象和文种组成。例如《商业大厦五月份利润下降的原因分析报告》，也可以是正副标题式，如《景瓷价格上升不断，市场需求有增无减——2020年景德镇内销瓷市场预测》。

2）导语

导语也称前言，它简明扼要地交代分析预测的内容、目的、意义和方法；或介绍分析对象的基本情况；也可简单介绍预测对象的现状，提出预测结论，如例文（一）、例文（二）。有时也可省略前言，直接进入正文。

3）主体

主体是报告的重点部分，它集中反映对经济活动的分析与预测过程及结果。分析报告一般包括整体情况、问题分析与解决问题的措施和建议三个部分；预测报告一般包括现状、预测和建议三项内容。

4）结尾

结尾即结束语。一般是对报告的总体概括，也可将结束语融在正文的分析预测中而省略。

5）落款

写明报告的写作单位、作者及写作日期，报告作者也可以出现在标题的正下方。

3. 经济分析与预测报告写作的注意事项

（1）以国家的法律和经济政策为指导，运用科学的分析方法，使之成为经济活动中切实可行的指导性文件。

（2）准确把握专业性的资料、材料，分析时要有客观的实事求是的态度，全面的重点的分析情况，反映问题，不可以偏概全。

（3）预测要讲究科学，不可受预测者主观倾向和心理因素的影响。

4. 可行性研究报告和经济分析与预测报告的区别

（1）时间上，经济分析与预测报告可以对进行后的、进行中的、未进行的某一经济活动进行分析与预测；而可行性研究报告则必须是方案实施前的论证。

（2）内容上，经济分析与预测报告可以是对某一经济活动中的专题分析，也可以是全面分析;可行性研究报告则必须将影响该项经济活动的各种因素进行全面的、系统的综合分析。

（3）目的上,经济分析与预测报告目的是为相关部门在经济活动中的经济目标得以实现提供指导性的参考意见;可行性研究报告则是提出可行的建议方案,请求上级审核、批准。

5. 经济分析与预测报告的分析方法

在经济活动中经常采用的科学的分析方法很多,常用的分析方法有对比分析法、因素分析法和预测分析法。

1) 对比分析法

对比分析法是通过指标对比,从数量上、性质上确定差异的一种分析方法。可以从数量的多少、大小上找差距,也可以从性质的好坏、利弊上查原因,但要注意的是对比的数据必须具有可比性。

2) 因素分析法

因素分析法是对经济活动中影响经济指标完成的各个因素进行分析研究,找出有利因素与不利因素,使企业从不同的角度加强经营管理,有针对性地制定策略。把所涉及的有一定影响程度的因素都加以分析,力求做到即要抓重点,又要照顾全面,如例文(一)。

3) 预测分析法

预测分析法是在现有的经济活动分析的基础上,科学地推断和预测未来经济活动的状态及发展趋势的分析方法。预测一定要以科学分析为基础,不可盲目、主观,预测的结果要可信、科学。

在一篇报告中,并不拘泥于只使用三种分析方法中的一种,而是可以三种方法同时出现,或选用其中的一种、两种。根据需要,还可以选用上述三种方法以外其他的科学方法。

3.4.3 写作训练

1. 针对本专业的就业状况写一篇预测报告。
2. 运用对比分析法、因素分析法对两个相邻村或两个同类工厂的发展状况作经济分析。

3.5 招标书、投标书

招标和投标,是国内外广泛采用的、把竞争机制引入商品交易活动的一种经济手段。企事业单位为了进行大型项目建设、购买大宗商品或合作经营某项业务、向外承包或租赁企业等,事先对外公布标准、条件、要求,从投标者中择优选择承建、承揽合作或承包租赁者的行为,就是招标。与招标相对应,按照招标人的条件和要求,具体地向招标人提出与之订立合同的建议、提供给招标人备选方案的行为,叫作投标。投标是回应招标而产生的,二者之间密不可分,故将招标书和投标书放在一节中学习。

3.5.1 例文点评

1. 招标书

招标书是指在招标过程中使用的书面材料。招标书从内容上看,有广义和狭义之分。

广义的招标书是指在招标过程中使用的各种书面材料，包括在公共传媒上发布的招标公告（通告）和标价出售、内容详尽的招标文件等。本节学习的是狭义的招标书，专指将招标的主要事项和要求通过报刊、网络、电视等公共传媒公告于世的招标公告部分。

厦门市××食品药品质量检验研究院，就"食堂托管服务采购项目"在"中国政府采购网"上发布了招标公告，告知符合资格条件的投标人可以前来参加投标。

例 文 （一）	点 评

厦门市××食品药品质量检验研究院食堂托管服务采购项目公开招标公告

一、概况

厦门市××食品药品质量检验研究院食堂托管服务采购项目招标项目的潜在投标人，应在《建信招标采购平台》（网址：www.fjbidding.com）获取招标文件，并于2021年8月25日14点30分（北京时间）前递交投标文件。

二、项目基本情况

项目编号：JXFZ2021-XM0254

项目名称：食堂托管服务采购项目

预算金额：43.8万元（人民币）

最高限价（如有）：43.8万元（人民币）

采购需求：其他详见采购文件

合同履行期限：服务期限一年，服务期限届满后，以年度考核结果决定下一年度是否续签。

本项目不接受联合体投标。

三、投标人资格要求

（一）满足《中华人民共和国政府采购法》第二十二条规定。

（二）落实政府采购政策需满足的资格要求。

其他详见采购文件。

（三）本项目的特定资格要求。

1. 营业执照等证明文件。

2. 财务状况报告（财务报告、资信证明、投标担保函）。

3. 依法缴纳税收证明材料。

4. 依法缴纳社会保障资金证明材料。

点评栏：

标题 完全性标题，由招标单位、内容和文种构成。

正文 前言，用简练的语言说明标的名称、招标人及招标代理人，邀约投标人参与投标。

主体，列小标题的方式，清楚明白，一目了然。第一写项目编号（因本次招标是由招标代理公司进行的，故有此项）。其次是招标内容简要介绍与要求。

内容三，对投标人资格的三个要求。

（一）、（二）两项是对投标者基本要求，第三项重点对投标人的征信及业务保障情况提出详细全面的具体要求。如果没有资格、能力或者兴趣，后面的内容就不必继续了解了。

5. 具备履行合同所必需的设备和专业技术能力的证明材料(可以提供证明材料、承诺书等)。

6. 具备法律、行政法规规定的其他条件的证明材料。

注:

(一)投标人提供的相应证明材料复印件均应符合内容完整、清晰、整洁要求,并由投标人加盖其单位公章。

(二)投标人不满足上述规定的基本资格条件或提供资格证明文件不全者,其投标无效,以上资格证明文件为复印件的,须加盖投标人公章,且原件备查。

(三)本项目基本资格条件采取"信用承诺制",供应商提供资格承诺函(格式见附件)的即可参加采购活动,如提供资格承诺函的,在投标文件中可无须再提供财务状况报告、依法缴纳税收和社会保障资金的相关证明材料。供应商应当遵循诚实信用原则,不得作虚假承诺。供应商承诺不实的,属于提供虚假材料谋取中标、成交供应商应依法承担相应的法律责任。

四、招标文件的获取

(一)时间:2021 年 8 月 5 日至 2021 年 8 月 13 日,每天上午 8:00 至 12:00,下午 14:00 至 21:00。(北京时间,法定节假日除外)。

(二)地点:《建信招标采购平台》(网址:www.fjbidding.com)。

(三)方式:请登录《建信招标采购平台》(网址:www.fjbidding.com)进行实名报名,报名及缴费成功之后,即可在线下载标书,成功下载即为报名成功。(供应商如未在系统中注册的,请按系统要求注册后方可报名,注册免费,且注册后可直接在线预览项目标书主要内容。)

注册网址:https://www.fjbidding.com/register/supplier,对平台操作有任何疑问,请联系客服电话:0592-5856070。报名联系人:张小姐

电话:0592-5856311

传真:0592-5856938

售价:￥200.00 元,本公告包含的招标文件售价总和,售后不退。

内容四,告知投标单位招标文件的获取的时间、网址、方式,体现了网络招标的特点。标明招标文件售价,明确标明"售后不退",以免日后产生纠纷,是招标书的习惯写法。

五、提交投标文件截止时间、开标时间和地点

提交投标文件截止时间：2021 年 8 月 25 日 14 点 30 分（北京时间）。

开标时间：2021 年 8 月 25 日 14 点 30 分（北京时间）。

地点：建信发展（厦门）采购招标有限公司（厦门市思明区吕岭路××号创想中心××单元）开标厅。

六、公告期限

自本公告发布之日起 5 个工作日。

七、其他补充事宜

其他详见采购文件。

八、对本次招标提出询问，请按以下方式联系。

（一）采购人信息

名称：厦门市××食品药品质量检验研究院

地址：厦门市××区××海山路××号

联系认：骆××

联系电话：×××××××××

（二）采购代理机构信息

名称：建信发展（厦门）采购招标有限公司

地址：建信发展（厦门）采购招标有限公司（厦门市思明区吕岭路××号创想中心××单元）

联系人：林××、孔××

联系电话：139×××××××××

（三）项目联系方式

联系人：林××、孔××

联系电话：×××××××、137×××××××××

（本文选自"建信招标采购平台"，有删改）

内容五，写提交投标文件的时间与地点，及开标时间和地点。时间精确到分，体现出招标书严谨认真的特点。

内容六，对以上内容的进一步强调与明确，严谨认真。

内容七，其他补充事宜。

结尾　具体写明招标单位（包括招标人和招标代理人）的名称、地址、联系人、联系方式、开户银行及账号，便于投标者进行投标。

2. 投标书

投标书也称标书、标函，它是指投标者经招标单位资格审查准予参加投标后，按招标人提出的条件和要求，向招标单位提交的、根据自己能力编制的、提供给招标人备选的方案材料。

为机场沿岸商务区 PPP 项目服务机构定点采购项目，大连×机场向社会发出了招标书。北京市××律师事务所与××××咨询有限公司在研究有关招标文件后，以联合体投标形式参与投标。通过招标单位的资格审查后，拟投标书参加投标活动。

例 文 （二）　　　　　　　　　　　　点　评

投 标 书

致：大连×机场集团有限公司

地址：×××××××××

招标代理机构：××××咨询有限公司

一、根据××××号招标文件，遵照国家、地方招、投标法律法规的规定，经过现场考察并充分研究×××号招标文件，对××项目我们愿意投标，并授权下述签名人×××、×××，代表我公司提交下列投标文件正本一份，副本三份。

1. 法人授权委托书。

2. 承诺书。

3. 报价函。

4. 营业执照副本。

5. 法定代表人身份证明。

6. 资质证书。

7. 人员配备情况。

7.1　项目负责人及技术负责人简历表（略　编者）

7.2　项目拟派其他成员配备情况（略　编者）

8. 联合体协议书。

9. 投标人基本情况表。

10. 企业概况（略　编者）。

11. 保障机制（略　编者）。

12. 服务方案及承诺（略　编者）。

13. 资格审查材料（略　编者）。

14. 提供的PPP全周期咨询（略　编者）。

二、授权代表人兹宣布同意下列各点。

1. 投标人将根据文件的规定履行合同的责任和义务。

2. 投标人已详细审查了全部招标文件的内容，包括修改条款和所有供参阅的资料及附件，投标人放弃要求对招标文件做进一步解释的权利。

3. 本投标书自开标之日起九十天内有效。

4. 如果在开标之后的投标有效期内撤标，贵公司

标题　简易标题，只写名称。

称谓　先顶格写招标单位的全称，下面一行是招标单位地址，再写招标代理机构名称。

正文　前言，简明写出投标意向、投标代表人、投标函的份数等内容。开宗明义，言简意赅。

主体，列出投标文件名称清单，用序号标明。报价函是投标书的关键，是招标单位评标、定标的重要依据，要放在前面。其余各项都是根据招标单位要求和招标内容而列。

宣布己方观点，除第六点外，各项都是招标书要求的转述，或者说是对招标书有关规定的同意。因为最低价不是定标的唯一标准，还要考虑到质量、信誉等诸多因素，所以在此类投标书中大多都有第六点的内容，可以说是习惯用语。

可以没收投标人的投标保证金。

5. 如果中标后，我方未能忠实地履行所有的合同文件或随意对合同文件作出修改、变动，贵公司可以没收我方所交的履约保证金。

6. 我们理解贵方并不限于只接受最低价，同时也理解你们可以接受任何标书。

投标单位：中国××市×××公司（公章）

地址：中国××市××区××街×号

电话：×××××××××

传真：×××-××××

投标单位法定代表人姓名：×××（签章）

授权代表人姓名：×××（签章）

2018年××月××日

附件：

（1）PPP 业绩合同首末页复印件（略　编者）。

（2）××××咨询有限公司在重点项目所扮演的角色（略　编者）。

（3）项目成员资质证书复印件（略　编者）。

（4）开标一览表（略　编者）。

结尾　写明投标单位及其地址、电话、法人代表、授权代表人，加盖公章和个人名章。

投标日期

附件　就是在正文的前言和主体部分所提的"投标文件"。附件中的表格或文书必须按招标单位招标文件规定的要求和格式认真编制、填写，具有极强的保密性和专业性。内容较长，引文从略。

3.5.2　文种指要

1. 招标书的写作要求

1）招标书的适用范围

（1）较大的建设项目。

（2）数额较大的大宗商品购买。

（3）企业向外承包、租赁。

《中华人民共和国招标投标法》（中华人民共和国第九届全国人民代表大会常务委员会第十一次会议于 1999 年 8 月 30 日通过，2017 年 12 月 27 日第十二届全国人民代表大会常务委员会第三十一次会议通过修改决定）第三条规定，在中华人民共和国境内进行下列工程建设项目包括项目的勘察、设计、施工、监理以及与工程建设有关的重要设备、材料等的采购，必须进行招标：（一）大型基础设施、公用事业等关系社会公共利益、公众安全的项目；（二）全部或者部分使用国有资金投资或者国家融资的项目；（三）使用国际组织或者外国政府贷款、援助资金的项目。前款所列项目的具体范围和规模标准，由国务院发展计划部门会同国务院有关部门制订，报国务院批准。法律或者国务院对必须进行招标的其他项目的范围有规定的，依照其规定。

2）招标书的格式写法

招标书一般由标题、正文和结尾三部分组成。

（1）标题。招标书的标题一般有四种形式。

① 完全性标题，由招标单位、招标项目（或内容）、招标形式及文种四部分组成。如《××高速公路建设招标书》。

② 不完全性标题，一般由招标单位和文种两部分构成，如《××招标公司招标书》。

③ 简明性标题，用文种作标题，直接写"招标书"三字。

④ 广告性标题，除写明招标项目、招标形式等内容外，还加入一些广告性内容，如《请您来做××厂的经理——招标书》。

（2）正文。正文一般由前言、主体两部分构成。前言部分用简练的语言写明招标目的、依据及招标项目名称等内容。主体部分是招标书的中心，详细写明招标内容、条件、要求、投标截止日期等有关事项。

招标内容不同，招标书的正文也不尽相同。

大宗商品交易招标书一般包括以下内容：①投标须知。主要应写明项目资金来源、对合格投标者的要求、投标文件的填制要求、投标文件的提交、中标后应履行的手续等；②需求表、特殊条款；③技术规格；④合同条款及合同格式；⑤附件。主要包括投标格式、投标报价表格式及要求、技术差异修订表格式及要求、投标保证金保函格式及要求、履约保证金保函格式及要求、招标资格审查所需文件、货物清单及开标一览表等。

建筑工程类招标书一般包括以下内容：①投标须知；②建设单位名称及联系人；③工程项目与内容；④建设地点与面积；⑤质量要求；⑥建设工期；⑦合同条款与格式；⑧附件。

招聘企业经营者类招标书一般包括以下内容：①招标范围；②招标程序；③企业基本情况；④合格投标者标准；⑤承包期限；⑥承包内容及指标；⑦中标人的权责及收入；⑧合同变更中止的条件。

（3）结尾。主要写明招标单位名称、地址、联系电话、传真、联系人等内容。

3）编写招标书时应注意的问题

招标书是关系到招标单位的目标能否实现、招标工作能否顺利进行的重要文件。在编写招标书时应注意以下问题。

（1）熟悉招标的一般程序。只有了解了招标的全过程，才能清楚招标的来龙去脉，才能写好招标书。

招标的一般程序为：①招标单位组织有关人员编制招标文件，并报请有关部门审批；②公开发布招标公告或送发招标邀请通知书（采取书面形式直接通知有承担能力的单位参加投标）；③进行投标人前期资格预审，必要时，还可发售资格预审文件，对愿意参加投标的公司进行资格预审；④发售招标文件；⑤投标者递交投标书，密函报价，并交纳投标保证金；⑥开标，公开投标书内容；⑦评标，确定中标人，并发出中标通知书；⑧双方签订合同，中标人交纳履约保证金；⑨履行合同。

（2）做好调查研究。在编写招标文件之前，必须经过大量的市场调查研究，掌握充分的信息资料，从而制定出公正、合理的数据、指标。一方面，可吸引众多的单位前来投标，从而引入竞争机制，实现以最少的投入，获取最佳经济效益的目的；另一方面，便于投标者根据招标书提供的信息资料，进行调查研究，制订投标方案，填制投标书，编写答辩词，做好各项准备工作，从而保证招标投标活动的顺利进行。

（3）内容明确、具体。招标文件是投标者填制投标文件、编写答辩词的依据，是双方签订合同的基准。招标文件内容陈述一定要明确、具体，能数字化的尽量数字化，语言要简练，数据要准确，不可使用模糊词语，避免产生歧义、发生误解，严禁出现错别字。

（4）技术规格准确无误。技术规格的说明极其重要，如果投标单位在规定的时间内提供的物资或工程项目、技术规格与说明不符，发生质量事故，投标者要承担法律责任和赔偿义务。技术规格要以性能要求为依据，而不应指定具体商标、品牌。

2. 投标书的写作要求

1）投标书的适用范围

得到招标信息后，向招标单位表达投标意愿，经招标单位资格审查准予参加投标，按招标人提出的条件和要求，编写本单位的投标价格和实施方案时使用投标书。

2）投标书的格式写法

投标书一般由标题、称谓、正文、结尾和附件五部分构成。

（1）标题。一般有以下几种表现形式。

① 完全性标题，由投标方名称、投标项目及文书种类三部分内容构成，例如《××公司承包××大学教学新楼建设工程投标书》。

② 不完全性标题，由投标方名称或投标项目与文书名称两部分构成。例如《承揽××高职院实训实验设备采购项目投标书》《××建筑工程公司投标书》。

③ 简易标题，即只写文种——《投标书》。

（2）称谓。在标题下隔行顶格写招标单位的全称（结尾不加标点）；然后另起一行写明招标单位的地址（结尾不加标点）；最后在地址下一行顶格写称呼，后用冒号以提示下文。称呼一般要用敬称，如"诸位先生"，而不能直呼其名，在国际性招标活动中更应该注意这一点。

（3）正文。这是投标书的中心部分，可分为前言和主体两部分。

① 前言（或称引言）。一般用简练的语言说明投标单位名称，投标的内容、投标函的份数以及对中标后的承诺等内容，前言起开宗明义、提纲挈领的作用。

② 主体。主体部分包括以下内容：a. 投标的具体指标，这是标书的关键性内容，是招标单位评标、定标的重要依据。这部分内容很多，通常以表格形式出现。一般是把其中的表格部分作为附件形式，放在投标书后面，而在前面只说明总体性指标；b. 对中标后的承诺。若为大宗货物贸易投标，写明投标方对应履行责任义务做出的承诺；若为建筑工程项目投标则写明项目开工、竣工日期；c. 说明此投标书有效期限；d. 说明投标方将按招标文件要求交纳银行担保书和履约保证金；e. 最后说明对招标单位不一定接受最低报价和可能接受任何投标书表示理解。

由于投标项目不同，投标书的内容也不相同。

建筑工程投标书的主要内容有：①工程总报价及各项费用标价；②保证达到的工程质量；③工程项目开工、竣工日期；④施工技术组织措施；⑤工程进度安排；⑥附件。

大宗商品交易投标书的主要内容有：①商品总报价及分项报价；②投标方如何组织生

产招标方要求的商品；③商品规格、型号及质量等；④交货方式、时间和地点；⑤对交纳银行担保书和履约保证金的承诺；⑥附件。附件包括：投标报价表、技术规格、技术差异修订表、制造商资格声明、投标保证金保函及履约保证金保函等。

招聘企业经营者投标书的主要内容有：①经营管理方案，主要说明要达到的技术经济指标及其实现的依据、步骤及措施等；②个人简历，包括学习、工作履历；③业务经验及证明材料；④学历及其他证明材料；⑤其他。

另外，企业租赁投标书要重点写明在租赁期间如何达到招标方的各项要求。

企业承包投标书要重点写明投标方在承包期内希望达到的技术经济指标及实现的步骤、措施等内容。

以上内容必须按照招标文件的要求认真编制和填写。

（4）结尾。结尾写明投标单位名称、地址、投标人姓名、授权代表人姓名（此项即使在前言中有，结尾中也不可省略，如例文）、联系电话、传真、邮政编码等内容，便于双方联系。其中，单位名称、投标人姓名和授权代表人要分别盖章签名。最后，还需注明投标日期。

（5）附件。附件的内容主要包括：①投标报价表；②货物清单；③技术差异修订表；④资格审查文件；⑤开户银行开具的投标保证金保函；⑥开户银行开具的履约保证金保函等。

3）编写投标书时应注意的问题

（1）熟知投标程序。只有熟知投标程序，才能写好投标书。投标的一般程序为：①及时掌握招标信息，必要时可与招标方取得联系，了解招标项目、工作进度、设备选型和采购倾向等情况；②向招标单位递交投标申请书，介绍自己情况，通过招标单位的前期资格预审；③购买招标文件并认真研究，根据自己的技术经济实力，决定投标项目和投标方案；④填制投标文件，编制答辩词；⑤按规定期限递交投标书；⑥派人参加开标会；⑦参加招标方召开的有关会议，回答业主提出的各种问题；⑧若中标，持中标通知书按期与招标单位签订合同，并交纳履约保证金或开具保函，数额一般为合同价的10%；⑨中标者执行合同，组织生产或施工，按期交货或交工。

（2）认真研究招标文件。只有认真研究招标文件，尤其是其中的工程项目介绍、技术要求、性能参数及合同条款等内容，必要时向招标者提出询问，真正弄懂招标项目内容、条件及要求，才有可能中标。

（3）做好研究分析工作。投标书是招标单位确定中标人的重要依据，投标者自身情况有好有差，提供的方案或服务有优有劣。招标单位要通过对投标者情况及提供的方案或服务进行分析、比较，判断哪一个投标者条件最好，哪一个投标者提供的方案或服务最有利于实现招标单位的招标目的，然后才能确定中标人。从投标者的角度来看，投标书是投标者战胜竞争对手、成为中标人的有力武器。因此要认真进行市场调查研究，分析自身条件，把握有利条件和优势，做出正确的投标方案决策。然后，按照招标文件要求认真填制投标文件、编写答辩词。

（4）按期递交投标书，避免逾期递交而不被受理。

（5）要避免发生无效标的情况。无效标即废标，一般是由于违反政府有关规定，或不符合招标文件要求等原因造成的。

（6）不得自行涂改招标文件。若发现招标文件中某些技术经济指标或参数有误差，不得涂改，也不能按自己核实的数字进行标价，而应及时向招标单位咨询，寻求解决办法。

（7）不可为中标而盲目报价。投标书是投标者中标后履行职责的依据，是编制实施方案的基础。投标书中所写明的标价、指标、权责、奖罚条款等内容，是招标、投标双方都给予认可的，将成为双方签约后开展各项经济活动的依据。中标人编制项目实施方案、履行职责都要按投标书去做，中标的投标书具有法律效力。因此各项指标要精确，报价要凭科学测算，不可为中标而盲目报价。要避免误差，做到有根有据，严肃认真，实事求是。

（8）注意文字处理。在文字处理上要注意以下事项：①巧用外交语言。在投标书中应使用外交语言，如"诸位先生""贵公司""对……给予理解"等，尊重对方；②要重点突出，重点说明那些对投标成功起决定性作用的内容，如技术规格、报价表和资格证明等；③文字要准确精练，不可使用模糊词语，避免产生歧义和误解。严禁出现错别字；④运用数字和图表，增强投标书的准确性与说服力，尤其是附件部分更是如此。

3.5.3 写作训练

1. 试根据例文一的招标内容，拟一投标书。

2. 阅读下面文字材料，完成后面练习。

北京市××师范大学为满足发展需要，拟建一座图书馆大楼，在招标前，已做了以下准备。

（1）该工程已列入国家年度计划。

（2）已有经国家批准的设计单位出的施工图与概算。

（3）建筑用地已征，现场施工的水、电、路、通讯等条件已落实。

图书馆大楼的工程内容、范围、工程量、工期等已确定（略），工程质量等级、技术要求、对工程材料和投标单位的特殊要求、工程验收标准（见附表）（附表略），工程供料方式和材料价格、工程价款结算办法按国家有关规定执行，并将于 2021 年 6 月 16 日在北京市×师范大学组织投标单位进行工程现场勘察、说明，公布招标文件交底时间及地点。要求投标单位于 2021 年 7 月 16 日之前报名，并于 2021 年 8 月 18 日至 2021 年 8 月 30 日之间以公开招标方式投标。2021 年 9 月 1 日上午 10:00，邀请建设主管部门、建设银行和公证处参加公开开标、审查证书、集体议标、定标。确定中标的依据是工程质量优良、工期适当、标价合理、社会信誉好。最低标价的投标单位不一定中标，评定结束后五日内将中标通知书邮寄给中标单位，并与中标单位在一个月内签订工程承包合同。北京市×师范大学承诺，招标书一经发出，不再更改内容。要求投标单位将标函按规定格式填写，字迹清楚，加盖单位和代表人印鉴，密封，按期寄达，一经收到，投标单位不得以任何理由要求收回或更改。

在投标过程中如发生争议，双方自行协商，如若协商不成，由负责招标管理工作的部门调解仲裁，对仲裁不服，可诉诸法院。

北京市××师范大学的地址是北京市××路××号，联系人是×××，电话号码是×××××××，招标书发出的时间是 2021 年 5 月 16 日。

练习：

（1）根据上述文字为招标单位拟订一份招标书。

（2）根据拟订好的招标书，为某投标单位起草一份投标书。

3.6 合　同

合同又叫契约,它是协议的一种。根据《中华人民共和国合同法》(以下简称"合同法")的规定,合同是平等主体的自然人、法人、其他组织之间设立、变更、终止民事权利义务关系的协议。

3.6.1 例文点评

由于工作需要,××市××公司向××电脑公司订购了一批电脑。经双方协议,订立合同条款如下,以资共同遵守。

例　文	点　评
电脑采购合同	合同名称
订立合同单位:××市××公司(以下简称甲方) 　　　　　　××电脑公司　(以下简称乙方)	**当事人**　签订合同双方。标明甲方、乙方,便于正文表述。
兹由甲方向乙方订购电脑一批,经双方协议,订立合同条款如下,以资共同遵守。	**正文**　引言,说明双方签订合同的目的和依据。
一、采购产品名称、数量、金额 　　甲方向乙方定购的电脑(配置详见附件:电脑设备配置清单)共计肆拾(40)台,单价为:人民币 肆千叁佰元整(￥4 300.00),总金额为:人民币拾柒万贰仟元整(￥172 000.00)。	以下为标的名称、标的数量(数量大写)、标的要求和价款(金额大写)。
二、产品的验收、售后服务及质保 　　1. 乙方按照双方约定的配置供货,合同签订之日起十五天内交货。甲方按照配置单收货。收货地点为甲方单位现所在地(地址:××市××街××商务大厦C座×楼)。 　　2. 验收合格标准:所有产品部件均为合同附件之约定的部件。 　　3. 对乙方所提供的产品在质保期内出现的质量问题,在机箱锁具没有打开、设备没有人为外力损坏的情况下发生的一切设备故障,乙方将按照相应配件厂商质保标准提供免费维修、免费更换等无偿服务。	履行合同的期限、地点(写明是"现所在地"并且标明详细地址,严谨),交货的地点、期限和结算方式具体、准确。双方商定的验收标准,售后服务及质保范围,应合理合法。

4. 人为损坏和其他非自然原因造成的电脑不能正常使用的，乙方不予免费质保，但可以提供相关服务，由此产生的费用由甲方承担，其服务费用收费标准见本合同附件。

5. 软件故障不属于乙方维修范围，但乙方可以根据甲方提供的软件母盘，对需要软件维修的电脑进行无偿服务，维修人员的往返交通费由甲方负责。

三、货款结算

1. 合同签署后，甲方首先向乙方交定金 壹万元整（￥10 000.00）。

2. 乙方将电脑备齐后，运送并安装到指定地点，由甲方清点验收。验收完毕后甲方将货款拾伍万叁仟玖佰元整（￥153 900.00）一次性交付给乙方，乙方同时将电脑交付给甲方。剩余的货款，将作为质量保证金在电脑验收 6 个月后支付。

四、甲方的权利和义务

1. 甲方和乙方应充分协商，制定本合同约定的机器配置。在配置确定后，若有任何调整意向，应及时向乙方说明。如果乙方已经订货或者预付定金，则由甲方承担损失。

2. 甲方有对电脑设备的采购建议和调整的权利，并有对乙方工作的监督权。

3. 甲方有按时交付货款的义务。如因甲方未及时交付货款导致的商品交付延期或其他损失，由甲方承担责任。

五、乙方的权利和义务

1. 乙方保证按照配置单向甲方供货。如出现定制的配件型号无货或数量不齐时，则应及时向甲方说明协商调整。如因乙方单方面问题而出现有品种、数量、规格、质量不符合合同规定的，由乙方负责调换或退货，因此产生的费用由乙方承担。

2. 乙方确保本合同中的安装、维修工作的及时到位，并根据双方约定的安装维修工作单进行工作。

3. 如果因为乙方的原因导致甲方的损失，全部责任由乙方承担。

六、争议的解决

若本合同发生纠纷，甲乙双方应当及时协商解决。

货款结算方式，规定了定金、货款及质量押金的数量及付款时间、方式。

双方的权利和义务、争议解决办法，体现合同的严谨性。

协商不成时,任何一方均可向合同签订地人民法院提起诉讼。

本合同一式两份,双方各执一份。

七、特约事项

1. 作为正式的合同文本,本合同的附件与合同具有同等的法律效力。

2. 合同执行日期:自双方签字盖章日起。

3. 本合同与合同附件(电脑设备配置清单)均一式两份,甲乙双方各持一份。

> 特约事项是指一方提出、双方同意的特定内容。也可以写作"其他"。

附件:计算机设备配置单

> **附件**

甲方:××市××公司(章)　乙方:××公司(章)
代表:×××(签字,章)　代表:×××(签字,章)
地址:……(略　编者)　地址:……(略　编者)
电话:……(略　编者)　电话:……(略　编者)

> **落款**　包括双方单位名称、地址、代表人姓名、电话,并签字、盖章。

2021 年 7 月 27 日

> 合同签订日期

3.6.2　文种指要

1. 合同的适用范围

设立、变更、终止较重要的民事权利义务关系时,均应订立合同。

2. 合同的格式写法

合同有条款式、表格式和条文兼表格式三种基本结构方式。

(1) 条款式。把合同的内容按照条、款、目的方式排列有序地表述出来,每个条款说明一个方面的内容。

(2) 表格式。按照业务特点和惯例,设计好表格形式,签订时在有关栏目中填写相应内容,使合同文本更加规范化、统一化。

(3) 条文兼表格式。用表格式表达与标的有关的内容,如数量、品种、规格、价格、计量单位等,用条文形式规定和补充其他主要条款,特别适用于那些标的品种多,数量大,计量复杂,涉及许多数据统计资料的合同的签订。

无论哪种结构方式,都必须具备合同名称、当事人名称、正文和落款四个部分。

1) 合同名称

通常标明合同的业务性质和文种名称。如"购销合同""运输合同""技术转让合同""财产保险合同"等。

2）当事人名称

写明订立合同双方的单位名称（当事人可以是两方，也可以是多方。在实际工作中，当事人绝大多数是两方，本书中的合同当事人均为两方。当事人是多方的，要求与此相同，只是"双方"变成"多方"而已），要写全称。为了表述方便，可以在全称之后用括号注明简称。如"××职业技术学院（以下简称甲方）""××电子集团（以下简称乙方）"；也可以在"甲方、乙方"后面加冒号，再写当事人全称。如"甲方：××职业技术学院""乙方：××电子集团"。简称可以写作"甲方、乙方"，也可以写作"供方、需方""买方、卖方""建筑单位、承包单位""托运方、承运方"等。但要注意不能使用因角度不同而容易产生歧义的简称，如"你方、我方""贵方、鄙方""本方、对方"之类。

3）正文

前言也叫引言，用简洁概括的文字说明双方签订合同的目的和依据，一般用"本着平等互利的原则，经双方协商一致，签订本合同。"作为本段结束语，引起下段。

第二段以下为主体，是合同的主要内容，即经双方协商同意的条款。根据合同法规定，合同的主要条款应包括以下内容。

（1）标的。标的也称标的物，是合同当事人的权利和义务所共同指向的对象。它一般有三种。

① 实物标的，如商品、货物。

② 行为标的，如劳务行为、保管行为。

③ 工程标的，如道路、建筑等建设项目。

在合同中，标的十分重要，没有标的就没有合同。在合同中，标的必须写得清楚、明确、具体。否则，合同履行时就可能出现纠纷，甚至无法履行。标的必须合法，武器、毒品、麻醉药品等限制流通物，都是不能作为一般合同标的的。

（2）数量。数量是指合同标的量的规定，是以数字和计量单位来衡量标的的尺度。它直接关系到当事人权利和义务责任的大小。数量的计量方法要按国家或主管部门的规定执行，没有规定的，则按约定俗成或各方商定的办法执行。数量的计量单位也必须符合规范。

（3）质量。质量是指合同标的的内在品质与外观形态优劣程度的标志，是标的适应一定用途，满足人们一定需要的特征。它包括标的的质地、性能、构造、等级、技术标准、工艺要求等。一般说来，有国家标准的按国家标准执行；没有国家标准的按专业标准执行；二者都没有的，可按批准的企业标准执行。难以有明确标准的，也可以由双方协商一个标准，并且共同封存、分别保存样品，以作为执行合同的检验依据。如需包装的，还要写明包装方式和质量。

（4）价款或者酬金。价款或者酬金，是取得合同标的的一方当事人（一般称"甲方"）向对方支付的用货币数量来表示的代价。

（5）履行的期限、地点和方式。履行期限、地点是合同当事人实现权利、履行义务的时间界限、具体地方。期限不能用"不日内交货""产出交货"这类模糊概念。履行地点要写清省、市、县的全称，是到岸交货还是到厂交货，也要写明，避免造成不必要的错误与纠纷。如吉林省有吉林市，如果只写"吉林"二字显然表意不够准确，容易给合同的履行带来不必要的麻烦或损失。

履行方式主要是指交付方式和结算方式,是一次性履行还是分期履行,是当事人亲自履行还是委托他人代理履行,履行时所用的工具或手段(如航空、水运或陆运),都要写清楚。有关费用的承担及支付方法也要作出规定并表述清楚。要根据不同的标的内容确定不同的履行方式。

(6)违约责任。违约责任是指当事人一方或双方,由于自己的过错造成合同不能履行或是者不能完全履行,按照合同约定应承担的经济制裁。目的是维护合同的严肃性,加强当事人履行合同的责任心,督促当事人严格履行合同。

除了上述内容外,根据法律规定的或按合同性质必须具备的条款,以及当事人一方要求必须规定的条款,也是合同的主要内容。在签订合同时,这些都必须明确订立。

(7)解决争议的办法。解决争议的办法可以有双方协商、申请仲裁和法院判决三种选择途径。当事人不愿和解或者调解,或调解不成的,可以根据仲裁协议向仲裁机构申请仲裁。涉外合同的当事人可以根据仲裁协议向中国仲裁机构或者其他仲裁机构申请仲裁。当事人没有订立仲裁协议或者仲裁协议无效的,可以向人民法院起诉。其中,《中华人民共和国仲裁法》第3条规定,"下列纠纷不能仲裁:(一)婚姻、收养、监护、扶养、继承纠纷;(二)依法应当由行政机关处理的行政争议。"

4)落款

合同当事人单位名称、地址、法人代表姓名、开户银行、账号等项内容。单位应加盖公章,代表要签名。最后填写签订日期。按规定,合同自签订日期起生效。有的合同在正文中专门列出一个条款写本合同的生效日期和有效期限,则落款处写的日期就是签字日期而不是生效日期了。所有日期都要写全称。

如果合同有担保人,担保人应在落款处签名盖章。如果合同需要公证、鉴证或由双方主管部门审核的,应写明公证、鉴证机关或主管机关的名称,并加盖公章。此时担保人、公证机关、鉴证机关、主管机关,都是合同的持有者,都应持有一份合同。

有的合同带有附件,这也是合同的组成部分,与合同具有同等的法律效力。如提议方的书面要约和承诺方的书面承诺、与标的有关的图纸、质量说明、证书、工程进度表等。

合同正文应该有专门条款注明合同的份数与持有者,注明附件名称与份数。

3. 合同写作的注意事项

(1)语言准确,表意清楚。合同是明确当事人双方相互权利义务关系的协议,语言甚至是标点符号都必须准确,以免造成履行合同时不必要的纠纷,甚至是被别有用心者钻空子。如某进出口公司与一皮革生产企业签订了一份皮革购销合同,关于标的物羊皮的质量有这样的规定:"四米以上、有刀痕的不可以。"结果乙方所发的货均为四米以下、无刀痕的羊皮,仅仅是一个顿号的误用就使甲方蒙受了巨大的经济损失。

(2)条文规定全面、完整。要将履行合同过程中双方的权利与义务全面而完整地表述清楚,合同法规定的合同的主要条款不要遗漏任何一项。双方口头同意的内容也一定要落实在合同条文中。如我国某企业在与外商签订订购设备合同,在"运输方法及费用负担"一项中,只写明"乙方送货,费用由甲方负担"。没有标明具体的运输方式,结果外商为了赶进度采用费用高昂的空运方式,给我方造成了很大的经济损失。

（3）避免无效合同。《中华人民共和国合同法》第五十二条规定："有下列情形之一的，合同无效：（一）一方以欺诈、胁迫的手段订立合同，损害国家利益；（二）恶意串通，损害国家、集体或者第三人利益；（三）以合法形式掩盖非法目的；（四）损害社会公共利益；（五）违反法律、行政法规的强制性规定。"

（4）文风朴实，以说明为主，不可使用议论、抒情语调。

（5）文面整洁，不能涂改。涉及数量、金额时，要大写。

3.6.3 写作训练

1. 经××省采购中心公开招标，××省教育厅××集团公司（简称甲方）以满足××省采购×号的××省"校校通"项目计算机采购招投标文件为前提，与××电脑公司（简称乙方）签订"校校通"电脑项目的采购合同。预算资金贰仟陆佰万元整（分项价格在作为附件的投标报价表中有明确规定），采购学生机××台、教师机××台、多媒体教师机×台，要求在乙方在收到中标通知书后40个工作日内将货物送交××省所属各市（县区）教育主管部门指定地点。××省"校校通"项目计算机采购招投标文件内容是：①合同条款及其附表。②乙方的投标报价单、服务承诺和投标澄清材料。③资格证明文件。④中标通知书。⑤甲方、乙方商定的其他必要文件。

请根据上述资料，拟写一份合同。

2. 下面是一份劳动合同，在内容、形式上都有问题。请指出问题，并重新写一份劳动合同。

劳 动 合 同

招聘方：××电子有限公司（以下简称甲方）　受聘方：贾××（女　以下简称乙方）

由于乙方毕业后一直没有找到工作，所以自愿到甲方公司做合同制职工，这是一件对双方都有利的好事，应该支持。经双方协商一致，特签订本合同，以便共同遵守。

第一条　合同期限　合同期限为1年，从2020年3月1日起至2021年2月28日止。

第二条　试用期限　试用期限为6个月，即从2020年3月1日起至2021年8月31日止。

第三条　工种　电子安装。

第四条　工作时间　每周工作六天，星期日休息。每天工作时间为十小时。上下班时间按甲方的规定执行。如因工作需要，乙方必须加班，甲方给乙方一定的报酬。如果乙方借故不加班，将按有关规定予以解聘。

第五条　劳动报酬　乙方在试用期间，月薪为1 000元。试用期满后，月薪为2 800元，还可以根据乙方的表现适当给予奖励。加班工资另外结算。

第六条　劳动保护　甲方为乙方提供必要的劳动保护。

第七条　乙方患病、伤残、生育等以及养老保险办法　乙方患病、生育期间工资停发，费用自理。出现伤残后果自负。养老保险由甲方在乙方工资中扣除后缴纳。

第八条　政治待遇和劳动纪律要求　（一）乙方在政治上享有参加民主管理企业的权利，参加党、团组织和工会的权利等合理、合法权利。（二）乙方应当严格遵守甲方单位各项规章制度,遵守劳动纪律,服从分配,积极劳动,保证完成规定的各项任务。

第九条 违约责任 (一)乙方擅自解除合同,应赔偿甲方为其支付的职业技术培训费,并偿付给甲方违约金 10 000 元。(二)乙方违反劳动纪律或操作规程,给甲方造成经济损失的,甲方有权按有关规定予以处理。

本合同于 2020 年 3 月 1 日起生效。甲乙双方不得擅自修改、解除合同。

本合同一式二份,甲乙双方各执一份。

甲方:××电子有限公司(公章) 代表人:方××(盖章) 乙方:贾××(盖章)

2020 年 3 月 28 日

3. 下面是一份空白的室内装饰装修工程施工材料购销合同,试比较它在格式上与例文的异同。

室内装饰装修工程施工材料购销合同

供方: 需方:

供需双方本着平等互利、协商一致的原则,经协商签订本合同,以资双方信守执行。

一、产品名称、品牌、厂家、型号、等级、数量、金额及供货时间、地点。

序号	材料名称	品牌	生产厂家	产地	规格型号	质量等级	单价	单位	数量	总金额	供应时间	送达地点	备注

二、交货地点、方式

三、运输方式及费用负担

四、包装标准、包装物的供应与回收

五、验收标准、方法及提出异议期限

六、结算方式及期限

七、违约责任

八、解决合同争议的方式

九、其他约定事项

供方(公章) 需方(公章)

代表: 代表:

年 月 日

3.7　经济诉讼文书

经济诉讼文书是指公民之间、法人之间、其他组织之间以及他们相互之间因财产关系提起民事诉讼，请求人民法院查明事实，分清是非，确认民事权利义务关系，制裁民事违法行为，保护当事人的合法权益所使用的具有特定格式要求的专用文书的总称。本节学习的四个文种，它们在经济诉讼活动中经常使用且密切相关。

3.7.1　例文点评

1. 起诉状

起诉状是指公民、法人、机关和其他组织作为法律关系主体，依照法律规定，根据自己的职权或权利，为保护自己或他人的合法权益，或社会的公共利益，请求法院依法判决而制作和使用的文书。本节"起诉状"的内容，主要是在公民、法人、机关或其他团体组织之间发生财产、权益纠纷时，在经济纠纷中有直接利害关系的一方，用书面形式，向人民法院提出自己的诉讼请求和理由，并拿出请求的根据，请求法院依法判决，从而引起诉讼程序发生的诉讼文书。

××烟酒公司与××酒店经协商，正式签订了酒类购买合同。××烟酒公司按照合同规定将酒品交给了××酒店，××酒店随后开具了15万元的转账支票。但当××烟酒公司携带该支票去银行转账时，被银行告知××酒店账面仅存12万元，不足清偿货款，并且由于转账支票透支，支票被银行收回。后××烟酒公司多次催要货款，××酒店却均拖延搪塞迟迟不交。多次交涉未果后，××烟酒公司写一诉状请求法院保护自己的合法权益。

例　文　（一）	点　　评
经济纠纷起诉状 原告：××烟酒公司。 地址：××市××西路××号。 法人代表：×××，男，××岁，公司经理。 委托人：秦××，销售处处长。 被告人：××酒店。 地址：××市××区××路××号。 法人代表：王××，男，××岁，酒店经理。 请求事项： 一、被告偿还原告货款15万元。 二、被告偿还原告3个月的货款利息损失。	标题 首部　分别写清原告、被告及其代理人（委托人）的情况。 主部　包括请求事项、案由，事实与理由。

三、诉讼费用由被告承担。

四、根据《中华人民共和国民法通则》第 106 条第一款和第 134 条第一款第七项的规定,被告应当承担民事责任,原告有权要求被告偿付货款并赔偿由于被告拖欠货款而给原告带来的一切经济损失。

事实和理由

(事实部分)(略　编者)

(理由部分)(略　编者)

(证据部分)(略　编者)

此致

××人民法院

　　　　　原告:××烟酒公司(盖章)

　　　　　法人代表:×××(签字,章)

　　　　　××××年××月××日

附:1. 本状副本六份

　　2. 书证五份

　　3. 物证四份

限于篇幅,此处省略了事实、证据和理由。在实际诉讼中,它是上诉状的主体,绝不可省略。具体的写法及要求见文种指要。

尾部　"此致"前空两格,"××人民法院"顶格以示尊敬。

落款　包括署名和日期,原告人写全称。

附件　"附"字顶格写起,写本诉状副本的份数、证据的名称与数量。

2. 上诉状

上诉状是指由于当事人(原告或被告)不服地方人民法院第一审的判决、裁定,依照法律程序、期限,向上一级人民法院提起上诉,请求撤销、变更原判决、裁定,或要求重新审理此案而提交的诉讼文书。

××市××厂与××建筑开发公司因履行合同问题引起经济纠纷。××厂对建筑开发公司提起诉讼。经审理,××市××人民法院判决××建筑开发公司败诉。为捍卫自身的经济利益,该建筑开发公司运用法律赋予的权利,在法律程序规定期限内,特拟定经济纠纷上诉状一份,进行上诉。

例　文（二）　　　　　　　　　　　　　　　　　**点　评**

经济纠纷上诉状

标题

上诉人(原审被告):××建筑开发公司。

地址:××市××路××号。

首部　写清楚上诉人、被上诉人及其代理人(委托人)的基本情况。

法人代表：张××，男，公司总经理。

委托代理人：赵××，男，××律师事务所律师；刘××，男，××律师事务所律师。

被上诉人（原审原告）：××市××厂。

法人代表：张××，男，厂长。

委托代理人：王××，男，××律师事务所律师；贺××，男，××律师事务所律师。

本上诉人因合同纠纷一案，不服××市××人民法院2021年××月××日〔2021〕经字第×号判决，现提出上诉。

上诉的请求和理由如下：

(1) 上诉事由。（略　编者）

(2) 上诉请求。（略　编者）

(3) 上诉理由。（略　编者）

此致

××人民法院

上诉人：××建筑开发公司（盖章）

法定代表人：×××（签章）

2021年××月××日

附：1. 本状副本五份

2. 书证四份

3. 物证四份

主部　是上诉状最主要最基本的内容。（限于篇幅，此处省略了案由、上诉请求和上诉理由的具体内容。在实际诉讼中，它属于上诉状的主体，绝不可省略。具体写法及要求见文种指要。）

尾部　"此致"前空两格。××法院（原判的上一级法院）顶格写，或写"由××法院（原判法院）转送××法院（原判的上一级法院）"。

落款　包括署名和日期，上诉人写全称。

附件　标明上诉状有关的文件及其份数。

3. 申诉状

经济纠纷申诉状就是经济诉讼当事人，认为已发生法律效力的判决、裁定确有错误，向人民检察院或上一级人民法院提出申请再审的书状。

刘××因房屋产权问题与继子黄××发生经济纠纷，引起法律诉讼，一、二审法院均判决刘××败诉。刘××不服一、二审的判决，为维护自身利益，特拟申诉状一份进行申诉。

例　文　（三）　　　　　　　　　**点　评**

房屋产权案申诉状

标题

申诉人：刘××，女，61岁，身份证号码：（略　编者），××省××县人，个体商户，现住××街××号。

首部　写明申诉人和被申诉人或代理人的基本情况。

被申诉人:黄××,男,42岁,身份证号码:(略 编者),××省××县人,××公司职工,现住××街 ××号。(申诉人为被申诉人的继母)

因不服××地区中级人民法院〔2020〕民上字第 44号民事判决,现提出申诉,理由如下:

一、我和黄××(被申诉人黄××之父)婚姻关系 存续期间所买的房子,购房款是我独自借款。借款也 是在故夫死后,我独自偿还的,有债权人任××、夏 ××等人证明。

二、买房时,我的故夫,即被申诉人的父亲黄×× 公开表态,不与我共买此房,并请沈××代写了不愿 共买房子的声明。声明内容,有代写人沈××的书面 证明。

三、一、二审法院只是泛泛地认定事实、援引法律 条文。对于我所提的证人证言不重视,不分析,不核 对,也不驳斥,只是根据片面的事实就作出了判决。

四、夫妻关系存续期间所得的财产,应理解为双 方或一方的劳动所得。如属这样的性质,其产权应为 夫妻共同所有。我确实是在婚姻关系存续期间购买的 房子,但买房用款不是劳动所得,而是由我一人借债支 付,借款也是在我故夫死后,由我一人偿还的。一、二 审引用《婚姻法》,只讲"夫妻在婚姻关系存续期间所得 的财产,归夫妻共同所有",不提第五条"双方另有约定 的除外"。另外根据新民法典第1063条第五条规定 "其他应当归一方的财产"应为夫妻一方财产。

上述四点理由,敬请省高级人民法院按审判监督 程序,调卷审理,依法判回我房产所有权,以维护法制, 保护公民合法权益。

此致
××省高级人民法院

申诉人:张××(签章)
2021年××月××日

附:1. 旁证材料八份

2. 房契影印件一份

3. 一、二审判决副本各一份

主部 是申诉状的主体,实事求是,简明扼要,理由充分。指出一、二审在适用法律条文上断章取义的错误,申诉有力。

尾部 空两格写"此致",申诉法院顶格写起。

落款 包括署名和日期,申诉人写全称。

附件 标明申诉状有关的文件及其份数。

4. 答辩状

答辩状是被告人、被上诉人或被申诉人收到法院有关文件（一般是法院的通知和原告的起诉状、上诉人的上诉状或申诉人的申诉状副本）后，针对原告的起诉状、上诉人的上诉状或申诉人的申诉状里所提的事实与理由，进行书面答复与辩解的诉讼文书。

××县轻工业局纸箱生产厂因不服××区人民法院的判决，提起上诉。原审被告××市××有限公司在接到法院的通知后，拟答辩状一份交法院进行答辩。

例 文（四）	点 评
答 辩 状	标题
答辩人：（原审被告）××市××有限公司。 地址：××路××号。 法人代表：李××，总经理。 联系方式：（略 编者）。	**首部** 写明答辩人的基本情况，用括号标明答辩人在原审时所处的诉讼地位。
案由：××县轻工业局纸箱设备厂（文中称"纸箱设备厂"）诉××市有限公司合同纠纷一案，原告不服××区人民法院〔2021〕判决，提起上诉。作为答辩人，我公司作出答辩如下。	**主部** 答辩案由，言简意赅。用"作出答辩如下"过渡，是答辩状的习惯写法。
答辩理由：我公司认为××区人民法院对本案的判决是正确的。判决根据事实和法律，就原告和被告双方争议的主要问题所作的处理决定也是有理有据的，具体分析如下。	答辩理由，这是答辩状的核心，胜、败诉的关键所在。针对上诉人在上诉状中提出的两个争议问题，从事实（引文事实部分从略）和法律条款上作出理由充分的答辩，证明原判决正确。逻辑严密，简洁有力。
一、此案的案由并不是"生产加工合同纠纷案"，只是"交易合同纠纷案"。依据《民法典》第七百七十条、第二百五十二条之规定：加工合同就是指承揽人以自身的专业技能、机器设备和劳动力，依照定作人的要求，将定作人出示的原料生产加工为制成品，定作人接纳该制成品并付款酬劳的合同书。纸箱设备厂出示的合同书，表面上写的是《加工定作合同》，但定作人王某未出示原料，也未出示生产加工制成品的工程图纸、验收标准等材料。原告纸箱设备厂出示的"定作制成品"事实上是"纸箱设备厂"自身生产制造的商品。依据《民法典》第五百九十五条之规定，纸箱设备厂与王某签署的是《买卖合同》，其间产生的纠纷案件应列入"交	

易合同纠纷案"。答辩人并不是此案适合的被告,只应作为第三人参加起诉。

二、纵览此案,纸箱设备厂向人民法院出示的合同书及借条,上面没有我公司的公章,也没有我公司的法人代表签字,因此我公司并不是此案适合的被告,但纸箱设备厂与王某交易的机器设备最后是我公司应用,故我公司应作为第三人参加此案的起诉。

三、纸箱设备厂出示的商品存在虚假宣传的问题,不是合格产品,不符合我国该领域的规范。首先,纸箱设备厂只不过是县级个体设备加工厂,但在企业简介中,策划宣传的是××省××县轻工业局纸箱设备生产制造有限责任公司企业,自称是"重质量、讲信誉"的设备加工公司,却连一个详细的公司产品执行标准也没有。其次,纸箱设备厂出示的 YSF-D 四色瓦楞纸箱水溶性包装印刷轮换膜切槽机、圆压圆模切机、薄刀分纸机、网纹线等商品,均达不到国家产品质量标准规定,商品既没有产品合格证,也没有使用手册,更没有设备的安装调节服务。

总之,我公司申明:原判决基本正确,我公司保留向纸箱设备厂追索因产品品质问题而对我公司造成的一切财产损失的权利。

> 答辩意见,用"原判决基本正确"表明己方观点,为下面的反诉打下伏笔。

综上所述,我公司尽管应用的是纸箱设备厂的商品,但是是与王某签署的《买卖协议》,与纸箱设备厂不相干,我公司支付货款也是交给王某的,更何况账款已基本上结清。王某所写的借条应由其本人担负,纸箱设备厂应担负其生产制造的商品售后维修服务的义务。恳求人民法院查清客观事实,驳回纸箱设备厂对我公司的申述请求!

> 综合归纳,用简明的语言,提出己方解决纠纷的主张(实际上是反诉要求)。

此致
××人民法院

> 尾部 空两格写"此致",××法院顶格写起。

答辩人:××有限公司(章)
法人代表:李××(章)
2021 年××月××日

> 落款 包括署名和日期,答辩人写全称。

3.7.2 文种指要

1. 起诉状

1）起诉状的适用范围

公民、法人、机关和其他组织作为法律关系主体，请求法院依法判决时，均应制作、使用起诉状。

2）起诉状的格式写法

依照法律规定，经济纠纷起诉状应具备以下几个方面的内容。

（1）标题。直接写"起诉状"或"经济纠纷起诉状"，在第一行居中。

（2）首部。诉讼当事人的情况说明，要将当事人的基本情况一一介绍清楚。当事人包括原告人（提出诉讼请求者）和被告人（诉讼对象）。要写清当事人的姓名、性别、年龄、身份证号码、民族、职业、工作单位和住所等，法人或者其他组织的名称、住所和法定代表人或者主要负责人的姓名、职务。原告有诉讼代理人（委托人）的，要在原告情况的下一行写清诉讼代理人（委托人）的姓名、性别、年龄、工作单位、职业、住址和代理权限（如系律师，还应写明属哪个律师事务所）。若被告为几个单位或个人，也应分别一一写明上述内容。顺序是先写原告内容，后写被告情况。如果有第三人，则最后写第三人的情况。

（3）主部。主部由两部分组成。

① 请求的事项。简明扼要地提出请求法院依法解决原告一方要求的有关民事权益争议的具体问题。例如确认财产所有权，要求对方付给货款、偿付违约金、赔偿金等。

② 事实和理由。事实部分中，首先要写明经济纠纷发生、发展的具体内容，包括时间、地点、原因、情节和事实经过。其中，要着重写清楚被告人行为的性质、所造成的后果、被告人所应承担的责任，双方争执的焦点和实质性分歧。其次，提供充分的证明事实真相的人证、书证、物证以及其他足以证明原告起诉有理的证据材料。证据要写明证据来源，证人姓名和住所。理由部分，就是事实和证据，援引准确、恰当的政策、法律条文，写明被告人行为的性质、所造成的后果以及应承担的责任。

（4）尾部。写起诉状呈送的人民法院名称、原告人签名盖章、提交诉状的日期和附件。附件部分依次写本诉状副本的份数、证据的名称与件数、证人的姓名与住址。

在主部下一行空两格或前三分之一处写"此致"，再提行顶格写"××人民法院"，右下方写原告单位全称或个人姓名，以及提交诉状的年月日，若原告是单位则要加盖公章和法人代表印章。在日期下一行顶格写"附："然后分行写"1. 本状副本×份，2. 书证×份，3. 物证×份"（如果无后两项，可不写此二项）。

3）起诉状写作的注意事项

（1）列举事实真实确凿。要尊重客观事实，如实反映经济纠纷的本来面目。不歪曲捏造，不夸大渲染。如果原告在纠纷中应承担一定责任也不要隐瞒事实，以免被告应诉后反而陷于被动局面，不利于矛盾的解决。

（2）起诉请求明确具体。起诉请求必须明确、全面、具体。切忌感情用事、使用模糊语言，例如"赔偿若干万元""只要能偿付违约金，什么都好说"之类的。如果有几项请求，应标明次序，逐项写明，不要笼统含糊。如果要求经济损失赔偿，应写明要求赔偿的币种及数额。

（3）理由充足，证据有力。案情必须陈述得客观、准确、清楚，关键的人和事、因与果、时间与地点、要害的语言与重要的细节，必须一一陈述清楚。问题的实质与争议，也必须一一指明，理由与事实之间必须有内在的、必然的联系。本着"谁主张，谁举证"的原则，要出具确凿实在的证人、证言、证据；援引法律法规、政策条文要具体、准确，引用原文必须一字不差。

（4）语言简明，思路清晰。语言要简明，没有多余的话，经得起推敲。说理要中肯，语气要平和，请求要合情合理合法，切忌强词夺理、使用恐吓谩骂的语言。思路必须清晰，如所叙述的事实，不是陈年流水账，只有大体的发展脉络；不是记下每一个细节，只是突出关系重大的典型细节。再如在提起诉讼时，如果交易发生的当事人已经歇业、关闭或并转，起诉人就不能以交易发生的当事人为被告，而应以负责清理该当事人债权债务的单位作为被告。

2. 上诉状

1）上诉状的适用范围

（1）不服地方人民法院第一审判决、裁定，请求上一级人民法院撤销、变更原判决、裁定。

（2）不服地方人民法院第一审判决、裁定，请求上一级人民法院重新审理此案。

2）上诉状的格式写法

上诉状的写作格式大体与起诉状相同。

（1）标题。由案件性质与书状名称组合，如"经济纠纷上诉状"，首行居中。

（2）首部。写明上诉人与答辩人的基本情况。其书写顺序与起诉状的要求相同，即上诉人及代理人、答辩人、第三人。需要强调的是，要把当事人在一审中所处的诉讼地位，在当事人后用括号予以注明。如"上诉人：张××（原审被告人）"。

（3）主部。是上诉状最主要的内容，包括案由、上诉请求和上诉理由三项。

① 案由。即不服第一审判决或裁定的事由，包括第一审人民法院的全称、文书名称与编号，如："上诉人××因××一案，不服××人民法院××××年××月××日×法经初字第×号经济判决，现提出上诉。"

② 上诉请求。明确提出请求第二审人民法院撤销、变更原审的判决或裁定，或请求重新审理该案的主张。

③ 上诉理由。对上诉请求进行论证，这是上诉状的最重要的部分。上诉请求能否成立，取决于有无理由、理由是否充足这两方面。上诉要有强烈的针对性，一般是针对下列情况提出：a. 原审裁判认定的事实不清，证据不确凿；b. 原审裁判适用的法律不当，理由不充分；c. 原审裁判的诉讼程序不合法等。针对原审裁判的某一部分或全部，就事实、证据、适用法律、适用程序等方面提出反驳的理由。上诉人认为原审裁判的哪一部分有问题，就提出对哪一部分请求纠正的理由。全部有错，请求全部纠正；部分有错，请求部分纠正；属事实不清的要求重审；属适用法律不当的请求改判。一般用如下一段文字申明请求，收束全文："为此，特向你院上诉，请求依法撤销原判决（或裁定），予以改判（或重新审理）。"

（4）尾部。写上诉人呈请的人民法院名称、上诉人签名并盖章、具状日期和附件。格式要求与诉讼状相同。

3）上诉状写作的注意事项

（1）有的放矢，针对性强。上诉请求是针对原审法院裁判的不当之处，而不是针对答辩人提的。要针对原审裁判的错误、不当提出不服的理由，抓住关键性的问题，有的放矢地辩驳。而不能节外生枝或纠缠枝节问题，也不能不厌其烦地把整个诉讼始末详尽道来而影响二审法院的正确审理，更不能对原审法院冷嘲热讽。

（2）注重依据，以理服人。就是要摆出上诉所依据的客观事实和证据，摆出适用恰当的法规条款，据理论证，分清是非，指出原审裁判的错误，从而达到上诉改判或重审的目的。

（3）层次分明，条理清晰。在"上诉理由"部分中，通常先说出原审裁判中自己不服的内容，表明自己不赞同的态度；再摆出事实，列举证据，拿出依据；最后归纳总结得出结论，并"请求你院根据事实和法律，作出公正的终审判决。"

（4）引述简洁，辩驳有力。对原审裁判内容的错误、失当之处，可以引述原文，也可以概述原判的大意，但都必须引述准确无误，简洁明确。然后据理辩驳，说理要中肯，要切中要害。

（5）表述严密，语言准确。提出自己的上诉请求要明确、简练。因上诉状批驳的是原审人民法院的裁判，切不可使用讥讽的词语。

4）上诉状与起诉状的区别

（1）起诉状要写清整个事实；上诉状只写证明原审判定错误的事实，无须罗列全部事实。

（2）起诉状是针对被告的，多采用叙述说明手法；上诉状则是针对原审裁判的，要据理反驳，讲求事理剖析，多采用夹叙夹议的手法。

（3）起诉状是原告在一审之前用；而上诉状则在一审之后的法律规定的上诉期限内使用，且原告被告乃至第三者都可使用上诉状。

3. 申诉状

1）申诉状的适用范围

当事人认为已发生法律效力的判决、裁定确有错误，请求上一级人民法院或人民检察院复查纠正或者重新处理时使用申诉状。

2）申诉状写作的格式

（1）标题。首行直接写"申诉状"；或者是案由加书状名称，如"房屋产权案申诉状"。

（2）首部。写明申诉人和被申诉人及法定代理人的基本情况，其格式写法与起诉状相同。

（3）主部。是申诉状的主体部分，包括案由、申诉请求、申诉理由三部分。

① 案由。即申诉人不服原审人民法院的判决或裁定的事由，写法与上诉状相同，只是将"上诉"换成"申诉"即可。

② 申诉请求。简明扼要地写出纠正原判决中对自己处理不当之处的请求。如请求撤销或变更原判定，请求依法再审。

③ 申诉理由。写不服裁判的理由。一般从以下三个方面进行阐述：a. 实事求是、全面准确地摆清事实。主要事实的情节要全面完整，次要事实也不宜忽略，以便和原裁判进行

对照,让人看出问题所在。b. 列示证据,证明申诉事实的真实性,反驳原判法院的错误认定。c. 具体阐明本案使用的法律法规。申诉理由写完后,另起一段,用“为此,特向你院申诉,请求依法撤销(或变更)原判决或裁定,予以改判(或重新审理)。”收束全文。

主部所写的申诉请求、事实与理由可用数字标明一二三,使逻辑严密,层次分明。

(4) 尾部。除附项部分增加了已经发生法律效力的判决、裁定文书的复印件外,其他内容、格式与诉讼状相同,只要将“诉讼”换成“申诉”即可。

3) 申诉状写作的注意事项

(1) 明确受理申诉的主管机关。按照诉讼法的规定,对已经发生法律效力的判决、裁定或调解书,认为有错误的,可以向原审人民法院或者上一级人民法院递交申诉状申请再审。按法律规定,申诉不受时间限制,只要发现新的事实和证据,或有新的理由,当事人随时都可提出申诉。

(2) 引用新的证据、理由。由于申诉状是针对已经发生法律效力的判决和裁定而写的,写作时必须以强有力的证据作后盾来展开说理。一般说来,只有举出新的事实、证据或者有新的理由进行申诉,才容易被人民法院受理,从而提起再审。

(3) 语言表述简练。由于有的案件申诉时距离原来法院审理判决已有一段时间,有的甚至是相隔数年,因而申诉时要首先将本案的案情及审理的来龙去脉简要做一交代。交代时务必注意抓住关键、直截了当,不可枝蔓缠绕,使人不得要领。

4) 申诉状与上诉状的区别

(1) 诉讼客体不同。申诉状的客体既包括已经发生法律效力的一审判决、裁定,也包括二审终审判决、裁定,还可包括正在执行或已经执行完毕的判决、裁定;而上诉状只限于尚未发生法律效力的一审判决、裁定。

(2) 诉讼时限不同。申诉不受时间限制,上诉受时间限制。一个案件,在上诉期限过后或终审判决、裁定后的任何时候,当事人都可以申诉;而上诉则只能在法律规定的时限之内进行。

(3) 诉讼受理条件不同。申诉受理是有条件的,只有符合判决、裁定已经生效并且认定判决、裁定确有错误这两个条件,才能受理申诉。而上诉则是无条件的,无论理由正确与否,凡上诉一律都得受理。

(4) 审理程序与处理方法不同。《中华人民共和国民事诉讼法》第一百八十一条规定:“人民法院应当自收到再审申请书之日起三个月内审查,符合本法第一百七十九条规定情形之一的,裁定再审;不符合本法第一百七十九条规定的,裁定驳回申请。”申诉一经立案受理,申诉书便成为诉讼文书,由受理法院存卷保存。对上诉而言,原审是一审的,如果当事人对所作的判决、裁定不服,在上诉期内都可上诉;原审是二审的,所作的判决、裁定属于已发生法律效力的终审判决、裁定,当事人不得上诉。

4. 答辩状

1) 答辩状的适用范围

被告人、被上诉人或被申诉人收到法院有关文件后,进行书面答复与辩解时使用。

2) 答辩状的格式写法

(1) 标题。写“答辩状”或“关于××案的答辩状”。

（2）首部。写答辩人的基本情况，内容、格式要求与诉讼状的"原告人"部分相同，将"原告人"换成"答辩人"即可。不必写被答辩人的基本情况。

（3）主部。写答辩案由、答辩理由与答辩意见，以及反诉请求等。

① 答辩案由。一般写为："因×××与×××（当事人名字）一案，被告（或答辩人、被申诉人）根据原告（或上诉人、申诉人）提出的起诉状（上诉状、申诉状），答辩如下："。

② 答辩理由。根据事实和法律规定，明确、具体地回答对方当事人在诉讼文书中所提出的诉讼请求，阐明自己的看法和主张。首先要叙明案情，辩明原委。对方所列举的事实，如果基本属实，只需明确表态、一语带过即可，然后主要阐明对方在纠纷中应承担什么责任；对方所列举的事实，如果部分属实或完全失实，重点就要放在辨析对方在哪些问题上、怎样歪曲了事实，辨析的过程就是区分责任、为自己辩解的过程。阐述理由时，既要列举证据、证人，又要援引法律条款作为说理的依据，最忌空泛地议论。

③ 答辩意见。在充分阐述答辩理由的基础上，通过综合归纳，用简洁、明确的语句提出自己解决纠纷的意见、主张与要求。一般来说，这项内容应分几个层次来写：根据事实和法律，说明自己全部或某些行为的合理、合法性；指出对方指控的失实程度及其诉讼请求的不合理性；提出自己的主张，请求人民法院依法公正裁判。

④ 反诉要求。在法律上，答辩人与起诉人（或上诉人、申诉人）的地位是平等的，因而答辩人可以同时就此案提出诉讼对方的要求。如果没有这种反诉要求，此项可无。

（4）尾部。写上诉人呈请的人民法院名称、上诉人签名并盖章、具状日期和附件。格式要求与诉讼状相同，只要将"诉讼"换成"答辩"即可。

3）答辩状写作的注意事项

（1）尊重事实，澄清是非。尊重纠纷的客观事实，全面、如实地向法庭反映案情，是答辩人帮助法院分清是非曲直，依法断案的前提和基础。写答辩状的时候，要尽量让事实说话，让事实证明自己的答辩理由是充分的，而不是隐瞒、掩饰甚至歪曲事实，更不能无理诡辩或进行人身攻击。当然自己有错误也应当承认，但这种承认要在必要的时候进行，是在澄清事实、分清是非曲直时进行，不宜作过多分析，更不能把答辩状写成检讨书。

（2）抓住要害，据理力争。答辩状是一种辩驳性文体，主要是通过批驳对方列举的事实与理由，间接地证明自己的意见与主张的正确性。用反驳的方法，使法院接受自己意见与主张。具体进行反驳时，要抓住对方捏造或歪曲事实、引用的法律条文不全面或本案不适用、逻辑推理论证方面的破绽等要害、关键之处。

（3）针锋相对，语言犀利。要针对对方的主张或要求、双方争执的焦点、影响案件处理结果的关键问题进行辨析。语言要表意明确，词锋犀利。有时可用设问、反问、排比等修辞手法，增强语言的气势与力度。但必须以事实为依据，以法律为准绳，不可意气用事，不要用挖苦、讽刺的言辞。

3.7.3　写作训练

1. 阅读下面文字材料，完成后面练习。

2019年2月4日××县劳动服务公司建筑工程队与广州××服装厂签订了搬迁工程的承包合同，工程总价为××万元，建筑工程队按照合同的规定，按期完成了全部工程，并于 2019 年 10 月 14 日经服装厂设备科、办公室等集体验收,符合设计要求,达到质量标准,验收全部合格,服装厂表示满意。但自竣工验收直到投产,服装厂都未按约及时付工程款××万元,工程队多次催讨未果,致建筑工程队资金周转困难,影响了各方面关系。为此,××县劳动服务公司建筑工程队法定代表人——工程队负责人张××于 2020 年 3 月 24 日委托××律师事务所李平律师为其诉讼代理人,提起上诉。根据我国合同法"合同签订后,当事人应信守合同认真履行,否则应负违约责任"的规定,张××将广州××服装厂推上了被告席,要求其迅速付清工程款××万元,并承担延期付款违约金××万元(自 2019 年 10 月 14 日至 2020 年 3 月 24 日以 162 天计算)。

练习:

(1) 为××县劳动服务公司建筑工程队拟一份经济纠纷起诉状。

(2) 假定法院已经立案,请你作为广州××服装厂的答辩人,拟一份答辩状。

2.××市新华书店于 2021 年 7 月 9 日与××门市部签订合同一份,新华书店售给门市部 53 种图书计 1.5 万册,扣除折扣等,门市部应付给新华书店书款 78 345 元,合同规定六个月后结账付款,但拖至 2023 年 6 月,××门市部仍不付款,新华书店几经交涉未有结果,不得已准备起诉,请代新华书店写一份诉状。

3.8 商业广告

商业广告是一种以消费者为对象,以商品、劳务或服务信息为内容,以各种媒体为载体,以促进销售为目的的商业宣传手段。由于载体不同,导致商业广告的形式各异,如报刊广告、电视广告、灯光广告、牌匾广告、模型广告、车船广告等。本节所学的商业广告,专指生产者、经营者或可以从事劳务、服务的单位,为了推销商品、劳务或服务项目,进而树立自身形象,通过电视、报刊、印刷品等媒体用文字形式向社会公众传播信息的文书。

3.8.1 例文点评

为宣传自己公司的投放优势、品牌优势、丰富的媒体资源和服务经验,艾迪亚传媒发布了一则电脑网页广告。

例 文(一)	点 评
投放航空杂志广告就找艾迪亚传媒	**标题** 由广告商及广告产品组成。
航空杂志广告投放优势:随着时代的发展,乘坐飞机的旅客越来越多,因此飞机内投放广告是宣传品牌的上佳选择。广告主可以通过航空杂志广告,把握当今市场上极难找到的高端受众。据调查,65%的乘客	**正文** 引言,通过对比突出产品优势。

在飞行途中会拿起杂志阅读。在航空杂志上刊登广告的品牌，其品牌回响率比地面广告品牌要高出50%。

品牌优势：21世纪初期，艾迪亚传媒科技集团注册5 000万元资金创建了"艾迪亚"品牌。公司以传媒广告为起点，经过多年的稳步发展，战略性精选全国户外广告投放、互联网广告投放、广播和平面媒体资源，致力于为企业客户提供媒体资源及传播策略解决方案。

艾迪亚传媒深耕户外媒体领域，拥有丰富的媒体资源和服务经验，成为各大城市航空、公交、地铁、高铁及广播的广告运营商。除多城市的楼宇框架、影院媒体资源，还可投放社区媒体、公路媒体、乡镇墙体和国内外商圈LED广告、航空杂志广告等多种媒体。

公司网址：https://www.imtcmkj.com/outdoor_view_85.XXXL

地区城市：全国

广告投放热线	400-92698××
"艾迪亚"航空杂志	《中国之翼》
	《南方航空》
	《空中之家》
	《重庆航空——云中往来》
	《航空画报》
	《航空旅游报》
	《假日旅游》
	《东方航空》
	《云端》
	《中国之韵》
	《澳门之翼》
	《国际航空报》

投放周期：周/月/年

刊例价格：报价详询艾迪亚传媒公司

在线客服：（点击网页对话框）

（原文使用美术体标题，配有插图，引文从略。）

主段，采取推介体形式，分项简介产品的历史、规模、特点，业务领域等诸多方面，突出公司的实力。

随文　准确写明热线电话、联系电话，列举公司已有航空杂志产品，进一步印证公司的实力，同时对消费者起购买指南的作用。

上海追日电器有限公司开发研制出一种新型的智能软启动装置。为宣传产品,该公司在专业期刊上发了一则广告。

例 文 (二)

点 评

突破 20 000kW 功率级别
GZYQ 超大功率高压交流电动机
液态智能软启动装置通过技术成果鉴定

上海市科学技术委员会与上海追日电器有限公司合作开发研制的 GZYQ-20000 型高压交流电动机液态智能软启动装置通过技术成果鉴定。经中国工程院、浙江大学、中国石油天然气股份有限公司等单位的资源专家所组成的鉴定委员会的严格审查,认定:

◆ 该产品采用液态可变电阻作为软启动控制手段,采用起始阻值自适应技术,通过实时检测起动电流实现闭环优化控制,其智能化控制方案能适应众多行业不同负载参数的起动要求,且起动过程不产生谐波污染,不产生二次冲击。

◆ 该项目产品经电力工业电气设备质量检验测试中心的实验与测试,性能指标达到国家相关标准要求。

◆ 该项目产品在首钢集团首秦金属材料公司、柳州钢铁集团公司等单位投入运行后,性能稳定可靠,受到用户一致好评。

◆ 该产品项目已获得多项专利,具有自主知识产权,在液态软启动产品领域达到国际先进水平。

部分 10 000kW 超大功率高压交流电动机液态软启动用户

......(略)

上海追日电器有限公司
地址:上海市普陀区怒江路 36 号(200062)
总机:021-626079×× 021-626075××
        021-626039××
营销中心:021-626020×× 或总机转 82×× 82××

(原文使用美术体标题,配有插图,引文从略。)

标题 复合标题,由引题、正题和副题三部分构成。

正文 是证书体和推介体的综合形式。以公告的形式,向公众交代 GZYQ-20000 型高压交流电动机液态智能软启动装置通过资源专家所组成的鉴定委员会的技术成果鉴定。利用权威机关的认定,证实产品的先进性与可靠性。然后从专家认定的角度在四个方面介绍产品的优越之处。

用众多著名企业用户证明产品的可靠。

随文 标明联系地址、电话等内容。

3.8.2　文种指要

1. 商业广告的适用范围

有商品、劳务或服务信息需要向社会公布，以达到引起公众注意、吸引其消费的目的时使用商业广告。

2. 商业广告的格式写法

电视、报刊、印刷品上的文字广告，其结构一般包括标题、正文、随文和广告标语四个部分。

1）标题

常用的文字广告标题主要有三种类型。

（1）直接标题。此类标题开门见山、直截了当，把广告中最重要的事实直接告诉公众，通常包含商品名称或厂家名称。如"明粤花园，广州真正的花园""请认准'新讯牌'电力线载波电话机""向您提供 3.4R 型雷蒙磨粉机高压悬辊磨"。这种标题优点是简洁明了，忌句式冗长、修饰成分过多。

（2）间接标题。这类标题不直接反映事实和情况本身，而是用耐人寻味的语言吸引读者，采取含蓄、迂回的手法，让公众产生想急于知道正文的好奇心，饶有兴趣地去读广告正文，返悟出该题的真正含义。如"我的朋友乔·霍姆斯，他现在是一匹黑马了"（衬衫广告）；"今年二十，明年十八"（美白香皂广告）；"任凭强力重压"（车胎广告）。这些标题都是语出惊人，趣味性较强，妙处不言自明。但切忌故弄玄虚、令人费解。

（3）复合标题。它由直接标题与间接标题综合而成，往往采取引题、正题与副题相组合的形式。引题说明信息意义或交代背景，正题点明广告的主要事实，副题则补充说明正题内容。如例文（二）。再如"三十秒止痛，奇迹！——××牌电离子口腔治疗牙刷帮助您解除牙痛的烦恼"，这个标题的前一句为正题，属间接标题；后一句为副题，属直接标题。

标题是广告的"眼睛"，必须精心提炼，使其富有吸引力。其常见的拟定方式有以下几种。

① 直接记事式。直接将广告要点提炼成标题，如"××商业大厦国庆节期间正式开业""特供进口泰柚原材贴面板"。这类标题常用于产品、服务项目的介绍。

② 新闻消息式。广告标题采用新闻标题的写法，文学色彩较浓。如武汉市国营焰火器材厂在国庆前刊登的广告，标题为"龟蛇两山升彩霞，江城夜空闪簇花——武汉市国营焰火器材厂为国庆增添光彩"。这类标题常用于新产品，新服务或劳务介绍等。

③ 赞誉宣扬式。标题突出宣传产品优点，鼓励人们消费。如唐山市自行车总厂作的广告，标题为"国内首创 200kg 锰钢载重自行车，国家 A 级产品，龙凤 2A10 型"。名牌产品的广告一般采用这种方式拟定标题。

④ 号召鼓动式。这种方式主要强调时机难逢，催促人们赶快购买。如"××商品一次性削价，欲购从速"。这种方式一般用于时效性较强的广告。

⑤ 设问思考式。即标题中提出问题，启发消费者思考。如××旅游公司作的广告，标题为"温饱问题已经解决了，我们还应追求些什么？"。这类标题目的是促使人们下决心购买，多用于理性诉求的广告。

⑥ 对比烘托式。在标题中对比不同产品或服务，以衬托出自己商品的优点。如香港

太古地产公司作的广告,标题为"看楼看尽全港九,太古城更胜一筹"。这类标题目主要用于同类产品或服务较多的情况,要注意的是不要为了宣传自己而贬低他人。

⑦ 比喻寓意式。通过比喻的方法拟写标题。如银行作的广告,标题为"小莫过于水滴,细莫过于沙粒",以水滴和沙粒比喻少量的钱,启示人们积少成多的道理。这类标题目,适用范围较广,但应根据具体内容而定,不可牵强附会,乱用比喻。

⑧ 设置悬念式。在标题中设置悬念,让人产生好奇,从而对广告产生浓厚的兴趣。如某航空公司作的广告,标题为"从××月××日起,大西洋将缩短 20%"。人们不禁要问大西洋怎么会缩短呢? 原来是该公司的航班加快了飞行速度,缩短了 20% 的飞行时间。

2) 正文

正文是广告文稿的核心部分,通常由以下三部分组成。

(1) 引言。位于正文开头,起解题的作用,可独自成段。

(2) 主体。说明宣传对象的优点和特征,提出推荐购买的理由。这部分内容要突出宣传对象的特性,应有较强的说服力,能激发大众产生消费动机。

(3) 结尾。这部分通常是号召人们去购买广告产品或接受服务。

广告正文的写法也有各种体式,如布告体、推介体、描写体、问答体、论述体、证书体和相声体等。

① 布告体。这种体式结构严谨,语言准确,条理清晰。招商、招聘广告多用此体。

② 推介体。是以陈述的口气,平实的语言,对商品的名称、特点、规格、用途、效果、价目等加以说明,向公众推荐、介绍。推介体多用于宣传新产品。

③ 描写体。用描写的手法表现出产品的形象或介绍某个服务项目及其特点,创作者用极富文采的语言描绘出一个鲜明的形象,给人留下深刻的印象。描写体多用于旅游项目、餐饮服务等。

④ 问答体。即广告内容通过问答方式表达出来。这种体式一般以广播和印刷品为媒体,针对性强,逐点答疑,有说服力,多用于技术性、知识性较强广告内容的表达。

⑤ 论述体。这种体式以充分的论据,雄辩的事实来说服消费者选购广告商品或选择其服务。

⑥ 证书体。把产品获奖的荣誉称号或权威机关、权威人士对商品的鉴定、赞扬、使用和见证等引证在广告正文里。这种广告,利用人们对名牌质量的追求、对权威的崇敬与深信不疑,赢得消费者的认可与信赖。与论述体一样,它多用于名牌产品、高级精密仪器和药品等。论述体与证书体很相似,区别在于前者侧重于大量而普通的事实、数据,而后者则更重视权威机关(包括政府有关部门)、人士的鉴定与评价。

⑦ 相声体。即采用相声的形式做广告。这一体式,生动活泼,趣味性较强,有很好的广告宣传效果。它多用于有关大众日常生活内容的题材,采用电视、广播形式。

3) 随文

随文就是落款,是广告正文内容的补充说明。它对消费者起购买指南作用,是一篇完整广告词不可或缺的重要组成部分。其内容包括品牌商标、厂(商)名称与地址、电话、销售时间与地点、购买方式与手续、银行账号、联系人、经销部门等。在广告中,这些内容可以根据实际需要进行增删,增删的标准是消费者能够据此找到相关地点、买到相关商品。

广告的随文绝不可忽略。如果漏写或错写了随文，没有标明或标错了联系地址、电话号码，无论标题如何有吸引力，正文如何有说服力，这则广告都是失败的。

4）广告标语

广告标语是作为鼓动性口号，在一段时期反复使用的某一特定商品的商业宣传用语。它的作用在于强化人们对企业经营特点或商品优良性能的记忆，以达到广为传播的目的。它可以是广告的标题，也可以在正文的任何恰当的位置出现。同一产品广告的内容可变，但它的广告标语在相当长一段时间里不变。

广告标语的内容，有的是强调商品或劳务的优点，如丰田车的广告标语是"车到山前必有路，有路必有丰田车"；有的是动员消费者认定和选购广告商品，如猿州水泥厂的广告标语是"猿州水泥浇铸理想天地"；还有的是激发人们对商品或者企业的情感，如英雄金笔的广告标语是"英雄、英雄，笔中英雄"；也有的宣传厂商的服务宗旨，如国外一家公司（奥尔巴进）的广告标语是"百万的企业，毫厘的利润"。

广告标语的写作，要表现广告主题，反映商品个性，具有鼓动性强、简短易记、生动有趣，富有情感的特点。

在实际应用中，不一定每则广告都由以上四部分组成，不同的广告，其构成也不一样。如，霓虹灯广告多是标题与正文合一；以图为主时，路牌广告的文字部分相当精练，有时甚至标题、正文与标语口号合一；电视或广播广告一般没有标题；报纸、杂志、印刷品广告则各种构成部分比较齐全，但许多广告没有标语口号。要根据商品特点、宣传对象、广告载体、广告资金等实际情况来决定。

3. 广告写作的注意事项

1）内容的真实性

真实性是广告的生命。广告要实事求是，不可弄虚作假，虚假广告害人也害己。语言要讲究分寸，"驰名中外""誉满全球""最好最佳"之类的浮夸赞誉之词不可滥用，最好是不用。

2）形式的新颖性

在各种广告如潮水般涌向消费者的今天，形式不新颖的广告极易淹没在广告潮之中，难以引起注意。只有新颖才能吸引人，才能得到注意，才能达到做广告的目的。

3）文案的简洁性

语言要高度凝练简洁，突出重点信息。这一方面是由于读者没有时间、没有耐心、没有兴趣去看长篇大论的广告；另一方面是力求做到小版面多内涵，提高经济效益。

4）言语的诱导性

广告的目的是推销自己的商品、劳务或服务项目，树立自身形象。这就决定了广告的言语必须具有诱导性，以唤起消费者的消费热情与欲望。

3.8.3 写作训练

1. 请根据下列资料，为××市东风超市拟写一份商品广告。

××市东风超市最近购进一批××市××食品总厂生产的乐享牌方便面，有番茄面、麻辣面、虾仁面、肉松面等几个品种，具有营养丰富、味美价廉、快速方便、老幼皆宜等特点。

使用时,只需沸水冲泡 5 分钟即可食用,煮沸 2～3 分钟,味道更佳。××食品厂建厂 30 余年,产品驰名中外,供不应求。东风商场位于××市西区××街 63 号,电话号码是 36830372。

2. 请根据下面给定的材料,按照有关要求写一则销售广告。

××机床厂位于××市××路××号,是中国机床行业大型骨干企业之一,是机电产品的出口授权企业,现有职工 6 200 余人,其中工程技术人员 900 多人,有组合机床及自动线、数控车床、铲齿车床、多刀车床和普通车床等产品,其中组合机床及自动线在国内市场的占有率为 60%,自建厂以来已向国外 60 多个国家和地区销售了 21 种 7 000 多台机床,向国内用户提供了 6 万多台机床,产品质量在国内外享有很高的信誉。该厂的销售电话是 021-36712740。

3. 收集你认为好的广告标语五则,并分析其格式写法与特点。

3.9 责 任 书

责任书是在做某一件事情之前,责任者向上级或者责任下达者表示接受相关责任并做出书面承诺,表示如果没有做好分内应做的事时自己所要承担不利后果的文书。有安全责任书、保密责任书、赔偿责任书等。

3.9.1 例文点评

某公司为避免公司职工泄露公司的商务机密,导致公司受到不必要的影响和损失,特与职工签订保密责任书如下。

例 文	点 评
××公司保密责任书 甲方:××公司 乙方:×× 为了防止公司员工在职期间泄露或离职后非法使用、泄露甲方商业秘密,给甲方造成不必要的影响与损失,现根据国家有关法律及甲方有关保密制度的规定,制订本责任书。 一、本责任书中的"商业秘密"是指不为公众所知悉,能为甲方带来经济效益,具有实用性并经甲方采取保密措施的技术信息、经营信息。具体包括甲方非专	**标题** 由单位名称和文种构成。 **前言** 交代责任双方的名称,以及签订责任的原因、依据以及保密的内容。 **正文** 交代乙方即责任人所应遵守的保密责任,以及追究方法。

利技术成果、产品的配方、生产工艺、设计图纸、模具、实验数据、研究报告、计算机程序、经营策略、供货与销售渠道、客户名单、财务账簿、价目表、广告策划、市场情报、文件资料、保密性教材等。

二、甲方允许乙方在职期间或离职后使用非甲方商业秘密性的知识及经验，乙方必须保证不得损害甲方的形象和利益。

三、乙方必须严格遵守有关法律法规及甲方保密制度。

四、乙方离职、离岗后，在甲方商业秘密未为公众所知之前，不得擅自使用以获利益，不得披露、允许第三人使用。

五、凡乙方在职期间泄露、离岗后使用（或泄露）甲方商业秘密致使甲方蒙受损失的，甲方将诉诸法律，追究乙方民事、经济、刑事责任。

六、本责任书一式两份，甲乙双方各执一份，自签字之日起生效。

甲方（签字、盖章）　　　　　乙方（签字）

××××年××月××日

尾部　双方签字、盖章及日期。

备注：本责任书涂改或未经合法授权代表签字无效。

备注　补充说明需要强调的事项。本条也可以放在正文中。

3.9.2　文种指要

1. 责任书的适用范围

（1）责任者向上级或者责任下达者做出承诺，保证按照要求完成所要达到的工作目标。

（2）责任者表示接受相关责任，并进行正式承诺。

2. 责任书的格式写法

1）标题

完全性标题由责任目标和文种构成。例如例文的标题。不完全性标题形式是直接写明文种，即"责任书"。

2）引言

交代清楚责任双方的名称以及制订责任书的原因和依据。

3）正文

说明清楚立约的依据。立约人的权利和义务，以及处理违约责任的具体办法。

4）尾部

由各方当事人或当事人代表签名、盖章，并写明签订的日期。

3. 责任书写作的注意事项

（1）在拟写责任书之前,必须对各项有关的法律、法规、政策进行认真研究,并作为其条款的拟写依据。

（2）文辞谨严,表述清楚明白,不可引起歧义。

（3）语言平实,不叙述,更不抒情。

3.9.3 写作训练

参照下面这份责任书,拟写一份学生安全责任书。

网络与信息安全责任书

为保障互联网网络与信息安全,维护国家安全和社会稳定,保护公民、法人和其他组织的合法权益,××网站(域名××××)在从事互联网信息服务过程中,郑重承诺严格履行相关法律义务,承担以下责任。

一、严格遵守《全国人民代表大会常务委员会关于维护互联网安全的决定》《中华人民共和国电信条例》《互联网信息服务管理办法》等法律法规和规章的有关规定,依法从事互联网电子公告服务。对本单位网站的信息服务行为承担法律、行政、民事责任。

二、建立和完善网络安全技术措施,定期进行安全风险分析与系统漏洞测试,防止病毒传播和被非法控制为网络攻击的跳板,适时对软硬件进行升级,确保系统安全可靠运行。

三、完善信息安全管理制度和技术防范手段,建立健全公共信息内容自动过滤系统和人工值班监控制度,不制作、复制、发布、传播《互联网信息服务管理办法》第十五条规定的禁止性信息,自觉遵守法律规范,认真履行社会责任。

四、本单位网站信息发布实行先审后发制度,对发帖和跟帖进行严格审查,发现有害信息及时控制和处理,保留有关原始记录,并在24小时内向相关主管部门报告。

五、本单位网站发布的信息,依法保存备份记录不少于60日,在国家有关机关依法查询时予以提供。

六、本单位网站依法建立信息安全保密制度和用户信息安全管理制度。严格保守国家秘密,确保不泄露用户个人资料。

七、本单位依法接受相关管理部门的监督管理和检查,主动向通信管理部门提供软件过滤系统远程登录检查条件。

八、本单位网站由于发生信息安全事件未及时采取措施造成严重影响的,通信管理部门可暂停本单位网站及电子公告服务,直至取消本单位电子公告等信息服务业务,依法追究本单位责任。

九、本单位建立信息安全责任制度,法定代表人为本单位网站信息安全第一责任人,网站论坛负责人及相关人员依法承担直接责任或其他相应责任。在通信管理部门通知删除违法和有害信息、责令暂时关闭网站或有关栏目时,立即执行。网站责任人和联系人发生变动时,保证在5个工作日内书面报告省通信管理局。

网络与信息安全责任人(略　编者)

十、本责任书随同本单位电子公告服务申请被省通信管理局批准之日起生效。

法人代表（签字）

××××年××月××日（公章）

3.10 综合练习

1. 根据内容和事由，为下列事情选择恰当的文种。

（1）德州市海州区政府准备采购一批办公设备，寻求有资格、有能力的代理商。

（2）银山市变压器厂生产的节能变压器销路不畅，该厂技术科通过调查分析，提出"以旧换新"的方案供领导参考。

（3）河海印刷厂对本年第二季度的成本进行分析。

（4）长江集团准备引进吸发式电推剪生产线，在建议得到有关部门的肯定后，对该产品的优点、推广前景、技术指标、经济效益等有关事项进行分析后，认为该项目可行，向有关部门报告。

（5）金威啤酒准备在辽宁销售，拟文向公众宣传。

（6）经协商，吴仁宝与居马机械厂所有者就租赁该厂一事达成一致，将租赁的有关事宜拟写一份文件，双方共同签署。

2. 阅读下面的材料，分别为××日报社写一起诉状，为××造纸厂写一答辩状。并请思考，要避免这类纠纷的发生，订立合同时应注意什么？

××日报社与××造纸厂签订了40吨新闻纸的购销合同。合同中规定，××造纸厂必须在6月30日前将全部货物运达××市。××造纸厂5月底准备好发货，但6月下旬铁路沿线塌方，货物放在货场未发出，××造纸厂对此知情，但一直没有通告××日报社。此时，恰逢国家从7月1日起上调新闻纸价格，每吨上调15%。××造纸厂认为再以原价发货太吃亏了，于是以"铁路塌方非造纸厂人力所能抗拒"为由单方面终止履行合同。××报社起诉到法院，请求判令××造纸厂继续履行合同，并赔偿因违约给××日报社造成的经济损失。××造纸厂辩称合同中有"因不可抗力导致合同不能履行，不视为违约，但双方应协商善后。"的约定，拒绝按原合同议定价格继续履行合同，拒绝承担赔偿责任。××报社反驳认为"协商善后"的前提是知情，但××造纸厂一直未通告报社，致使××报社不知情。××造纸厂则认为合同条款没有明确约定必须通告对方，再说各种新闻媒体对此次塌方均有报道，××报社不可能不知情。

3. 阅读下面几则广告和广告标题，谈谈他们的特点或不足。

（1）IDo婚戒，沐爱而生；承载一生挚爱，二人，一诺；两清，一生。

（2）"还不快去阿尔卑斯山玩玩，六千年以后这山就没有了。"（瑞士一家旅游公司的广告）

（3）某药厂在生产某抗癌新药时作的广告："癌症不用怕，只要用了它，保证你药到病除。"

（4）现在很多商店都在门口张贴商品广告，其中一商店门口赫然写着："本店即时出售如下新产品:××××,××××,儿童肉松,人革皮鞋。"

（5）清泉,清泉,清凉甘甜,滋润了禾苗,浇灌了田园——请购清泉牌水泵。

（6）标致标致,新一代的标志!（标致汽车广告）

4. 根据下面提供的材料,写一份购销合同。

华侨水果超市的经理（法人代表）任龙云（甲方）与华侨农场的承包者（法人代表）武凤飞（乙方）于 2021 年 5 月 1 日签订了一份合同。经过双方协商,达成意见如下:2021 年甲方购买乙方生产的蟠桃 2 100 公斤、葡萄 1 200 公斤和苹果 9 000 公斤,水果质量均为行业标准一级。商定在 9 月 20 日至 10 月 10 日期间分三批交货,两次的交货时间应间隔 8 至10 天,每次每种水果的交货量为总量的三分之一。由乙方负责包装（水蜜桃用纸箱,每箱10 公斤;葡萄用纸箱,每箱 5 公斤;苹果用柳条筐,每筐 25 公斤）,并及时运送到甲方所在地;其包装费、运费均由乙方负担。各类水果价格,按当地收购牌价计算。货款在每批水果交货第二天通过银行托付。如因突然自然灾害不能按期如数交货,乙方应在灾害发生后一周内通知甲方并相互协商善后工作。在正常情况下,如果甲方拒绝收购,应处以拒收部分价款的 20% 的罚金;乙方交货不及时,应处以不及时部分价款的 20% 的罚金。这个合同一式两份,甲乙双方各执一份。

5. 有一份××××年 4 月 6 日订立的购销合同,其中交货日期是这样写的:"现货8 吨,今年 8 月交货 6 吨。"后来第一次交货在 7 月 29 日,计 11 吨。8 月 5 日国家对该货作了降价的规定。供方要求 11 吨货按原价计款结算,而需方则认为,其中 8 吨货迟交,违约,应按下降价结算,而且要依法罚违约金,3 吨提前交货可依法按原价结算。双方无法协商,供方上诉法院,请你评议原条款的写法有何缺漏,应如何写才可避免纠纷?

6. 根据下列材料,编写一份可行性研究报告,缺省的内容可以用"……"或"××"代替。要求:格式正确,不可缺少可行性研究报告必需的项目。

××市钢铁厂是辽宁省冶金局所属的大型企业,"十二五"期间生产任务一直完成得很好,经济效益可观。"十三五"期间该厂拟对生产线进行技术改造,确保经济效益稳步增长。该厂改造的重点是生产 PG9-9070 钢的 9 号高炉生产线,该项目定为辽宁省重大技术改造项目,项目建议书已被辽宁省发改委"辽发改〔2020〕380 号"文件批准。市钢铁厂委托××钢铁研究设计院进行可行性研究。该院组成了由李××高级工程师为负责人,刘××于××高级工程师,钱××经济师等参加的研究小组,历经三个多月的努力,他们于 2021 年10 月 8 日完成了可行性研究报告的编制。

第4章 日常文书

日常文书是人们在日常生活、学习和工作中，处理私事、办理公务时，经常使用的文书有书信类、条据类、公启类等多个类别。本章主要学习一般书信、启事等21个文种。

4.1 书 信

书信是个人与个人、个人与组织、组织与组织之间，运用文字交流思想感情、沟通情况的一种应用文体。现代汉语的"信"，在古代汉语中写作"书"。它一般都有特定的格式，要通过邮寄、传送等方式传递给对方。

书信大体上可以分为三种类型：一般书信、专用书信和公务书信。公务书信在日常生活中使用较少。在"公文写作"一章中已经介绍了其中的一种——函。本节主要学习的是一般书信和专用书信。

从借助的媒介上看，目前还有有别于传统的纸质媒介、采用电子通信手段的电子邮件和短信，在本节的最后将对它们进行介绍。

4.1.1 例文点评

1. 一般书信

一般书信是指私人之间往来的信件。

山西信息工程技术学院的学生张小阳收到了父母汇来的钱款，为此，他给父母写了一封信。

例 文（一）	点 评
亲爱的爸爸妈妈： 　你们好！ 　你们汇来的1 000元钱我于今天下午收到，勿念。谢谢爸爸妈妈。 　我们现在正处于毕业前的关键时期。据辅导员讲，许多大公司、企业都有来我们学校招聘的意向，我已经为自己设计好了个人简历。我相信，凭我的学习成绩与实践能力，特别是实习与社会实践的表现，我一定能找到一份合适如意的工作。	**称谓** 顶格写起。 **问候语** 另起一行。 **正文** 另起一行，首先写回信的主要原因：汇款收到。下一段介绍自己的情况。

请二老一定要多保重身体,适当锻炼。不要再为儿省吃俭用了,我马上就要毕业工作挣钱了。你们为儿操劳半生,儿子终生也难以报答。最令儿放心不下的是,爸爸的血压一直偏高。我在这里买到了一种新研制出来的降压药,叫"罗黄降压丸"。据介绍疗效很好,放假我就带回去。父母的健康,就是儿女的福分,唯愿爸爸妈妈长寿、永远健康。

好了,就写到这吧,等儿放假回家再唠。

祝爸爸妈妈健康长寿,永远快乐!

再写自己所要知道的和想说的。

祝颂语

儿:阳阳　敬上

2020 年 4 月 18 日

署名
日期

毕业生韩海在报上看到××公司的招聘启事,给该公司写了一封应聘信,表达了想到该公司工作的想法。

<table>
<tr><td>例　文　(二)</td><td>点　评</td></tr>
</table>

尊敬的人力资源部领导:

您好!

今天在 58 同城上看到贵公司招聘计算机操作工的启事,十分惊喜。我希望能得到这一职位。

我上届的几个同学就在贵公司工作,在他们那里我得知贵公司任人唯贤、重视科技,也了解到贵公司辉煌的历史、欣欣向荣的现在和令人向往的发展前景,因而在校期间就盼望能到贵公司工作。

我是××××工业学校计算机维护与维修专业2014 届的毕业生,在校期间,我系统地学习了计算机硬件与软件的有关知识、计算机使用、维护与维修的有关知识,各科学习成绩都在良好以上。我还掌握了相关的技能,曾经在我省计算机类专业学生的技能大赛中获二等奖。在毕业前取得了计算机操作工(中级技能)职业资格证书。

我期望能成为贵公司光荣的一员。

随信将我的毕业证、个人简介等有关证书和材料的复印件呈上。

联系电话:130×××××××××

称谓　顶格写起。
问候语　另起一行。

正文　开门见山,切入主题——求职。

赞扬对方,说明想到该公司的理由。

针对具体职位,介绍自己,突出自己能胜任这一职位的有利条件。

重申希望,照应开头。
出具有关材料复印件,证明内容的真实性。

联系地址：本市××路××号 邮政编码：××××××	标明联系方式，便于联系。
此致 敬礼	祝颂语
×× 敬上 2020 年 8 月 10 日	署名 日期

2. 专用书信

专用书信是针对某种特定事务或特殊需要而写的具有专门用途的书信。与一般书信相比，专用书信大多都有标题。它的种类很多，本节侧重学习其中的 10 种。

1）介绍信

介绍信是介绍本单位的人员到有关单位接洽事情、联系工作、参观学习或出席会议等所写的一种专用书信。

杭州市余杭区人民政府闲林街道办事处王××前往××区规划建设信息中心办理公事，为此，单位为他写了一封介绍信。

例 文 （三）	点 评

介 绍 信	标题
闲林办介字第(003 号)	字号　与存根一致。
××区规划建设信息中心：	称谓　顶格写联系单位。
兹介绍王××同志(壹人)，身份证号××××××××××××××××××××××，前往你处办理闲林街道中心小学里项校区项目事宜。请予接洽为荷。	正文　填写持信人的姓名、人数（大写），简明写清联系事项。
此致 敬礼	祝颂语
（有效期三天）	有效时间
杭州市××区人民政府闲林街道办事处 2022 年 5 月 15 日（公章）	署名 时间　要在其上加盖公章。

2）证明信

证明信是机关、团体或个人证明其身份、经历或某件事情真实情况的专用书信。

疫情期间,一则视频在网上引发热议。视频画面显示,有市民在松江区泗泾镇润江花苑小区发现了贴有"建湖县优质农产品驰援大上海"标签的物资,并质疑为何"驰援物资"被用来做团购商品。为此,江苏省建湖县农业局发布了相关证明,澄清事实。

例 文（四）	点 评
证　明 　　建湖县庆丰镇的盐城市徐氏农业发展有限公司于4月6由盐城铁路运输两节集装箱装载蔬菜由盐城发往上海,两节集装箱内只有10吨包菜为政府捐赠物资,其余的蔬菜是盐城市徐氏农业发展有限公司基地自产发往上海销售的。 　　特此证明。 　　　　　　　　　　　建湖县农村农业局 　　　　　　　　2022年4月9日（公章）	**标题**　也可写作"证明信"。 **正文**　用简洁的语言写明事情真实情况,澄清事实,清楚、准确。"特此证明"为证明信专用结语。 **署名** **时间**　在其上加盖公章。

3）感谢信

感谢信是感谢对方的关心、支援、祝贺或勉励所写的信。

因沈炜教授提供的专业知识与技术支持,揭开了一个连环骗税链条,为国家挽回了27.73亿元的重大损失。为此,国家税务总局宁波市税务局第一稽查局写了一封感谢信给浙江理工大学,表达他们的感激之情。

例 文（五）	点 评
感　谢　信 浙江理工大学： 　　2021年我局与公安、海关、人民银行等部门合力破获了具有全国影响力的"6·10"出口骗税案件。该案被央视《新闻联播》《朝闻天下》《新闻直播间》栏目报道。在7月26日国家税务总局新闻发布会上,该案作为虚开骗税典型案例进行曝光。四部委《两年专项行动工作简报》中报道了案件破获情况。该案还获得了宁波市领导的肯定批示。在该案的查处过程中,贵校的沈炜教授提供了关键性技术支持,以及建设意	**标题**　字体较大,居中写。 **称谓**　顶格写起。 **正文**　首先交代案件被央视《新闻联播》等多个栏目报道,受到了国家税务总局、四部委以及宁波市领导的重视,该案在全国都具有影响力,为后面的感谢打下伏笔。接着指出沈炜教授在该案的查处过程中所起的关键作用,诚恳地表达自己的感谢之情,言简意赅,恰如其分。

见,为案件的最终破获提供了保障。在此,对贵单位的大力帮助以及贵校沈炜教授的无私奉献表示衷心的感谢!

　　此致

敬礼!

国家税务总局宁波市税务局第一稽查局

2022 年 2 月 10 日(公章)

	祝颂语
	署名 日期

4) 表扬信

表扬信是表扬好人好事的一种专用书信。

　　××公司的李经理在火车上不慎将公文包丢失,被北京××公安派出所的民警王文宾拾到并及时送还。为表谢意,李经理给该派出所送去了一封表扬信,表扬王文宾这种拾金不昧的精神。

例　文　（六） 　　　　　　　**点　评**

表 扬 信

尊敬的××派出所领导:

　　今天我怀着十分感激的心情向你们反映一件事情。

　　本月 3 日,我乘坐 T28 列车由丹东返回山海关。我正准备下车,突然发现公文包不见了。我反复寻找,列车员也帮助我仔细查找,但是都没有找到。我带着满腹的懊恼下了车,认定没有找回来的希望了。谁知两天后接到山海关火车站寄来的信,要我带着有关证明材料前去认领丢失的物品。我迫不及待地赶到火车站,发现我的公文包以及里面的 5 000 元现金、身份证、一张信用卡、手机等物一件不少。特别是那些至关重要的票据,如果丢失了,公司业务将蒙受巨大的损失。现在都失而复得,我的惊喜之情,可想而知。

　　经过询问得知,是贵所的王××同志在他下车的时候,从铺位下面的地板上发现了我的公文包,当即交给列车员。列车员询问其姓名他也没有说,但是细心的列车员记住了他的警号,经过查询才知道他是贵所

点评

标题 文种作标题,为表扬信的习惯写法。

称谓

正文 具体写明所表扬事件的时间、地点、人物、经过等,真实、具体。

的民警。

王××同志这种拾金不昧的高尚品格值得我好好学习,我为贵所有这样的好同志感到骄傲,请转达我对他的崇高敬意和深深谢意,也请贵所对他的这种高尚行为予以表彰。

　　此致
敬礼

　　　　　　　　　　××公司 李××
　　　　　　　　　　2020 年 6 月 9 日

结尾,恰如其分地评价其先进事迹,希望有关部门予以表彰。

祝颂语

署名
日期

5) 申请书

申请书是单位或个人因某种需要,向有关部门、组织或社会团体提出书面请求,或请求解决问题,希望得到批准的专用文书。

一年的试用期已满,××欲转为管委会正式员工。为此,他给管委会写了一份申请书。

例　文　（七）　　　　　　　　　　　　　点　评

申　请　书

尊敬的委领导:

　　我于 2019 年进入××开发区管委会,根据单位的需要,目前在办公室从事秘书工作。到今天,一年的试用期已满,根据我委的规章制度,现申请转为管委会正式员工。

　　作为一个只有过国企、民营企业工作经历的年轻人,初到行政部门工作,曾经对单位的为人处事、工作程序着实有些困惑,但是单位宽松融洽的工作氛围、团结务实的文化底蕴,尤其是委领导的关心和部门同事的热情帮助,让我很快完成了工作角色的转变。

　　一年来,我一直严格要求自己,认真及时做好领导布置的每一项任务,同时主动为领导分忧。专业和非专业上不懂的问题虚心向同事学习请教,不断提高充实自己,希望能尽早独当一面,为单位做出更大的贡献。当然,初入单位,难免出现一些小差小错需领导指正。但前事之鉴,后事之师,这些经历也让我不断成

标题　标题居中。

称谓　写接受申请者。
正文　先写明所申请的事情——转为管委会正式员工。

再写申请的原因。

熟,在处理各种问题时考虑得更全面,杜绝类似失误的发生。在此,我要特地感谢部门的领导和同事对我的指引和帮助,感谢他们对我工作中出现的失误给予诚恳的指正。

来到这里工作,我无论在敬业精神、思想境界上,还是在业务素质、工作能力上,都得到了很大的进步与提高。在此我提出转正申请,恳请领导给我继续锻炼自己、实现理想的机会。我会用谦虚的态度和饱满的热情做好我的本职工作,为管委会创造更多的价值。

此致

敬礼

申请人:××

2020 年 10 月 4 日

最后表明自己的决心,再提请求,重复以示强调。	
祝颂语	
署名	
时间	

××已经在校学习两年,根据学校的有关规定,他在自愿申请并经家长同意后,可以到联系好的公司就业参加工作。为此,他向学院递交了一份申请。

<table>
<tr><td align="center">例　文　（八）</td><td align="center">点　评</td></tr>
</table>

申 请 书

尊敬的学院领导:

本人是××级××专业××班学生王明。根据本人已经在校学习两年的实际情况,本人自愿申请并经家长同意,离校前往××有限公司就业参加工作。在离校就业期间,我保证按时参加所修各种课程的考试、完成毕业设计及答辩,并经常与学校保持联系,在学校需要学生返校时,及时返校。在此期间耽误的学习和发生的安全事故,由我本人及家长负责,与学校无关。

我的离校的日期从××××年××月××日起。

特此申请,请予批准。

附:家长同意离校的书信。

申请人:××

2021 年 6 月 25 日

点评:

标题　标题居中。

称谓　写接受申请者。

正文　写申请的事由,并做了有关保证与承诺。

附件

署名

时间

6）邀请书

邀请书也称请柬或请帖。是单位或个人邀请别人出席会议、参加活动所写的一种书信。

××信息工程技术学院为庆祝建校五十周年，给××女士发了赴会邀请信。

例　文　（九）	点　评
××女士： 　　为庆祝本校建校五十周年，兹定于 5 月 29 日(星期六)上午九时在本校礼堂举行校庆典礼活动。敬请莅临。 　　此致 敬礼 　　　　　　　　　　××信息工程技术学院 　　　　　　　　　　2021 年 5 月 17 日(公章)	**称谓**　顶格写被邀请者。 **正文**　简洁、准确地写明活动的时间、地点和内容。 **祝颂语** **署名** **时间**　在其上加盖公章。

7）聘书

聘书也称聘任书、聘请书，是单位或个人聘请别人担任职务的一种专用书信。

××集团公司聘请陈××为公司销售部经理，为此拟聘书如下。

例　文　（十）	点　评
聘　书 　　兹聘请陈××先生为××集团公司销售部经理，聘期一年（2020 年 1 月 1 日—2021 年 1 月 1 日）。此聘。 　　　　　　　　　　总经理　李××(章) 　　　　　　　　　　××集团公司 　　　　　　　　　　2019 年 12 月 23 日(公章)	**标题**　居中，一般用大一号的黑体字。 **正文**　直接写明聘请的对象、职衔及聘期。 **署名**　法人代表签名，有的还加盖法人代表名章。 **时间**　在其上加盖公章。

××公司聘请钟××先生为本公司法律顾问，授予以下聘书。

例　文　（十一）	点　评
聘　书 钟××先生： 　　兹聘请您担任××公司法律顾问，协助本公	**标题**　居中，一般用大一号的黑体字。 **称谓**　写聘请对象。 **正文**　写聘任的职衔、权限、待遇和任

司处理有关法律方面的事宜。年薪壹拾贰万元（120 000元）整。聘期一年（2019年1月1日至2020年1月1日）。此聘。

职期限，"此聘"为聘书的惯用语。

　　　　　董事长　李××（章）
　　　　　　　　　　××公司
　　　2018年12月21日（公章）

署名　法人代表签名，有的还加盖法人代表名章。
时间　在其上加盖公章。

8）投诉书

投诉书是对某项事情或措施有意见，向有关单位或部门投书诉说，要求处理或改正的信。

××学校的学生家长为学校乱收费一事，向市教育局进行了投诉。

例　文（十二）	点　评

投　诉　书

标题

市教育局：

　　我们是××中学初二年级学生的家长。该校自本学期开学以来，以各种名目，先后收取了总计 3 682.60 元的费用（详见后附收费清单）。有许多费用我们认为极不合理，不知道是否属于乱收费。恳请贵局派人前往调查，按国家有关法规予以处理为盼。

　　联系人：王×× 联系电话：139×××××××
　　黄×× 联系电话：151×××××××

称谓　顶格写起。
正文　准确地说明投诉的对象、事由，要求"按国家有关法规予以处理"，语言简洁得体。

联系人和联系方式，便于联系。

　　此致
敬礼

祝颂语

　　　　　　××学校学生家长（签名）
　　　　　　　2022年9月28日
　　附：1. 收费清单
　　　　2. 部分项目收费收据复印件

署名
日期
附件　用有关材料、证据证明投诉的真实性。

9）检讨书

检讨书也叫检查，是犯了错误或出现过失的个人或单位，向领导或上级检讨错误所写的书信。

预备党员高明同学由于处理问题不冷静，与其他同学打架。为此，他向党支部进行了书面检讨。

<table>
<tr><td align="center">例 文（十三）</td><td align="center">点 评</td></tr>
</table>

检 讨 书	**标题** 首行居中。
系党支部：	**称谓** 顶格写起。
9月28日下午，在庆祝国庆节活动结束后，我系李××和张××因为下棋发生口角，我作为系学生会干部前去劝阻。不料张××酒后出言不逊，并且打了我一拳。我当时很不冷静，也打了他，以至造成相互殴打在一起的局面，影响很坏。	**正文** 先写自己所犯错误的事实。
我作为系体育部部长，不仅未作好劝阻工作，反而参与了打架事件，给组织造成了很坏的影响。尤其是作为一名预备党员，犯了打人的严重错误，是十分不应该的。这说明我平时修养还很差，没有学会做细致工作的本领。回想起来非常痛心，我辜负了党组织对我的培养教育。在此，我除了向党支部检讨外，还恳请给我相应的处分。	再写对所犯错误的认识。
今后，我一定接受这次事件的深刻教训，加强自身的修养，做一个严于律己、以身作则的学生干部，请党组织相信我、考验我吧。	最后写改正错误的决心与措施。
<div align="right">高×× 2023年9月30日</div>	**署名** **时间**

10）情况说明

情况说明也叫情况说明书，是出于实际需要，对有关事情的原因、结果、过程、状态等内容进行说明的专用书信。

某高校规定，校园内的晓南湖禁止钓鱼。因校园内有传言说，是校保卫处的校卫队人员在那里违反校规偷偷钓鱼，校保卫处调查真相后，写了一情况说明澄清此事。

例　文　（十四）　　　　　　　　　　　　　　　　点　评

关于传言校卫队员在晓南湖偷钓的情况说明

　　2020 年 5 月 12 日 16 时左右，接"有人在晓南湖钓鱼"的报警。我处 110 指挥中心迅速安排队员前去晓南湖查看，发现偷钓者系后勤集团宿教中心滨湖 20 栋管理员胡××，该同志身穿管理人员制服在晓南湖偷钓。保卫处当即将其带离现场并通知宿教中心文××主任领走。

　　由于目前后勤集团管理人员服装与我处校卫队人员服装十分相近，不经细辨很难区分其所属单位。

　　我处将继续加强所属校卫队人员管理，规范值勤，树立良好的"校警"形象。

校保卫处

2020 年 6 月 26 日（章）

标题　由事由和文种构成。

正文　首先，简要说明事情经过，具体指出偷钓者是后勤集团的管理员而非保卫处的校卫队人员，澄清事实。

其次，解释导致传言的原因。

最后，表明自身的态度——"无则加勉"。

全文语言简洁，态度平和。

落款　由署名和日期构成。单位写的情况说明，加盖公章。

　　由于客观原因，上海某高校的校园网在一段时间里出现了问题。学校的相关管理部门就此事向全校师生进行了解释说明。

例　文　（十五）　　　　　　　　　　　　　　　　点　评

关于近期校园网无法访问外网的情况说明

　　从 11 月 25 日晚 8 时起，同济大学的网络中心机房装修搬迁，影响到教育网东北片的几所高校，导致我校无法访问外网，28 日发现我院至同济大学的光缆断开。上海教科网进行了紧急维修，至 30 日，光缆修复，我院校园网逐渐恢复正常。

　　在此期间，由于我院电信接口已经接到我院网络中心，考虑到大家的上网需求，网络中心连日加班将我院网络出口全部改到电信。遗憾的是由于我校流量过大，导致电信机房路由器瘫痪，我院校园网出口再次瘫

标题　由说明对象和文种构成。

正文　首先，简要说明出现问题的过程、原因与基本情况。

痪,从而导致 25 日至 30 日我院校园网很不正常,基本无法访问校外网站。

接到我们的反映,电信采取了必要措施,将我院上联端口调到上海电信核心路由器上,以防事故再次发生。目前,电信宽带已经投入使用,大家访问的一些网站已经走电信链路。由于电信只有 10M 带宽,为提高访问速度,希望大家将一些常用网站以及一些常用的教科网无法访问的网站,走电信链路。根据部分同学老师们的需求,我们已经开通了淘宝网(www. taobao. com)、ebay 网(www. ebay. com)、微软系列网站、MSN、Hotmail、Yahoo、新加坡早报网(www. zaobao. com)等以前无法访问的网站,同时将新浪网、搜狐网、网易、163. com、263. com、Tom. com、上海热线、腾讯 QQ、21cn. com 等大家访问比较频繁,电信链路访问速度明显快的网站改走电信链路。

如果各位同学、老师觉得有些国外网站很有用,请直接和我们联系,我们将视情况为大家开通电信链路。

××大学现代教育技术中心

2022 年 12 月 7 日

其次,简要说明解决问题的经过与办法,并提出相关建议。

最后,进一步表明真诚服务的态度。

落款 包括署名和日期。

4.1.2 文种指要

1. 一般书信的写作要求

1) 一般书信的适用范围

(1) 个人与个人、个人与组织、组织与组织之间,距离较远,无法当面或用电话等工具交流思想感情、沟通的情况。

(2) 有些内容不便或不好意思口头沟通,虽然可以用电话等工具交流沟通,或者两者距离较近可以当面交流沟通,但是仍然使用书信的情况,如道歉。

2) 一般书信的格式写法

一般书信由六部分组成,即称谓、问候语、正文、祝颂语、具名、日期六部分。

(1) 称谓。就是对收信人的称呼(所以也可叫"称呼")。要单独成行,顶格写起,以示对对方的尊重,后加冒号。平时对收信人如何称呼,信上也如何写。如果是不熟悉的人,可称先生、女士、同志、阁下等,根据具体情况而定。注意用语一定要有礼貌,符合对方身份。

(2) 问候语。向收信人表示问候或者想念之情。常用的有"您好""近日工作忙吧(学习好吧)""身体好吧""生意兴隆吧",等语。

(3) 正文。一般先说写信的原因(有的书称为"缘起语"),可以说明什么时间收到对方来信，表示谢意或回信迟的歉意；也可询问对方的情况以示关怀；如果是有具体单位的求职、应聘的书信，还可先说明为什么到该单位求职、应聘。总之应首先谈对方所关心、想知道的事，后写自己想说、想了解的事，做到"先人后己"。

要做到眉目清楚，每一件事都要分段写，使对方一目了然。如例文（一）即把正文划分成收到了汇款、自己的情况、自己想知道的、想告诉对方的几个部分。回答对方的问题要有针对性，有的放矢。

（4）祝颂语。表示祝愿或敬意的话，普通的书信多用"此致敬礼""祝你万事如意"之类的词语。还可因人、因具体情况选用相应的词语，如"即颂学安（写给学生的）、顺致冬（春、夏、秋）安（依具体季节而定）、祝新春快乐（节日时用的）、祝健康（长寿）（写给老年人的）"等，注意要用语得当，不可乱用。如对正在患病的病人就不能用"祝健康（长寿）"的字样，而应写"祝早日康复（痊愈）"。

祝颂语的习惯写法一般是在正文写完之后，另起一行空两格写"此致、祝、即颂、顺致"等（后面不加标点），再另起一行顶格写"敬礼、如意、安好、冬安"等。这种格式在古代原意是后退向人行礼，表示对人尊敬，但今人对此已不特别注意。例如近年还流行一种写法，就是不用传统的"此致、即颂"之类的词语，正文写完之后，另起一行，直接写"祝万事如意、祝圣诞快乐"之类的祝颂语。这也是可行的，但一般用于较熟悉的人。

（5）具名。也称"署名"，即写上写信人的名字，它位于书信的右下方。如果是写给亲朋好友的，可以在名字前加上对方对自己的称呼，如"弟、妹、儿、友、同学"等，收信人怎么对写信人称呼，写信人怎么署名。如果写信人是对方熟悉的长辈，则不必署名，直接写收信人对写信人的称谓即可。如"爸爸""二叔""大姑""老姨"等。写给组织、单位或不熟悉的人的信，具名一定要把姓与名都写全。

（6）日期。在具名的正下方，写上发信的年月日，以便于收信人查考。

3）一般书信写作的注意事项

（1）第一次同对方通信时，在正文之后或日期之下一定要详细地写上自己的联系地址、邮政编码。

（2）如果是给熟悉的人写信，在写完之后发现有遗漏的内容，可以在结尾后补写附言。在附言开头的地方加上"另外""还有""又及"等字样即可。对不熟悉的人，尤其是在写求职信时，绝对不可以这样做，这样会给人以草率的印象。

（3）写信就是和对方交谈，只是对方不在面前，把要说的话写出来而已。因此要抓住重点，清楚明白，诚恳有礼。又由于书信可以长期地保存，有些未考虑成熟尤其是可能与对方造成利害冲突的话，应该绝对慎重。

（4）语言要尽量口语化，直截了当，用语规范。

（5）要字迹工整、标点符号正确、格式规范，尽量不要涂改，尤其是求职、应聘的书信，更是一字不可涂改，绝对潦草不得。因这代表着求职者的形象，这是留给未曾见面的求职单位的第一印象。给人以马虎、不认真的印象，对求职者今后从事职业活动是相当不利的。

（6）用红色墨水的笔或铅笔写信是不礼貌的，尤其是用红色墨水的笔写信，在古代是意味与对方绝交。忌用！

2. 专用书信的写作要求

1) 介绍信的写作要求

(1) 介绍信的适用范围。派本单位的人员到外单位接洽事情,需要本单位向对方介绍、证明该人员的身份、目的时使用介绍信。

(2) 介绍信的格式写法。空白介绍信示例如下。

介绍信(存根)	××介绍信
×介字　　号	×介字　　号
	＿＿＿＿＿＿：
姓名：	兹有我单位　　等( )
	人前往你处联系＿＿＿＿＿,
联系单位：	敬请接洽并予协助。
	此致
事由：	敬礼
	限( )日有效
有效期( )日	××××(单位全称)
年 月 日	年 月 日

如上"空白介绍信示例"所示,较正规的介绍信一般由两联构成,一联是存根,另一联供外出人员携带,两者之间有中缝(用虚线表示)。填写时,存根与本文的内容要完全一致。在中缝上填写该介绍信的字号,如果手写字体要稍大些,并加盖公章。有的单位没有印刷的介绍信,只用普通信纸来写,但格式写法基本上是一致的。介绍信由如下内容组成。

① 标题。在第一行正中写"介绍信"或"××单位介绍信",字体一般用黑体,较大。

② 字号。在第二行偏右方,由规范的单位代字、文种代字("介字")、该介绍信的顺序号构成。如例文(三)的"闲林办介字第(003号)"。

③ 称谓。即持介绍信者前往的联系单位名称或单位负责人名称,顶格写,后加冒号。

④ 正文。持介绍信者姓名、人数(有时还要写明其身份证号码、政治面貌),接洽的具体事项。一般用"兹有""现有"等词语开头,用"请接洽""请协助(为盼)"等词语结尾。人数要大写。

⑤ 祝颂语。格式要求同一般书信,内容一般都是"此致　敬礼"。

⑥ 有效期限。一般是往返路途加办事所用时间再稍宽出一二天为宜。

⑦ 时间。就是介绍信开出的时间,写完后在其上加盖公章。

(3) 介绍信写作的注意事项。

① 不得随意涂改。如不得不涂改,涂改处必须加盖公章,否则,对方可以不予接待。

② 把要联系的事情写得具体清楚,语言简洁概括平实,不写原因、结果,不议论、抒情。

③ 一份介绍信联系单位只写一个。

④ 与一般书信相同，介绍信以及其他专用书信均不可使用红色墨水的笔或铅笔。

2）证明信的写作要求

（1）证明信的适用范围。

① 应对方要求，证明某人的身份、经历或某件事情真实情况。

② 应被证明人本人的要求，证明其身份或经历、表现。如身份证丢失，因临时需要，由公安机关或本人所在单位开具证明。

（2）证明信的格式写法。标题、称谓位置要求同介绍信，如果收信对象不确定，称谓可以不写，如例文（四）。正文内容若复杂要分段写，"特此证明"是证明信正文的专用结语。祝颂语要求同介绍信，署名、日期格式同一般书信。若是单位出具的证明，须加盖公章。

（3）证明信写作的注意事项。

① 证明的内容要针对对方所要求的要点写，其他无关的不写。如果证明的是某人的某段经历，应写清人名、时间、地点及所经历的事情；如证明某一事件，要写清参与者的姓名、身份及其在此事件中的地位、作用和事件本身的前因后果。

② 证明信有时是作为结论的，写信者要对证明的内容负责。所以，写证明信态度要严肃认真，实事求是，言之有据，对被证明的人或事，必须有清楚的了解。如果不太熟悉或记得不十分准确，应写清并注明"仅供参考"。

③ 证明信的语言要准确、平实，不得有半点夸饰，也不得含糊其辞，更不要抒情。

④ 不能用铅笔或红色墨水的笔写，不得涂改。若不得不涂改，涂改处要加盖公章或证明人的指纹。

⑤ 单位出具的证明要加盖公章，并且留有存根备查。

（4）证明信与介绍信的区别。

① 证明信重在证明被证明者的身份、经历；介绍信的目的重在介绍其前往的目的。

② 证明信一般是应对方的要求而写，对方不要求可以不必写；介绍信无论对方要求与否，情况需要就必须写。

③ 证明信可能现在就用，也可能以后用；介绍信则是现在就用，而且是在有效期间内使用，过期作废。

④ 证明信根据具体情况需要，内容可多可少；介绍信则格式固定，语言简洁。

⑤ 在部分证明中，如果收信对象不确定，称谓可以用泛称或没有称谓；介绍信则必须要写具体的联系单位作为称谓。

3）感谢信的写作要求

（1）感谢信的适用范围。对方有关心、支援、祝贺或勉励的行为，需要自己或代表与自己有密切关系的人较正式地表达感谢之情。

（2）感谢信的格式写法。感谢信由标题、称谓、正文、祝颂语、具名和时间组成。标题一般都在首行居中用稍大字体写明"感谢信"三字。除标题外，其他格式要求同一般书信。

感谢信的正文由以下四部分组成。

① 交代感谢缘由，概括叙述对方令人感念的言行事迹，语言要简明。

② 颂扬对方的品德,表达感激之情。

③ 表明自己要向对方学习的态度,向对方致以美好祝愿。

④ 结束语,一般是致敬或再次表示感激之情,表达良好祝愿。

（3）感谢信写作的注意事项。

① 表达自己的感谢之情要明确而充分,这是感谢信的主旨;叙述对方的优秀品德、先进事迹的语言要精练,这是感谢信的主体;人物事件、时间、地点、原因、结果要交代清楚,对方的关心、支持、帮助所产生的效果要强调,这是感谢信的重点。

② 内容要真实,叙述要简洁。议论、评价要适当,既要恰如其分,又要充分表达出感激之情。

③ 文中所用的词语、表示感谢的话要符合双方的身份,特别是要根据对方的具体情况表示感谢,感情要真挚、朴实。不要为了表示谦恭而溢美奉承或给人以例行公事的感觉。

④ 文字要精练,评价要恰当,篇幅不能太长。

⑤ 感谢信一般用大红纸誊写好,贴在对方单位的醒目之处。

4）表扬信的写作要求。

（1）表扬信的适用范围。他人做了好人好事,对自己或对他人有较大帮助,需要将此公之于众以表彰先进、弘扬正气时使用表扬信。

（2）表扬信的格式写法。标题为"表扬信",其他格式同感谢信。

表扬信正文由以下三部分组成。

① 事迹介绍,叙述要表扬事情的发生、发展、结果,这是开头也是主体。

② 评价和赞扬,这部分内容要简洁,评价要恰当。有时候可以不单独成段,在前一部分的夹叙夹议的"议"中体现。

③ 希望和要求,提出对表扬对象予以表彰的建议。若受表扬的对象是对方单位的下级,则可用要求的方式提出。

（3）表扬信写作的注意事项。

① 内容上要重点叙述事件的发生、发展、结果及其意义。让事实说话,少讲大道理。不要把无关紧要的事实经过详细罗列,以免烦冗啰唆,冲淡主要事迹。

② 议论要适当,赞扬要热情。

③ 事实要准确,实事求是,不夸大、不缩小。

④ 语气热情恳切,篇幅不宜过长。

⑤ 表扬信可以同感谢信一样,用大红纸誊写好,贴到对方单位的醒目之处,还可以送对方上级部门或电台等公共媒体。由于信的接收者不同,称谓也要做相应的改变。

（4）感谢信与表扬信的区别。

① 感谢信重在致谢,因感谢而产生了表扬效果;表扬信重在宣传,表扬之中含有感激之情。

② 感谢信以议论抒情为主要表达方式,表达感谢之情是主体;表扬信以叙述为主要表达方式,叙写对方的先进事迹是重点。

③ 感谢信对所感谢事情的叙述要简洁;表扬信对所表扬的事情则叙述翔尽。

④ 感谢信一般是由得到关心、支援者或与其关系密切者写；表扬信则是了解有关好人好事者也可以写（此时一般送电台等公共媒体发表）。

⑤ 感谢信一般是送到对方单位；表扬信可以送到对方单位，也可以送到对方上级部门或电台等公共媒体。

5）申请书的写作要求

（1）申请书的适用范围。单位或个人请求有关部门、组织或社会团体解决问题，希望自己的请求得到批准时使用申请书。

（2）申请书的格式写法。

① 标题。位于首行或第二行的正中。有的只写"申请书"字样，三个字之间空出适当的距离，如例文（七）、例文（八）。有的则根据申请书内容，标明具体名称，如例文（七），也写成"转正申请书"。

② 称谓。在标题下一行顶格或空一行顶格写出接受申请书的组织、机关、团体、单位的名称或有关负责人的姓名，后加冒号。

③ 正文。这是申请书的主体，主要包括申请的事项和理由。申请的事项和理由最好分段写，以利于了解申请的内容，如例文（七）。如果内容较少，也可只写一段。

④ 结尾。包括祝颂语、具名和日期。要求同一般书信，祝颂语一般用"此致敬礼"。如果是单位的申请，还要在日期上加盖公章。

（3）申请书写作的注意事项。

① 一事一书，内容比较单纯，不要在同一申请书中提多个申请。

② 写申请之前，要查明受理者，不能越级申请或到不主管此事处申请。如例文（七）的申请，既不能向市政府申请、也不能向市其他部门申请或多头申请（如果因具体需要而须向其他部门申请自当别论，例如有的行业开业除向主管部门申请外，还须向公安、消防、防疫等部门申请）。

③ 语言简洁、态度谦和。要表明自己申请的诚挚之情，但一般不用抒情性的语言。

6）邀请书的写作要求

（1）邀请书的适用范围。

① 邀请别人出席会议。

② 邀请别人参加重大活动。

（2）邀请书的格式写法与一般书信大体相同。其不同之处如下。

① 有封面和标题，大多数的在封面上写明"请柬""请帖"等字样，少数的写在正文上方。有的请柬的标题上还加了事由，如《纪念××出版社建社40周年请柬》。

② 称谓，可以如一般书信那样在开头顶格写起，也可以放在正文中。如例文（九）就可以写成"为庆祝本校建校五十周年，兹邀请王丽女士参加……"的形式。

③ 多用"敬请莅临""敬请参加"等语结尾。

④ 单位印发的邀请书要加盖公章。

⑤ 发请柬的时间可以不写，重要的是活动的时间，必须写得具体。

（3）邀请书的写作注意事项。

① 少量的邀请，可自己书写。如果邀请者较多，可按固定格式印制，只是在被邀请者

处留出空白,届时由组织者填写即可,如例文(九)。也可到商店购买印制好的空白请柬,只要填上相应的内容即可。因为请柬是邀请客人的通知书,所以,无论用哪一种样式的请柬,活动的时间要准确到时乃至分,如例文(九)的"上午九时",地点要具体、清楚,内容要明确、简洁。

② 请柬一般用红纸,在款式和装饰的设计上,要美观、精致、大方,注意其艺术性。

③ 不是任何活动、对任何人都要发请柬的,什么场合需要发送请柬,要认真斟酌。一般说来,在举行重大活动而对方又是作为宾客参加时,才发出请柬,如大型会议、生日庆典、大型活动、婚礼等。一般性的会议或活动性质极其严肃、郑重,而对方也不是作为客人参加者,则不应发请柬,如公判大会、追悼会等。如果需要发,即使被邀请者近在咫尺,也必须送请柬,以表明邀请者对此事的郑重态度、对被邀请者的尊敬。

7) 聘书的写作要求

(1) 聘书的适用范围。正式聘请别人担任有关职务时。

(2) 聘书的格式写法。

① 标题。一般在正中写"聘书"或"聘请书"字样。如果用印制的空白聘书,因标题已经印在封面上,就可以不写。

② 称谓。有的在正文中写明,如例文(十),有的在开头顶格写,如例文(十一)。对被聘者的称谓要写全称,不可以用"刘律师""李教授"之类不确定的称呼。

③ 正文。写明聘任的职衔和任职期限,有的还写明权限、待遇,如例文(十一)。

④ 具名和时间。正文的右下方写聘请单位的名称。许多聘书还加上法人代表的签名、印章。再下一行写日期并加盖公章。

(3) 聘书写作的注意事项。

① 交代清楚,职衔、对象一定要写明白,有的还要讲清权限和待遇、任职期限,如例文(十一)。

② 聘书是聘用者与被聘用者双方协商结果的文字体现,不可使用商量的口吻、语言。

③ 文字简洁,讲清即可,不宜过多,叙述、评论、抒情均不需要。

8) 投诉书的写作要求

(1) 投诉书的适用范围。对某项事情或措施有意见,该事不需要或暂不需要通过法律途径解决,可以或者可能可以通过协商的途径解决。通过有关单位或部门处理,或责令当事人改正。

(2) 投诉书的格式写法。同一般书信,可以无标题,也可以用"投诉书"或"投诉信"作标题。

投诉书的正文一般由"情况介绍、理由与观点、具体要求"三部分组成。

首先,简要介绍投诉人和被投诉人的基本情况,详细具体的写明投诉的基本事实,以叙述说明为主。如果需要,可以有适当的描写,但不抒情。

其次,依据有关事实和法律条文、相关规定,阐明自己的观点。

最后,提出明确具体的要求。如果要求不止一个,要标明序号分段逐一说明。

如果有书面证据,要用附件的形式附于文后,并且在正文之后按顺序标明附件的名称、份数,如例文(十二)。

（3）投诉书写作的注意事项。

① 要弄清接受投诉请求的对象，一般向能够有权直接处理该事的部门或单位投诉，但不要越级。

② 语言要准确、简洁、得体，不可偏激。叙述为主，议论为辅，一般不作描写，更不抒情。

③ 投诉要实事求是，事实要准确、具体。不能笼统，也不可夸张，更不可歪曲事实。

④ 要求合理，不可过格。

⑤ 要写清自己的联系地址、电话等联系方式，便于联系。

⑥ 篇幅要短。

9）检讨书的写作要求。

（1）检讨书的适用范围。犯了错误或出现过失，但是还没有到了违法犯罪的程度，向上级部门或领导检讨错误，表达自己对所犯错误的认识和改正错误的决心及措施。

（2）检讨书的格式写法。

① 标题。在首行居中写"检讨书"即可。也可以注明所犯错误的性质或范围，如《关于我违反财经纪律的检讨》。

② 称谓、具名、日期的格式同一般书信，没有问候语、祝颂语。

③ 正文。由所犯错误事实、个人应承担的责任及对所犯错误的认识、改正错误的决心与措施三部分组成。

（3）检讨书写作的注意事项。

① 对所犯错误事实叙述准确、简洁，不必过于翔尽。

② 不可一味地找客观原因来推脱责任，也不必把不是自己的责任揽在自己的身上。

③ 对所犯错误有深刻的认识，明确的态度，但不要无限地上纲上线。

④ 措施要具体可行，有改正错误的决心。

⑤ 叙述错误事实要简洁，不作描写，更不要抒情。

10）情况说明的写作要求。

（1）情况说明的适用范围。

① 他人对事情的具体情况、真实情况或某一细节，不了解或不理解、甚至误解，需要向他人、公众作出解释、说明。

② 向单位或有关部门作相关工作实际情况的说明，以便单位或部门对其有所了解。

③ 作为证据或资料，将自己的经历、所做的事情，在某个事件中所起的作用或所处的地位等有关情况进行说明。

④ 己方出现失误或错误，向对方说明实际情况进行更正。

（2）情况说明的格式写法。情况说明的格式并不特别固定，但一般都有标题、正文和落款三部分。

① 标题。一般有两种形式，一种是直接用"情况说明"作标题；另一种是在"情况说明"加上修饰、限定性成分，如"奥运会驾驶员志愿者招募相关情况说明"。

② 正文。正文是对有关情况的具体说明。这一部分比较灵活，要根据具体情况需要而定。既可以寥寥数语，说清楚相关内容即可；也可以长篇大论，将有关情况详细说明。形

式繁简、内容多少、篇幅长短的标准只有一个，就是将事情说明白，达到沟通的目的。

情况说明的种类很多，因目的、要求的不同而导致正文的格式写法差异很大。

企业财务状况的情况说明书，一般由企业生产经营的基本情况、企业利润实现和分配情况、企业资金的增减和周转状况三部分组成。而企业生产经营的基本情况又包括这个企业的主营业务范围及经营情况、按销售额排列公司在本行业的地位、主要商品占销售市场的百分比、公司员工数量和专业素质及培养提高的目标、经营中出现的问题与困难以及解决方案、公司经营环境情况、新年度的业务发展计划等内容；在企业资金的增减和周转状况中，又需要将本年度内公司各项资产负债、所有者权益、利润构成等项目的增减情况及其原因，存货、应收账款、流动资产、总资产等资产的周转率等情况加以说明。如此众多的内容，必须分条列项，甚至要辅以表格才能说清楚。

个人经历的情况说明，一般是将在哪一时期、在哪、做了什么说明白，要写清楚时间的起止年月甚至日。如有必要，须说明担任的职务、承担的工作。

一般事情的情况说明，要说明原因、经过和结果，把事情的来龙去脉交代清楚。对他人关心、不明白的地方详写，其余则应略写。不是特别需要，一般不作详细叙述、描写，有时甚至只需说明原因（或进程、结果）即可。

③ 落款。在右下方署名，另起一行在署名的下方写日期。如果是单位写的情况说明，须加盖公章。

（3）情况说明写作的注意事项。

① 语言简洁，说明为主。情况说明要根据需要，抓住要点，将他人想了解的情况说明白即可。其他无关的内容、细节，一律不写。以说明、叙述为主要表达方式，一般不作细致的描写，更不议论、不抒情。

② 详略得当，篇幅适中。情况说明书大多由一段或两段构成，篇幅一般都很短。常常只有几十、几百字，不宜过长，千字以上的很少。千字以上的主要用于单位工作情况的说明，虽然是相关的情况都需要说明，但也不应过长。重点部分可分几个段落进行全面说明，其他的略写甚至是一笔带过。

③ 条理清晰，层次分明。虽然情况说明书的篇幅短小，但条理必须清晰，层次必须分明。或按时间顺序，或按空间顺序，或按逻辑顺序，结构井然，清楚明了。

④ 语气平和，不卑不亢。有些情况说明是在自身被误解、甚至被委屈的情况下写的，此时更需要冷静地写明事情的实际情况，而不是言辞激烈地抨击、谩骂或一味地解释、开脱。只要把真实情况说明白了，误会自然就解除了。

⑤ 实事求是，真实可信。情况说明是对实际情况的说明，尤其是有些还是要作为证据或资料，更需要实事求是。如果弄虚作假，就将失去他人的信任，不利于问题的解决，甚至造成更坏的后果。

3. 电子邮件、短信

1）电子邮件

（1）电子邮件的性质。电子邮件（E-mail）是建立在计算机网络基础上的一种通信形式，它利用电子信号传递、存储信息，从而为用户传递文件、影像、视频、图形和语音等信息。

电子邮件即写即发,对方基本上立刻就能收到。还可以同时向多个人发信件,传输几乎是免费的。从理论上讲,电子邮件的内容可以永久地保存。正是由于这些迅速、方便、经济、实用等传统常规信件难以企及的优势,电子邮件已经被越来越多的人接受、使用。

(2) 电子邮件的格式写法。一封完整的电子邮件包括信头和信体两个部分。

① 信头。信头包括收件人,即收信人电子邮箱地址;抄送,可以同时收到该邮件的其他人;主题,概括地描述该邮件的内容,可以是一个词,也可以是一个短语或一个短句。

② 信体。相当于一般信件的内容。其格式写法,与书信完全一致。如果需要,信体还可以附有附件,这是包含在一封信件里的一个或多个计算机文件。它既可以是文字形式,也可以是影像、视频、图像、语音资料。附件可以从信体上分离出来,成为独立的计算机文件。

(3) 电子邮件的写作注意事项。电子邮件在内容、格式上的写作注意事项与一般信件完全相同。或者说,电子邮件就是电子化的信件。

需要注意的是收件人电子邮箱地址的书写必须极其严肃认真,不可有半点疏忽。不必说字母写错,即使是在大小写、有无空格上出现些许差错,邮件都会发错或者发不出去。

2) 短信

(1) 短信的性质。短信是利用手机收发文字、图片信息,交流思想、沟通感情、相互问候、表达情谊的一种交流手段。

随着电子通讯业的发展、手机的普及,手机短信已经成为人们特别是青年人的一种重要交流手段。

(2) 短信的格式写法。短信的格式并不特别固定。与一般信件相比,有如下特别之处。

① 问候语、祝颂语一般情况下都省略。如果彼此熟悉对方的手机号码,称呼、署名也均省略。往往是开门见山,直接说想要说的话。由于是即时传送,日期也省略。

② 由于受字数的限制(每条信息一般以70字为限,最多也不超过150字),短信很少划分段落。语言也尽量简练隽永,力争以最少的字传达尽可能多的信息。

值得一提的是,现在利用即时聊天工具例如微信、QQ,只要有流量或者 Wi-Fi 就能够通过网络与好友即时收发文字消息、表情和图片,不受字数的限制,并提供有多种语言界面。还可以即时传送文件、与朋友视频聊天,沟通起来就更加便利了。

(3) 短信写作的注意事项。

① 突出主题。无论是问候,还是祝福,或者是交代事情,都要目的明确,围绕主题。

② 简明扼要。由于受篇幅的限制,短信不允许长篇大论。

③ 构思别致。现在互相转发的短信很多,只有精巧构思的短信才能让人过目不忘。

④ 富有文采。好的短信讲究文采,要恰当地使用修辞手法。

4.1.3 写作训练

1. 下列各文中均有多个毛病,请指出并予以改正。

(1) 一位毕业生的求职信。

海尔集团负责人：

您好！

我是××学校××专业今年的毕业生，想到你们单位工作，希望你们能安排。

在校三年期间，我学习刻苦，成绩优异，动手能力强，还是学生会干部，不录用我，将是贵公司的一大损失，望你们慎重考虑。

随信附上我的有关材料。

此致

敬礼

×××

2014 年 9 月 5 日

另外，我的普通话很好，有普通话水平测试二级甲等证书。

（2）××单位开具的一份介绍信。

介 绍 信

×介字 0220 号

××集团负责人：

因为我们公司的设备维修不当，导致影响了生产。所以今派我单位张红等（3）人前往你处联系学习设备维修有关事宜。敬请接洽并予以协助。

此致

敬礼

××除尘设备有限公司

2020 年 11 月 10 日

（3）××公司发给吴××工程师的聘书。

聘 书

兹聘请吴工程师为本公司技术顾问，希望不要推辞为盼。此聘。

××公司

2020 年 1 月 1 日

（4）××公司写给赵××的请柬。

请 柬

赵××先生：

为庆祝本公司开业，定于 8 月 8 日举行庆典活动，敬请您光临。

××公司

2020 年 8 月 2 日

（5）周××同学因为旷课写的检讨书。

检 讨 书

尊敬的丁老师：

　　您好！

　　我现在向您检讨，我最近经常旷课到网吧玩游戏，这是严重的违法行为，后果很严重。但是这也不能完全怪我，这几个老师讲课我都听不明白。我睡觉他们还不让，我也没有办法。所以就忍不住去了网吧。我保证以后改正错误，再也不旷课，再也不去网吧了，保证上课认真听课，期末没有不及格的科目。请老师看我的实际行动。

周××

2022年5月12日

2. 练习为自己或将毕业的同学写一求职信。

3. 赵××等五名同学要到燕山石化公司实习，请按照"4.1.2-3-(1)-3"所提供的空白介绍信的格式，以学校的名义为他们拟写一份给燕山石化公司的介绍信。

4. 钱××同学2021年考入××职业技术学院数控技术专业。其父亲做零工的收入是家里的唯一生活来源，家庭经济条件不好。有关部门准备对其家庭给予救助，需要钱××所在的学校为其开具一份在读证明。请参照下面的空白证明信，为钱××写一证明信。

证　　明

　　学生　　　　性别　　身份证号　　　　　　　　该生于　　年九月考入我校
专业学习，学制叁年。现在是我校在校学生。

　　特此证明。

　　班主任：

　　经办人：

　　单位电话：

××职业技术学院学生处（章）

年　月　日

5. 孙××在南宁信息工程职业技术学院计算机系毕业后，自己筹措资金80万元，在××路××号租房一处，欲开办一个名为鑫诺的计算机公司。请代孙××写一开业申请书。

6. 为庆祝××公司与××公司合作成功，××公司准备6月18日10时在长城饭店8楼会议厅举行庆典活动。请代该公司拟一邀请书。

7. 为进一步改进产品质量，提高产品的竞争力，经过协商，××集团聘请了高级工程师李××做技术顾问，期限二年，年薪10万元，海华机械集团董事长叫黄××。请代××集团拟一聘书。

8. 王××在××商场购买了一部××牌手机，买回家后用了3天就出现死机、黑屏等故障。用手机的验证码查询，发现这根本不是××厂家生产的，是假冒产品。王××被骗后要求退货,但该商场百般抵赖,拒不退货。请代王××为此事给消费者协会写一投诉信,王××手中有购机的发票、信誉卡原件。

4.2 条　　据

　　人们在日常生活、学习、工作中,借到、领到、收到或者欠他人钱物时,一般要写张字条交给对方。需要对某件事作简单说明以求达到彼此沟通情况的目的,也要写张字条留给对方。这些作为凭证、进行说明的字条,就是条据。

　　条据基本上可分为两大类,即凭证式条据(如借条、欠条、领条、收条)和说明式条据(如请假条、留言条、托事条),后者也叫便条。

4.2.1　例文点评

1. 借条

借条是向他人或单位借钱物时,写给对方的凭据。

××在财务科借款,写　借条。

例　文　(一)	点　评
借　条 　　今在财务科借到人民币伍仟元(5 000 元)整,系到北京参加国家课题研究会的差旅费预借款。此据。 　　　　　　　　　借款人:×× 　　　　　　　　　2020 年 6 月 25 日	**标题**　居中写条据名称做标题,是条据的习惯写法。 **正文**　具体写明借款数额(大写)、用途。 **署名** **时间**

××在借音响设备时,写一借条。

例　文　(二)	点　评
今借到 　　校学生会音响设备壹套(包括 CD 机、功放机各壹台,音箱肆个),用于新老生联谊会。九月二十一日前送还。 　　此据。 　　　　　　　　　电子系:×× 　　　　　　　　　2020 年 9 月 17 日	开头偏左直接写"今借到",省略标题。正文写清所借物品、借物原因、拟归还时间。 **署名** **时间**

2. 收条

收条是收到东西时写给对方的凭条。

××收到同学所还的音响设备，给对方出具了一个收条。

<table>
<tr><td align="center">例 文 （三）</td><td align="center">点 评</td></tr>
<tr><td>

收 条

今收到××同学归还学生会音响设备壹套（包括CD机、功放机各壹台，音箱肆个），经检查机件完好。此据。

收件人：××（盖章）
2020 年 9 月 20 日

</td><td>

条据名称 居中写（若是单位写的，则叫"收据"）。

正文 具体写明所收物品数量（大写），并写明"经检查机件完好"，以明责任。

署名
时间

</td></tr>
</table>

3. 欠条

欠条是单位或个人在付钱物时，不能全部或部分付清，留给对方的作为如期归还的凭据。

××欠他人钱款，虽然已经偿还了一部分，仍没有还清。为此，他给对方写一欠条。

<table>
<tr><td align="center">例 文 （四）</td><td align="center">点 评</td></tr>
<tr><td>

欠 条

原借××先生人民币壹万元（10 000 元）整，现已经归还陆仟元，尚欠肆仟元（4 000 元）整，准于一个月内还清。此据。

××公司 ××
2020 年 5 月 13 日

</td><td>

标题 条据名称做标题。

正文 写明所欠款项原因、数额（大写）、归还日期。

署名
时间

</td></tr>
</table>

4. 请假条

请假条是因故不能按时上班或上课，需要给单位负责人或学校老师写的条子。

××因有病不能上学，写一请假条给老师。

例　文　（五）	点　评
请　假　条 胡老师： 　　我因昨晚感冒发烧，今天体温仍达 39℃，不能上学，特此请假一天，请老师准假。 　　附：医院诊断书一份。 　　此致 敬礼 　　　　　　　　　　　　学生：×× 　　　　　　　　　　2020 年 5 月 11 日	**标题**　条据名称做标题。 **称谓**　顶格写起。 **正文**　写清请假的原因和时间，语言简洁。用"请……准假"，有礼貌，符合身份。作为凭证，附诊断书一份。 **祝颂语** **署名** **时间**

5. 留言条

留言条是在联系工作、交代任务或暂时无法联系、访问不遇时，留给对方的便条。

××到××公司看望老同学，同学不在，写一留言条留给对方。

例　文　（六）	点　评
小峰： 　　你好！大学毕业十余年未见。今出差到贵阳，特到公司拜访，不遇，甚憾。我要赶今晚 7 时的火车返程，故不能再等你了。留下名片一张，请方便时与我联系。带来土特产一袋，望笑纳。 　　　　　　　　　　　　　　×× 　　　　　　　　　　2020 年 6 月 5 日	**称谓**　顶格写起，无标题。 **正文**　写明留言原因、相关事情，简单、明了，准确。 **署名** **时间**

××到火车站接人，没有接到，给对方写一张留言条放在车站留言板上。

例　文　（七）	点　评
五湖公司的罗××先生： 　　请您抵沪后，到南京路××号××酒店 503 房间找我。联系电话×××××××转 8503。 　　　　　　　　四海公司　严×× 　　　　　　　　2023 年 9 月 10 日	无标题，顶格写对方称谓全称，包括对方的单位名称，以免与他人混淆，正文语言准确、简洁。 **署名**　写清单位、姓名，注明日期。

孙××外出开会,在办公室门上贴一张留言条。

例 文 （八）	点 评
本人外出开会五天,前来交企业法人年检报告书者,请到本楼302房间找赵××办理。 　　　　　　　　　　　　孙×× 　　　　　　　　　2021年4月7日	贴于办公室门上的留言条,写明外出原因(也可不写原因,只写"因故外出"即可)、时间即可,署名、日期如常。

4.2.2　文种指要

1. 条据的适用范围

(1) 与他人发生钱物往来,需要给对方留下书面凭证。

(2) 对某事需要进行简单说明、彼此沟通。

2. 条据的格式写法

1) 凭证式的条据

(1) 名称。在上方中间写条据的名称,表明条据的性质,如"收条""借条""领条"。

(2) 正文。开头空两格,写对方的名字或名称、涉及钱物的数量、原因,也可在开头写"今借到",另起一行开头空两格写正文。在正文后,或另起一行空两格写"此据"二字。

(3) 落款。右下方写出条人的名字或单位名称(盖章),再下一行写出条的年、月、日。

凭证式条据种类较多,因内容不同,在写法要求上也略有区别。

借条和欠条的格式写法基本相同,都应标明具体数量、金额。但欠条一般要将所欠原因略加说明。在借(欠)财物还清之后,应将借(欠)条还给借(欠)方。如果一时找不到或失落,则应由收方给借(欠)方开具收条,以明责任。

收条要求写明什么时间收到何人什么钱物,数量多少。有的还标明原因或用途。如果当事人不在,他人代接收借(欠)财物,也应给对方出具条据(这个条据叫作"代收条")。要写明什么时间、代谁、收到何人的什么钱物,数量多少。

与收条相近的还有领条。领条是到单位仓库或财务部门领东西时用的。要求写明从何处领取到什么物件及其数量、型号、品种,其格式写法要求与收条相同。如果单位有印制好的空白领条,则只按项目要求填写即可。

2) 作说明的条据

(1) 一般不写名称,需要写名称的写在第一行中间(如请假条)。

(2) 正文。开头空两格,简明扼要地写明要说明的事情,交代清楚写给谁、什么事。请假条有称谓、祝颂语,要求同书信。

(3) 落款。右下方署名,注明日期。

常用的作说明的条据有请假条、留言条等。因内容不同,在写法要求上也略有区别。

请假条主要说明请假的原因和时间,要简明扼要。必须要注意的是,请假条是请求准假的条子,用语一定要有礼貌,宜用"请……准假"的字样,如例文(五)。忌讳使用"望……准假"之类的词句。

留言条要注意交代清楚自己的意图和需求,语言要简洁,具体问题一般待面谈。具名和时间比较随便,熟悉的写个姓或对方对自己的称谓加上"即日"就可以了,如在家中留给家人的交代有关事情的留言条,不太熟悉的则应写出全名乃至单位和具体日期。在车站、码头等地留言板上的留言条,也要写全姓名、单位和具体日期,以免因重名而误事,如例文(七)。

此外,还有托事条(请托他人代办事务的条子)、意见条(有一些需要向有关单位或领导提又不能当面提的意见,以便条形式写的条子)等。它们的格式、要求与一般条据相同,在此不一一赘述。

3. 条据写作的注意事项

(1) 对外单位使用的条据,单位名称要写全称。

(2) 款项、物件的数字必须有大写(如壹、贰、叁、肆),数字前后不留空白,后面写上计量单位名称(如元、台、架等),然后写上"整"字,后面或另起一行写"此据"二字,以防添加或篡改。

(3) 不可涂改,写错可以重写一张。如果不得不涂改,改后必须加盖图章或手印。

(4) 文字简明。一般只写明事实即可,不用讲道理,也不描写、不抒情。

(5) 语言准确,避免出现歧义句。如"还欠款5 000元",是"已经归还了欠款5 000元"呢,还是"归还完欠款后,还欠对方5 000元",表意不清。

(6) 书写时不要用铅笔、易褪色的墨水或红墨水,最好用钢笔或毛笔,字迹工整、端正、清楚,不要用草书,以防误认。

4. 说明式条据(便条)与一般书信的区别

(1) 便条是不经过邮局邮寄的一种书信。它一般是托人代转或留在对方可以看见的地方。

(2) 便条一般不用信封,有时为了方便使用信封,也是不必密封的;而一般书信则要用信封密封。

(3) 便条一般是为一件事情而写,较短;一般书信可以说到多个事情,可长可短。

(4) 便条语言比较平实,交代清楚即可;书信可以抒情、议论、叙述、描写。

4.2.3 写作训练

1. 下列各文中均有多个问题,请指出并予以改正。

(1)

借　条

今借到王××先生人民币5 000元整。

借款人:李××

2021年5月24日

（2）

请 假 条

王老师：

　　我今天有事情不能上学，特请假一天。望老师准假。

　　此致

敬礼

学生　周××

2022 年 6 月 10 日

（3）刘××到机场接人没有接到，在机场的留言板上写一留言条给对方。

小朱：

　　到北京后请到长城饭店找我。

刘××

2021 年 10 月 20 日

2. 2021 年 1 月 1 日，高××向霍××借了人民币 10 000 元，定于 2021 年 5 月 1 日前还。2021 年 4 月 29 日，高××将钱款如数还清。请代高××、霍××分别写一借条和收条。

3. 吴××欠××公司人民币伍万元，还了三万元。请代吴××写一欠条。

4. 下面是××学校印制的空白领料单。徐××同学到学校后勤部门领取班级扫除用拖布 2 个，请代徐××填写一份领料单。

领 料 单

领料单位：　　　　　　　　　　　　　　　　　　　　　　　　　年　月　日

品名	规格	单位	数量
用途	领料人	发料人	核准人

5. 办公室秘书孙××为局长周××准备好了明天开会所用的材料，送到局长办公室，局长不在。孙××准备明天早晨 7:00 送到局长家里，请代孙××拟一留言条。

6. 因为在海外的叔叔回国，需要和父母同去沈阳探望，所以杜××两天不能到学校上课。其父亲为此给杜××的老师写了请假条为他请假。请代杜××的父亲写这个请假条。

4.3　启事、声明和海报

　　个人或团体有事要提请公众注意，或者需要大家协助解决，就需要使用公启类的文书。这类文书很多，如启事、声明、海报、通知、通告、布告、广告、讣告等。其中，启事、声明和海报三种文体在日常工作生活中使用频率较高，在本节作为重点予以学习。

4.3.1 例文点评

1. 启事

启事是单位或个人有需要公众了解的事项、协助解决的问题,公开向公众说明,以寻求参与、配合或帮忙的文书。

因单位的名称变动,××省石油总公司××零售公司为此发布了一份有关更名的启事。

例　文　(一)	点　评
  更 名 启 事 　　经上级批准,从8月1日起,我单位的名称由原来的"××省石油总公司××公司加油管理站"更名为"××省石油总公司××零售公司",同时启用新印章。更名后其隶属关系和业务经营范围不变。 　　　　　　　××公司办公室(公章) 　　　　　　　　　2021年8月1日	标题　事由和文种构成,居中写。 正文　交代需要公众知晓的内容。 结尾　署名加日期。因是单位所发的启事,所以加盖公章。

因会议地点发生变化,故××办公室发布紧急启事,将此事通知参会人员。

例　文　(二)	点　评
  紧 急 启 事 　　原定于6月25日下午2时30分在市府礼堂举行《十杰见义勇为勇士大型报告会》,因又有许多单位要求参加,故改于湖滨会堂举行,原定时间不变。 　　敬请转告周知。 　　　　　　　　　　××办公室 　　　　　　　　　2021年6月23日	标题　首行居中写。 正文　简洁交代变动后的会议地点。 结尾　署名和日期。

由于营业地点变动，××邮政局在其原营业地点张贴了一份启事。

例 文 （三）	点 评

迁 移 启 事

各位新老客户：

　　本邮政局从 2020 年 11 月 15 日起，将搬至××街××号新址（中国移动公司××营业厅对面）营业，恭请各位新老客户光顾。谢谢！

　　　　　　　　　　　　　　　××邮政局

　　　　　　　　　　　　　　2020 年 11 月 15 日

标题　首行居中写。

正文　准确、简洁地写明新搬迁的地址，并标明市民所熟悉的参照物。

结尾　署名和日期。

因公司发展的需要，欲招聘有关工作人员。为此，××有限责任公司发布了一份招聘启事，将相关事项告知大家。

例 文 （四）	点 评

招 聘 启 事

　　××省××市××有限责任公司位于××省××市复兴工业区，属私营有限责任公司，主营各种××。因公司发展需要，现招聘普通工作员工数名、管理人员数名、销售人员数名，聘任人员试用期限为×个月。现将有关事项公示如下。

　　一、聘用条件

　　1. 爱岗敬业，有较强的服务意识和奉献精神；遵纪守法，吃苦耐劳，具有全局观念和团结合作精神。

　　2. 有相关工作经验者优先。

　　3. 要求年龄满 18 周岁（2003 年 4 月 1 日前出生）。

　　4. 无违法违纪记录。

　　5. 身体健康。

　　二、聘任要求

　　应聘者须提供一寸免冠照片三张，个人简历及身

标题　首行居中，用较大的黑体字。

正文　首先说明公司的性质、经营范围、招聘原因。次写招聘对象数量、条件。

再写对报名者的要求，以及报名的时间、地点和联系人、联系电话。

份证、学历证书、医院体检证明、住所证明等有关材料的原件和复印件,在××报名,经公司审核通过后进行面试。报名截止日期为 2021 年 5 月 1 日。

联系人:×××

联系电话:××××××

三、聘任期间的待遇

1. 试用期月薪(基本工资)为人民币×元,转正后月薪为人民币×元。

2. 根据工作表现,在年终给予适当奖励。

3. 受聘期间的社会保险(养老、工伤和失业保险等)按公司相关规定执行。

四、聘任程序和时间安排

1. 个人申请:应聘者填写《个人申请表》,并提交相关材料的原件、复印件。

2. 面试考核:2021 年 5 月 2—10 日对审核合格的应聘人员进行面试。并对初选人员的素质和表现进行全面考察,根据面试和考察结果拟定聘任人员名单。

3. 聘任:5 月 11 日公司与受聘人员签订聘任协议。

4. 本文解释权在公司人力资源部。

××有限责任公司

2021 年 4 月 2 日

第三写聘任期间的待遇。

第四是有关聘任程序和时间安排的说明。

结尾 署名加日期。

出租车外出营运至今未归,兰天出租汽车公司写了一寻车启事。

例　文　(五)	点　评

寻 车 启 事

2021 年 4 月 1 日上午 7 时许,兰天出租汽车公司京 B·E××××号红色夏利出租车,由司机王××(男,45 岁)驾驶外出营运,至今未归。该车发动机号为 9750147,车架号为 9708××,车门上印有"兰天出租汽车公司 11015"字样。如有线索,请速与兰天出租

标题 首行居中写。

正文 详细写明出租车的特征,最后写明联系方式并注明"有重谢"。

汽车公司联系。有重谢！

联系电话：(010)6254××××，联系人：王××。

兰天出租汽车公司

2021 年 4 月 2 日

结尾 署名加日期。

出租汽车司机林××，拾到装有钱财的手提包一个，交到××市公安局交通派出所。为此，××市公安局交通派出所登出一失物招领启事。

例 文 （六）   **点 评**

失 物 招 领

某出租汽车司机在 12 月 5 日晚，在车内发现有乘客遗忘的黑色手提包一个，内有钱、物若干。望失主携带证件，前来本所认领。

××市公安局交通派出所

2020 年 12 月 7 日

标题 首行居中写。

正文 写拾到物品的内容，均不精确，且要求认领者携带证件，以防冒领。但大体时间、地点须有，使失者知道可能是自己遗失的物品。

结尾 署名加日期。

2. 声明

声明是公开表示自己的观点、态度，或说明事实真相的应用文，它主要用于较重要、严肃的事情。

因社会保险及住房公积金转移及本人户口、档案等诸多问题，×××自愿要求由他本人自行办理社保开户及缴费事宜。为此，他在报纸上发布声明，表明自己的态度。

例 文 （七）   **点 评**

声 明

声明人：×××

身份证号：×××××××××××××××××××

就社会保险及住房公积金缴纳一事，本人特作如下声明：

标题 居中，用黑体字。

一、因为社会保险及住房公积金转移和本人户口、档案等诸多问题,本人自愿要求由本人自行办理社保(包括五险与住房公积金)开户及缴费事宜。本人确认,××单位在给本人发放的工资中已经包括了单位承担的社会保险及住房公积金费用￥(××)元。

二、本人是自愿采取如上方式处理社会保险的有关事宜,本人承诺不会向社保稽核部门、公积金管理部门、劳动监察部门、劳动争议仲裁委员会或者法院提起关于社会保险的有关申请、立案或监察。否则本人承担滞纳金、罚款等全部损失。

三、如发生社会保险或住房公积金补缴事宜,本人同意将单位支付的社会保险及住房公积金费用退还给单位。

四、本人同意不能以未依法缴纳社保为由提出解除劳动合同及索赔经济补偿金。声明人确认,上述内容均为本人的真实意思表示。

声明人:×××

2021 年 7 月 25 日

正文 分四点写清声明的内容,条理清楚。

署名

日期

某单位擅自制造销售省食品进出口公司××牌注册商标标识,并在同类商品上使用此商标。为此,该公司在报纸上发表严正声明,表明自己的观点。

例 文 (八) **点 评**

郑 重 声 明

××牌白砂糖是××省食品进出口公司于 2010 年依法申请的注册商标,我公司享有此注册商标的所有权。××牌白砂糖是享誉国际市场的名牌产品,深受国内外消费者的信赖。但最近发现有个别单位未经我公司许可,擅自制造销售我公司××牌注册商标标识,并在同类商品上使用此商标。此种行为是违反我国商标法的严重侵权行为。为维护我公司合法权益,经公司授权,本律师郑重声明:

标题 居中,用黑体字。

正文 指出事实真相——"个别单位擅自制造销售我公司××牌注册商标标识,并在同类商品上使用此商标"。指出这是违法的侵权行为,并表明自己的态度——将诉诸法律,追究侵权者的法律责任。态度庄重、严肃。

凡有上述商标侵权行为的单位,务必立即停止其非法行为。否则一经发现,本律师将诉诸法律,依法追究侵权者的法律责任。

××省食品进出口公司

> **署名** 在报纸上发表的声明,所以省略日期。

重要凭据、证明文件丢失,为防止他人冒领冒用,在当地报纸上发布遗失声明。

例 文（九）   **点 评**

遗 失 声 明

> **标题** 居中,黑体。

▲王××身份证丢失,身份证号××××1919631211××××

▲赵××运输公司 2514365 号营运证遗失

▲李××经销公司遗失×××××××号转账支票一张

以上证件、支票声明作废。

> **正文** 具体写遗失物品及显著特征——编号,并"声明作废"。

3. 海报

海报属于一种宣传广告,大多用于向群众发布有电影、戏剧、报告会等消息,有的还加以美术设计。大多在放映或表演场所、公共场所张贴,一般不在报刊上发表。

××大学团委特邀请雷锋同志生前所在连队指导员×××到校做报告,特发海报一份,邀请全体团员、同学踊跃参加。

例 文（十）   **点 评**

海 报

> **标题** 首行居中。

为了进一步推动向雷锋同志学习活动的开展,我校团委特邀请雷锋同志生前所在连队指导员×××来我校做报告。希望全体团员、同学相互转告、踊跃参加。

时间:2021 年 6 月 3 日 14 点

地点:教学楼 501 教室

××大学团委

> **正文** 写明活动内容,时间、地点清楚明确。

> **署名** 报告会前几天张贴,故省略日期。

××职业技术学院体育部组织足球比赛,发出球讯以邀观众助兴。

例 文（十一）	点 评
球 迷 佳 音 比赛者:××职业技术学院足球队—我院足球队 时　间:5月15日(星期六)上午9点整 地　点:校运动场 　　　　　　　　　××职业技术学院体育部 　　　　　　　　　2021年5月12日	**标题**　首行居中。 **正文**　采用条款式,写明比赛者、比赛的时间、地点,简明、清楚。 **结尾**　署名加日期。

4.3.2　文种指要

1. 启事的写作要求

1) 启事的适用范围

(1) 有需要公众了解的事项。

(2) 有寻求公众参与的事项。

(3) 有需要公众协助解决、配合或帮忙的事项。

2) 启事的格式写法

(1) 标题。标题有两种方式。

① 事由加文种(启事)构成,如例文(一)、例文(三)、例文(四)和例文(五)的标题均如此。一些单位的启事还加单位名称,如《长寿保健品公司聘请法律顾问的启事》。

② 直接用事由作标题,如"招兵买马"(招聘启事)、"房屋出租""寻找目击者"。

(2) 正文。写想要启告的事情,包括发出启事的目的、原因。如果是寻人、寻物启事,重点是把所寻的人、物特征写清,更主要的是要把要求写清楚,即希望别人做什么,怎么做。必要时可分段写明。

(3) 结尾。写清启事者的名称、地址和联系方式等。

需要说明的是,实际生活中,有些启事的形式特别简单。如在汽车的后风挡玻璃上贴有"卖车135×××××××××"字样的字条,在营业场所的门前写有"招聘服务员"或者在橱窗上写有"出兑"的字样。这些启事都是利用特定条件,省略的部分不言自明,属于简略式的启事。

3) 启事写作的注意事项

(1) 有醒目的标题,使公众通过标题就能了解启事的主要内容与性质。

(2) 要简练准确,对原因的陈述不宜过详,一两句话带过即可。对特征、要求等重点内容则应写得准确清楚。

（3）单位的启事一般要署名，而个体的启事大多不署名。

（4）启事有的可以贴在路边等公共场所（如寻人、物启事），有的可以根据需要贴在特定地点（如迁址启事可以贴在原址、招领启事可以贴在失物招领处），但大多数启事必须刊登于报刊上（如遗失启事、征稿启事等）。

（5）用语讲求礼貌，恳切有礼，不可使用命令式语气。

2. 声明的写作要求

1）声明的适用范围

（1）很重要、很严肃的事情，需要公众了解。

（2）公开、正式表明对某事的观点、态度。

（3）说明事实真相。

2）声明的格式写法

（1）标题。标题一般有三种形式。

① 只写"声明"，这种形式最多见。有的在"声明"前加修饰语"郑重"或"严正"，以示自己的严肃态度。

② 事由加文种，如《关于××事的声明》《遗失声明》。

③ 发布者、事由加文种，如《××公司关于授权××律师为常年法律顾问的声明》。

（2）正文。简明扼要地写出发表声明的原因、事情的真相和对该事的立场、态度、观点。如果是因被他人侵权而发出的声明，须向对方提出警告、要求，说明为制止事态的继续发展将要采取的措施。包括要求对方立即停止侵权行为，采取一定形式（登报或通过广播，电视公开）赔礼道歉，限期在适当范围内消除影响，说明对侵权方保留追究法律责任的权利等，如例文（八）。对于遗失重要凭证、文件类的声明，要写明遗失的物品及特征。支票要写明号码和银行账号；证件、执照要写明签发机关和编号，然后表示"声明作废"。

（3）署名和日期。有的声明必须署名，如断交声明；有的署名以示郑重；有的不言自明，一般不署名，如遗失声明。声明要刊登在报刊上或在广播、电视上发表，故一般不标日期。

3）声明写作的注意事项

（1）不是对任何事情表态都使用声明这种文体，只有重要、严肃且需要必须向公众表明自己态度的事情才使用。

（2）声明的写作态度要认真，语言要严肃，一般不可使用幽默诙谐的语气。

（3）要注意用语分寸。如有的单位出于对侵权行为的义愤之情，在声明中使用了"本单位一经发现仍有侵权行为发生，必将严惩不贷"等语句，显属不当。因依法制裁是司法行政机关职权范围的事情，被侵权的单位有权依法起诉、但无权惩罚制裁侵权者。

4）声明和启事的区别

（1）重要程度不同。声明的内容一般要比启事重要。失物寻找、招领，用"启事"；遗失证件、支票，则常用"声明"告知作废。征婚常用"启事"，离婚则用"声明"。办公地点迁址，可用"启事"；鉴于本厂商标遭侵权，则用"声明"。招聘使用启事，开除则常用声明。

（2）态度措辞不同。声明的态度严肃慎重，措辞常较强硬。启事则态度礼貌，语言谦和。声明常以"郑重声明""严正声明"等为标题，并常以"声明……"或"特此声明"一类的句式作结语。启事一般没有专用的结语。

（3）写作目的不同。启事的主要目的是寻求公众的参与、配合或帮忙；声明的目的是表明观点和态度，说明事实真相。

3. 海报的写作要求

1）海报的适用范围

有电影、戏剧、报告会、球赛等大型活动消息需要向公众宣传、发布时使用海报。

2）海报的格式写法

海报的格式一般不特别固定。但一般都有标题、正文、落款三部分。

（1）标题。可以用文种作标题，只写"海报"。也可以用内容如电影名、晚会名代替，如"好莱坞大片《当幸福来敲门》""球讯"等。还可以用有吸引力的句子，如"著名歌星×××来我校演出了！"。

（2）正文。要写得简单明了。时间、地点、内容三要素准确、具全即可，其他修饰、溢美之词尽可根据情况随机发挥。

（3）落款。正文如果已有明确的时间和主办单位，署名和时间也可省略。但较正式的仍不可以省略。

3）海报写作的注意事项

（1）标题要醒目、新颖、简洁，最好是能在一瞥之间就把人的兴趣和注意力紧紧抓住，让人深深地被吸引，激起强烈的参与欲望。标题的字要写得大且显眼，大到可以占整幅海报的一半空间。

（2）文字要精练、简洁。看海报的人都想一眼就知道内容，谁也没有耐心、没有兴趣去看长篇大论式的海报。

（3）活动的时间、地点要具体、准确。如"本月10日（星期日）上午8点整"，就不可以粗线条地写"本月10日上午"；"市图书馆二楼会议厅"，就不可以简略地写"本市图书馆"。

（4）内容介绍上必须真实，不可虚假、夸张。

4.3.3　写作训练

1. ××公司生产的"全家福"牌系列家电产品很受消费者欢迎，为进一步在东北地区扩大销售，该公司欲在辽宁寻求一家代理商。在辽宁打开销路后，发现有人冒用公司的名义销售假冒产品。请选择适当文种，就这两件事情为该公司拟两文，告之公众，表明态度。

2. ××职业技术学院学生会准备在本周六举办新老生联谊晚会，请为该晚会拟名并写文告之全校师生。

3. 启事的用途十分广泛，在报刊上搜集10则以上的启事，试比较它们在格式写法上与例文有何不同，看一看除了书中的例文外，启事还可以用在哪些事情上。

4.4 自 荐 书

广义上的自荐书是指人们为了向他人推荐自己而写的书信。狭义上是指大学、中高职毕业生在毕业时为了谋求职业而写的求职信（即本节的"自荐信"）。此处特指大学、中高职毕业生在毕业时为了谋求职业而写的一系列材料的总称。

4.4.1 例文点评

为了毕业后求职、应聘，李××同学在临近毕业之际，设计了一份介绍自己基本情况的简历。这份简历由自荐信、个人简介、学习成绩表、专业介绍、相关材料复印件五部分组成。

1. 自荐信

例 文 （一）	点 评
自 荐 信 尊敬的领导： 　　您好！ 　　我是××职业技术学院电子信息工程专业的2014届毕业生，真诚地希望能成为贵单位的一员。 　　在校期间，我系统地学习了电路基础、数字电路、现代通信等课程。在教学实验、课程设计、社会实习等一系列的实践活动中，我的动手能力得到了锻炼与提高，现已能独立设计制作简单的电子线路。在××电子集团公司实习期间，利用单片机技术为该公司设计的"××型机床自动监测设备"，提高了生产效率，减少了安全隐患，受到了公司的好评。我还初步掌握了 C 语言等汇编语言，能熟练应用 Word、Excel、PowerPoint、Photoshop 等系列应用软件，并且获得了《全国计算机等级考试二级合格证书》。 　　在努力学习的同时，我还注重自身综合素质的全面培养与提高，作为系学生会副主席，我组织策划了一系列的活动，如有 1 000 人参加演出的"我爱我的祖国"大型合唱会等，显示了我的组织能力，得到了学院领导的充分肯定，受到了师生的一致好评，获得了学院的嘉奖。曾两次获得院"优秀学生干部"、两次获得院"三好学生"的荣誉称号，并且在大三时光荣地加入了中国共产党。	**标题** **称谓** **问候语** **正文** 开门见山，简洁地介绍自己的身份，直接切入主题——求职。 **主体部分**，推销自己：①摘要介绍自己所学的重要课程，因后面的"专业介绍"和"学习成绩"中均有主要课程的内容，所以，仅摘选少量重要的科目。②展示自己的能力，包括专业能力和计算机能力。③介绍自己获得的荣誉，证明自己的组织能力强，具有全面的综合素质。④强调政治面貌。

　　我希望能为贵单位的建设添砖加瓦,为贵单位的未来锦上添花。期望能得到您面试的机会!

　　此致

敬礼

李××　敬上

20××年××月××日

2. 个人简介

例　文　（二）

姓名:李××	性别:女	贴照片
出生日期:2000.5.12	民族:汉	
政治面貌:中共党员	普通话:二级乙等	
专业:电子信息工程		

通信地址	辽宁省××市 524 信箱 邮政编码:××××××
联系电话	130××××××××
E-mail	li××860512@126.com
外语水平	具有较强的听说能力,能独立熟练地翻译本专业及相关专业的英文资料,获得国家《大学英语四级证书》。
计算机水平	初步掌握了 C 语言等汇编语言,熟悉 Office 2000 等各种办公软件,能熟练应用 Word、Excel、PowerPoint、Photoshop 等系列应用软件。2019 年获得《全国计算机等级考试三级合格证书》。
获奖情况	2017—2018 学年（下）　三好学生 2018—2019 学年（上）　三好学生 2019—2020 学年　优秀学生干部 2021 年　优秀毕业生
任职情况	2019.3—2020.3 学生会文艺部干事 2020.3—2021.3 学生会文艺部部长
特长爱好	硬笔书法、组织协调、应用文写作
求职意向	电子技术、信息技术,以及与电子信息产业相关的工作 电子设备与系统的研制开发和应用 信息传输、变换、处理等方面的工作 业务管理、市场营销等经济管理工作 专业教学工作

点　评

用表格的形式表述,清楚明了。把对方所需要了解的内容准确明白地写出来。如果没有获奖、任职经历,此二项可以不设。如果在专业、社会实践经历等方面有专长,也可增加相应栏目。

3. 学习成绩表

学习成绩表包括文化课、专业基础课、实验实践课、选修课等。（详细内容此处略）

4. 专业介绍

专业介绍包括培养目标、业务培养要求、学生应获得的知识和能力、主要课程、专业培养方向、毕业生适应的工作范围等。（详细内容此处略）

5. 有关证书、材料的复印件

如获奖证书、证明材料等。（详细内容此处略。）

4.4.2 文种指要

1. 自荐书的适用范围

毕业生为了谋求职业，介绍自己、推介自己，将自己的有关材料归类整理，准备递交给求职单位时使用自荐书。

2. 自荐书写作的格式写法

自荐书的格式写法并不特别固定，一般包括自荐信、个人简介（现在许多人称为"个人简历"）、学习成绩、专业介绍、证书和材料的复印件几个部分。

自荐信在格式上与一般书信相同，只是用"自荐信"（或"自荐书"）做标题，且标题一般用大号黑体或有别于正文但较庄重的字体（如隶书）。

个人简介在格式上与常用的个人简历不同。常用的个人简历，是当事人全面而简洁地介绍自身情况的一种书面表达方式。它的目的是说明自己过去的经历，一般用表格的形式列出起止时间、工作单位、职务、证明人几个部分，简洁填清即可。它一般只要求从高中学习阶段写起，但前后时间上必须要衔接（中间出现断档须说明原因），证明人要可靠。自荐书中的个人简介，是当事人向欲供职单位全面、简洁地自我介绍、自我推荐的文书。它的目的是介绍自己的基本情况、所学的主要专业、所获荣誉以及个人特长，内容较丰富。它一般也用表格的形式列出。表格可根据具体情况自己绘制，以清楚易懂、美观大方、突出重点为基本要求。正如"例文点评"所说，可以根据自己的实际情况适当增减项目，以突出自己的长处为增删标准。

"学习成绩"一般用表格形式列出，可以用学校存档成绩单的复印件。

"专业介绍"一般采取分条列款的方式进行，大多数学校都有，可以参照。

3. 自荐书写作的注意事项

（1）写法灵活，忌硬套格式。安排结构、运用笔墨应遵循古人所说"大体须有，定体则无"的原则。既要考虑一般规律，又要结合自身实际来确立重点、谋篇布局、组织材料，绝不可死搬硬套。

（2）扬长避短，忌泛泛而谈。从群体上看，职业学校的毕业生劣势是阅历较少、知识层次相对不高；优势是学校的专业设置大多贴近企业实际、贴近一线需要，有相当一部分毕业生的动手操作能力较强。从个体来说，每位毕业生的优势与长项又各不相同，如有些学生在上学期间就参加了函授学习或自学考试，很多学生通过了职业技能资格考试。所以，在实事求是、不弄虚作假的前提下,要特别注意扬长避短,从而在竞争中取得优势,打动招聘者。

(3)篇幅适中,忌走极端。自荐信的篇幅要适中,过长或者过短都不好。长,不宜超过一页;短,不可少于半页。过长,介绍自己过细,易使阅读者失去耐心而放弃对你的选择;太短,介绍自己不足,难以使阅读者做出正确的评价,且易使人产生你缺少专长的错觉。

(4)注意语言,忌措辞不当。措辞力求准确、恰当,不宜用口语词、歧义词、生僻词以及不规范简称。句法要求完整严密,一般不用感叹句、省略句,更不能出现病句。语言要简洁,自荐信讲究以事实说话,写作过程即是将事实归纳、分类的过程,文章力避重复、啰唆、冗长,切忌大话、空话满篇。

(5)语气平实,忌浓工重笔。某些地方可以适当使用带有文学色彩的语言,写得较为活泼生动。如可以用"谢谢您在百忙之中抽时间看我的自荐书。您打开了这份简历,就是为我打开了一扇成功之门。"作为开头,但不宜用抒情色彩浓重的词语和夸张等修辞手法。态度既要谦虚又不能谦卑,既要自信又不能自傲。

4. 自荐信与求职信(或应聘信)的区别

(1)自荐信是毕业生根据自身能力和市场需求情况,在对本人求职范围做了考虑判断的基础上,以尽量符合此范围内的单位和职位的需要为内容标准而写的求职书信。在写法上它对适应性的要求较强,对自己的介绍,要以能够适应相应岗位群的知识、能力、专长为重点。求职信或应聘信是当事人向欲供职的具体单位提出求职申请的书信,在写法上针对性较强。根据对方的招聘广告、招聘信息,表明自己愿意应聘其中某一职位的应聘信,是针对欲供职具体单位的一个具体岗位主动介绍自己,要明确、具体、有针对性。根据某单位的具体情况,表明自己希望到该单位工作、谋求职位的求职信,也是针对某一个或几个具体岗位(其范围往往要比自荐信的岗位群窄)介绍自己,也是要根据该单位有关职位的特点、要求来着笔,同样要做到明确、具体。

(2)自荐信的适用面较宽泛,可以是一定范围内的多个单位或职位。它一般没有确定的目标,而是一个岗位群。应聘信则是先确定一个求职目标(求职信是一个单位的一个或几个求职目标),再根据其具体情况来着笔。它只适用于单一的求职对象,即只适合应聘单位的一个具体职务(或者一个求职单位的一个或几个具体职位)。因而,自荐信在写作上注重全面性、兼容性,强调用最简短的篇幅如实介绍自己,并尽可能符合多类单位和职位的需求。求职信在写法上则更强调个别性、针对性,即根据欲供职的具体单位或职位的特点、要求,来着笔介绍自己,突出自己适应具体工作、职位的能力和优势。

(3)因自荐信所用的份数较多,一般采用打印形式。而求职信、应聘信则应采用手写形式,以示尊重对方,表明此信是特为求职、应聘单位所写,忌用打印形式。如果字写得好,自荐信采用手写后的复印件形式当然更好。

4.4.3 写作训练

1. 以例文的格式为参考,根据自己的专长和所学专业的培养目标,为自己设计一份自荐书。

2. 比较本节自荐信的例文与 1.1.1 小节的例文(二)在格式写法及侧重点上的异同,

试把上题的自荐信改写成求职信（或应聘信）。

4.5　综合练习

1. 根据内容和事由，为下列事情选择恰当的文种。

①寻找失物；②征婚；③招聘；④断绝关系；⑤举办舞会；⑥身份证遗失。

2. ××电子集团公司党委拟批准该厂职工欧阳××为中共预备党员，所以派中共党员孙××同志前往欧阳××原来工作的单位——××机床厂调查其过去情况。该厂出具了证明材料，称欧阳××在该厂期间，思想进步，工作出色，无不良表现。试就此事为××电子集团公司拟一介绍信。为××机床厂拟一证明信。

3. 刘××同学毕业前在××润滑设备厂实习期间，通过技术攻关，使该厂生产的WGQM网式过滤器产品质量显著提高，一级品率由原来的91％提高到95％。请代该厂为刘××同学写一封表扬信和一份证明信。

4. 根据下面助学贷款贫困证明格式，帮助需要申请助学贷款的同学写一贷款证明。（政府部门的公章由相关部门加盖）

贫 困 证 明

兹有我乡（镇）（居委会等）××（父母亲姓名）之子（女）李××（学生姓名），于20××年××月考入贵校学习。由于×××原因（每个家庭的具体原因），导致家庭经济困难，希望学校、银行能为其提供国家助学贷款，帮助其顺利完成学业。

20××年××月××日

加盖××乡（镇）人民政府公章或××街道办事处公章

5. 高××在××机械高等职业技术学院机电专业毕业后，筹措资金欲开办一机械加工厂。在资金到位，厂房、设备也安排妥当之后，向工商局提出了开业申请，工商局批准了他的开业申请。为了维护自己的合法权益，他聘请了××律师事务所王××律师为常年法律顾问。一切准备就绪，他拟于2020年5月1日正式开业。请代高××分别拟出开业、聘请法律顾问、邀请亲朋及有关人士参加开业典礼的文章。具体条件如资金数额、工厂名称等，可以自拟。

6. 根据下面的材料，为淮南首创水务有限责任公司写一停水原因的情况说明。

裕安小区××#2502室住户××，自2020年起至2021年7月，长达两年多不交水费。由于该户水表在室内，两年多时间里，抄表收费人员月月上门催交，该户或不开门或不予理睬，拒交水费。依照《安徽省城镇供水管理办法》，淮南首创供水所决定对该户采取停水措施。7月25日上午在对该户实施停水措施时，由于二楼以上用户不愿重新钻墙洞将供水支管碰通，因此造成一天多（7月25日上午10时20分—7月26日上午11时）无法及时供水的情况。住户××迫于多方压力，已于7月26日上午全额支付了拖欠的水费，淮南首创水务有限责任公司的工作人员当即对供水支管进行了修理，现已恢复正常供水。

7. 某校购学生用桌椅 100 套。原价格是每套 70 元,但采购员到供货单位后,发现因原材料涨价,导致该桌椅价格已涨至每套 80 元。经请示领导同意,按新价格购买,但所带钱款尚缺 1 000 元。供货单位同意先将桌椅运走,所差钱款一周内还清。供货单位先打一收条,待货款全部到位后,再开正式收据——发票,请代该采购员写一欠条、代购货单位写一收条。

8. 材料学院××系学生在毕业之际,拟举办一次周末晚会,欲向学校借音响设备一套,并欢迎其他年级的同学参加。请代组织者写一借条、设计一海报。

9. 李××到××局办事,工作人员态度恶劣,工作效率低。几个部门互相推诿,仅仅一个批件办了一周还没有结果。由于该局未能及时审批李希哲所报的批件,导致他在业务活动中蒙受了很大的经济损失。李决定写一投诉书投诉该工作人员,并且想同该局长面谈此事,讨个说法,但该局长当时不在,李准备第二天再来。请代李希哲写一投诉书、写一留言条。

10. 日常应用文的各文体之间,除了彼此间均有区别外,相互间还有或多或少的相同或相近。整体的,如标题(在有的文体中叫名称),一般都是处于首行居中位置,有一些文体则无标题(如留言条)或不一定居中(如海报);称谓都顶格写起,并且后加冒号,但聘书、请柬则可将称谓写在正文中;具名和日期都署在右后方,但有些则不必署名,在报纸上刊发的也不必须标明日期;祝颂语的格式位置在各种书信中是一致的。专用书信大多都有标题,但是投诉书没有;介绍信和证明信都有证明的作用,但它们的侧重点各有不同,一是证明身份,二是证明经历;启事和声明都是有事情要告诉大家,但内容、角度各异,类似的异同点有许多。试列出表格,从格式写法到内容和注意事项,将本章及各节的各种文体予以比较。

第 5 章　科技文书

科技文书是人们在科技活动、科技管理和学术研究过程中使用的应用文书，它包括自然科学、社会科学、经济科学、人文科学、工程技术等多个类别。本章主要学习科技论文、产品说明书等八种常用的科技文书。

5.1　科技论文

科技论文也叫科学论文。它是在科学研究、科学实验的基础上，对自然科学、专业技术领域里的某些现象、问题进行科学分析、阐述，从而揭示这些现象和问题的本质及其规律性的一种议论形式。凡是运用概念、判断、推理、证明和反驳等逻辑思维手段来分析、阐明自然科学的原理、定律和科学技术研究中的各种问题、成果的文章，均属于科技论文的范畴。

根据写作目的和议论方式的不同，科技论文可分为学位论文和学术论文两大类。前者包括理工科院校学生的学年论文、毕业论文和学位论文。后者主要是指科技工作者、科技爱好者撰写的描述有关科学研究、发明创造成果的论文，它一般都提交给有关部门、送往专门刊物发表或在有关学术会议交流。学位论文、毕业论文、专题研究等，在写作格式和写法要求上与其相同，撰写时可参照运用。

5.1.1　例文点评

针对卧式深孔内工件装配困难的问题，刘百宁先生设计了独特的工件吊装工具。为此，他将其研究成果撰写成论文予以发表，对该工具的原理、结构尺寸和使用方法进行了详细的介绍与论述。

例　　文	点　　评
卧式深孔内工件的装配方法研究 刘百宁 沈阳鼓风机集团股份有限公司　沈阳　110869	**标题**　由论述对象和表述特征组成。 **署名**　包括作者姓名、单位、所在城市及邮编。
【摘要】在对卧式深孔内工件的装配难点进行分析的基础上，设计了工件吊装工具。对这一吊装工具	摘要　报道性摘要。简明扼要地介绍了本文的主要内容。

的原理进行了介绍,并确定了吊装工具中杆件与滑子的结构尺寸。对应用所设计的吊装工具进行卧式深孔内工件装配的方法进行了详细论述,并介绍了不同质量工件的拆卸方法。

【关键词】卧式深孔　工件　装配

1. 问题的提出

根据装配工艺要求,有些工件必须采用卧式装配方法来完成装配。但是,由于质量比较大的工件用手工操作无法完成装配,因此需要吊车进行辅助。吊车辅助装配过程中,钢丝绳会与孔壁干涉,使工件无法装配到指定位置。针对以上问题,笔者设计了用于卧式深孔内工件装配的吊装工具。

2. 装配难点分析

对卧式深孔内的工件进行装配,当外部的机壳、端盖和内部的主轴已经装配完成后,需要将一个圆柱工件(图 1)安装到这个由端盖和主轴组成的环形空间内,工件装配如图 2 所示。圆柱形工件装配后,与端盖内孔和主轴外圆均属于小间隙配合,配合尺寸单边间隙为 0.10～0.15 mm。此圆柱形工件质量为 35kg,材料为铸铝。装配完成后,圆柱形工件的端面与瑞盖端面的距离达 482mm,成人的胳膊长度一般在 450mm左右,所以这样的内孔就相当于深孔了。另外,单边的装配空间为 20mm,直径为 640mm,装配空间狭小,不能多人协同操作。工件质量又比较大,即使单人能够抬动工件,也不能保证使工件保持水平。不能保持工件水平,也就不能将工件装配到这个环形空间内,这时必须考虑使用吊车进行辅助装配。

图 1　圆柱形工件

关键词

引言　本文中为"问题的提出",概括说明设计本吊装工具的原因,是由于工作的实际需要而进行的设计。

本论　第一部分是"装配难点分析"。结合图示与具体数字,明确地说明装配工作的难点是单凭人力操作难以胜任,必须考虑使用吊车进行辅助装配。而此时吊装所用的钢丝绳势必会与压板发生干涉,从而导致装配无法顺利完成。因此,必须设计一种专用的工件吊装工具。本部分与引言相互配合,由概括到具体地阐述本吊装工具的设计原因。

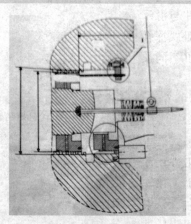

图2　工件装配图

在采用卧式装配的吊装方法时,通常是吊装工件的外圆,而吊装工件外圆的钢丝绳势必会与压板发生干涉,这会导致装配无法顺利完成。

3. 吊装工具结构设计

3.1　结构组成

立式装配与卧式装配的作用是保证装配工件竖直或水平,通常,进行立式装配时吊端面进行卧式装配时吊外圆。

当采用常规卧式装配吊外圆的方法不能够满足装配要求时,需设计新型吊装工具,使常规卧式装配由吊外圆改为吊端面。

笔者设计的吊装工具为杠杆与滑子组成的新型吊装工具,如图3所示。左右两个杠杆串到滑子的两个孔内,并且能够前后滑动,滑子上面有螺纹孔,可以通过吊环起吊,进行吊车辅助吊装。

第二部分,结合图示,分三个方面具体论述了吊装工具的结构设计原理、工作原理与构成。

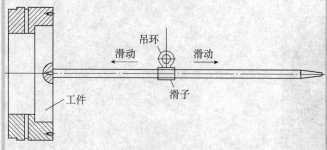

图3　新型吊装工具

吊车将滑子吊起,滑子相当于一个支点,人在滑子的另一侧可施加向下的力 ,使滑子两侧的力大小相等,这样工件就能够保持水平状态了。杠杆、滑子、工件及人施加向下的力,达到相互平衡。

3.2　杠杆

杠杆的前端带有外螺纹,目的是与工件连接。在吊装过程中,杠杆受力弯曲。为了保证工件呈水平状态,杠杆的刚度需要满足在吊装过程中不发生弯曲变形。

从结构上来看,杆件的长度越长,工件的质量越大,杆件的直径就越大,这样才能够保证杠杆的刚度,进而满足装配前后工件呈水平状态。所以,在装配过程中杠杆在不与其他零件发生干涉的情况下,其外圆尺寸应尽量大些。

3.3　滑子

从吊装结构来看,滑子起到相当于杠杆中支点的作用。为使吊装后的工件保持水平状态,以及杠杆不产生变形,滑子的宽度尺寸应该大一些,其他尺寸只要在使用过程中不与其他零件发生干涉即可。滑子外形如图 4 所示。

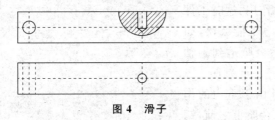

图 4　滑子

4. 装配过程分析

为了保证工件能够顺利完成装配,在装配前必须保证工件的轴心线与其配合的主轴轴心基本保持同心,只有这样,才能顺利完成装配。这是因为工件要送至深孔内部,由于装配空间狭小,若测量时发现圆柱形工件的轴心线与所配合的主轴轴心不同心,则再进行调节就很不方便。端盖与主轴同心度要求非常高,可以用端盖的内孔为基准进行测量。因此,设计制作量规来测量装配后端盖内孔与外圆之间的间隙,用量规对上下左右四个方向的间隙值进行测量并调整,保证上下左右四处间隙基本相等。

在工件与端盖内孔和主轴外圆都保持同心的前提下,由于工件与端盖内孔和主轴外圆均属于小间隙配

第三部分"装配过程分析",对卧式深孔内工件的装配工作过程进行了详细的介绍。

合，配合尺寸单边间隙为 0.10～0.15mm，因此工件就可以随吊车向深孔内移动，到达装配指定位置。

5. 工件拆卸方法

工件安装后，如需要检修或者更换，不同质量大小的工件拆卸方法也不相同。

（1）当工件质量小于 20kg 时，可通过手工操作对工件进行拆卸。

（2）当工件质量大于 20kg 小于 50kg 时，在拆卸过程中，工件会与所配合的主轴外圆脱离。由于工作质量较大，在脱离瞬间仅靠人力将工件接住是不可能的，这时工件在拆卸过程中就很容易与所配合主轴外圆相邻的小外圆发生磕碰，轻者损坏工件，重者伤及人。正确的拆卸方法是：先将杆件拧到工件上，通过人工拉动杆件使其带动工件向外移动。当工件与所配合主轴外圆的轴向配合长度还剩 15～20mm 时，停止拉动工件，然后采用杆件与滑子组成的新型吊装工具，并用吊车予以辅助进行拆卸。值得注意的是，工件与所配合主轴外圆在脱离前，钢丝绳是不能拉紧的。如果钢丝绳拉紧，相当于工件受到一个分力作用，这时工件不会由内孔向外做直线运动。但绳子也不能太松，如果太松，工件与所配合主轴外圆脱离后会坠落到主轴的另一个台阶上，因此，钢丝绳以微微松一点为宜。当工件在与所配合主轴外圆脱离时，工件由于重力的作用会向下脱落，工件坠落到主轴另一个台阶上之前，钢丝绳已经绷紧，这样工件就不会脱落到主轴的另一个台阶上。

（3）当工件质量大于 50kg 时，通过人工由深孔向外拉动工件非常费力，需要采用螺旋调整推拉机构将工件从深孔内拉出来。螺旋调整推拉机构结构简单，只需两块带有两个孔的长方形板、两根螺柱、两个螺母和两根螺栓即可。另外，在端盖平面上加工两个工艺螺纹孔，用于固定长方形板。使用时，长方形板左侧螺母先松开，向深孔内侧拧长方形板外侧的螺母，这时可以通过螺母和螺柱配合向外拉动工件。其余步骤同上述质量为 20～50kg 时的工件拆卸方法一样。

6. 结论

对卧式深孔内的工件进行装配时，通过采用笔者

第四部分为"工件拆卸方法"，针对不同质量大小的工件，给出了具体而且各不相同的拆卸方法。

正文部分，按照逻辑顺序展开，每个部分都是后面部分的前提和基础，结构严谨，逻辑关系十分紧密。

正文的语言也十分准确、得体，如"轴心线""端盖"等科技术语的采用，"比较大的""大于……小于……"等修饰限制性词语的使用，都使得文章显示出科技论文严谨性的特点。

结论　在前面论述的基础上，得出了本

设计的新型吊装工具,解决了工件在深孔内部安装不便的问题。

　　用新型吊装工具代替手工装配,切实提高了装配质量和装配效率,既安全环保,又降低了操作者的劳动强度。这一吊装工具结构简单、实用,易于加工生产制造,应用范围广。

参考文献(略　编者)
　　选自"刘百宁.卧式深孔内工件的装配方法研究[J].机械制造,2018,56(12):93-94+97."

"新型吊装工具,解决了工件在深孔内部安装不便的问题"的结论,并且对这一工具给出了"结构简单,实用""应用范围广"的评价。

参考文献

5.1.2　文种指要

1. 科技论文的适用范围

通过对自然科学、专业技术领域里的某些现象、问题进行科学的观察、分析、阐述或课题研究,对这些现象和问题的本质及其规律性有自己独到的认识,需要将这些科研成果公之于众时使用科技论文。

2. 科技论文的格式写法

科技论文一般由以下十个部分构成。

1) 标题

一般都用大号字印出,上下方均留有一定的空白。拟定标题应注意以下三点。

(1) 简明概括。要少而明确,切实反映论文的内容,避免冗长烦琐。一般中文标题在20字以内为好,如例文标题只用13个字,英文标题一般以10个左右单词组成为宜。如果因内容需要导致标题较长,又不能简短,可考虑加副标题,以引申说明补充主题。这样既可达到表述要求,又起到引人注目且不冗长烦琐的效果。

如《隔离测量器在火电厂分布式网络化状态监测故障诊断系统中的应用》可改为:

火电厂故障诊断系统中的优选监测设备
——隔离测量器在分布式网络化状态下的应用

(2) 准确恰当。题目用词必须准确地表达该文的内容,恰如其分地反映研究的范围和达到的深度。

(3) 传神得体。传神是指标题要尽可能概括主题,引起读者阅读兴趣。得体是指切合研究的内容与水平。不使用口号式(如《×××的应用大有可为、前景广阔》中"大有可为、前景广阔"即属口号式,应删除)或口头语言(如《探讨×××的发展途径》就不如改为《关于×××发展途径的探讨》),使读者一看题目就知内容,就有阅读欲望。

科技论文的标题可以在文章写作之前拟出,也可在文章写成之后确定,而且往往是后者,即先有研究成果或内容,文章写完了,然后考虑加个适当的标题。

科技论文的标题通常由三部分组成:一是所论对象的类别(名称、范围);二是论述的内容;三是该文的表述特征。

如例文的标题中,"计算机"是论述的对象,"信息泄露抑制技术"是论述内容,"分析"是表述特征。再如《浅谈语音电子技术在现代自动化控制装置系统中的应用》《硅压阻传感器稳定性品质的研究》《关节型机器人小臂平衡机构新探》等标题中,其下加"＿"者均系科技工作的内容;加"～"者均为论述的对象;加"．"者均是该文的表述特征。有些情况下标题也可以由其中的两部分构成,如《样条有限条法解多层复合板的动力问题》。

常用的标题一般有两种类型。

第一类是有明显论文标志的。如例文标题即有"分析"作为论文标志,再如"……研究及对策""略论……在……中的应用""……的分析与实践(或分析与改进意见)""关于……问题的商榷"等。

第二类是经验介绍、报告成果性的。如"……性能比……好十倍的材料""……的改进""……方案的选用""……在……中的应用""……的若干方法"。

在拟定科研成果论述的标题时,可参照上述两类标题选用。也可参照注意事项,自拟相应的题目,灵活掌握。应把为论文起导向作用,表述论文内容、吸引读者作为拟定标题的标准。

2) 作者及其单位

作者署名一般署在文章标题下,许多时候还要标明其所在单位及邮政编码。它一则表明作者付出了辛勤的劳动,对成果拥有优先权。二则表明作者要对论文负责,从观点、数据到社会效益等,都要负全部责任。三则便于读者与其进行沟通联系。

署名方法:个人的研究成果署个人名;如果是在集体研究成果基础上撰写的,个人只能以执笔人的身份署名;集体的研究成果,按贡献大小、先后列名;如果参与人员较多,在标题下可将主要人员列出(一般不宜超过四名),其余可在前言或结尾处体现。

3) 摘要

摘要也称提要,是全文的概括与浓缩。位于作者之后、前言之前。

摘要具有简短、精练、完整和不加解释与评论的特点。简短指篇幅短,通常在300字以内(也有较长的,但是多也只能是400～500字)。精练指应囊括文章的精华,高度概括全文的内容。完整指应语意连贯、结构严谨,是一篇完整的短文,可以独立存在使用。不加解释与评论,指只是对内容作忠实扼要介绍,不举例证、不陈述过程、不使用图表。

摘要主要有指示性、报道性及报道—指示性三种。

指示性摘要一般只简要叙述该文所阐述的研究工作的概况或成果,而不涉及具体方法与内容,主要起检索作用。一般用中文只有50字左右,甚至只一两句话。正文内容较多,涉及面较广,即使用300字也难以概括的,或内容比较一般又不能漏掉的,适用于指示性摘要。

报道性摘要则对方法与内容做简要介绍,一般包括主要论证方法、成果和结论。凡是在内容上具有独创性和前沿性的科技论文,如新理论的探讨、新材料的研制、新设备的发明、新工艺的采用等,均适用于报道性摘要,它的行文一般都比较长。

报道—指示性摘要是前二者的综合形式。它主要是在摘要长短受限制,或因文献类型与文体的限制,有必要仅对文献主要内容作报道性介绍,而对其他次要成分只作扼要简介时采用。其行文长短介于报道性摘要与指示性摘要之间。

摘要一般采用第一人称的表达式开头,如"本文讨论了(介绍了、研究了)……"或采用无主句,直接概括全文。摘要不重复标题的内容,标题内容属于摘要内容的组成部分。

4)关键词

关键词是将该文中最能说明问题的、起关键作用的、代表该文内容特征的或最有意义的词概括出来,便于情报信息检索系统存入存储器进行微机管理,以便于检索。它不考虑文法上的结构,不一定表达一个完整的意思,仅仅将几个关键性的词简单地组合在一起(词与词之间有一个字的间隔)。

5)前言

前言又称引言、绪论等。是论文主体的开端部分。它要就论文涉及的内容向读者作初步介绍。篇幅不宜过长。内容可包括研究背景、目的、范围、方法和研究成果的意义、概念和术语的定义等。这些内容不必求全,也不要求详加阐述,点到即可,如例文。

前言贵在言简意明,条理清晰,容易理解。忌自吹自擂,"前所未有""世界先进水平""首创"之类的评价,一定慎用,最好不用,由读者评价为宜。也不要写什么"才疏学浅""请不吝赐教"等客套话,是否才疏学浅读者一看便知。文章观点或论证若有错误,读者自然不会放过,肯定会不吝指出的。

前言的写法一般有以下四种。一是点明主题法,用几句话点出主题来。多用于篇幅较长的论文,通过点题便于读者抓住议论的中心。二是引点全文法。它通过简要的叙述引出本论,切入正题迅速是它的特点。三是交代起因、缘由和过程法。通过交代事实的来龙去脉,引起读者的重视。四是交代重要意义法,论述课题的重要性、必要性,通过解释或强调引起人们对所议论问题的兴趣,主要适合于人们比较生疏的或不注意、不重视的课题。

6)本论

本论又称本文、正文,它是论文的核心和主体,占全文的绝大部分篇幅。论文的重要内容全在这里。由于题材不同、学科不同、研究方法不同,使得论文的写作各异。此处重点介绍两种常见的有代表性的本论写法。

(1)实践型。这种论文以实验为研究的主要手段。它一般包括四项内容。

① 理论分析或基本原理。这一部分要对所作的假定及其合理性进行理论论证;对于分析方法和计算方法加以说明;对于实验的原理也应加以介绍。

② 实验材料与设备装置。这部分中,应该说明实验原材料及其制备方法、化学成分、物理性能。实验所用设备、装置、仪器等,如果是自己特制的,需要给出示意图,要详细说明测试、计量所用仪器的精度,使读者知道实验结果的可信度和精确度。

③ 实验方法和过程。这一部分说明实验所采用的是什么方法,过程如何进行,操作时应注意什么问题,要突出重点,只写关键性步骤。对于以上三项的详略,应以别人能再现文中的实验结果为标准。但应特别注意的是,涉及保密和专利的内容不要写进去。对于这些技术上的要害问题应含而不露,引而不发。

④ 实验结果与分析(讨论)。实验结果就是在实验过程中所测取的数据和所观察到的现象。在写作时,需要对其进一步整理,从中选出最能反映事物本质的数据和现象。必要时可以制成图、表或照片。分析(讨论)是指从理论上对结果加以解释,阐述自己的新发现

或新见解。这是全文的关键。

（2）理论型。主要运用于以理论解析为主的论文，它应包括三项内容。

① 解析方法。它包括前提条件、解析的对象、适用的理论、计算的程序、提出的假设等。

② 解析结果。可用文字论述，也可用图、表、公式等来阐述。

③ 分析（论证）。分析的内容有结果的可信度、误差的评价、所得结果与其他分析结果的比较。对实用对象的有效性，提出自己的见解，指出问题和以后努力的方向等。

例文研究的对象——"计算机信息泄露"的特殊性，决定了该文兼具实践型与理论型的特点，它既有理论解析，更侧重实践应用，具有综合性特点。

7）结论

是全篇的总结，是对论文的全面概括。它不是重述本文的研究结果，而是在其基础上，进一步得出科学的结论，也就是使研究由感性认识上升到理性认识的高度，是论文的精华。

结论的主要内容有：

（1）论文研究结果说明的问题、找出的规律、解决的问题。

（2）论文中对前人或他人有关问题做了哪些检验，哪些与本文研究结果一致，哪些不一致。作者做了哪些修改、补充、发展、证实或否定。

（3）论文研究的不足之处，或遗留未解决的问题，以及对解决这些问题的关键之处和今后进一步研究的设想等。结论的要求是用词准确、语言严谨、逻辑严密。在论述新发现、新见解时，不能含糊其辞、模棱两可，切忌夸大，对那些不能完全肯定的内容在措辞上要留有充分的余地。

有时在正文中已把问题论述清楚了，结论也可以不必另外再写，但应让读者能从内容上感到确有结论。

8）致谢

一项科研成果的取得，必然要得到多方面的帮助，当成果以论文形式发表时，必须对他人劳动给予充分地肯定，并致以谢意。致谢的对象包括指导或协助本研究工作的实验人员，对科研过程、论文撰写提出过指导性意见、建议和帮助的人，对提供实验材料、仪器及其给予了其他方便的人，被论文采用的数据、图表、照片的提供者，资助研究工作的学会、基金会、合作单位以及其他组织和个人等。致谢一般放在结论后，也有部分论文放在文章的前言之前。

9）参考文献

写科技论文，需要引用一些别人的科研成果，这是科研工作连续性的表现。列出参考文献，一方面表明言之有据，另一方面也表现了对他人劳动的尊重。

参考文献名录放在致谢前、后均可。顺序是：①著作：作者、书名、译者、版次、出版地、出版者、出版年；②期刊：作者、文章名、期刊名、年、卷（期）、页码（或起止页）。

10）附录及其他

附录是在文章末尾作为正文主体的补充项目，包括较长的研究资料、重要的数据图表、同正文有关的资料以及修订说明、译名对照表等。

有的较长的论文还有目录，作为论文提纲。尤其是用于学术交流的论文，为方便读者阅读,许多论文都加了目录。目录一般位于作者之后,正文之前。如果使用代表性的符号较多,还要在文前列出符号说明,写清楚各种符号及其所代表的意义。

第8)、第9)、第10)三部分,在论文中不是必需的,可视具体情况决定取舍。如例文即只有"参考文献"部分,而无"致谢"与"附录"。

3. 科技论文的写作注意事项

(1) 目的明确,论点正确。题目要能传神,贴切地反映论文内容;在理论或实际生产上有一定的价值。

(2) 在课题范围内,系统地查阅国内外文献、了解有关科技发展情况。对前人或他人有关的主要研究成果了解全面,理解正确,分析评论和运用资料恰当。有自己的观点与见解,指出所解决的问题和解决问题的途径。

(3) 对本课题的实验方案考虑充分完善,采用的方案正确合理、科学严密、系统完整。所取得的数据充分、真实、可验证,数据处理合理。理论推导正确,计算无误。

(4) 摘要形式选择正确,重要信息精炼而无遗漏,篇幅适宜。采用通用术语和符号。

(5) 结论正确有说服力,有一定的理论高度,体现作者的见解。突出重点,推理严密可信。对研究成果的评价要恰如其分,不言过其实。既要为摘要服务,又不能与其雷同,各有侧重。

(6) 在理论或实践上具有一定的新见解,在测试技术、实验装备、工艺方法或研究角度、方式上有所改进。

(7) 文章结构清楚,文字通顺简练,论述正确、清晰、得体,图表设计规范、精确,逻辑性强。

5.1.3 写作训练

1. 20 世纪 70 年代末期我国引入会计电算化理念,逐渐把电子计算机技术和现代数据处理技术应用于会计工作,实现由电子计算机进行记账、算账、报账以及部分代替人脑完成对会计信息的分析、预测、决策。这种电算化的过程不仅改变了传统的手工会计工作内容,也对会计凭证、账簿等会计档案的保管、保护工作产生了巨大的影响。

随着会计档案存储载体的变化,会计档案的存储类型开始多样化,会计档案的寿命也随之发生了变化,如何提高会计档案保护的技术含量等问题也随之而来。请就此进行调研,写一篇关于"会计档案存储载体的应用"的论文。

2. 收集两篇科技论文,试比较一下它们之间以及它们与例文之间在结构上的异同。

5.2 科 技 综 述

科技综述是对某一特定时域内的某一学科或专题的研究成果、技术成就进行系统的、较全面的分析研究,进而进行归纳、整理和综合叙述所形成的科技性文章。它一般是不加评论地综合介绍已有的科研成果,包括各种学术观点和见解;是针对某一学科或专题在特定时域发表的大量文献进行归纳整理的结果,属于三次文献。

注：一次文献是指新技术、新知识、新发明等新的科研成果的记载和报道，主要包括专著、论文、期刊、科技报告、专刊文献、技术标准、教研书等；在此基础上，经过加工、浓缩后产生的资料，作为查找一次文献的一般检索工具，称为二次文献，包括文摘、索引等；利用一次文献和二次文献归纳、整理并对其研究所形成的资料，称为三次文献。如综述、述评。

5.2.1 例文点评

复旦大学电光源研究所的陈大华先生，在对 LED 的优越性和正在逐步取代热辐射及气体放电等传统光源的现状分析后，介绍了更先进的 OLED 光源和激光光源的原理、特点和应用，作出了它们"在 21 世纪下半叶完全有可能全面取代固态光源"的大胆推断。他在将这些研究进展情况进行了归纳和总结后，运用综述的形式将其研究成果介绍给读者。

例　文	点　评
现代电光源进展的探讨 陈大华 （复旦大学电光源研究所　200433 上海） 【摘要】传统的热辐射光源和气体放电光源正在逐步退出历史舞台，阐述 LED 的优越性和取代传统光源的现状，介绍更先进的 OLED 光源和激光光源的原理、特点和应用。OLED 光源质量轻，厚度薄，体积小，发热低，光色柔和无眩光，材质柔软可任意弯曲，甚至可在其上任意打洞或裁切，也无损它的正常发光，工作时无须特殊的散热措施，尤其适用于大面积面光源和调光速度特快的应用场合；激光光源单色性好，方向性强，光亮度高，在 21 世纪下半叶完全有可能全面取代固态光源。 【关键词】照明　节能　综述 今天，优势明显的 LED 光源正在替代传统光源，据联合国有关部门统计，2018 年全球 LED（发光二极管）光源已取代了 65% 的传统光源，而且更先进的 OLED（有机发光二极管）光源和激光光源已初露头角，下面对这一发展趋势作介绍。 1. 传统光源的更新换代 1.1　白炽灯的淘汰已成为必然 白炽灯已经历了一个多世纪的技术变革及产品更	**标题**　由论述对象和表述特征组成。 **署名**　包括作者姓名、单位、邮政编码和城市。 **摘要**　报道性摘要，简要介绍了本文的主要内容。 **关键词** **引言**　概括介绍本综述得出的研究结论——LED 光源正在替代传统光源，且 OLED 光源和激光光源已初露头角，语言极其简练，内容高度概括。 **正文**　第一部分，先谈传统光源——白炽灯，除了在某些特殊场合、特殊应用、特殊造型，或满足怀旧的感情需

新,随着科技的进步,目前正处于被淘汰的进程中。2007 年 3 月上旬举行的欧盟理事会首脑会议上,欧盟各成员国政府达成了到 2020 年二氧化碳排放量比 1990 年降低 20% 的协议,并一致同意将节约能源、减排废气、保护气候作为未来欧盟社会进步与经济发展的重要战略指标之一,决定两年内在欧盟停止普通照明用白炽灯的生产。我国全面淘汰白炽灯的规划也已启动。自 2007 年开始的逐步淘汰白炽灯活动目前已遍布五大洲。

随着大面积取代白炽灯项目的推进,民用普通白炽灯的市场已逐步萎缩,但白炽灯具有柔和温暖舒适的光谱特性,在某些特殊场合、特殊应用、特殊造型,或对光照质量要求很高的场合还是有其存在价值,怀旧的情怀也会让它的应用延续相当长的时间。

1.2　荧光灯产品逐步被 LED 光源替代

20 世纪 30 年代末,荧光灯发明,至今,始终在不断完善和改进之中,其产品琳琅满目。20 世纪 80 年代初开发了节能灯(CFL)。20 世纪 80 年代后期,出现了高频荧光灯。20 世纪 90 年代,推出了 T5 (16mm)细管径荧光灯,其中,节能灯的形状更是五花八门。但它们的节能能力远不如 LED ,而且其灯内含汞,对环境有污染,因此,处于逐步被性能更优异的 LED 光源完全替代之中。

1.3　高强度气体放电灯受到 LED 光源的冲击和替代

高强度气体放电灯(HID)是目前道路、工厂、体育场馆等应用最多,技术相当成熟,发光效率高的气体光源。尤其以高压钠灯及金属卤化物灯为代表,它们的功率从 70W 到 1500W 最为常见。其中陶瓷金属卤化物灯是 HID 光源发展中引人注目的成果之一。目前,高强度气体放电灯整体虽然受到 LED 光源的冲击和替代,但它的生产和应用仍有较大的市场。

2. 人类进入 LED 光源照明时代

进入 21 世纪,LED 光源进展神速。它体积小,抗振动,亮度高,可调光,低能耗,维修和更换简便,节能环保,寿命长(超过 5 万小时),几乎能满足人类对人造光源的所有期望和要求。

要,它的淘汰已成为必然。

接着谈白炽灯的替代产品——荧光灯,虽然也相继推出了节能灯、高频荧光灯、细管径荧光灯等新产品,但由于它们的节能能力远不如 LED,而且有环境污染,正处于逐步被 LED 光源完全替代之中。

再谈高强度气体放电灯,虽然整体上受到 LED 光源的冲击和替代,但由于技术相当成熟,发光效率高,它的生产和应用仍有较大的市场。

第二部分,紧承第一部分,介绍比白炽灯、荧光灯和高强度气体放电灯更先进的替代者——LED 光源,指出人类已进入 LED 光源照明时代。LED 光源优点很多,进展神速,每年取代传目前，LED 光源已有球泡灯、灯丝球泡灯、日光灯、投光灯、道路灯、隧道灯、洗墙灯、吸顶灯、装饰灯、工矿灯和农业灯等各种用途和规格的产品，而且打破了以前光源和灯具分开的局面，出现了照明器件的新电子产品。

LED 光源正以排山倒海之势取代传统光源，每年的替换率在 15% 以上，尤其是景观照明，LED 光源的应用率已超过所有光源的 95%。LED 在智能照明、智慧城市、非视觉的健康照明和农业照明中将起到举足轻重的作用。

我国现已成为全球 LED 光源最主要生产国之一，已开始收购和兼并国际上著名的照明企业。这是可喜的。但 LED 光源正面临更新的 OLED（organic light emitting diode，有机发光二极管）光源的挑战。国外著名的光源权威公司都在积极开展 OLED 的研发，因此，我们在发展 LED 的同时，不能疏忽对更先进光源科技的关注和投入。

3. 先进的 OLED 光源和激光光源

3.1 OLED 光源

先进的 OLED 光源和激光光源正在异军突起，对此我们绝对不可掉以轻心。OLED 光源的发光原理与 LED 光源的基本类似。根据制造所用材料和工艺，它有将 δ-羟基喹啉铝材料以真空热蒸发工艺涂覆制成的小分子 OLED 光源，以及将高分子聚合物共轭化合物聚乙炔、聚苯胺等材料以旋转涂布或喷墨工艺制成的高分子 OLED（也称 PLED）光源两大类，其基本结构如图 1 所示。

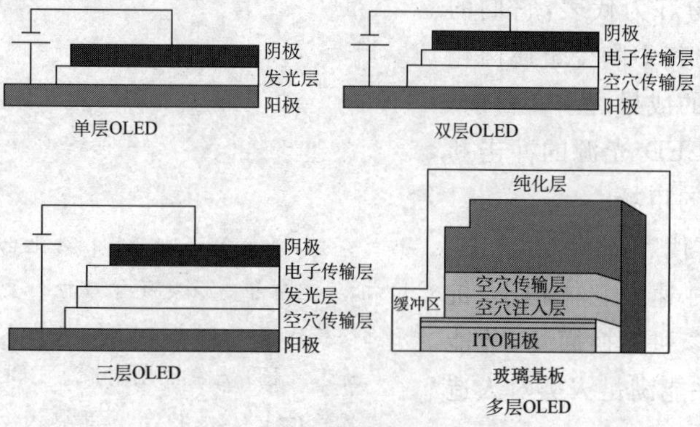

图 1　OLED 的基本结构

统光源的替换率在 15% 以上，但 LED 光源正面临更新的 OLED 光源的挑战，呼吁人们，在发展 LED 的同时，绝不能疏忽对更先进光源科技的关注和投入。

第三部分，紧承上文，介绍了完全有可能全面取代现有光源的两种先进光源—— OLED 光源和激光光源。首先介绍 OLED 光源，它有许多优点，已广泛应用于手机、汽车仪表和电视机等各种显示设备，也正逐步进入照明市场。作者作出预言，在今后的 20～30 年，OLED 光源一定会成为照明光源的主导力量。

OLED 光源质量轻,厚度薄,体积小,发热低,光色柔和无炫光,材质柔软可任意弯曲,甚至可在其上任意打洞或裁切也无损它的正常发光;在工作时无须特殊的散热措施,制造工艺相对简便,无须价格昂贵的金属有机化学气相沉淀设备,制造原材料可用地球上丰富而又廉价的材料等;尤其适用于大面积面光源和调光速度特快的应用场合。目前,OLED 产品已广泛应用于手机、MP3、MP4、游戏机、数码相机、汽车仪表和电视机等各种显示设备,也正逐步进入照明市场。

目前,OLED 光源的亮度、使用寿命、发光效率和价格还需进一步突破,才能引领照明技术的变革和创新,真正成为照明领域耀眼的明珠。可以预计,在今后的 20~30 年,OLED 光源一定会成为照明光源的主导力量。

3.2　激光光源

激光光源(laser light source)是一种利用激发态粒子在受激辐射作用下发光的相干光源。其输出波长范围从短波紫外一直到远红外。激光光源按其工作物质(也称激活物质)分为固体激光源(晶体和钕玻璃)、气体激光源(包括原子、离子、分子、准分子)、液体激光源(包括有机染料、无机液体、螯合物)和半导体激光源 4 种类型。它由工作物质、泵浦激励源和谐振腔 3 部分组成。工作物质中的粒子(分子、原子或离子)在泵浦激励源的作用下被激励到高能级的激发态,造成高能级激发态上的粒子数多于低能级激发态上的粒子数,即形成粒子数反转。粒子从高能级跃迁到低能级时产生光子,光子在谱振腔反射镜的作用下返回到工作物质而诱发出同样性质的跃迁,产生同频率、同方向、同相位的辐射。如此靠谱振腔的反馈放大循环和往返振荡,辐射不断增强,最终形成强大的激光束输出。

激光光源具有以下特点。

(1) 单色性好,比普通光源高 10 倍以上,是一种优良的相干光源。

(2) 方向性强,激光束的发散立体角很小,为毫弧度量级,比普通光或微波的发散角小 2~3 个数量级。

(3) 光亮度高,激光焦点处的辐射亮度比普通光高

接着介绍激光光源。首先介绍了它的定义、分类和工作原理,其次介绍了它的特点。在此基础上指出,它在国民经济的各领域中已得到了广泛应用,在照明领域也正崭露头角,在 21 世纪的下半叶完全有可能全面取代固态光源而成为照明中人造光源的主角。

正文部分,每一部分都是在上一部分基础上展开,整篇浑然一体,环环相扣,逻辑感极强。

10～100倍。

激光光源在国民经济的各领域中已得到了广泛应用，如激光加工、核聚变、同位素分离、医疗仪器（手术刀、凝固器）、检测器光纤通信光源、全息摄影光源、舞台美术光源、电影放映、景观照明、激光视频唱片、激光传真、激光排版印刷、光学计算机、激光武器等。激光光源在照明领域正崭露头角，绽放异彩，它在21世纪的下半叶完全可能全面取代固态光源而成为照明中人造光源的主角。

4. 结语

当今，人们开始熟悉 LED 光源，对 OLED 和激光光源的优势还缺乏充分认识，而照明科技正在异常迅猛地发展。我们应该清醒地看到，在今后三十年左右，LED 光源将会遭遇今天节能灯同样的命运，逐步被 OLED 光源取代，同样地，OLED 光源又会在今后几十年之后，可能会被优势更为明显的激光光源更新取代。在照明光源疾速发展的道路上，认真剖析现代光源科技成果对照明产业的影响，及时调整发展策略，做到生产一代、开发一代、研制一代是不可缺少的重要一环，它对我们进入以人为本的照明新时代，发展智慧照明的新领域有重要的作用和意义。

参考文献（略　编者）

选自"陈大华. 现代电光源进展的探讨[J]. 电世界，2020,61(1):1-4."（有删改）

> **结束语**　在前文的基础上，客观地指出人们认识上的局限，说明被更先进技术所取代是科技发展的必然趋势，强调"生产一代、开发一代、研制一代"的重要性。
>
> **参考文献**

5.2.2　文种指要

1. 科技综述的适用范围

对某一特定时域内的某一学科或专题的研究成果、技术成就，进行系统的、较全面的分析研究，进而进行归纳、整理和综合叙述，以供读者参考时使用科技综述。

2. 科技综述的格式写法

各种综述的目的和服务对象不同，编写时的格式写法也不尽相同。一般来说，科技综述与科研成果论述格式写法大体相同，分述如下。

（1）标题、作者署名与科技论文格式相同。由于涉及面广，内容多，摘要多采用指示性摘要形式。

（2）前言一般包括写作目的、编写原则、供哪些对象参考以及与本课题有关的背景情况(如资料来源、参考单位等),有的还扼要点明正文的基本内容。这些项目不一定求全。如例文的前言就是在介绍本综述研究对象的重要作用、基本思想和分类的基础上,给出本文的主要内容、重点以及相关内容。

(3)正文是科技综述的主体。它深入浅出、广泛而又系统地叙述本课题所涉及的各个方面。综述归纳研究的相关信息。包括以下几个方面。

① 历史回顾。这是纵向地叙述既往状况的内容。如历史的、各阶段的发展状况及特点;本课题原有的基础、水平、条件;有关的理论、概念等。

② 介绍现状。这是横向地归纳当前状况的内容。广泛系统地叙述各方面的既得成果,如理论科研建立的新概念、新理论、新假说;工程技术科研产生的新工艺、新技术、新产品,获得这些内容的途径、方法、条件以及它们的效应、效果等。此外,还要尽量客观地摆出悬而未决的问题,反映不同的学派观点和争论的意见。

③ 发展趋势。介绍目前正在进行的工作,初步的结论或与本课题有关的科研新动向,以及其他能够指示发展趋势的资料信息,但这并不是编者对今后发展方向的设想和推理。

(4)结语是对全文总结,一般是简明地陈述编者在该综述研究中所得到的结论,客观地指明科研发展的趋势。有关本研究的意义、存在的分歧意见和问题等,正文没有叙述过的,也可以写在这部分中。

(5)附录主要标出重要的参考文献,以及根据需要收入的图表、数据、报告等资料。

3. 科技综述写作的注意事项

(1)叙述为主、兼顾全面。科技综述的主要特点一是"综";二是"述"。"综"是指它能比较全面系统地反映国内外某一专业或某一学科在某一特定时域内的发展历史、当前状况及其发展趋势。通过原始文献中的大量数据、资料和主要观点进行归纳整理,使读者可以了解某一专业或学科的概况。"述"是指科技综述只着重于客观叙述,极少或不加作者见解,不提具体建议,也不进行评论。当然,有助于读者理解的评论不在此列,如例文结束语的简短精当的点评。

(2)广泛占有、审慎选择材料。科技综述是以原始文献的资料信息为依据的,需要有大量的、全面的、系统的材料。一旦选题确定后,就要通过各种途径,尽可能广泛地占有材料,并在这个基础上,有目的地将收集到的材料进行筛选、鉴别、分类、归纳,以使资料信息单元化、系列化,这样才有可能恰到好处地选择、使用材料,反映本课题的本质及其内在的规律性。

(3)态度客观、公正。写科技综述,对于原始文献提供的各种资料信息,应客观、公正地加以对待,切不可只选符合个人意愿的自己感兴趣的,自己不感兴趣、不符合个人意愿的就不选,否则,必然会损害科技综述的科学价值和实用价值。写作时,利用作者本人的工作成果,处理要恰当,即使是确实典型的材料,也应严格、恰当地加以选用。如果所占篇幅过多,就失去了综述的意义,而成为个人科研成果的具体报道了。

(4)行文简洁严密、条理清晰。写科技综述的目的,是为一定范围的读者提供某一学科、专业或技术、产品的科研成果的综合材料,以节省他们查阅文献的时间,提高工作效率。为此,科技综述一定要简洁明白,言之有序;条理清晰,言之有物,全面无疏漏,易于读者接受和记忆。

5.2.3 写作训练

1. 大家知道,现代规模的地面战争,总少不了坦克与反坦克武器之间的较量。反坦克武器以击破坦克的防护装甲进而摧毁坦克为主要手段。但在 20 世纪 80 年代后期,爆炸式反应装甲车、贫轴装甲和模块装甲在坦克上的广泛应用,使破甲弹的威力降低了 50%~90%,使坦克的防护能力发生了突破性的进展,特别是 20 世纪 90 年代以来,整体式、外挂式反应装甲的出现,使坦克的防护能力遥遥领先于反坦克武器的杀伤威力。在这种情况下,反坦克武器并没有坐以待毙,而是采用了"避实击虚"的手法,软杀伤反坦克弹脱颖而出。软杀伤反坦克弹的战斗部结构既没有能形成高速、高压、高温金属射流和预制弹丸的聚能装药,又没有依靠动能穿甲的硬质弹芯,更没有能使装甲产生崩落效应的大量高级炸药。由于其弹体结构和攻击对象与常规反坦克武器不同,所以其作用原理和最终效应也完全不同。

试根据下面提供的资料,写一篇关于软杀伤反坦克弹的科技综述。

(1) 黏胶剂反坦克弹,是以黏胶剂为主要装物的软杀伤反坦克弹。它用便携式火箭、导弹发射或运载。当在坦克周围或坦克的上方爆炸后,产生粘接性能极强的而且不透光的黏胶剂云雾团。胶雾随空气进入坦克发动机,在高温条件下瞬时固化,使气缸活塞动作受阻,导致发动机熄火停车,从而失去机动性能。另外,当黏胶剂到达坦克的各个观察窗口时,直接干扰坦克乘员的视线,使驾驶员看不清道路,无法沿攻击方向前进,车长看不清战场的情况变化,无法正常指挥,射手无法准确搜索、跟踪和瞄准目标,难以进行有效的战斗射击,从而使整个坦克丧失了战斗力。

(2) 乙炔是由二碳化钙与水接触后产生的一种可燃气体,它能与空气组成爆炸性混合物,接触火花即可爆炸,其爆轰压力与环境温度有关,温度越高爆炸就越猛烈。乙炔反坦克弹就是根据这一性质设计的。该弹体内有两个单元,一个单元装水,另一个单元装二碳化钙,爆炸时产生大量乙炔与空气混合,形成混合气体。当坦克发动机气缸吸入混合气体时,在气缸内的高温下产生大规模爆炸、可彻底摧毁坦克的发动机。据实验证明,使用一枚0.5 公斤左右的乙炔榴弹,足以阻止一辆坦克的行动。

(3) 众所周知,阻燃剂是随着减少火灾损失的研究而发展的。然而,近一两年来,国外研制开发的一大批新型阻燃剂,为阻燃剂反坦克的研制提供了基础。装填以阻燃剂为主的反坦克弹,爆炸后可在坦克周围形成阻燃剂雾云,把空气中的氧气"吃掉",使进入坦克发动机内的空气脱氧,造成发动机窒息停止工作。目前美国正全力以赴地研制阻燃剂反坦克弹,并且认为该弹是对付集群坦克效果最佳的软杀伤反坦克武器。

(4) 泡沫反坦克弹被称为"反坦克障碍物",其弹体内装填的主要是漂浮性好的泡沫,如聚苯乙烯、聚乙烯、聚氯乙烯聚氨酯等硬质闭孔泡沫塑料。爆炸后很容易在空气中形成悬浮云团,并能持续一定时间。将其发射到敌方集群坦克的必经之路上,可形成一道泡沫体云墙,以很高的速度被坦克发动机吸入,堵塞发动机进气活门,迫使坦克熄火,造成集群坦克受阻,而处于被动挨打的境地。该弹用于狭隘路口,与伏击战术配合使用,可彻底消灭敌人。

(5) 金属纤维是一种可做成细如牛毛的良导体金属材料,用这种良导体为主要装填物的反坦克弹叫作金属纤维弹。该弹不仅便携式反坦克武器可以发射,而且各种火炮、坦克炮均可发射。发射后在弹丸爆炸的瞬间,金属纤维在爆轰力的作用下,变成好多的纤维或金属粉,构成金属灰尘烟云,使坦克的绝缘器材短路而失效,电台不能正常工作,发电机不发电,射击电路失控,火控系统失灵……

(6) 微波通信干扰弹除了有一般炮弹的弹体、炸药和引信外,还有一个波纹管,弹体直径较大,一般由能发射超口弹的装置或导弹运载。当在集群坦克中爆炸后,爆炸物沿波纹管纵向传播,在波纹管不断的破碎过程中,不断加大波纹脉部的强度,形成高功率的微波束照射坦克,造成一种特殊的破坏效应。如破坏或干扰坦克与坦克间的通信联络,引爆车内弹药室,使车体内乘员的器官受到不同程度的损伤……据报道,美国特种部队目前正在试装便携式微波通信干扰弹,英国、俄罗斯等正在加紧研制该弹。

(7) 近期美国陆军军械研究、开发与工程中心投入大量人力、物力和财力研制激光榴弹,现已定型散射辐射和定向辐射两种激光榴弹。该弹通过高爆振荡加热惰性气体而发出高效激光,使坦克的光学瞄准镜、激光测距机、自动武器的目标探测系统和电磁系统不能正常工作,又能使坦克乘员晕头转向、眼花缭乱、瞬时失明或永久失明。

2. 收集两篇综述,试比较一下它们与例文在结构、表述上的异同。

5.3 科技报告

科技报告是科学技术报告的简称,又称研究报告、报告文献。它是对科学、技术研究结果或研究进展情况的记录,是科技工作者围绕某一科学技术专题进行实验、观察、调查、研究后形成的正式科研成果报告,或者是对某项课题研究进展情况的实际记录。它的内容几乎涉及整个科学、技术领域和社会科学、行为科学以及部分人文科学领域。它包括可行性研究报告、研究成果报告、生产情况报告、技术经济分析报告、考察报告、实验报告等,是科技工作中使用较为广泛的一种文体。本节主要学习考察报告、实验报告、技术报告三种。

5.3.1 考察报告

科技考察报告是通过亲临其境的考察,取得大量的材料并对其进行研究、整理,运用通俗易懂、明白入理的文字直接描述、记录其所见到的科学技术事实,并分析其结果,为科技工作者传达科技方面的最新发展动态,进而为科研提供情报线索的科技文体。

科技考察报告根据考察内容可分五类:技术考察报告、科技项目考察报告、科技情况考察报告、科技会议考察报告和学科研究考察报告。常用的是技术考察报告和科技项目考察报告。技术考察报告是为了解决实验技术或生产技术上的某一难题,通过参观、考察、学习后写出来的,下面的例文即为技术考察报告。科技项目考察报告,是以了解和获取技术信息与资料为目的,就专题专项进行实地现场考察之后,写出的书面报告,例文从略。

1. 例文点评

为了解决本厂由于技术原因而导致能源浪费、污染环境的实际问题,新立电厂考察团对华能珞璜电厂气力除灰控制系统进行了全面的考察。考察后,写出一份考察报告供领导参考。

例　文　（一）　　　　　　　　　　　　　点　评

华能珞璜电厂气力除灰控制系统考察报告

新立电厂考察团

我厂自建厂以来，除灰系统一直采用水力除灰方式。这种方式在20世纪90年代，尚称先进。但随着时间的推移，其弊端日渐明显起来，尤其是在我市水资源十分短缺的今天，水力除尘浪费能源、污染环境的问题，已成为制约我厂进一步发展的首要因素。为解决这一技术问题，2012年10月20日，我们考察团一行五人，在总工程师汪智永的带领下，对华能珞璜电厂气力除灰控制系统进行了为期一周的考察，收获很大。该厂的气力除灰系统对我厂的技术改造具有很大的借鉴意义。

前言　首先，交代考察原因、目的、对象、时间、考察团组成人员等内容，语言通俗易懂。

在考察中，我们采取听取介绍、实地参观和研究该厂提供的技术资料相结合的办法，侧重对除灰系统的工艺流程和控制设备两个方面进行了考察，结果如下。

其次，交代考察方法和重点。

1. 系统概述

华能珞璜电厂一期工程总装机容量为两台360MW燃煤机组，从法国阿尔斯通公司全套引进技术和设备，其原有除灰系统为水力除灰。由于水力除灰消耗大量能源，又污染环境，更不利于综合利用，所以为了综合利用粉煤灰，为三峡工程提供优质粉煤灰，珞璜电厂对除灰系统进行了较大规模的改造。新的除灰系统采用气力式除灰，具体方案是利用负压系统将灰斗的飞灰收集到中转库，输送距离约100米，再利用正压仓泵系统将中转灰库的干灰输送到厂外的灰库，装车运走，输送距离约800米。因此，除灰系统由两部分组成：负压收集，正压排送。用了E型排灰阀切换门。

考察细目　首先，介绍华能珞璜电厂除灰系统的基本情况，包括原有的除灰系统为水力除灰，新采用气力式除灰系统的目的、具体方案。这些，都与本源电厂的情况相同或相似，为结尾的结论奠定基础。

新方案的优点是：厂区内为负压除灰系统，消除漏灰、飞灰现象，利于保证环境卫生；厂区外为正压输灰系统，保证输送距离和出力，而且利用旋风分离技术，将粗灰与细灰分离，生产出优质粉煤灰。

其次，介绍新方案的优点。

1#机除灰系统工艺流程如图1所示，2#机同样。

每台锅炉的电除尘器设有三个电场，共 12 个灰斗分 A、B 两侧。每个灰斗下设一个 E 型排灰阀，灰由 E 型阀进入灰支管，经支管隔离阀进入总管，经管线切换门进入中转仓上部 A 线和 B 线旋风分离器，使粗灰分离进粗灰中转仓，细灰通过布袋除尘器进细灰中转仓，空气由真空泵排入大气。灰进中转仓之前要经过两级锁气阀隔离，其目的是不破坏真空系统。为了保持电除尘器灰斗和中转仓内的流动性，分别设有电除尘器灰斗和中转仓气化风系统。

结合图示，以 1# 机为例，具体说明华能珞璜电厂气力式除灰系统的工艺流程。以"2# 机同样"一句话，就将 2# 机的情况一笔带过，语言十分简洁（主体部分开始就说明"华能珞璜电厂一期工程总装机容量为两台 360MW 燃煤机组"）。

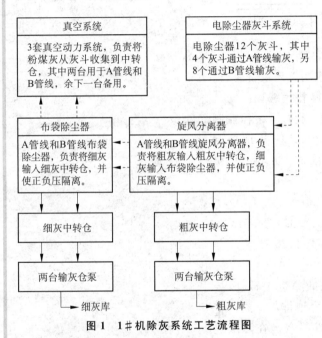

图 1 1# 机除灰系统工艺流程图

介绍气力式除灰系统的控制设备情况，同样结合图示，说明控制技术的核心、构成和监控管理方式，各控制设备的作用、工作原理与监控管理过程。

2. 控制设备

除灰系统的核心为日本 OMRON 公司的 C200H 系列可编程控制（PLC），用于对现场设备的检测和控制。采用上位机对整个工艺系统进行监控和管理。

除灰控制系统的构成如图 2 所示。

各控制设备的作用说明如下。

intel 工控机：P133、32M 内存、2.1G 硬盘、20 英寸显示器、Windows 95 INTOUCH 5.6B 监控软件、LSS 控制软件。

工控机作为上位机在此主要负责控制系统的管理，监控工艺流程，显示被控对象状态，显示测量参数趋势图、实时图，越限报警，打印故障信息、运行报表

上述两个部分是全文的重点，专业性极强。两个部分均采用分列小标题、按照工作顺序说明，并且辅以图示，清楚明白；大量使用专业术语，如"E 型排灰阀""料流""负压"等；语句简明扼要，详而不繁。

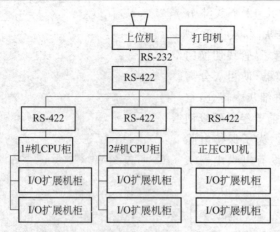

图2 除灰控制系统构成图

等,还能够通过键盘或鼠标操作来控制工艺设备运行,也能够编制 PLC 的梯形图控制软件,替代编程。

LC 可编程控制器:采用 C200H 系列可编程控制器负责系统的在线实时控制。三台 PLC 分别控制1♯机负压、2♯机负压和正压输送系统。并与上位机通讯,构成分散型控制系统。

LC 的配置:PLC1:DI＝160 点、DO＝192 点、A/D8路;PLC2:DI＝160 点、DO＝192 点、A/D8 路;PLC3:DI＝160 点、DO＝192 点、A/D8 路;共 1180 点。

（1）负压收集

本系统利用真空泵将灰斗的灰收集进中转仓,控制系统控制灰斗自动按顺序一个一个地排灰。当一个灰斗排空时,自动切换到下一个灰斗排灰。在除灰过程中,真空泵入口负压是很重要的参数,根据该压力值进行相应的排灰动作。

① 启动后,当负压上升到 35kPa 时,延时 2 秒,灰斗排灰阀打开,进行排灰。在排灰过程中,压力不断波动,但应保持在 30kPa 至 70kPa。

② 压力下降到 30kPa 以下时,表示灰斗的灰已经排空,延时 2 秒,自动跳到下一个灰斗,当压力再上升到 35kPa 时,下一个灰斗开始排灰。循环进行①、②两步,直到所有需排灰的灰斗全部排空,系统停止。

在负压收集系统中,旋风分离器和布袋除尘器是关键设备,阀门动作十分频繁,该部分用一个单独的子程序控制。系统启动,三通平衡阀使收尘器 A 室与中间室 B 相通,让 A、B 两室压力平衡;延时 3 秒,收尘器上阀打开,灰进入中间室 B;延时 28 秒,收尘器上阀关闭;延时 1 秒,三通平衡阀使中间室 B 与中转仓相通,使两者压力平衡,同时打开收尘器下阀,中间室 B 中灰落入中转仓;延时 23 秒,收尘器下阀关闭;延时 1 秒,三通平衡阀又使收尘器 A 室与中间室 B 相通,第二个循环开始。这个子程序就这样循环运行,直到系统停运。

（2）正压排送

正压系统由 6 台正压仓泵和 3 台专用空压机组成,其作用是利用正压仓泵将中转仓的灰输送到 800 米外的灰库,每个中转仓设两个仓泵,一套 SLC500TM 可编程控制,A、B 仓泵交替工作,A 仓进灰,B 仓输送,其工作流程如图 3 所示。

从两个方面介绍该系统的技术特点,也是说明其技术上的优点。

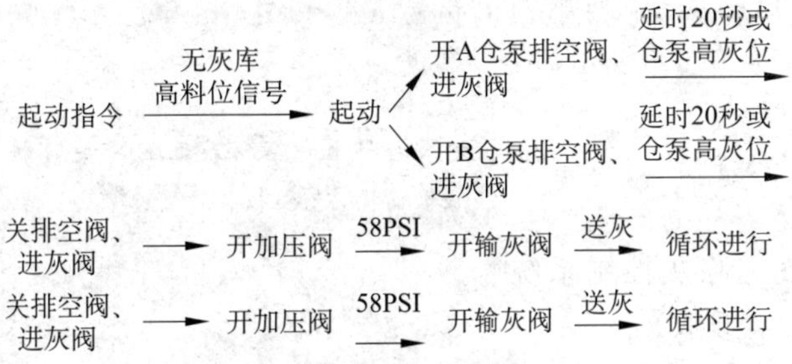

图 3　正压排送系统工作流程图

为保证系统的可靠运行设置了一些热工报警信号。

① 布袋除尘器内设布袋差压变送器,检测布袋堵塞或破裂故障。当布袋除尘器差压高时,主控盘报警,若报警 10 秒内未消失,禁止灰斗继续排灰,真空破坏阀动作。如果 10 分钟内故障三次,系统停运。

② 真空泵入口管线料流高,也说明布袋破裂,控制盘报警,真空泵停止,系统停运。

3. 技术特点

（1）控制系统运行可靠,检修维护量小。

该系统采用分散型控制,每个 PLC 只控制一部分相对独立的系统,减小故障的影响面;PLC 输出控制电磁阀的模块采用继电器隔离输出模块,避免电气干扰;电源采用 UPS 供电,提高电源系统的可靠性;输灰管道的压力变送器选用远传隔膜式,防止飞灰堵塞取样管,提高信号的准确性。

（2）人机接口配置合理，操作方便。

该系统既有常规控制仪表盘，又有上位机系统。两者均可单独完成系统的控制任务，互相备用，相互联锁。常规仪表控制盘上设置有马赛克等，可以形象、直观的显示系统的运行状态。上位机上设有监视画面、操作画面、报警画面、历史趋势画面，便于故障分析。

控制系统在设备附近设有就地操作箱，当设备检修时，便于操作。

总体来说，珞璜电厂除灰控制系统运行可靠，控制手段先进，为电厂除灰系统高效安全运行提供了保障。

结论，控制系统运行可靠，控制手段先进，技术与经验可以借鉴。

通过对考察结果的分析，我们认为，华能珞璜电厂有关设备情况与我厂相近，我厂可以借鉴其先进技术与经验，对我厂的除灰系统进行改造，达到减少能源消耗、降低污染、综合利用粉煤灰一举三得的目的。

附录　　（略　　编者）

附录　附上考察所获取的有关资料。限于篇幅，选入本书时省略。

选自"曾梁栋. 华能珞璜电厂气力除灰控制系统[J]. 自动化博览，1990(5)：12-14."（有删改）

2. 文种指要

1）考察报告的适用范围

（1）对外国、外单位的先进技术、新的科技项目、科技发展情况考察后，将考察取得的大量的材料进行研究、整理，向上级进行报告时使用考察报告。

（2）对某一国家某一学科或几个国家某一相同学科进行考察后，将其对同行或公众进行报告时使用考察报告。

（3）科技研究人员为了某一科研目的，通过实地考察，将得到研究成果对同行或公众进行报告时使用考察报告。

（4）在考察各种科技会议后，为完整地反映科技会议所取得的成果而写综合材料时，使用考察报告。

2）考察报告的格式写法

技术考察报告和科技项目考察报告的目的性很强，其写作格式包括题目、作者署名、前言、概述、考察细目和附录。

（1）题目。大多由考察的技术加上"考察报告"构成，一般在20字以内，如例文。

（2）作者署名。位置在题目下面。如果是团体考察且人员较多，可只署考察团名称，组成人员介绍放在前言中，例文便是只署考察团名称，且在前言中只写带队人之名。

（3）前言。简单交代考察原因、目的、地点、单位、时间、技术等。也可简单介绍考察团的名称和组成人员。若单位过多,可只写代表性单位名称和单位总数。

（4）概述。可以同前言结合在一起写,也可以单独写。主要交代考察的总体情况,对考察的内容收获作综合的介绍。对出国考察项目,还应结合国内的现状进行对比分析。这一部分是上级主管部门和管理人员比较关心的问题,要尽量写得通俗些,少用专业性很强的术语。国内外情况比较、本次考察对解决技术难题的实际意义都应写清楚,给读者一个有关本次考察的整体印象。

（5）考察细目。为报告的主体,一般由两部分组成。

① 考察方法与内容,详细介绍考察了哪些具体内容,采取了哪些考察方法。

② 考察结果与分析,就是对所考察的内容得出了什么结论,对不同单位、不同方法比较分析,各自具备的优缺点和可供借鉴之处,并提出自己的见解和明确的意见。如不能马上得出结论,也不应勉强,可留待以后进一步考察后再作结论。

这部分是同行专业学者和科技人员所关心的,应该使用专业术语,语句尽量简明扼要,内容不论深浅,尽考察所得,尽量写全,可以把考察内容分成若干条,逐条详细介绍。关键地方还要辅以图表照片公式。

（6）附录。附上考察所获取的有关资料,如工艺、技术、数据、设计图纸或有关草图,以及参考文献。

3）考察报告写作的注意事项

（1）必须通过亲自考察,运用各种方法得到丰富的第一手资料。参考文献只能用作考察研究的辅助,切不可将参考文献作为报告资料的主要来源。

（2）考察进行之前要广泛阅读有关文献,查阅有关资料,了解前人和他人在这方面都做过哪些工作。只有掌握了尽可能多的信息,才能把考察工作搞好。

（3）考察目的要明确、具体。考察进行之前就要清楚此次考察的对象、范围、重点乃至目标,以减少考察的盲目性和考察中的被动性。

（4）对事的阐述要有条理,可以采取分条列项的方式,尽量使层次分明,语言简练。而且不能单纯地罗列资料,在阐述事实的同时,要进行科学的分析,以期得到科学的结论。

（5）表达手段要丰富灵活。为使阐述的事实清楚、明确,不生歧义,给人完整准确的印象,在需要之处,要恰当地运用图表照片公式等多种表达手段,使科学性与艺术性相统一。

5.3.2　实验报告

实验报告是科技实验报告的简称,是描述、记录某一研究课题的实验过程和结果的科技报告,是科研人员向社会公布自己的实验结果的一种科技文书。

1. 例文点评

为降低冶金电炉的石墨消耗,本溪冶金专科学校的朱新宁等人进行了认真的实验研究,找到了一种新的解决方法。他们写出实验报告,在学术刊物上报告了其实验方法与结果。

例　文　（二）

点　评

防止石墨电极高温氧化的实验研究

朱新宁　吴国玺　林君

（本溪冶专　高职专　辽宁本溪　117022）

【摘要】通过对石墨碳极高温氧化失重实验，对石墨电极高温防氧化机理进行了初步研究。采取向电极表面直接喷防氧化溶液的方法迅速降低石墨电极表面温度，并在电极表面生成连续、均匀的防氧化膜，显著提高石墨电极高温抗氧化能力，达到降低石墨电极消耗的目的。

【关键词】失重实验　石墨电极　高温氧化

1. 前言

石墨电极主要用于电弧冶金，作为导电的消耗材料，其消耗费用占电炉炼钢冶炼成本的 $10\%\sim15\%$。

近年来为提高电炉生产率和降低电耗，电炉均采用高负荷作业，电极表面氧化消耗趋向越来越大，从而进一步增加了电极消耗和冶炼成本。在电炉炼钢过程中，造成石墨电极消耗的因素很多，其中高温条件下，电极侧面表面氧化消耗约占总消耗的 $50\%\sim70\%$。因此，采取适当办法控制电极侧面氧化消耗，进一步降低电极消耗，仍是广大冶金工作者努力探索的课题。

2. 石墨电极防氧化的机理

石墨电极侧面氧化主要是由于在炼钢过程中，石墨电极表面受热，炉内氧化性气体与石墨电极产生氧化反应（见表 1）。在不同条件下，石墨电极的氧化方式也有所不同。表 1 中（1）和（2）两个反应为主要反应，氧化所生成的 CO 和 CO_2 混合气体再分别与氧及石墨作用，产生（3）和（4）二个副反应。在较低温度下，混合气体中的 CO 与炉气中的 O_2 反应，生成 CO_2。在较高温度下，混合气体中的 CO_2 及由燃烧生成的 CO_2，可以直接与石墨电极反应，生成 CO 再向炉中扩散，同时被炉气中的 O_2 燃烧。可见，石墨电极不仅被炉中的 O_2 所氧化，高温情况下也被 CO_2 所氧化。若提高石墨电极表面温度，增加炉内氧化性气体含量（或

标题　以实验内容作标题，明确、醒目、简洁。

署名　由作者姓名、单位、地址、邮政编码组成。

摘要　报道性摘要，简要说明实验内容、方法和结论。

关键词

前言　说明本实验的研究背景和目的。在电炉炼钢中，作为消耗材料的石墨电极，其表面氧化消耗趋向越来越大，导致冶炼成本增加，因此要采取适当办法降低电极消耗，从而降低炼钢成本。

正文　阐明实验机理。介绍本实验所依据的科学原理。说明石墨电极侧面氧化的主要原因及其氧化方式，采用文字说明与列表格相结合的方式，指出炉内的温度越高、气体含量越大，越有利于石墨电极的氧化，石墨电极中的孔隙也是增强石墨电极氧化的重要因素，由此提出了降低电极表面温度以达到降低电极消耗目的的实验设想。

气体流量),则有利于石墨电极氧化。另外,石墨电极属于多孔固体,它在制造过程中会产生25%～30%的孔隙度,这些孔隙使氧化反应界面积增加,同时成为氧化性气体向石墨电极内部扩散的通道,这将会加速石墨电极氧化。随着氧化不断向石墨电极内部发展,电极不断被消耗,其结果造成电极外部尺寸不断缩小,总体积不断收缩,电极变成"纱锭状",这种变形有使电极表面电流增大的倾向,从而进一步增强了石墨电极的氧化。采取直流供电形式,可以减轻这种倾向。

表1　石墨电极氧化反应方程式、标准自由焓和反应条件

序号	反应方程式	标准自由焓 ΔG^0/(J/mol)	反应条件
(1)	$C_石 + O_2 = CO_2$	$-394\,762 - 0.84T$	供氧充足
(2)	$2C_石 + O_2 = 2CO$	$-225\,754 - 173.04T$	供氧充足
(3)	$2CO + O_2 = 2CO_2$	$-563\,770 + 171.35T$	低温、足氧
(4)	$C_石 + O_2 = 2CO$	$172\,130 - 177.46T$	高温、缺氧

根据石墨电极的氧化特性,可以采取降低电极表面温度,防止氧化性气体侵入石墨电极表面和延缓电极氧化反应进行的时间等方法,达到降低电极氧化消耗的目的。

实验工作条件及方法

(1)实验工作条件

全部实验均在高温防氧化失重测试仪上进行(参见图1)。主要设备及技术参数由表2所示。采用$\phi25mm\times300mm$石墨电极试样。试验前,全部试样在干燥箱内吹氩恒温进行干燥处理,充分去除试样内的水分。

表2　主要设备及技术参数

序号	设备名称及型号	主要技术参数	备注
1	高温防氧化失重仪	$\phi70mm\times400mm$	
2	直读式精密电子天平(MD100-1型)	感量 1mg 线性误差 $\pm0.0015g$	
3	温度控制流量计(DRZ-2型)	温度范围 －1300℃	
4	转子流量计(LZB4型)	可调范围 0～0.16m³/h	
5	气体过滤装置	可去除 CO_2、HO_2	
6	电热鼓风干燥箱(DFH-4型)	恒温控制范围(60～300℃)	

给出实验工作条件及方法。

实验工作条件,由于实验设备是自己设计制造的,所以用图示详细介绍,对于主要设备,因其属于常见设备,所以只用表格给出其名称与技术参数。

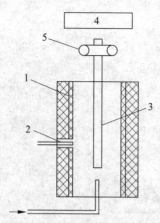

图1 高温防氧化失重测试仪

1—刚玉管；2—热电偶；3—试样；4—精密天平；5—喷淋环

（2）实验方法

按照石墨电极在冶炼过程中的工作状态，热态模拟石墨电极在炉内氧化过程，采取直接向电极表面喷淋防氧化溶液的方法。迅速降低电极表面温度，使高温抗氧化物质充填在电极表面的孔隙中，减少氧化反应界面积。在电极表面形成连续均匀的防氧化膜，阻止炉内氧化性气体侵入电极表面，延缓电极氧化反应时间，提高电极的抗高温氧化能力。采用正交试验方法优化选择防氧化溶液，确定最佳配比，寻求简便易行的最佳工艺制度及参数。实验过程中防氧化溶液由炉子上部喷淋环中以向下呈45°角向电极外表面连续进行喷淋。不断观察石墨电极外部防氧化层形态。

（3）实验结果分析

实验炉温为1000℃，空气流量为0.08m³/h，实验结果由图2所示。

由图2可见，没有采用喷淋防氧化溶液处理的3♯石墨电极，经高温氧化后，试样外表疏松，氧化层易脱落，其氧化消耗速率(v)与喷淋防氧化溶液处理的2♯和1♯石墨电极相比，分别高2～5倍和5～6倍。

直接向石墨电极外表面喷淋防氧化溶液可使炉子上方电极红热部位在几分钟内被冷却至黑色，即能迅速、有效地降低电极表面温度。喷淋采用的防氧化溶液熔点低，高温下不易挥发，它与石墨电极具有良好的

实验方法，具体说明实验过程及其所采用的方法。

实验结果分析，结合图示分析采用喷淋防氧化溶液处理的石墨电极与没有采用喷淋防氧化溶液处理的石墨电极，经高温氧化后的不同结果，说明采用喷淋防氧化溶液的作用。

正文中始终没有说出防氧化溶液的成分配比，体现了技术报告保密性的特点。

润湿性,能均匀地铺展在电极表面的孔隙内沉淀,形成一层表面光滑连续的防氧化膜,显著提高了石墨电极抗氧化能力,从而极大地减少了电极表面氧化消耗。

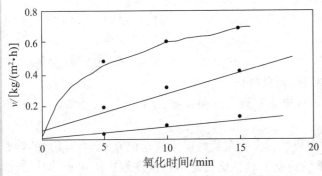

图 2 石墨电极氧化速率(v)与时间(t)的关系

3. 结束语

在造成石墨电极消耗的诸多因素中,石墨电极表面高温氧化消耗是重要因素之一。实验结果证明,直接向石墨电极外表面喷淋防氧化溶液,可以迅速降低电极表面温度,并在其表面形成连续、均匀的防氧化膜,显著提高石墨电极高温抗氧化能力。它是降低石墨电极消耗的一种简便易行的有效途径。

结束语 根据实验结果作出最后判断,直接向石墨电极外表面喷淋防氧化溶液,是降低石墨电极消耗的一种简便易行的有效途径。

参考文献(略 编者)

选自"朱新宁,吴国玺,林君.防止石墨电极高温氧化的实验研究[J].本溪冶金高等专科学校学报,1999(2):1-3."

参考文献

2. 文种指要

1) 实验报告的适用范围

(1) 为了进行创造发明、解决实际问题,从事一项新的科学研究,设计出一个新的实验;或者是对前人的实验作了改正或改进,得出更高精度的测量;或是用新的实验方法验证了已有的结果,把这些过程和结果写成报告公之于众。

(2) 为了检验某种科学理论或假设,重复前人已经做过的实验,来验证某一科学原理、定律或结论的实验,将这些过程和结果写成报告。

2) 实验报告的格式写法

(1) 创新型实验报告的格式。创新型实验是指从事一项新的科学研究,设计出一个从过程到结果都是全新的实验;或者是对前人的实验作了改正或改进,得出更高精度的测量;或是用新的实验方法验证了已有的结果等。由此而作的实验报告,就是创新型实验报告。如例文即属于创新型实验报告。

创新型实验报告的一般格式与科技论文大体相同，分述如下。

① 标题。即实验报告名称。它的确定要力求明确、醒目、简洁，集中反映实验内容。大多数都表述为"……的实验研究""……的实验""……实验报告"的形式。

② 作者及其单位。与科技论文要求相同。

③ 摘要。主要包括本报告中最突出的几条结论，而且不加任何说明，可以简单说明主要设备。

④ 前言。说明研究的对象、实验的意义和作用、在此之前该项工作的进展概况以及存在的问题、本实验要达到的目标。语言要高度概括。

⑤ 正文。相当于科技论文的本论，包括实验原理和设备、实验方法与步骤、实验结果和讨论等。

a. 实验原理和设备。原理部分主要包括实验涉及的重要概念简介和实验依据的重要定律、公式以及据此推算的重要结果的简介。对于比较复杂和比较新颖的实验，可以简略介绍原理。

实验设备中，对于较重要的、较特殊的或者是自己制造的，要详细介绍，而且还应绘出有关的图进行说明。对于常见的设备则只提名称即可。设备介绍包括所用主要设备的原理、主要结构、性能及型号，自己设计制造的设备要附上必要的图和表格，如例文。

b. 实验方法与步骤。叙述实验时的条件以及对实验的具体要求，具体介绍实验方法与步骤，重点介绍特殊方法，简单叙述实验过程，除文字叙述外，要附上实验原理图、电路图、流程图等。对于一般熟知的实验方法，可以省略不作介绍。

c. 实验结果。测量性实验结果包括结果 A 的测量值 $\overline{A}$（一般为几次测量的平均值）、绝对误差 ΔA 和相对误差 E_r，综合起来可写为

$$A = \overline{A} \pm \Delta A$$

$$E_r = \frac{\Delta A}{A} \times 100\%$$

对于非测量性实验，其结果部分主要是描述和分析实验中发生的现象。

d. 讨论。是从理论上对实验所得结果进行分析和解释，阐明自己的新发现和新见解。对实验结果作出定性的或定量的分析，说明其必然性。还可包括对异常现象或数据的解释，对改进实验方法及装置提出的建议。

⑥ 结论。逐条列出实验结果，并根据实验结果作出最后判断。有的还可进一步指出通过实验证实了某一理论或结果。如果有致谢，一般放在文末。

⑦ 参考文献。与科技论文要求相同。

另外，如果不是发表的实验报告，也可略写"署名"部分；有些需要保密的内容，也不宜写出，如例文中关于防氧化溶液的配比的内容，即属保密范围。

（2）检验型实验报告。重复前人已经做过的实验，来验证某一科学原理、定律或结论的实验，如大中专学校学生所做电工学、机械学、物理学等实验，写成的实验报告，就是检验型实验报告。它不具备情报交流作用和资料保存作用。

检验型实验报告的格式写法较固定，一般包括如下几方面内容。

① 标题。即实验名称。它的要求与创新型实验报告相同。

② 实验目的。简明扼要地说明为什么要做这个实验,本实验要解决的问题。

③ 实验原理。简要说明实验所依据的基本原理、实验方案、实验装置的设计原理等。有的还要给出原理图、计算公式等。

④ 实验设备或材料。实验所用仪器设备或材料应给出名称、规格、型号、数量。对于化学实验中的试剂,还应给出形态、浓度、化学成分等。

⑤ 实验步骤。一般是按操作的时间先后划分成几步,并在前面加上序数词 1、2、3……使条理更为清晰。对于操作过程的说明,要简单明了。可附实验装置的安装过程和实验线路的连接过程示意图。

⑥ 数据记录。实验数据是实验过程中从测量仪表所读取的数值。要根据仪表的最小刻度单位或精密度决定实验数据的有效数字位数。实验数据常用表格来表示。

⑦ 计算或作图。考虑到测量仪器、读数的误差,实验数据通常测得几组,将实验数据代入计算公式,并求出计算结果的平均值。有时为了更直观地表达变量间的相互关系,还采用作图法,即用相对应的各组数据确定出若干坐标点,再以点画出相应曲线。

⑧ 误差分析。在实验中,测量值和真值之间总是要存在一定的误差。在计算实验结果时分析误差可从三个方面考虑:一是要确定实验结果的误差范围;二是要找出影响实验结果的主要因素,并采取有效措施尽量减少误差;三是当误差过大时,应分析其原因,并作出合理的解释。

实验结果、结论和讨论同创新型实验报告格式要求。无致谢和参考书目内容。

3) 实验报告写作的注意事项

(1) 以说明为主要表达方式。实验报告重在说明实验的器材、装置、步骤、结果及结论等,不必展开细致的描写、联想甚至抒情。说明实验器材,只需按照类别列出名称和数量。不用叙述筹备情况,按照操作顺序说明步骤、过程即可。

(2) 经常采用图表作为辅助表达方式。科学实验中常常有复杂的装置、大量的数据,如果只用文字来表述,有时候就难以做到清楚明白,而且报告也会显得冗长。借助表格、示意图及其相应的文字简注,就可以进行直观、清晰地说明,利于读者了解。

(3) 真实可靠,重在记录。凡是实验报告中所写有关实验的内容,都应是真实确切的客观事实,要确凿可靠,绝对不许有半点虚假与想象,更不可捏造。

(4) 要合乎实验报告的特定格式。实验报告有特定的格式,应按照其格式要求撰写,或按表格如实填写,或按其构成项目依次填写而且要按一定的顺序说明。如实验装置宜按空间顺序说明,实验步骤则按时间顺序安排。

(5) 要采用专业术语。要尽量采用科学规范的专业术语,使内容合乎实验实际,语言简洁明白。

(6) 报告中的文字、符号、公式一定要书写正确清楚。

4) 实验报告与科技论文的区别

作为研究实验工作的如实记载,实验报告包括整个工程的重要过程、方法、观点、结果等细节,论述比较详细具体。它既可以重复前人工作的记述,也可以不限于描述创新的内容,还可以不要求明确的结论。无论实验的结果是否达到预期的目的,无论实验成功还是失败,都可以写成实验报告,都对科学研究有参考借鉴价值。这一点,是实验报告同科技论文的重要区别。科技论文主要是创造性成果的科学记录与研究分析，重在阐述作者的见解，一般只反映成功的实验结果。

5.3.3 技术报告

技术报告是科技工作者围绕某一专题从事研究、试制工作所撰写的阶段报告或总结报告。它是科技人员交流研究工作成果的重要手段之一，包括研究成果报告、设备和材料说明报告、操作指示报告、生产报告等。技术报告一般不公开发表，仅供内部交流。

技术报告是报告和交流成果的手段。经常被用来向有关部门或领导报告成果，或与同行进行成果和信息的交流。由于技术报告是对某项研究课题或技术项目在研究实验中的报告和实际记录，所以，它既是研究者向提供经费的部门、项目下达单位或主管部门汇报研究工作经过和最终成果的正式文件，又可以作为成果鉴定时，正式提供的技术文件。它还是考核技术工作的手段。科技人员每年进行的业绩考核要求写技术报告，晋升技术职称需要提交技术报告。它是考核科技人员业务能力水平的依据之一。

1. 例文点评

为减轻排风机处理余风的负荷，降低系统电耗，安徽广德某公司的技术人员对该公司的一条生产线进行了技术改造，给企业带来了可观的经济效益，改造效果十分显著。为此，他们将这一科研成果写成一篇技术报告进行交流。

例　文　（三）　　　　　　　　　　　点　评

煤磨烘干热风管取风位置的技术改造

陈伟华　韩艳明　卞国平　施君贤　屠燕华　章朱敏

（安徽　广德　242234）

【摘要】 本文介绍了某公司 5 000t/d 生产线余热发电系统。入 AQC 锅炉的热风来自篦冷机一段高温热风和二段中温热风，煤磨烘干热风设在篦冷机中温热风管路上。由于两者互相抢风，影响余热发电量，为此，通过对煤磨烘干热风取风位置进行技术改造，解决了上述问题，同时充分利用了篦冷机回收余热、提高了发电量。

【关键词】 煤磨　篦冷机　热风　余热锅炉　发电量

1. 存在问题

我公司 5 000t/d 熟料生产线于 2009 年 2 月投产，9MW 余热发电机组于 10 月投入运行，原设计的入 AQC 余热锅炉的热风管路有两路：篦冷机一段高温热风管路和二段中温热风管路。通常中温热风管路提供

点评

标题　以研究内容作标题，无表述特征词。

署名　包括作者、单位、地址和邮政编码。

摘要　报道性摘要，概括介绍了本文的主要内容。

关键词

前言　这部分为"存在问题"，写技改的背景、目的和缘由，结合图示，对研究对象进行了简要介绍。

热风,热风温度在 350～380℃,高温热风管路用于调节温度,当中温热风管路风温下降时,打开高温热风管路,提供高温热风,正常状态高温热风管路关闭。煤磨热风管路设置在中温热风管路上,抽取的热风在 380℃,在管路上接冷风阀,通过兑冷风将入煤磨的热风温度降低到 280℃左右,送入立式煤磨,确保出磨风温在 75℃左右。这种管路设置存在的问题有:①从箅冷机抽取的高品质的热风,通过兑冷风降低温度送入煤磨,减少了入 AQC 余热锅炉的高品质热风风量,降低了发电量;②会造成煤磨热风管路和入 AQC 余热锅炉的热风管路互相抢风,影响余热发电量。改造前煤磨烘干机取风位置见图1。

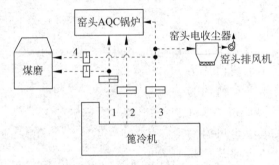

图1 改造前煤磨烘干机取风位置示意

1—入窑头 AQC 锅炉高温风;2—入窑头 AQC 锅炉中温风;

3—入窑头 AQC 锅炉低温风;4—煤磨兑冷风风管;

2. 解决方案

针对煤磨烘干热风取风点存在的问题,2017 年年初公司成立了专门的项目攻关小组,采取了以下措施:

(1)取消原来用于烘干煤粉来自箅冷机二段中温区热风管路和冷风阀。

(2)通过新增一路 DN1400 风管从窑头电收尘器进口至煤磨烘干热风管路,作为煤磨内烘干煤粉主用风。

(3)再从箅冷机一段后端接一路 DN1400 风管引入煤磨烘干热风管作为烘干补充风。

通过以上措施既可以减轻窑头排风机处理余风的负荷和降低系统电耗,还进一步降低进窑头电收尘的风温,减少了对极板的损坏,同时又充分利用了箅冷机的回收余热,提升了吨熟料发电量。改造后煤磨烘干

正文 第一部分结合图示,开门见山直接写公司的项目攻关小组所采取的三项措施,简单明了地写清这些措施带来的成效。

取风位置示意见图 2。

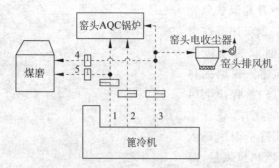

图 2　改造后煤磨烘干取风位置示意图

1—入窑头 AQC 锅炉高温风；2—入窑头 AQC 锅炉中温风；

3—入窑头 AQC 锅炉低温风；4—煤磨烘干主用风管；

5——段高温烘干补充风管

3. 技改后实际运行状况

技改前指标：2015 年进煤磨的煤全水含量全年平均值约为 9.3%，出磨煤粉水分含量全年平均值约为 2.0%，2016 年进煤磨的煤全水含量全年平均值约为 9.02%，出磨煤粉水分含量全年平均值约为 1.93%，进煤磨烘干热风温度约为 280℃，进窑头电收尘风温约 128℃，窑头排风机运行频率为 45Hz，2015 年平均熟料综合电耗 55.95kW·h/t，吨熟料发电 29.18kW·h/t，2016 年平均熟料综合电耗 55.11kW·h/t，吨熟料发电量 31.48kW·h/t，所有技改项目在 2017 年 3 月前全部完成。

技改后指标：进煤磨的煤全水含量全年平均平均值约为 9.7%，出磨煤粉水分含量全年平均值约为 2.55%，进煤磨烘干热风温度为 230℃，进窑头电收尘风温约为 110℃，窑头排风机运行频率为 40Hz，2017 年平均熟料综合电耗 49.45kW·h/t，吨熟料发电量 36.05kW·h/t，其中 2017 年 10 月吨熟料综合电耗 48.37kW·h/t。通过数据对比不难发现，此次煤磨烘干风管位置技术改造的效果还是相当明显的，既满足了煤磨烘干煤粉的指标要求，降低了吨熟料综合电耗，又进一步提高了吨熟料余热发电量，达到了预期改造目标。

4. 进一步优化方案

（1）通过操作调整，摸索煤磨烘干补充风阀门的最佳开度。

（2）设备的开停机，使得热风管道时冷时热，需要在管道关键部位增加波纹补偿器，以消除由于热胀冷缩带来的不利影响。

（3）经常检查管道氧化磨损情况、外部保温情况，漏风以及旋风沉降室的收尘情况，确保系统的正常运行。

（4）在旋风沉降室灰斗出口处单层翻板阀改为双层重锤锁风翻板阀。

5. 效益分析

（1）投资费用：钢板 4.25 万元，热风阀及膨胀节 3.93 万元，保温费用 5.8 万元，龟甲网及捣打料 11 万元，总投资 24.98 万元。

（2）按照每吨熟料节约 $0.1(kW \cdot h)$ 计算，2017 年全年产量约 178 万 t，综合电价 0.5 元/$(kW \cdot h)$，则年节电费约为 8.9 万元。

（3）按照每吨熟料发电量提升 $0.8(kW \cdot h)$ 计算，综合电价 0.5 元$(kW \cdot h)$，则年发电量提升折合节约电费约为 71.2 万元。

年节约费用 80.1 万元，年净利润 55 万元，投资回收期 0.4 年。此次技术改造，不仅为企业赢得了经济效益，而且为循环经济发展做出了应有的贡献。

6. 总结

通过我公司煤磨烘干热风管位置的改造，减轻了窑头排风机处理余风的负荷和降低了系统电耗，还进一步降低进窑头电收尘器的风温，减少了对极板的损坏。充分利用了篦冷机的回收余热，提升了吨熟料发电量，且提升效果明显，给工厂带来了可观的经济效益。此次改造效果显著，值得在同行业中推广应用。

选自"陈伟华，韩艳明，卞国平，等.煤磨烘干热风管取风位置的技术改造[J].水泥，2018(11)：69 – 70."

企业赢得了经济效益，而且为循环经济发展做出了应有的贡献"的结论。

第五部分用具体翔实的数字说明此次技术改造，不仅为企业赢得了经济效益，而且为循环经济发展做出了应用的贡献。

结束语 对本次技改给予充分的肯定，提出本次技改"值得在同行业中推广应用"的意见。

2. 文种指要

1）技术报告的适用范围

科技工作者围绕某一专题从事研究、试制、改进工作，工作结束或进行一阶段后，对其研究工作写出总结或报告。

2）技术报告的格式写法

技术报告的种类很多，写法也各不相同。一般常规的格式与科技论文相近，具体如下。

（1）标题。构成、要求与科技论文相同，不同的是表述特征词一般用"应用""介绍""说明""情况分析"等，或省去特征词，如例文。

（2）作者及单位、关键词的构成，要求与科技论文相同。

（3）摘要。摘要的写法、要求与科技论文不同的是表述内容的动词，科技论文的摘要一般是"本文论述了……"，而技术报告的摘要则是"本文主要介绍了（说明了、阐述了）……"或者是"对……进行了介绍"。

（4）前言。前言的内容主要包括背景、目的及缘由或与报告内容有关的概况。语气和句式的运用上，注意技术报告是说明和报告情况。

（5）正文。正文一般包括四个部分：①原理介绍、物理性能或化学成分等；②工艺参数、技术指标与要求、设备配置及型号；③采用的方法及实施过程、操作条件等；④实施结果、应用情况、性能指标或达到的技术经济指标、特点概括、优缺点分析等。

正文部分是技术报告的主体，既要全面客观，又要注意避免冗长繁杂，要删除不必要的说明与介绍。上述内容并不是要求每篇文章全部包括，要根据具体需要而定。如例文就将"实施结果"的内容与结论一起放在结尾处，省略了原理介绍、物理性能或化学成分的相关内容。

（6）结束语。主要是对全篇内容进行评价，并指出其适用范围，也可以用几句话概括全文，指出其不足。如果正文已经表述清楚，此部分也可以省略。有的技术报告将参考文献列在此部分中。

3）技术报告的写作注意事项

（1）注意真实性和科学性。要注意题目和结论相一致，在叙述的过程中，做到层次分明，逻辑严谨。报告的原始材料要完整，要有必要的数据、图片以及标本，不能凭借自己的任何主观意愿来修改所需要的材料或者素材。注重原始材料的积累，将成功的经验加以检验和推广。

（2）善于用图表。报告中如果完全用文字描述，不仅相对而言比较烦琐，甚至在一定程度上也不容易表达清楚自己的意思，所以一定要适当地运用图表。但凡能以图表说明的问题，就不必用文字进行描述，能用图像表达的就不需要列出表格。

（3）报告的篇幅不宜过长。要避免报告过长，做到书写流畅，不说大话和空话。适当地省略那些自谦和自夸的言语，一般性常识性的推导以及实验方法也都可以略过不谈。

附：科技报告的相关知识

1. 科技报告的主要特点

（1）告知性。其含义有两点。

① 向上级或有关部门报告科技工作情况，在报告中说明工作的性质、进展情况、取得的成果或科研经费的使用情况，使其了解工作情况。

② 与同行或合作者互通消息，促进学术交流。

（2）技术性。科技报告侧重于报告事实，技术性强，公开发表的科技报告多刊登在技术性刊物上。

（3）保密性。许多科技报告与政府的研究活动或者高新技术有关，使用范围控制较严。大多不公开发表，保密性强，读者范围窄。公开发表的，对关键技术也予以保密。

（4）快捷性。对取得的成果，无须花费过多时间分析、解释，写作时间少，完稿快，也无须请本行权威在学术上进行审查。只要符合保密要求,有一定的创造性因素就可以发表,多数不在期刊上发表。

2. 科技报告与科技论文的主要区别

(1) 在内容上,科技报告是科技工作过程的如实记录,侧重于事实和情况的叙述,较全面、完整,但不要求一定有创新,科技论文则要求必须有创新。

(2) 在表达方式上,科技报告以说明或叙述为主。科技论文以分析论证为主。

(3) 在写作目的上,科技报告目的是报告科技工作的经过与事实。科技论文不仅仅是报告事实,而且通过对事实的分析,揭示其内在的本质和发展变化规律。

(4) 在保密性上,科技报告大多都具有很强的保密性,科技论文一般无此要求。

5.3.4　写作训练

1. 在学校所做的实验以及据此而写的实验报告,都属于检验型的,试比较它同创新型实验报告有哪些格式要求上的不同。假设你所做的某个检验型实验是创新型的,这个实验报告该如何写? 请把它写出来。

2. 如果 5.3.3 小节的例文中的 5 000 吨/天生产线余热发电系统的技改措施引起××水泥集团公司的重视,该公司派考察团对此进行了考察,请代考察团写一篇考察报告。

3. 根据下文提供的材料,写一技术报告。要求格式规范、正确,数据不足之处,具体内容可以省略。

花卉和树叶的电镀

电镀技术的发明,几乎与电解原理的发现并行不悖。1834 年英国伟大的物理学家、化学家迈克尔·法拉第通过大量实验发现了电解定律,从而开创了电解工业发展的基础。电镀便是电解原理在生产上的具体应用。

电镀一般大多是指金属制品的电镀而言,非金属制品的电镀则是近年来随着非金属材料(尤其是塑料)的广泛应用而发展起来的新工艺。竹、木、花卉、塑料等非金属,都是电和热的不良导体,因此,在电镀之前必须预先在工件(非金属物体)的表面上形成一层良导体——金属覆盖膜,作为底层金属,方可置入电镀液中进行电镀。

电镀植物叶子(例如白果树等的树叶)制作装饰物的方法,提出了一项电镀非金属材料的新工艺。首先把工件(准备电镀的植物叶子)用水清洗之后,浸入温水中使工件的气孔打开,再除去积存在气孔内的污物,即完成预处理。随后,将经过预处理的工件浸入到含氯化亚锡 10 克/升的溶液中加以浸渍进行化学镀锡,浸渍后用水清洗,这样便可在工件上形成一薄层镀锡膜,并有一部分沉积锡浸入工件的孔隙内部。

经化学镀锡后,将工件浸入到含有氯化钯 0.2 克/升、盐酸 2.5 毫升/升的水溶液中,进行表面活化处理。

然后,再把活化的工件置于含硫酸镍 30 克/升、柠檬酸钠 30 克/升、氯化铵 50 克/升,并且用氨水将 pH 值调整到 10.5 的化学镀镍溶液中,进行化学镀镍,将工件加以金属化处理。这样处理之后,在工件表面便可形成牢固附着的金属覆盖层,工件即具备了良好的导电性的表面层。

经过上述各步工序处理之后的工件（植物叶子），最后采用电镀法进行电镀镍或电镀铑等贵金属，即可制得优雅的装饰品。

按照本工艺，工件预先用温水浸洗，可使植物叶子的气孔开放从而将气孔内的污物清除干净，在随后进行化学镀金属化处理时，化学沉积的金属便会充填入工件的气孔之内。

按本方法用温水洗涤工件，不会损坏工件的表面组织，可使工件保持完好无损。用温水洗涤不同于用冷水洗涤，温水洗涤能够有效地清除工件表面和气孔内部的油泥等污物。如此将金属镀覆于工件的表面，能够在镀膜上细致地浮现出工件原有的细微纹理（例如植物叶子的脉络），显得特别雅致。

电镀的植物叶子，因为表面被耐腐蚀的金属镀层所覆盖，所以用此法制成的电镀物品，不仅能完美地保留原物的外形细节，而且耐腐蚀，色泽也很优雅，并且经久不变。此法可用来生产高级的装饰品，例如西服领带别针、项饰、胸饰、发饰，以及其他高级饰物等。

利用上述的植物叶子电镀的原理，还可以对鲜花、昆虫、果实等非金属物品进行电镀，这样所制得的电镀物品，能够很精确地保持原物体的形状特征，并且坚固，耐腐蚀不生锈，纹理清晰，故可以用来制作珍贵的标本以便长久保存。

5.4　技术鉴定证书

在科技成果（包括理论成果、技术成果以及重要的阶段成果）完成后，主管部门委托检测机构、聘请有关专家，邀请研究、设计、试制及使用单位，根据国家颁布的标准和规定进行检测、鉴定，对所取得的科技成果的实际应用意义和学术水平作出实事求是的评价。为使用、推广该科技成果提供权威性、结论性的意见。鉴定会对科技成果进行评定后所写的技术文件，称为技术鉴定证书。

5.4.1　例文点评

受××省科技厅委托，××市科技局组织有关专家对××省××高新材料有限公司完成的"纳米白炭黑改性有机硅橡胶防水涂料"项目进行了成果鉴定。鉴定委员会听取了课题组的汇报，审查了相关技术资料，经质疑和讨论，形成了鉴定意见如下。

例　文	点　评
科学技术成果鉴定证 编号（2014）×经鉴字第 10 号	标题 编号
成果名称：纳米白炭黑改性有机硅橡胶防水涂料 成果完成单位：××省××高新材料有限公司 参加单位：××公司、××公司	成果名称也叫"项目名称"。 成果完成单位。因该成果在××公司等单位使用，他们提供了使用记录，

鉴定形式:专家评议

组织鉴定单位:××省科技厅

鉴定日期:2014年4月29日

批准日期:2014年4月29日

一、成果简要说明及主要技术指标

纳米白炭黑改性有机硅橡胶防水涂料,是以硅橡胶为基料,纳米白炭黑为增强剂,通过加入偶联剂、固化剂等助剂,经改性、分散、混合等工艺,开发出的有机硅橡胶防水涂料。该产品中极具活性的纳米粒子能迅速渗透进待涂刷基层内部,交联成网络机构,使产品具有优良的触变性和稳定性。在不同形状的需要防水部位形成致密、连续、整体永久性的防水层。该涂料兼具涂膜防水和防渗防水材料两者的优良性能,具有优异的防水性能和耐候性能,可在-80～200℃温度范围内使用。

二、推广应用前景及效益预测

××科丽奥高新材料有限公司研制生产的纳米白炭黑改性有机硅橡胶防水涂料,成本低,质量好,性能稳定,使用安全可靠,性能达到国内同类产品领先水平,完全可以满足省内企业生产需求。经济效益显著,年效益可达100万元以上。

若在国内扩大推广使用,年效益可达2 000万元以上。

三、鉴定意见

1. 经鉴定委员会审查,该产品成果资料齐全,技术图纸完整,符合鉴定要求。

2. 产品经××省建科院工程检测有限公司检验,主要技术指标符合Q/HKL 001-2011企业标准要求。

3. 经××公司、××公司等用户使用表明:项目材料性能优良、施工方便,兼有涂膜和防渗防水材料两者的性能,经济效益和社会效益均十分显著。

综上所述,该项目技术先进、产品综合性能达到国内同类产品领先水平。

建议:①进一步改善工艺和设备,在稳定生产中不断提高产品质量、降低成本;②加强推广应用力度。

鉴定技术负责人:朱××2014年4月28日

故这些单位以参加单位身份参与鉴定。"鉴定形式"是近年来证书封面的必备项目之一。组织鉴定单位和鉴定日期。以上为封面的内容。

正文 成果简要说明及主要技术指标,介绍该成果的优异性能及概况。

推广应用前景及效益预测也属于成果说明的内容,为强调而单列为一部分。

鉴定意见:肯定成果符合鉴定要求,对提供的技术文件予以认可,对技术成果的水平予以肯定。并明确提出改进性意见。

四、主持鉴定单位意见

同意鉴定意见

××市科技局（章）　　2014 年 4 月 29 日

五、组织鉴定单位意见

同意鉴定意见

××省科技厅（章）　　2014 年 4 月 29 日

六、主要技术文件目录及提供单位……　（略）

七、主要研究人员名单……　（略）

八、鉴定委员名单……　（略）

主持鉴定单位意见。

组织鉴定单位意见。

主要技术文件及提供单位
主要研究人员名单
鉴定委员会名单
以上内容，须按顺序一一列出。限于篇幅，引文从略。

5.4.2　文种指要

1. 技术鉴定证书的适用范围

科技研究完成并且成果已经有成效，经成果完成单位申请，主管部门邀请研究、设计、试制及使用单位、同行专家，根据国家颁布的标准和规定进行鉴定，对其实际应用意义和学术水平作出实事求是的评价后撰写评价性文件时使用技术鉴定证书。

2. 技术鉴定证书的格式写法

技术鉴定证书主要由封面和正文两部分组成。

1）封面

（1）标题。科学技术成果鉴定证书。

（2）编号。由组织鉴定的单位拟定。

（3）成果名称。名称要确切，力求做到醒目、切题、简明。

（4）成果完成单位。

（5）组织鉴定单位。

（6）鉴定形式。

（7）鉴定日期。

（8）鉴定批准日期。

2）正文

（1）成果的技术及主要技术性能指标简要说明。介绍该项目提出的原因及概况、成果的特征、质量和水平、主要的技术性能指标，特别是经济效果。有时为了强调也可将经济效果单列一项（如例文）。

（2）推广应用前景与措施。说明该技术成果的推广应用前景（包括经济效益与效益前景）与保证其推广应用顺利进行的措施。

（3）主要技术文件目录及来源。详细列出供鉴定用的技术文件名称，并注明提供单位。

（4）鉴定委员会专家测试报告。大多由三部分组成，即肯定性意见、改进性意见和对提供的技术文件的审查情况。在肯定性的意见中，要用具体的数据把该项成果的使用情况和产生的效果充分地体现出来，切忌使用笼统的措辞。在改进性的意见中，应如实地把主要问题或缺陷反映出来。这是技术鉴定证书的核心部分。测试组长与成员均须在报告的后面签字。

（5）鉴定委员会鉴定意见。可以提出原则性的肯定或改进意见，也可以直接写"同意测试报告意见"，表明态度。鉴定委员会主任、副主任要签字。

（6）主持鉴定单位意见。这是前两项内容的简要总结，是对被鉴定成果的结论性意见。要阐明被鉴定成果是否有推广价值，在什么范围内使用等，提出对被鉴定成果的处理意见。但大多直接写"同意鉴定意见"。主管领导（主持鉴定的主要负责人）要签字，并加盖主持鉴定单位公章。

（7）组织鉴定单位意见。即主管部、委、局的意见。主管领导要签字并加盖单位公章。如果组织和主持鉴定的单位就是主管部、委、局，则不须另署意见。（如例文）

（8）科技成果完成单位情况。

（9）主要研制人员名单。

（10）鉴定委员会成员名单。鉴定委员会成员名单要按表格逐项填写，不可漏项。一般由代表亲自签名，不得由他人代鉴。

3. 技术鉴定证书写作注意事项

1）客观真实

技术鉴定证书是对科研成果的权威性评价，代表鉴定单位态度。要肯定其取得的成就，如果存在不足也不能视而不见，必须实事求是。必须对被鉴定单位负责、对使用该成果的单位负责，这也有利于成果的进一步完善与改进。

2）格式规范

目前，各部、委、办、局，各省市自治区相关部门，大多都印有格式固定的技术鉴定证书，编写时按照相关要求逐项填写即可。

3）符合程序

技术鉴定证书从申请到批准，均有相关的具体要求，无论是申请单位还是鉴定单位，都必须严格按照相关程序进行。

4. 申请技术鉴定的相关知识

1）基本程序

文件准备好之后，由该科技成果的负责单位与主要协作单位协商，意见一致后，经基层单位的技术部门审查并签署审查意见，再向下达任务的上级部门提出申请，填写鉴定申请表并附上全套技术资料。接受鉴定申请的部门审查后，如果认为符合鉴定条件，就安排鉴定计划；如果认为尚不具备或不完全具备鉴定条件，则说明原因，将资料退回。

2）鉴定形式

组织鉴定单位和主持鉴定单位可以根据科技成果的特点选择下列鉴定形式。

（1）检测鉴定。由专业技术检测机构通过检验、测试性能指标等方式，对科技成果进行评价。

（2）会议鉴定。由同行专家采用会议形式对科技成果作出评价。需要进行现场考察、测试，并经过讨论答辩才能作出评价的科技成果，可以采用会议鉴定形式。

（3）函审鉴定。同行专家通过书面审查有关技术资料，对科技成果作出评价。不需要进行现场考察、测试和答辩即可作出评价的科技成果，可以采用函审鉴定形式。

3）申请鉴定需要提供的技术资料和有关文件

（1）计划任务书或者合同书。

（2）技术研究报告（包括技术方案论证、技术特征、总体性能指标与国内外同类先进技术的比较、技术成熟程度、对社会经济发展和科技进步的意义、推广应用的条件和前景、存在的问题等基本内容）。

（3）测试分析报告及主要实验、测试记录报告（包括原始记录）。

（4）设计与工艺图表。

（5）质量标准（企业标准、行业标准、国家标准、国际标准）。

（6）国内外同类技术的背景材料和对比分析报告，以及国家科委、国务院有关部门和省（自治区、直辖市）科委认定的，有资格开展检索任务的科技信息机构出具的检索材料和查新结论报告。

（7）用户使用情况报告。

（8）经济效益（一次性直接效益）、社会效益分析报告及证明材料。

（9）涉及污染环境和劳动安全等问题的科技成果，需有关主管机构出具的报告或证明。

（10）准确的完成单位（不包括一般试制加工单位及一般协作单位）和主要完成人员名单（按解决该项成果技术问题所作贡献大小排序）。

（11）行业主管部门要求具备的其他文件。上述技术资料和有关文件的内容必须真实可靠，引用文献资料和他人技术必须说明来源，材料文件必须打印、装订整齐，符合档案部门要求。

5.4.3　写作训练

根据下面材料，写一技术鉴定证书，鉴定组织单位是广东省经济和信息化委员会，鉴定方式为会议鉴定，编号、鉴定日期、主要技术文件目录及提供单位等内容自拟。

（1）复合改性偏高岭土混凝土掺和料作为基于偏高岭土的一种粉状复合材料，对混凝土坍落度影响较小，可保持混凝土性能的持续增长，抑制收缩，并降低电通量50%以上，强化了混凝土性能的可设计性，是一种理想的新型混凝土矿物掺和料。该产品可显著提高混凝土早期强度、体积稳定性、抗氯离子渗透能力，显著改善混凝土耐久性，适用于高强度混凝土管桩、海洋工程等重点工程。对高岭土进行改性，并采用复合技术，赋予掺和料良好的化学活性和产品性能。技术达到国内领先水平。具有明显的经济效益和社会效益。

（2）该产品的研发公司拥有齐全的生产和检测设备，已通过 ISO 9001:2000 质量管理体系认证，具备该产品的批量生产能力。经广东建科建筑工程质量检测中心检测，产品质量符合 QB/MK 01-2011《混凝土用复合改性偏高岭土掺和料》标准要求。

（3）本次取得新产品技术鉴定证书，表明该公司在高岭土的研发应用方面迈出了积极的一步，丰富了高岭土的产品种类，优化了产品结构，未来可以根据市场的需求进行批量生产,对高岭土未来发展有积极影响。

5.5 产品说明书

产品说明书是生产者向用户介绍产品的用途、性能、构造、使用和养护方法等内容的文字说明材料。它随产品赠送给顾客或直接送给可能的用户,并不承担指导顾客使用该产品的任务,是为了推销产品而写的。其特点是准确、简明。它包括产品说明书、使用说明书、产品目录等几种形式。

使用说明书,侧重介绍产品的安装、调试、使用、保养、维修、配套等。通常它只讲使用方法,并不涉及产品的原理和技术参数等,是专为用户提供的。民用产品多用此种形式。

产品目录是把本单位生产的同类产品的产品说明书汇集在一起,增加生产单位的简介,而编印成的册子。

现在许多产品说明书中加有使用方法的文字,形成兼具产品介绍与使用方法并存的特点。此种方法常在工业产品说明书中出现,此处所说的"产品说明书"即指的此种。

5.5.1 例文点评

为介绍本厂的产品、指导用户使用其产品,本溪建筑机械总厂撰写了关于本厂生产的产品之一——搅拌机的产品说明书。

例　文	点　评
JZC350 混凝土搅拌机说明书 目录　　　……(略) 一、用途与特点 本机属于双锥型反转出料自落式混凝土搅拌机。 可搅拌塑性和低流动混凝土,拌筒正转进行搅拌,反转出料,每罐可搅拌 0.35 立方米混凝土(指捣实后的体积)。最大生产率可达 13 立方米/小时,适用于一般的建筑工地、道路、桥梁工程和中小型混凝土构件厂。 二、技术性能 1. 型号:JZC350 2. 出料容量:350 升 3. 进料容量:560 升 4. 生产率:11~13 立方米/小时	标题　由产品名称加文种构成。由于内容较多,安排了目录,便于用户查找自己需要的内容。限于篇幅,引文从略。 正文　第一部分,属于概述,简介产品的使用对象、范围、特点与优点。 第二部分,用具体数字介绍产品性能。

5. 配套动力

搅拌机提升电机如下。

型号：Y132S—4

功率：5.5 千瓦

转数：1 440 转/分

水泵电机（三相微型电动泵，型号 40WB8—12B）如下。

功率：0.55 千瓦

转数：2 880 转/分

振动电机如下。

型号：JZ—2

功率：0.37 千瓦

激振力：121 千克

6. 拌筒转数：17 转/分

7. 最大骨料粒径：60 毫米

8. 搅拌时间：40～50 秒

9. 轮胎型号：6.50—16

10. 轮距：190 毫米

11. 最大拖行速度：20 千米/小时

12. 外形尺寸：长×宽×高（2 900 毫米×2 100 毫米× 2 800 毫米）

13. 整机重量：1 900 千克

三、结构简介

本机由搅拌结构、进料结构、供水系统、底盘和电器控制部分等组成。现分别说明如下。

1. 搅拌机构

搅拌机构由拌筒、托轮和传动系统组成。

拌筒如图1所示。（图略　编者）

拌筒是搅拌机工作部件，本机拌筒为双锥型，正转搅拌反转出料。筒体内焊有两对高低叶片，分别与拌筒轴线成45°夹角。搅拌时拌筒旋转，叶片在使物料提升下落运动的同时还使物料做轴向往复窜动，所以搅拌运动比较强烈，达到较好的搅拌效果。

在拌筒的出料锥体上，焊有一对出料叶片，当混凝土搅拌好后，改变转筒旋转方向，混凝土即经低叶片和出料叶片排出。如果在搅拌当中，因为停电或其他事故导致拌筒无法出料，可以卸去拌筒的两片出料小叶片，进筒人工卸出混凝土。拌筒由四个托轮支撑。如

第三部分，运用文字加图示的方法，分项具体介绍产品各个组成结构。并将各机构的使用方法也一并予以说明。

图2所示(图略 编者)。

减速箱用二级圆柱齿轮减速,电机与减速箱由三角皮带(B1651)相连,拌筒的正反转由电机换向来实现。

2. 进料机构

图3为进料机构简图(图略 编者)。

料斗提升由钢丝绳牵引,减速箱输出动力,带有离合器的钢丝绳卷筒直接装在减速箱输出轴上。提升时,将操纵手柄拨至Ⅰ位,离合器合上,料斗则提升(拌筒正转搅拌情况下)。行至上死点,料斗限位杆自动将手柄拨至Ⅱ位。此时,离合器松开,料斗停止提升。由于外刹车带靠弹簧拉力将卷筒刹住,料斗保持静止不动。调节弹簧拉杆,使弹簧拉力适宜,料斗可在任意位置停留。当操纵手柄至Ⅲ位时,拨头将弹簧拉杆拨起,外刹车带松开,料斗靠自重下降。

3. 供水系统

图4为供水系统机构示意图,由电机、水泵、管路等组成。(图略 编者)

电机通电后,水泵即可将水直接注入拌筒,通过时间继电器直接控制水泵电机的运转时间来完成定量供水。使用时,根据每罐所需水量,将电器控制箱上的时间继电器表盘数字调到对应的时间刻度数字上,按下水泵启动电钮,则开始供水。调节时间到时,供水电路自动断路,供水停止。另外,水泵电机在电器箱上,另有一个停止按钮可以随时停止供水。

4. 底盘

底盘由12♯槽钢焊成,装有6.50—16型轮胎两只,前面装有牵引杆供拖行用。在底盘的四角装有支腿将搅拌机调至水平位置,并用插销定位,同时支轮抬高插好销轴。

5. 电器部分

本机的电器控制原理如图5所示(图略 编者)。

通过六个按钮来实现拌筒的搅拌、停止、出料和水泵的运转及停止动作,及启闭振动电机。

四、新机使用前的检查和试运转

用户对新机应作详细的检查和试运转,熟悉操作方法,方可投入使用。检查和试运转的要点如下。

第四部分,是新机使用前的检查和试运转方法的说明,是新机使用前的准

1. 机器的安装（略）。

2. 试运转前检查与准备工作（略）。

3. 空载试运转（略）。

4. 供水系统试运转（略）。

5. 重载试运转（略）。

在上述各项试验运转中，如发现不正常情况，应立即停机检查，排除故障。检查与排除故障的方法，详见维护修理。

五、操作与使用

1. 每次使用前的检查（略）。

2. 操作注意事项（略）。

3. 使用后的保养（略）。

六、维护与修理（略）

搅拌机电器元件表（略）。

［注：原文有五个示意图和一个由产品名称、生产单位构成的封面以及一些具体内容（后面标有"略"字），限于篇幅，引文时予以删节。］

生产单位：本溪市建筑机械总厂

电　　话：024-4589××××

备工作。按照工作顺序逐条列出。本部分的结尾提醒用户，体现出对用户负责的精神。

第五部分，是使用方法的具体说明。特别把"操作注意事项"作为单独一个部分提出来，表现出对它的重视。

第六部分，是维修说明，原文用表格列出。最后附上有关电器元件表格，便于用户对电器部分的使用与维护。

联系方式　在封底提供购买联系方式，引起注意。

本文采取用顺序号加小标题的形式，清楚、准确，行文简洁、得体。便于用户利用有关资料。

5.5.2　文种指要

1. 产品说明书的适用范围

在用户购买自己生产的产品前，生产者需要向用户提供介绍产品的用途、性能、原理、构造、使用和养护方法等内容文字材料时，使用产品说明书。

2. 产品说明书的格式写法

由于产品及使用对象的多样性，产品说明书的格式、写法也具有不固定性。短的只有几行字、几句话，长的则可以形成一本书甚至是十几本书，有的一台大型设备或运输工具的说明书就可达几十千克以上。

以篇幅长短为标准，产品说明书可以分为简约型和完整型两种类型。

简约型产品说明书特点是篇幅短，结构不完整。只简要介绍产品的性能、特点、使用方法、注意事项等，多用于民用商品、医药产品等。

完整型产品说明书多用于运输工具、机床、仪器仪表等大型工业产品上，一般由封面、正文和附录三部分组成。封面和正文的格式写法如下。

1）封面

封面包括产品名称、产品照片或外观图、商标和生产单位名称。

2）正文

（1）概述。也称引言，一般比较简短，主要讲明产品的适用对象。它包括产品的名称、设计目的、用途、适用范围、使用对象与条件等。如例文的第一部分。

（2）主要技术指标。包括产品的技术性能、规格、工作条件、电源要求、产品体积、重量等。有数值范围的要明确标出，要使用标准的符号和量纲。如例文的第二部分。

（3）工作原理。简略叙述产品设计原理，往往利用图示对产品结构进行说明，以便于用户操作、维护和修理。一般来说，复杂的仪器、设备的工作原理介绍都比较详细；而结构简单或标准型的仪器、设备的工作原理介绍则都比较简略。例文此部分就较略。

（4）使用方法。一般是按操作的顺序逐条列出，并力求准确详尽。同时应指出必须注意的事项，对于易损易坏的部件，更要加以特别强调说明。

（5）维护修理。说明产品使用或保存过程中保养、维护、简单故障排除等方法。其中故障排除部分一般包括故障现象、原因分析、检查程序、排除方法四部分，采取表格排列方式表达。

（6）购买办法。提供生产单位的地址、邮政编码、电话、开户银行及账号和联系办法等。

（7）生产单位简介。主要介绍生产单位的历史、规模、技术水平与力量、产品质量等，以提高用户的兴趣和信任。写作时要简短而全面，突出重点。

应该指出的是，由于产品类别极多，产品说明书不能千篇一律地按上述格式套用。由于各种产品大都有其特殊之处，而且大多数篇幅都较短，因此要抓住其特殊点，采取分条列项、加小标题的方法，对产品的性能、特点、使用方法、注意事项等方面逐一予以说明。化工产品就应注明成分及比例，电子类产品则应标注清楚其电压及适用范围。

3. 产品说明书写作的注意事项

（1）真实性。又称科学性。产品说明书必须真实地介绍产品的性能，不能故意夸大其作用。内容符合产品的实际状况，必须科学地介绍产品的有关原理、知识和使用要领，经得起实践的验证。

（2）条理性。应按产品的相互关联的顺序，或用户认知产品的递进程序进行说明，以便使用者了解产品，按说明进行操作。

（3）形象性。许多产品说明书都可以采用图示、照片，这样即可以对文字表达难以说明的内容作形象的说明，又可以装饰、美化产品说明书。

（4）通俗性。产品说明书的读者对象是用户，他们的文化程度高低不同。为了使所有用户都能读得懂、做得对，语言必须通俗易懂，让人一看就明白"该怎样""不该怎样"。

4. 产品说明书与说明文的区别

（1）目的不同。产品说明书是为了达到介绍产品、推销产品、指导用户使用产品等目的，回答的是"该怎样""不该怎样"的问题；说明文的目的是介绍、推广科学知识，回答的是"是什么""有何特点"的问题。

（2）内容不同。产品说明书的内容主要是介绍产品的用途、性能、原理、构造、使用和保护方法等，一般不对其科学原理加以介绍。说明文的内容则广泛得多，既可以是具体的科技产品、客观事物，也可以是抽象的科学原理。上至天文、下至地理，大到宇宙星球、小到微生物电子，都可以是说明文的写作对象。

（3）作者不同。产品说明书的作者一般都是产品的生产企业；说明文的作者则是对该知识研究、了解得较深、较全面的人，既可以是专业作家，也可以是普通的科技工作者、科技爱好者，包括我们学生。

（4）读者不同。产品说明书一般都面向特定的读者，即产品的用户或可能的用户。说明文面向的读者则并不固定，只要对相关知识感兴趣，都可以是作品的读者。

（5）特点不同。说明书属于应用文，使用的是事务语体，侧重于实用性；说明文是一般文章，使用的是说明语体，具有知识性的特点。

5.5.3　写作训练

1. 阅读下面的说明文，体会说明文与说明书的异同，并将文中资料做适当的增删，写一篇××牌饮水机的说明书。

在我家的电器中，又增添了一员，它便是我家新买的××牌饮水机。这台饮水机分上下两部分，上面一部分是接水的，下面一部分是消毒柜。机体是乳白色的，机身呈长方形，它的上面背着一个净水器，呈椭圆形。这台饮水机的作用可大了，最主要的是帮我们烧开水，还可以把接水的容器消毒干净。净水器可以把水滤成干净的水，既干净、又卫生。听妈妈说，它使用的方法很简单：先把净水器的上盖拿掉，在里面放进自来水，它就会通过过滤器排出干净的水。然后按机身后面的一个标着"烧水"字样的红色按钮，饮水机就开始工作了。大约 3 分钟左右，水就烧开了。这时，上半部的机身上有一个小点，它的颜色会由红转为黄，证明水烧开了。然后拿着杯子，用手把开关往下拉，水就出来了。这时，你就可以喝水了。如果家里的水具、餐具用久了需要消毒，只要拉开消毒柜的柜门，将水具或餐具放进去，把门关好后，按下机身后面的那个标着"消毒"字样的红色按钮，就可以开始消毒了。消毒完成后，消毒柜的柜门上的那个黄灯就会闪烁，表示消毒工作完成了。我家的饮水机虽然比不上全自动饮水机，但它的功劳我们一家人永远也不会忘记。

2. 下面是一个民用产品说明书，试比较它与例文的异同。

××牌水果削皮器使用说明书

一、使用方法

向右摇动手柄，使刀架转至转轴下面，将水果插入转轴，轻轻摇动手柄即可快速削皮。削毕，推动顶杆水果即可落入果盘，用毕洗净、揩干净。刀片磨损后可用剃须刀片替换。

二、注意事项

（1）转轴针尖锐，刀片锋利，不可触碰，使用时注意安全。

（2）不使用时请套好转轴针保护套和刀片保护套，不可让儿童接触把玩。

5.6　专利申请文件

　　"专利"一词在我国有三种不同的含义:一是指专利权,是专利机关代表国家依法授予发明人、设计人或其所属单位对某项发明创造在法律规定的期限内享有的专有权。二是指受国家专利法保护的发明创造。三是指记载获得专利权的发明创造内容的发明说明书、专利证书等专利文件。

　　专利申请文件是指发明人为了获得发明的专利权,在申请专利时必须提交给专利机构的对该发明作详细说明的书面材料,以供专利机构审查、印刷、公布并征询意见。它一般包括专利请求书、专利说明书、权利要求书、说明书附图、说明书摘要以及其他必须附加的文件(如代理人委托书、不丧失新颖性证明文件等)。

　　在专利申请文件中,专利说明书是专利文献的主要组成部分,通常所说的专利文献,多指专利说明书。权利要求书是专利申请文件中最核心的部分。本节主要学习专利说明书和权利要求书的写作。

5.6.1　例文点评

　　辽宁的李新国为了获得多功能儿童床的发明权利,委托辽宁利泰专利事务所的李枢撰写了一份实用新型专利说明书及权利要求书申请专利。

例　　　文	点　　　评
说　明　书 **多功能儿童床** 　　本实用新型是属于日常生活用品。 　　目前的儿童床通常是由床体及护栏所组成,主要是用于儿童睡眠、休息。其不足是功能单一,尚满足不了儿童的更多要求。 　　本实用新型的目的就是针对上述问题,提供一种还可做摇车等用途的多功能儿童床。本实用新型的目的是这样实现的:利用床架实现设计目的。其结构要点是床架的底部设置有行走轮;床架上部的摆轴通过摇杆、连杆传动机构同电机相连,连杆的轴固定于床体的底部。	专利局统一印发的"说明书"首页。 **实用新型名称**　位于"说明书"下横线与正文之间,居中打印,上下各空一行。 **正文**　首先说明该实用新型所属领域。 接着陈述目前的儿童床的不足。 提出本实用新型的目的和实现方式,这是有别于以往同类产品的独特之处,也是申请专利的理由。

本实用新型的主要优点如下。

1. 多功能

本实用新型床架的底部设置有行走轮，可使床体随意移动，为使用提供了方便；床体设置在连杆的轴上，可使床体在电机控制上随摇杆似摇车摆动，既减轻人们的劳动，又能满足儿童的兴趣需要。

2. 结构简单

本实用新型的主要构件是床架、床体、传动机构、摇动机构，其构件少、形体简单、易于制作，易于推广普及。

图1是本实用新型的结构示意图。

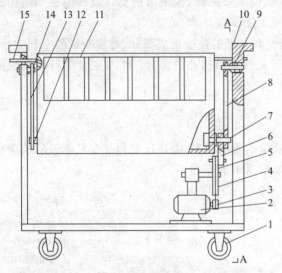

图1　结构示意图

图2是剖视图。

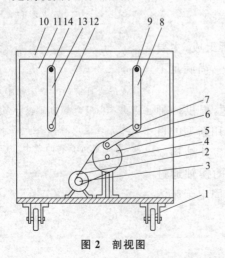

图2　剖视图

本实用新型的主要优点。结合附图，对本实用新型的内容作更详细具体的说明。文中阿拉伯数字为附图中该数字所代表的构件，如"床架10"即指附图中"10"所标构件是床架。说明清楚、准确、完整。

下面结合附图对本实用新型的具体结构作进一步说明:本实用新型包括床架 10,床架 10 的底部设置有行走轮 1;床架 10 的上部的摆轴 9 通过摇杆 8、连杆 6、传动机构 4 同电机 2 相连,连杆 6 的轴 7 固定于床体 11 的底部。

为保持床体 11 摇动中的相对稳定性,在床体 11 上设置随动摆杆 13,随动摆杆 13 分别同床架 10 上部的随动摆轴 14、床体 11 底部的随动轴 12 相连。

传动机构 4 包括电机 2,电机 2 轴上的皮带轮 3 通过曲柄轮 5 同连杆 6 相连。还可在床架 10 与床体 11 之间设置定位销 15,在本装置不作摇动时、使床体 11 处于稳定状态,而不随意摆动。

权利要求书

1. 多功能儿童床包括床架 10,其特征在于床架 10 的底部设置有行走轮 1;床架 10 上部的摆轴 9 通过摇杆 8、连杆 6、传动机构 4 同电机 2 相连,连杆 6 的轴 7 固定于床体 11 的底部。

2. 根据权利要求 1 所述的多功能儿童床,其特征在于床体 11 上设置随动摆杆 13,随动摆杆 13 分别同床架 10 上部的随动摆轴 14、床体 11 的底部的随动轴 12 相连。

3. 据权利要求 1 所述的多功能儿童床,其特征在于传动机构 4 包括电机 2,电机 2 轴上的皮带轮 3 通过曲柄轮 5 同连杆 6 相连。

注:说明书的附图有专用页,且每图一页。限于篇幅,本书将其编排于此。

权利要求"1"是独立权利要求,简明说明该实用新型的特征。

权利要求"2""3"都是从属权利要求,写明本实用新型的附加技术特征。

5.6.2　文种指要

1. 专利申请文件的适用范围

发明人为了申请专利,为满足专利机构审查、印刷、公布并征询意见的需要,准备对该发明作详细说明的书面材料时,使用专利申请文件。

2. 专利说明书和权利要求书的格式写法

1) 专利说明书

(1) 专利说明书中披露的技术内容和以此为依据的权利要求书的内容是专利局进行实质审查的对象。专利的公开是通过公布说明书来实现的。因此,我国专利法要求说明书以所属技术领域的技术人员能够实现为准,对发明及实用新型作出清楚、完整的说明。在专利说明书中,应叙述发明创造的目的、实质内容、图解、化学式、与现有技术的关系,并指出现有技术的缺点(但不得诋毁他人)和本发明的长处。发明创造如果是产品,须说明其制造方法或所需设备和器具;如果是机器,须说明其构造和应用原理;如果是工艺方法,须说明其特点和实现这种方法所需的装置。申请专利的说明书,必要时应有附图,特别是实用新型说明说明书,必须有附图。

(2) 我国专利法中规定,除了发明或实用新型的性质需要用其他方式和顺序说明以外,专利说明书应当包括以下8个内容,并按下列顺序撰写。

① 发明或实用新型的名称。该名称与请求书中的名称要一致。名称的位置,在专利局统一印发的"说明书"首页,"说明书"三字下面横线与正文之间,居中打印,上下各空一行。

② 发明或实用新型所属技术领域。这是正文开头部分的内容,对发明所涉及的技术领域的陈述要言简意赅。这里的"技术领域"不是笼统广泛的技术范围(如"电气工程"),而是具体的领域(如"半导体制造工艺"),并有惯用的开头语,如"该发明涉及……""本发明属于……""本发是关于……"等。

③ 发明的背景技术或实用新型。所说的"背景技术"就是"现有技术水平"或"先有技术"。就申请人所知,写清楚对发明或对实用新型的理解、检索、审查有参考作用的现有技术,并且引证反映该项技术的文件(大多为专利文献)。

④ 发明或实用新型的目的。一般开头为"本发明的目的是……"。如果发明目的不止一项或用一段话难以完整表达时,可以分段来写,如"本发明的另一个目的……"这样,可以突出申请专利的技术与现有技术的差异,说明新技术的效果。

⑤ 发明或实用新型的内容。清楚、完整地写明发明或者实用新型的内容,以所属技术领域的普通技术人员能够实现为准。

⑥ 发明或实用新型的效果。与现有技术相比,发明或者实用新型所具有的优点或者积极效果,指出其所克服的技术问题或难点。应注意的是,对现有技术评价要实事求是,不能贬低、隐瞒重要的现有技术或夸大其缺点。

⑦ 附图图面说明。此项有的说明书中可以没有。在需要用图说明才能讲清问题时使用。不能将图画在说明书正文中,要画在说明书的"附图专用页"中。

⑧ 发明或实用新型的实施实例。结合实施实例对发明或实用新型进行更具体、更详细的说明。必要时说明书中可用比较或对照的数据表格列出,以减少文字说明。

实质性技术内容是否完全披露,是关系到申请能否批准成为专利的重要问题。当然,申请人不可能将掌握的全部细节、数据完全公布。关键性的实施技术秘密是可以并且应该保留的。

上述各条,写作中若遇到化学式或数学式时,都可使用。国家有统一规定的科技术语,必须采用。

专利说明书不能采用手写,而应打印,首页采用专利局统一印制的说明书首页,续页要自备,要求纸质相当,纵向使用,只用一面。

2) 权利要求书

权利要求书又叫权项,主要是表达申请人要求专利法保护的范围,它是由若干技术特征形成的集合,是专利申请文件中的核心部分,写作时要字斟句酌、十分慎重。权利要求的范围应适中。范围过宽,超过权限,将使申请通不过而驳回,以至贻误时机,被别人抢先申请专利;范围过窄,又会蒙受不必要的损失。

权利要求又分为独立权利要求和从属权利要求。在权利要求书中,要先写独立权利要求,后写从属权利要求。除了发明或者实用新型的性质需要用其他方式表达以外,这两部分的写作,"专利法实施细则"都做了具体的规定。简单转述如下。

(1)独立权利要求的写作格式。独立权力要求应当从整体上反映发明或者实用新型的主要技术内容,记载构成发明或者实用新型必要的技术特征。可分两部分撰写。

① 前序部分。说明发明或者实用新型所属技术领域以及现有技术中与发明或者实用新型主题密切相关的技术特征。

② 特征部分。使用"本发明的特征是……"或"本实用新型的特征是……"等简明语言,说明发明或者实用新型的技术特征。如果在背景技术中已将现有技术的特点说清了,前序部分可以省略,如例文。

上述两部分的说明一起构成要求保护的技术特征。

必须注意,一项发明或者实用新型只能有一个独立权利要求,写在权利要求书的第一项。

(2)从属权利要求的写作格式。从属权利要求指的是引用其他权利要求的权利要求。但只能引用本权利要求之前的权利要求,而且不得互相引用。从属权利的撰写,也分两部分。

① 引用部分。写被引用的权利要求的编号,一般是把编号写在句首。

② 特征部分。写发明、实用新型的附加技术特征,对引用部分的技术特征作进一步限定。

由于从属权利要求可以不止一项,所以权利要求书一般都有好几项,这时则应按顺序使用阿拉伯数字编号。上述从属权利格式要求的"引用部分"的"编号"即指此。

权利要求书中使用的科技术语应当与"说明书"中使用的一致,可以使用化学式或数学式,但不得有插图。除有绝对必要之外,不得使用诸如"如说明书……部分所述""如图……所示"等用语。

权利要求书的书写要求和文面要求与专利说明书要求相同。

3. 撰写专利申请文件的注意事项

(1)在撰写专利申请文件之前,应调查申请内容所属的技术领域中已有专利的情况,一是可以据此判断是否有必要申请专利;二是可以明确自己申请专利请求保护的范围。

(2)专利申请文件必须按专利局统一印制的规格,申请文件一式两份(正副本各一份),允许使用复印件,但申请人或代理人的签字、盖章不得使用复印。

(3)说明书、权利要求书、说明书摘要必须打印,其他表格可以用笔填写。打字的文件字迹清晰,版心应严格按左侧和上部各留25毫米空白、右侧和底部各留15毫米空白的要求安排。手写部分,必须使用不褪色的黑色墨水,最好用仿宋体或楷书书写,字迹清晰,不得涂改。

(4)一份专利申请只限申报一项发明,密切结合的属于一个总的构思的两项以上的发明可作一件申请提出。

若干发明构成的总的发明，若不具备重复性时，可分作若干申请提出。

若申请中既包括一项产品，又包括制造这一产品的方法时，可将权利要求书各项分开，提出方法申请。方法申请可看作原申请文件的副本。

（5）了解与专利有关的知识。专利申请文件是技术、经济、法律等有机结合的具体法律效力的文件。起草这种文件必须具备专业技术知识、专利知识及其他有关知识，尤其是各国专利文件的写作要求不尽相同，所以在写作前一定要对有关知识有所了解，或请专利代理人代拟。

附：授予专利的条件

《中华人民共和国专利法》（以下简称《专利法》）（2008年12月第三次修正）第二十二条规定："授予专利权的发明和实用新型，应当具备新颖性、创造性和实用性。"这"三性"必须同时具备，才能授予专利权。

1）新颖性

《专利法》第二十二条规定："新颖性，是指该发明或者实用新型不属于现有技术；也没有任何单位或者个人就同样的发明或者实用新型在申请日以前向国务院专利行政部门提出过申请，并记载在申请日以后公布的专利申请文件或者公告的专利文件中。"

有没有相同的发明或实用新型，以发明或实用新型是否"公知公用"为标准。对"公知公用"，各国专利法规定不尽相同。一般来说，"公知"是以见于印刷出版物为准。所以，一项发明或实用新型要申请并获得专利，在提出专利申请前，不能在报纸、杂志等出版物上公开发表，也不能让公众所知、所用。否则，就丧失了新颖性，不能申请并获得专利权。

《专利法》第二十四条中还规定："有下列情形之一的，不丧失新颖性。（一）在中国政府主办或者承认的国际展览会上首次展出的；（二）在规定的学术会议或者技术会议上首次发表的；（三）他人未经申请人同意而泄露其内容的。"

2）创造性

创造性又叫先进性，《专利法》第二十二条规定："创造性，是指与现有技术相比，该发明具有突出的实质性特点和显著的进步，该实用新型具有实质性特点和进步。"

3）实用性

《专利法》第二十二条规定："实用性，是指该发明或者实用新型能够制造或者使用，并且能够产生积极效果。本法所称现有技术，是指申请日以前在国内外为公众所知的技术。"

发明的产品能够重复制造或再现，发明的方法或工艺能重复使用，是专利申请得到批准的必备条件之一。同时，发明必须是有益于社会的。如南京长江大桥具有有益性，但不能重复制造，因此不能申请专利。但在设计和施工中的一些先进工艺能重复使用，就可作为专利进行申请。又如将废旧机械零部件进行技术装饰后冒充新零部件的"工艺"能够重复使用，但违反国家法律、社会公德，不能获得专利。

《专利法》第二十五条还规定了六类不能授予专利权的发明创造。分别是：（一）科学发现；（二）智力活动的规则和方法；（三）疾病的诊断和治疗方法；（四）动物和植物品种（但制造这些产品的生产方法，可以依照专利法规定授予专利权）；（五）用原子核变换方法获得的物质；（六）对平面印刷品的图案、色彩或者二者的结合作出的主要起标识作用的设计。

《专利法》对授予外观设计也作了明确的规定:"授予专利权的外观设计,应当同申请日以在国内外出版物上公开发表过或者国内公开使用过的外观设计不相同或不相近似。"

5.6.3 写作训练

到当地专利事务所查询一份专利申请文件并分析其内容与结构。

5.7 综 合 练 习

1. 填空题

(1) 科技论文拟定标题要注意_____、_____、_____。

(2) 摘要具有_____、_____、_____和_____的特点。

(3) 文中最能说明问题的、起关键作用的、代表该文内容特征的或最有意义的词,我们称为_____。

(4) 根据实验的性质,实验报告可以分为_____实验报告和_____实验报告两种。

(5) 科技综述的主体可以包括_____、_____、_____、_____。

(6) 科技综述的主要特点一是"_____",二是"_____"。

(7) 考察报告的主体部分一般由_____、_____两部分组成。

(8) 描述、记录某一研究课题的实验过程和结果的科技报告称为_____。

(9) 科技成果鉴定中,组织鉴定单位和主持鉴定单位可以根据科技成果的特点,在_____、_____、_____中选择一种鉴定形式。

(10) 在内容上,科技报告是科技工作过程的如实记录,侧重于_____的叙述,较全面、完整,但不要求一定有创新,科技论文则要求必须有_____。

2. 选择题

(1) 一篇科技论文成功与否、质量高低、价值大小、很大程度上取决于文章是否有( )。

    A. 条理   B. 层次   C. 新意   D. 语言

(2) 科技论文的选题一定要避免( )。选题的方向、大小、难易都应与自己的知识积累,分析问题和解决问题的能力以及写作经验相适应。

    A. 盲目性   B. 可行性   C. 科学性   D. 指导性

(3) 摘要也称提要,是全文的概括与浓缩。通常在( )字以内。

    A. 100   B. 300   C. 600   D. 900

(4) 下列不是科技论文必需的部分是( )。

    A. 标题   B. 摘要   C. 正文   D. 参考文献

(5) 写科技综述的目的是( )。

    A. 展示科研成果   B. 探讨某领域内问题

    C. 为读者提供综合材料   D. 论述新技术的可行性

（6）常用的考察报告是（　　）和（　　）。

    A. 学科研究考察报告　　　　　　　B. 科技情况考察报告

    C. 技术考察报告　　　　　　　　　D. 科技会议考察报告

    E. 科技项目考察报告

（7）下列不是检验型实验报告的内容是（　　）。

    A. 标题　　　　　　　　　　　　　B. 摘要

    C. 实验设备或材料　　　　　　　　D. 实验步骤

    E. 数据记录　　　　　　　　　　　F. 参考文献

（8）保密性最强的是（　　）。

    A. 科技论文　　　　B. 科技综述　　　　C. 考察报告　　　　D. 科技技术报告

（9）在表达方式上，科技报告以（　　）为主。科技论文以（　　）为主。

    A. 说明或叙述　　　B. 议论或抒情　　　C. 分析论证　　　　D. 因果论证

（10）产品说明书的主要功能和目的（　　）。

    A. 推销产品　　　　B. 介绍产品　　　　C. 宣传产品　　　　D. 销售产品

3. 判断题（正确的打"√"，错误打"×"）

（1）科技论文的标题通常由单位、内容、文种三部分组成。（　　）

（2）用口号或口头语作为科技论文的标题，可以使读者一看题目就知内容，就有阅读欲望。（　　）

（3）引言是论文主体的开端部分。它要就论文涉及的内容向读者作初步介绍。篇幅不宜过长。（　　）

（4）科技综述只着重于客观叙述，极少或不加作者见解，不提具体建议，但可以有简单的、有助于读者理解的评论。（　　）

（5）写科技综述时，对于原始文献提供的各种资料信息，要选符合个人意愿的自己感兴趣的，自己不感兴趣、不符合个人意愿的就不选。（　　）

（6）考察报告的资料主要来源于亲自考察和参考文献。（　　）

（7）实验报告中所写有关实验的内容，是真实确切的客观事实，确凿可靠，当然也可适当虚构与想象，但不可捏造。（　　）

（8）技术报告大多数不公开发表，保密性强，读者范围窄。公开发表的，对关键技术也予以保密。（　　）

（9）产品说明书可以适当地使用一些广告用语。（　　）

（10）产品说明书的主要作用是帮助和指导消费者正确地认识商品，使用或保养商品。（　　）

4. 简述题

（1）科技论文和科技综述在内容和格式上有很多相似之处，试比较其异同并分析产生异同的原因。

（2）比较技术报告和考察报告在内容、格式、目的（或作用）上的异同，并分析其原因。

5. 按照要求完成下列各项写作

（1）"城市照明工程"为城市带来了美丽的夜景，我国也有越来越多城市的夜晚被绚丽多彩的灯光点亮。然而夜景灯在使城市变美的同时也给城市人的生活带来了不利的影响。城市上空不见了星辰，刺眼的灯光让人紧张，人工白昼使人难以入睡。城市在亮起来的同时伴随着光污染，"只追求亮，越亮越好"的做法更是会带来难以预计的危害。光污染问题日益受到人们的重视。光污染是一种新的环境污染，它包括白亮污染、人工白昼污染和彩光污染。光污染具有极大的危害性，包括危害人体健康、生态破坏、增加交通事故、妨碍天文观测、给人们的生活带来麻烦。必须采取相应的措施积极预防，包括建立相应的法律法规、加强建设规划和管理手段。搜集资料，写一篇关于光污染的论文。

（2）《防止石墨电极高温氧化的实验研究》（详见 5.3.2 小节的例文）是一篇创新型实验报告，经重复实验，生产实践证明，该实验的结论是正确的。假设你为验证这一实验的结论而重新做了该实验，结果证明该实验结论正确，请为此而写一实验报告。

（3）请根据以下材料，用项目式结构写出一份简明的商品说明书。

广东省东莞市常平下墟电子装配厂生产的袖珍式收音机，分有 KP-8090 中波/电视伴音＋超短波；KP-8068（中波/超短波）；KP-8038（中波/超短波/电子钟）三种型号。频率范围有中波 535～1 605kHz 超短波 88～108μHz；电视伴音＋超短波 64～108μHz；电视伴音 2～5 频道。最大输出功率为≤150μW。电源使用直流电 3V（5 号电池两节）。外形尺寸为 75（高）mm×140（阔）mm×31（厚）mm。重量为 195g（不包括电池）。耳塞座为 ϕ3.5mm。扬声器为 ϕ57mm。使用时请注意不要将此机放置在潮湿、有腐蚀性气体和高温、暴晒的环境，以免损坏该机。不要用"辛那水"或其他有侵蚀性的液体来清洁机身，应用浸有温和肥皂水的布轻抹。使用本机时先打开机后的电池盒门，依照电池盒内图样及先后次序所指示，对好电池正负极性，顺序插入电池后盖上电池门。将音量旋钮向上推动便可开启收音机的电源，再向上推动音量旋钮至您合适的大小音量，并旋动调谐钮选择您喜爱收听的电台。将收音机变换不同的方向，选择一个接收信号最强的位置来摆放，使接收效果达至最佳（如接听短波或超短波电台，应将机顶的拉焊天线全部拉出来并调校不同角度使之有最佳的接收效果）。若收音机长期不使用，应将电池取出，避免电池漏出化学液体而损坏此机。

（4）在你的专业范围内，选择某种产品作为对象，写出该产品的说明书。

（5）假设你在实习中生产的产品或使用的机器属于创新型的，练习为其写一专利申请书。

附录1 党政机关公文处理工作条例

党政机关公文处理工作条例

（中共中央办公厅 国务院办公厅 2012 年 4 月 16 日）

第一章 总 则

第一条 为了适应中国共产党机关和国家行政机关（以下简称党政机关）工作需要，推进党政机关公文处理工作科学化、制度化、规范化，制订本条例。

第二条 本条例适用于各级党政机关公文处理工作。

第三条 党政机关公文是党政机关实施领导、履行职能、处理公务的具有特定效力和规范体式的文书，是传达贯彻党和国家方针政策，公布法规和规章，指导、布置和商洽工作，请示和答复问题，报告、通报和交流情况等的重要工具。

第四条 公文处理工作是指公文拟制、办理、管理等一系列相互关联、衔接有序的工作。

第五条 公文处理工作应当坚持实事求是、准确规范、精简高效、安全保密的原则。

第六条 各级党政机关应当高度重视公文处理工作，加强组织领导，强化队伍建设，设立文秘部门或者由专人负责公文处理工作。

第七条 各级党政机关办公厅（室）主管本机关的公文处理工作，并对下级机关的公文处理工作进行业务指导和督促检查。

第二章 公 文 种 类

第八条 公文种类主要有：

（一）决议。适用于会议讨论通过的重大决策事项。

（二）决定。适用于对重要事项作出决策和部署、奖惩有关单位和人员、变更或者撤销下级机关不适当的决定事项。

（三）命令（令）。适用于公布行政法规和规章、宣布施行重大强制性措施、批准授予和晋升衔级、嘉奖有关单位和人员。

（四）公报。适用于公布重要决定或者重大事项。

（五）公告。适用于向国内外宣布重要事项或者法定事项。

（六）通告。适用于在一定范围内公布应当遵守或者周知的事项。

（七）意见。适用于对重要问题提出见解和处理办法。

（八）通知。适用于发布、传达要求下级机关执行和有关单位周知或者执行的事项，批转、转发公文。

（九）通报。适用于表彰先进、批评错误、传达重要精神和告知重要情况。

（十）报告。适用于向上级机关汇报工作、反映情况，回复上级机关的询问。

（十一）请示。适用于向上级机关请求指示、批准。

（十二）批复。适用于答复下级机关请示事项。

（十三）议案。适用于各级人民政府按照法律程序向同级人民代表大会或者人民代表大会常务委员会提请审议事项。

（十四）函。适用于不相隶属机关之间商洽工作、询问和答复问题、请求批准和答复审批事项。

（十五）纪要。适用于记载会议主要情况和议定事项。

第三章　公　文　格　式

第九条　公文一般由份号、密级和保密期限、紧急程度、发文机关标志、发文字号、签发人、标题、主送机关、正文、附件说明、发文机关署名、成文日期、印章、附注、附件、抄送机关、印发机关和印发日期、页码等组成。

（一）份号。公文印制份数的顺序号。涉密公文应当标注份号。

（二）密级和保密期限。公文的秘密等级和保密的期限。

涉密公文应当根据涉密程度分别标注"绝密""机密""秘密"和保密期限。

（三）紧急程度。公文送达和办理的时限要求。根据紧急程度，紧急公文应当分别标注"特急""加急"，电报应当分别标注"特提""特急""加急""平急"。

（四）发文机关标志。由发文机关全称或者规范化简称加"文件"二字组成，也可以使用发文机关全称或者规范化简称。联合行文时，发文机关标志可以并用联合发文机关名称，也可以单独用主办机关名称。

（五）发文字号。由发文机关代字、年份、发文顺序号组成。联合行文时，使用主办机关的发文字号。

（六）签发人。上行文应当标注签发人姓名。

（七）标题。由发文机关名称、事由和文种组成。

（八）主送机关。公文的主要受理机关，应当使用机关全称、规范化简称或者同类型机关统称。

（九）正文。公文的主体，用来表述公文的内容。

（十）附件说明。公文附件的顺序号和名称。

（十一）发文机关署名。署发文机关全称或者规范化简称。

（十二）成文日期。署会议通过或者发文机关负责人签发的日期。联合行文时，署最后签发机关负责人签发的日期。

（十三）印章。公文中有发文机关署名的，应当加盖发文机关印章，并与署名机关相符。有特定发文机关标志的普发性公文和电报可以不加盖印章。

（十四）附注。公文印发传达范围等需要说明的事项。

（十五）附件。公文正文的说明、补充或者参考资料。

（十六）抄送机关。除主送机关外需要执行或者知晓公文内容的其他机关，应当使用机关全称、规范化简称或者同类型机关统称。

（十七）印发机关和印发日期。公文的送印机关和送印日期。

（十八）页码。公文页数顺序号。

第十条 公文的版式按照《党政机关公文格式》国家标准执行。

第十一条 公文使用的汉字、数字、外文字符、计量单位和标点符号等，按照有关国家标准和规定执行。民族自治地方的公文，可以并用汉字和当地通用的少数民族文字。

第十二条 公文用纸幅面采用国际标准 A4 型。特殊形式的公文用纸幅面，根据实际需要确定。

第四章　行 文 规 则

第十三条 行文应当确有必要，讲求实效，注重针对性和可操作性。

第十四条 行文关系根据隶属关系和职权范围确定。一般不得越级行文，特殊情况需要越级行文的，应当同时抄送被越过的机关。

第十五条 向上级机关行文，应当遵循以下规则：

（一）原则上主送一个上级机关，根据需要同时抄送相关上级机关和同级机关，不抄送下级机关。

（二）党委、政府的部门向上级主管部门请示、报告重大事项，应当经本级党委、政府同意或者授权；属于部门职权范围内的事项应当直接报送上级主管部门。

（三）下级机关的请示事项，如需以本机关名义向上级机关请示，应当提出倾向性意见后上报，不得原文转报上级机关。

（四）请示应当一文一事。不得在报告等非请示性公文中夹带请示事项。

（五）除上级机关负责人直接交办事项外，不得以本机关名义向上级机关负责人报送公文，不得以本机关负责人名义向上级机关报送公文。

（六）受双重领导的机关向一个上级机关行文，必要时抄送另一个上级机关。

第十六条 向下级机关行文，应当遵循以下规则：

（一）主送受理机关，根据需要抄送相关机关。重要行文应当同时抄送发文机关的直接上级机关。

（二）党委、政府的办公厅（室）根据本级党委、政府授权，可以向下级党委、政府行文，其他部门和单位不得向下级党委、政府发布指令性公文或者在公文中向下级党委、政府提出指令性要求。需经政府审批的具体事项，经政府同意后可以由政府职能部门行文，文中须注明已经政府同意。

（三）党委、政府的部门在各自职权范围内可以向下级党委、政府的相关部门行文。

（四）涉及多个部门职权范围内的事务，部门之间未协商一致的，不得向下行文；擅自行文的，上级机关应当责令其纠正或者撤销。

（五）上级机关向受双重领导的下级机关行文，必要时抄送该下级机关的另一个上级机关。

第十七条　同级党政机关、党政机关与其他同级机关必要时可以联合行文。属于党委、政府各自职权范围内的工作,不得联合行文。

党委、政府的部门依据职权可以相互行文。部门内设机构除办公厅(室)外不得对外正式行文。

第五章　公 文 拟 制

第十八条　公文拟制包括公文的起草、审核、签发等程序。

第十九条　公文起草应当做到:

(一)符合国家法律法规和党的路线方针政策,完整准确体现发文机关意图,并同现行有关公文相衔接。

(二)一切从实际出发,分析问题实事求是,所提政策措施和办法切实可行。

(三)内容简洁,主题突出,观点鲜明,结构严谨,表述准确,文字精练。

(四)文种正确,格式规范。

(五)深入调查研究,充分进行论证,广泛听取意见。

(六)公文涉及其他地区或者部门职权范围内的事项,起草单位必须征求相关地区或者部门意见,力求达成一致。

(七)机关负责人应当主持、指导重要公文起草工作。

第二十条　公文文稿签发前,应当由发文机关办公厅(室)进行审核。审核的重点是:

(一)行文理由是否充分,行文依据是否准确。

(二)内容是否符合国家法律法规和党的路线方针政策;是否完整准确体现发文机关意图;是否同现行有关公文相衔接;所提政策措施和办法是否切实可行。

(三)涉及有关地区或者部门职权范围内的事项是否经过充分协商并达成一致意见。

(四)文种是否正确,格式是否规范;人名、地名、时间、数字、段落顺序、引文等是否准确;文字、数字、计量单位和标点符号等用法是否规范。

(五)其他内容是否符合公文起草的有关要求。

需要发文机关审议的重要公文文稿,审议前由发文机关办公厅(室)进行初核。

第二十一条　经审核不宜发文的公文文稿,应当退回起草单位并说明理由;符合发文条件但内容需作进一步研究和修改的,由起草单位修改后重新报送。

第二十二条　公文应当经本机关负责人审批签发。重要公文和上行文由机关主要负责人签发。党委、政府的办公厅(室)根据党委、政府授权制发的公文,由受权机关主要负责人签发或者按照有关规定签发。签发人签发公文,应当签署意见、姓名和完整日期;圈阅或者签名的,视为同意。联合发文由所有联署机关的负责人会签。

第六章　公 文 办 理

第二十三条　公文办理包括收文办理、发文办理和整理归档。

第二十四条　收文办理主要程序是:

(一)签收。对收到的公文应当逐件清点,核对无误后签字或者盖章,并注明签收时间。

（二）登记。对公文的主要信息和办理情况应当详细记载。

（三）初审。对收到的公文应当进行初审。初审的重点是：是否应当由本机关办理，是否符合行文规则，文种、格式是否符合要求，涉及其他地区或者部门职权范围内的事项是否已经协商、会签，是否符合公文起草的其他要求。经初审不符合规定的公文，应当及时退回来文单位并说明理由。

（四）承办。阅知性公文应当根据公文内容、要求和工作需要确定范围后分送。批办性公文应当提出拟办意见报本机关负责人批示或者转有关部门办理；需要两个以上部门办理的，应当明确主办部门。紧急公文应当明确办理时限。承办部门对交办的公文应当及时办理，有明确办理时限要求的应当在规定时限内办理完毕。

（五）传阅。根据领导批示和工作需要将公文及时送传阅对象阅知或者批示。办理公文传阅应当随时掌握公文去向，不得漏传、误传、延误。

（六）催办。及时了解掌握公文的办理进展情况，督促承办部门按期办结。紧急公文或者重要公文应当由专人负责催办。

（七）答复。公文的办理结果应当及时答复来文单位，并根据需要告知相关单位。

第二十五条　发文办理主要程序是：

（一）复核。已经发文机关负责人签批的公文，印发前应当对公文的审批手续、内容、文种、格式等进行复核；需作实质性修改的，应当报原签批人复审。

（二）登记。对复核后的公文，应当确定发文字号、分送范围和印制份数并详细记载。

（三）印制。公文印制必须确保质量和时效。涉密公文应当在符合保密要求的场所印制。

（四）核发。公文印制完毕，应当对公文的文字、格式和印刷质量进行检查后分发。

第二十六条　涉密公文应当通过机要交通、邮政机要通信、城市机要文件交换站或者收发件机关机要收发人员进行传递，通过密码电报或者符合国家保密规定的计算机信息系统进行传输。

第二十七条　需要归档的公文及有关材料，应当根据有关档案法律法规及机关档案管理规定，及时收集齐全、整理归档。两个以上机关联合办理的公文，原件由主办机关归档，相关机关保存复制件。机关负责人兼任其他机关职务的，在履行所兼职务过程中形成的公文，由其兼职机关归档。

第七章　公文管理

第二十八条　各级党政机关应当建立健全本机关公文管理制度，确保管理严格规范，充分发挥公文效用。

第二十九条　党政机关公文由文秘部门或者专人统一管理。设立党委（党组）的县级以上单位应当建立机要保密室和机要阅文室，并按照有关保密规定配备工作人员和必要的安全保密设施设备。

第三十条　公文确定密级前，应当按照拟定的密级先行采取保密措施。确定密级后，应当按照所定密级严格管理。绝密级公文应当由专人管理。

公文的密级需要变更或者解除的,由原确定密级的机关或者其上级机关决定。

第三十一条　公文的印发传达范围应当按照发文机关的要求执行;需要变更的,应当经发文机关批准。

涉密公文公开发布前应当履行解密程序。公开发布的时间、形式和渠道,由发文机关确定。

经批准公开发布的公文,同发文机关正式印发的公文具有同等效力。

第三十二条　复制、汇编机密级、秘密级公文,应当符合有关规定并经本机关负责人批准。绝密级公文一般不得复制、汇编,确有工作需要的,应当经发文机关或者其上级机关批准。

复制、汇编的公文视同原件管理。复制件应当加盖复制机关戳记。翻印件应当注明翻印的机关名称、日期。汇编本的密级按照编入公文的最高密级标注。

第三十三条　公文的撤销和废止,由发文机关、上级机关或者权力机关根据职权范围和有关法律法规决定。公文被撤销的,视为自始无效;公文被废止的,视为自废止之日起失效。

第三十四条　涉密公文应当按照发文机关的要求和有关规定进行清退或者销毁。

第三十五条　不具备归档和保存价值的公文,经批准后可以销毁。销毁涉密公文必须严格按照有关规定履行审批登记手续,确保不丢失、不漏销。个人不得私自销毁、留存涉密公文。

第三十六条　机关合并时,全部公文应当随之合并管理;机关撤销时,需要归档的公文经整理后按照有关规定移交档案管理部门。

工作人员离岗离职时,所在机关应当督促其将暂存、借用的公文按照有关规定移交、清退。

第三十七条　新设立的机关应当向本级党委、政府的办公厅(室)提出发文立户申请。经审查符合条件的,列为发文单位,机关合并或者撤销时,相应进行调整。

第八章　附　　则

第三十八条　党政机关公文含电子公文。电子公文处理工作的具体办法另行制订。

第三十九条　法规、规章方面的公文,依照有关规定处理。外事方面的公文,依照外事主管部门的有关规定处理。

第四十条　其他机关和单位的公文处理工作,可以参照本条例执行。

第四十一条　本条例由中共中央办公厅、国务院办公厅负责解释。

第四十二条　本条例自 2012 年 7 月 1 日起施行。1996 年 5 月 3 日中共中央办公厅发布的《中国共产党机关公文处理条例》和 2000 年 8 月 24 日国务院发布的《国家行政机关公文处理办法》停止执行。

附录 2 党政机关公文格式

中华人民共和国国家标准

GB/T 9704—2012
代替 GB/T 9704—1999

党政机关公文格式

2012-06-29 发布   2012-07-01 实施

中华人民共和国国家质量监督检验检疫总局
中国国家标准化管理委员会   发布

目 次

前　言

本标准按照 GB/T 1.1—2009 给出的规则起草。

本标准根据中共中央办公厅、国务院办公厅印发的《党政机关公文处理工作条例》的有关规定对 GB/T 9704—1999《国家行政机关公文格式》进行修订。本标准相对 GB/T 9704—1999 主要作如下修订：

(1) 标准名称改为《党政机关公文格式》，标准英文名称也作相应修改；

(2) 适用范围扩展到各级党政机关制发的公文；

(3) 对标准结构进行适当调整；

(4) 对公文装订要求进行适当调整；

(5) 增加发文机关署名和页码两个公文格式要素，删除主题词格式要素，并对公文格式各要素的编排进行较大调整；

(6) 进一步细化特定格式公文的编排要求；

(7) 新增联合行文公文首页版式、信函格式首页、命令(令)格式首页版式等式样。

本标准中公文用语与《党政机关公文处理工作条例》中的用语一致。

本标准为第二次修订。

本标准由中共中央办公厅和国务院办公厅提出。

本标准由中国标准化研究院归口。

本标准起草单位：中国标准化研究院、中共中央办公厅秘书局、国务院办公厅秘书局、中国标准出版社。

本标准主要起草人：房庆、杨雯、郭道锋、孙维、马慧、张书杰、徐成华、范一乔、李玲。

本标准代替了 GB/T 9704—1999。

GB/T 9704—1999 的历次版本发布情况为：

GB/T 9704—1988。

党政机关公文格式

1　范围

本标准规定了党政机关公文通用的纸张要求、排版和印制装订要求、公文格式各要素的编排规则，并给出了公文的式样。

本标准适用于各级党政机关制发的公文。其他机关和单位的公文可以参照执行。

使用少数民族文字印制的公文，其用纸、幅面尺寸及版面、印制等要求按照本标准执行，其余可以参照本标准并按照有关规定执行。

2　规范性引用文件

下列文件对于本标准的应用是必不可少的。凡是注日期的引用文件，仅所注日期的版本适用于本标准。凡是不注日期的引用文件，其最新版本(包括所有的修改单)适用于本标准。

GB/T 148　印刷、书写和绘图纸幅面尺寸

GB 3100　国际单位制及其应用

GB 3101　有关量、单位和符号的一般原则

GB 3102(所有部分)　量和单位

GB/T 15834　标点符号用法

GB/T 15835　出版物上数字用法

3　术语和定义

下列术语和定义适用于本标准。

3.1　字(word)

标示公文中横向距离的长度单位。在本标准中,一字指一个汉字宽度的距离。

3.2　行(line)

标示公文中纵向距离的长度单位。在本标准中,一行指一个汉字的高度加3号汉字高度的7/8的距离。

4　公文用纸主要技术指标

公文用纸一般使用纸张定量为 $60\sim80g/m^2$ 的胶版印刷纸或复印纸。纸张白度80％～90％,横向耐折度≥15次,不透明度≥85％,pH值为7.5～9.5。

5　公文用纸幅面尺寸及版面要求

5.1　幅面尺寸

公文用纸采用GB/T 148中规定的A4型纸,其成品幅面尺寸为:210mm×297mm。

5.2　版面

5.2.1　页边与版心尺寸

公文用纸天头(上白边)为(37±1)mm,公文用纸订口(左白边)为(28±1)mm,版心尺寸为156mm×225mm。

5.2.2　字体和字号

如无特殊说明,公文格式各要素一般用3号仿宋体字。特定情况可以作适当调整。

5.2.3　行数和字数

一般每面排22行,每行排28个字,并撑满版心。特定情况可以作适当调整。

5.2.4　文字的颜色

如无特殊说明,公文中文字的颜色均为黑色。

6　印制装订要求

6.1　制版要求

版面干净无底灰,字迹清楚无断划,尺寸标准,版心不斜,误差不超过1mm。

6.2　印刷要求

双面印刷;页码套正,两面误差不超过2mm。黑色油墨应当达到色谱所标BL 100％,红色油墨应当达到色谱所标Y80％、M80％。印品着墨实、均匀;字面不花、不白、无断划。

6.3　装订要求

公文应当左侧装订,不掉页,两页页码之间误差不超过4mm,裁切后的成品尺寸允许误差±2mm,四角成90°,无毛茬或缺损。

骑马订或平订的公文应当:

（1）订位为两钉外订眼距版面上下边缘各 70mm 处，允许误差±4mm；

（2）无坏钉、漏钉、重钉，钉脚平伏牢固；

（3）骑马订钉锯均订在折缝线上，平订钉锯与书脊间的距离为 3～5mm。

包本装订公文的封皮（封面、书脊、封底）与书芯应吻合、包紧、包平、不脱落。

7　公文格式各要素编排规则

7.1　公文格式各要素的划分

本标准将版心内的公文格式各要素划分为版头、主体、版记三部分。公文首页红色分隔线以上的部分称为版头；公文首页红色分隔线（不含）以下、公文末页首条分隔线（不含）以上的部分称为主体；公文末页首条分隔线以下、末条分隔线以上的部分称为版记。

页码位于版心外。

7.2　版头

7.2.1　份号

如需标注份号，一般用 6 位 3 号阿拉伯数字，顶格编排在版心左上角第一行。

7.2.2　密级和保密期限

如需标注密级和保密期限，一般用 3 号黑体字，顶格编排在版心左上角第二行；保密期限中的数字用阿拉伯数字标注。

7.2.3　紧急程度

如需标注紧急程度，一般用 3 号黑体字，顶格编排在版心左上角；如需同时标注份号、密级和保密期限、紧急程度，按照份号、密级和保密期限、紧急程度的顺序自上而下分行排列。

7.2.4　发文机关标志

由发文机关全称或者规范化简称加"文件"二字组成，也可以使用发文机关全称或者规范化简称。

发文机关标志居中排布，上边缘至版心上边缘为 35mm，推荐使用小标宋体字，颜色为红色，以醒目、美观、庄重为原则。

联合行文时，如需同时标注联署发文机关名称，一般应当将主办机关名称排列在前；如有"文件"二字，应当置于发文机关名称右侧，以联署发文机关名称为准上下居中排布。

7.2.5　发文字号

编排在发文机关标志下空两行位置，居中排布。年份、发文顺序号用阿拉伯数字标注；年份应标全称，用六角括号"〔〕"括入；发文顺序号不加"第"字，不编虚位（即 1 不编为 01），在阿拉伯数字后加"号"字。

上行文的发文字号居左空一字编排，与最后一个签发人姓名处在同一行。

7.2.6　签发人

由"签发人"三字加全角冒号和签发人姓名组成，居右空一字，编排在发文机关标志下空两行位置。"签发人"三字用 3 号仿宋体字，签发人姓名用 3 号楷体字。

如有多个签发人，签发人姓名按照发文机关的排列顺序从左到右、自上而下依次均匀编排，一般每行排两个姓名，回行时与上一行第一个签发人姓名对齐。

7.2.7　版头中的分隔线

发文字号之下 4mm 处居中印一条与版心等宽的红色分隔线。

7.3 主体

7.3.1 标题

一般用2号小标宋体字,编排于红色分隔线下空两行位置,分一行或多行居中排布;回行时,要做到词意完整,排列对称,长短适宜,间距恰当,标题排列应当使用梯形或菱形。

7.3.2 主送机关

编排于标题下空一行位置,居左顶格,回行时仍顶格,最后一个机关名称后标全角冒号。如主送机关名称过多导致公文首页不能显示正文时,应当将主送机关名称移至版记,标注方法见7.4.2。

7.3.3 正文

公文首页必须显示正文。一般用3号仿宋体字,编排于主送机关名称下一行,每个自然段左空两字,回行顶格。文中结构层次序数依次可以用"一""(一)""1.""(1)"标注;一般第一层用黑体字、第二层用楷体字、第三层和第四层用仿宋体字标注。

7.3.4 附件说明

如有附件,在正文下空一行左空两字编排"附件"二字,后标全角冒号和附件名称。如有多个附件,使用阿拉伯数字标注附件顺序号(如"附件:1. ×××××");附件名称后不加标点符号。附件名称较长需回行时,应当与上一行附件名称的首字对齐。

7.3.5 发文机关署名、成文日期和印章

(1)加盖印章的公文。

成文日期一般右空四字编排,印章用红色,不得出现空白印章。

单一机关行文时,一般在成文日期之上、以成文日期为准居中编排发文机关署名,印章端正、居中下压发文机关署名和成文日期,使发文机关署名和成文日期居印章中心偏下位置,印章顶端应当上距正文(或附件说明)一行之内。

联合行文时,一般将各发文机关署名按照发文机关顺序整齐排列在相应位置,并将印章一一对应、端正、居中下压发文机关署名,最后一个印章端正、居中下压发文机关署名和成文日期,印章之间排列整齐、互不相交或相切,每排印章两端不得超出版心,首排印章顶端应当上距正文(或附件说明)一行之内。

(2)不加盖印章的公文。

单一机关行文时,在正文(或附件说明)下空一行右空二字编排发文机关署名,在发文机关署名下一行编排成文日期,首字比发文机关署名首字右移两字,如成文日期长于发文机关署名,应当使成文日期右空两字编排,并相应增加发文机关署名右空字数。

联合行文时,应当先排主办机关署名,其余发文机关署名依次向下编排。

(3)加盖签发人签名章的公文。

单一机关制发的公文加盖签发人签名章时,在正文(或附件说明)下空两行右空四字加盖签发人签名章,签名章左空两字标注签发人职务,以签名章为准上下居中排布。在签发人签名章下空一行右空四字编排成文日期。

联合行文时,应当先编排主办机关签发人职务、签名章,其余机关签发人职务、签名章依次向下编排,与主办机关签发人职务、签名章上下对齐;每行只编排一个机关的签发人职务、签名章;签发人职务应当标注全称。

签名章一般用红色。

（4）成文日期中的数字。

用阿拉伯数字将年、月、日标全，年份应标全称，月、日不编虚位（即1不编为01）。

（5）特殊情况说明。

当公文排版后所剩空白处不能容下印章或签发人签名章、成文日期时，可以采取调整行距、字距的措施解决。

7.3.6　附注

如有附注，居左空两字加圆括号编排在成文日期下一行。

7.3.7　附件

附件应当另面编排，并在版记之前，与公文正文一起装订。"附件"二字及附件顺序号用3号黑体字顶格编排在版心左上角第一行。附件标题居中编排在版心第三行。附件顺序号和附件标题应当与附件说明的表述一致。附件格式要求同正文。

如附件与正文不能一起装订，应当在附件左上角第一行顶格编排公文的发文字号并在其后标注"附件"二字及附件顺序号。

7.4　版记

7.4.1　版记中的分隔线

版记中的分隔线与版心等宽，首条分隔线和末条分隔线用粗线（推荐高度为0.35 mm），中间的分隔线用细线（推荐高度为0.25mm）。首条分隔线位于版记中第一个要素之上，末条分隔线与公文最后一面的版心下边缘重合。

7.4.2　抄送机关

如有抄送机关，一般用4号仿宋体字，在印发机关和印发日期之上一行、左右各空一字编排。"抄送"二字后加全角冒号和抄送机关名称，回行时与冒号后的首字对齐，最后一个抄送机关名称后标句号。

如需把主送机关移至版记，除将"抄送"二字改为"主送"外，编排方法同抄送机关。既有主送机关又有抄送机关时，应当将主送机关置于抄送机关之上一行，之间不加分隔线。

7.4.3　印发机关和印发日期

印发机关和印发日期一般用4号仿宋体字，编排在末条分隔线之上，印发机关左空一字，印发日期右空一字，用阿拉伯数字将年、月、日标全，年份应标全称，月、日不编虚位（即1不编为01），后加"印发"二字。

版记中如有其他要素，应当将其与印发机关和印发日期用一条细分隔线隔开。

7.5　页码

一般用4号半角宋体阿拉伯数字，编排在公文版心下边缘之下，数字左右各放一条一字线；一字线上距版心下边缘7mm。单页码居右空一字，双页码居左空一字。公文的版记页前有空白页的，空白页和版记页均不编排页码。公文的附件与正文一起装订时，页码应当连续编排。

8　公文中的横排表格

A4纸型的表格横排时，页码位置与公文其他页码保持一致，单页码表头在订口一边，双页码表头在切口一边。

9　公文中计量单位、标点符号和数字的用法

公文中计量单位的用法应当符合GB 3100、GB 3101和GB 3102（所有部分），标点符号

的用法应当符合 GB/T 15834,数字用法应当符合 GB/T 15835。

10 公文的特定格式

10.1 信函格式

发文机关标志使用发文机关全称或者规范化简称,居中排布,上边缘至上页边为 30mm,推荐使用红色小标宋体字。联合行文时,使用主办机关标志。

发文机关标志下 4mm 处印一条红色双线(上粗下细),距下页边 20mm 处印一条红色双线(上细下粗),线长均为 170mm,居中排布。

如需标注份号、密级和保密期限、紧急程度,应当顶格居版心左边缘编排在第一条红色双线下,按照份号、密级和保密期限、紧急程度的顺序自上而下分行排列,第一个要素与该线的距离为 3 号汉字高度的 7/8。

发文字号顶格居版心右边缘编排在第一条红色双线下,与该线的距离为 3 号汉字高度的 7/8。

标题居中编排,与其上最后一个要素相距两行。

第二条红色双线上一行如有文字,与该线的距离为 3 号汉字高度的 7/8。

首页不显示页码。

版记不加印发机关和印发日期、分隔线,位于公文最后一面版心内最下方。

10.2 命令(令)格式

发文机关标志由发文机关全称加"命令"或"令"字组成,居中排布,上边缘至版心上边缘为 20mm,推荐使用红色小标宋体字。

发文机关标志下空两行居中编排令号,令号下空两行编排正文。

签发人职务、签名章和成文日期的编排见 7.3.5 节第 3 条内容。

10.3 纪要格式

纪要标志由"×××××纪要"组成,居中排布,上边缘至版心上边缘为 35mm,推荐使用红色小标宋体字。

标注出席人员名单,一般用 3 号黑体字,在正文或附件说明下空一行左空二字编排"出席"二字,后标全角冒号,冒号后用 3 号仿宋体字标注出席人单位、姓名,回行时与冒号后的首字对齐。

标注请假和列席人员名单,除依次另起一行并将"出席"二字改为"请假"或"列席"外,编排方法同出席人员名单。

纪要格式可以根据实际制订。

11 式样

A4 型公文用纸页边及版心尺寸见图 1;公文首页版式见图 2;联合行文公文首页版式 1 见图 3;联合行文公文首页版式 2 见图 4;公文末页版式 1 见图 5;公文末页版式 2 见图 6;联合行文公文末页版式 1 见图 7;联合行文公文末页版式 2 见图 8;附件说明页版式见图 9;带附件公文末页版式见图 10;信函格式首页版式见图 11;命令(令)格式首页版式见图 12。

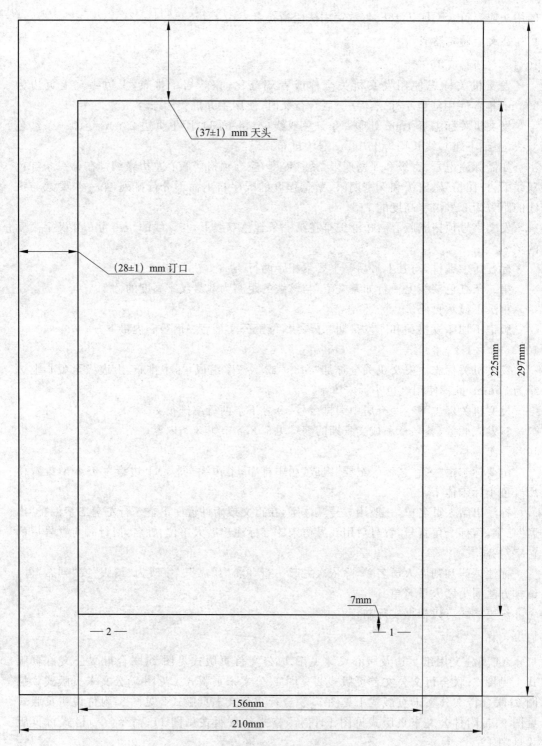

（37±1）mm 天头

（28±1）mm 订口

225mm

297mm

7mm

— 2 —

— 1 —

156mm

210mm

图 1　A4 型公文用纸页边及版心尺寸

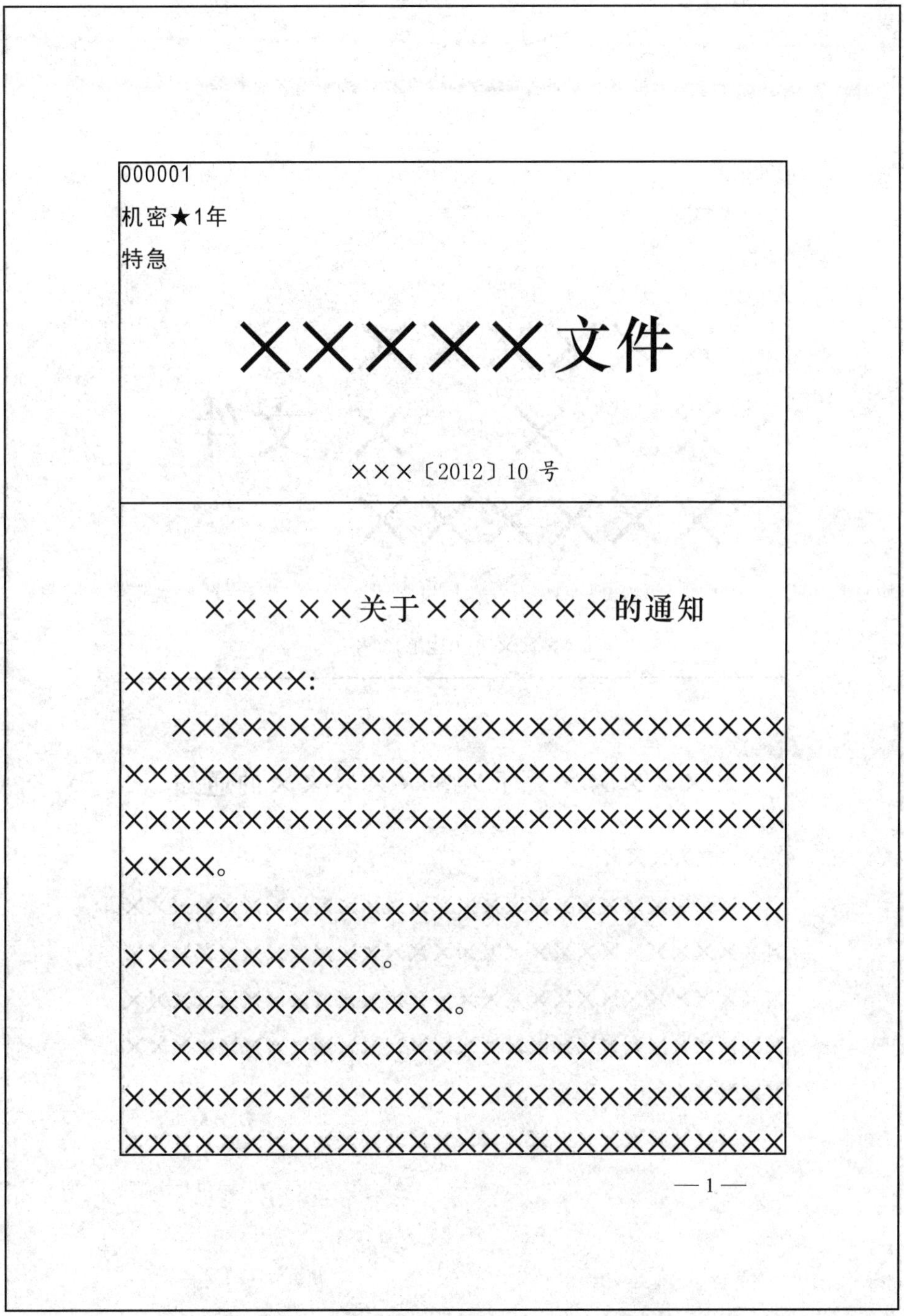

000001

机密★1年

特急

×××××文件

×××〔2012〕10 号

×××××关于×××××× 的通知

×××××××:

　　××××××××××××××××××××××
××××××××××××××××××××××××
××××××××××××××××××××××××
××××。

　　××××××××××××××××××××××
××××××××××。

　　××××××××××。

　　××××××××××××××××××××××
××××××××××××××××××××××××
×××××××××××××××××××××××

—1—

图 2　公文首页版式

注:版心实线框仅为示意,在印刷公文时并不印出。

000001

机密★1年

特急

×××××

×　×　×　文件

××××××

×××〔2012〕10 号

×××××关于×××××××的通知

×××××××:

　×××××××××××××××××××××××××××

××××××××××××××××××××××××××××

××××××××××××××××××××××××××××

××××××××××××××××××××××××××××

××××。

　××××××××××××××××××××××××××××

—1—

图 3　联合行文公文首页版式 1

注:版心实线框仅为示意,在印制公文时并不印出。

000001

机 密
特 急

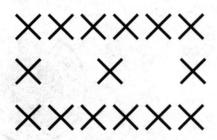

签发人：×××　×××

×××〔2012〕10 号　　　　　　　×××

×××××关于×××××××的请示

×××××××：

　　×××××××××××××××××××××××××
×××××××××××××××××××××××××××
×××××××××××××××××××××××××××
×××××××××××××××××××××××××××
×××××××××××××××××××××××××××××

图4　联合行文公文首页版式2

注：版心实线框仅为示意，在印制公文时并不印出。

×××××××××××××。

×××××××××××××××××××××

×××××××××××××××××××××

××××××××××。

中华人民共和国×××

×　×　部

2012 年 7 月 1 日

(×××××)

抄送：×××××××，×××××，×××××，×××××，

×××××。

××××××××　　　　　　　　　2012年7月1日　印发

— 2 —

图5　公文末页版式1

注：版心实线框仅为示意，在印制公文时并不印出。

×××××××××××××。

　　××××××××××××××××××××××××××××××××××××。

　　　　　　　　　××××××××××

　　　　　　　　　2012 年 7 月 1 日

(×××××)

抄送:×××××××,×××××××,×××××,×××××,
　　×××××。

×××××××× 2012年7月1日 印发

图 6　公文末页版式 2

注:版心实线框仅为示意,在印制公文时并不印出。

XXXXXXXXXXXXXXXX。

　　XXXXXXXXXXXXXXXXXXXXXXXX
XXXXXXXXXXXXXXXXXXXXXXXX
XXXXXXXXXXXX。

2012 年7月1日

(XXXXX)

抄送:XXXXXXXXX,XXXXXXX,XXXXX,XXXXX,
　　XXXXX。

XXXXXXXXX　　　　　　　　2012年7月1日　印发

—2—

图7　联合行文公文末页版式1

注:版心实线框仅为示意,在印制公文时并不印出。

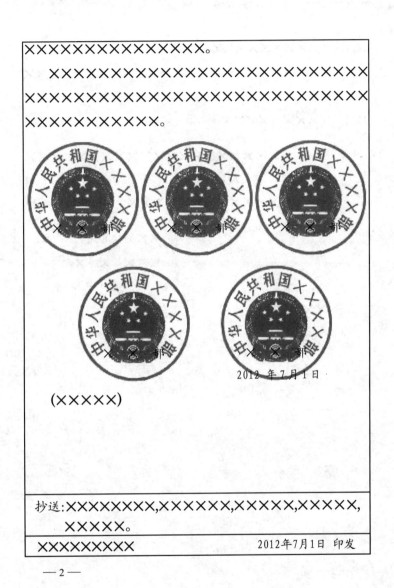

XXXXXXXXXXXXXXX。
　　XXXXXXXXXXXXXXXX
XXXXXXXXXXXXXXXX
XXXXXXXXX。

2012 年7月1日

(XXXXX)

抄送:XXXXXXX,XXXXXX,XXXXX,XXXXX,
　　XXXXX。

XXXXXXXX　　　　　　2012年7月1日　印发

图8　联合行文公文末页版式2

注:版心实线框仅为示意,在印制公文时并不印出。

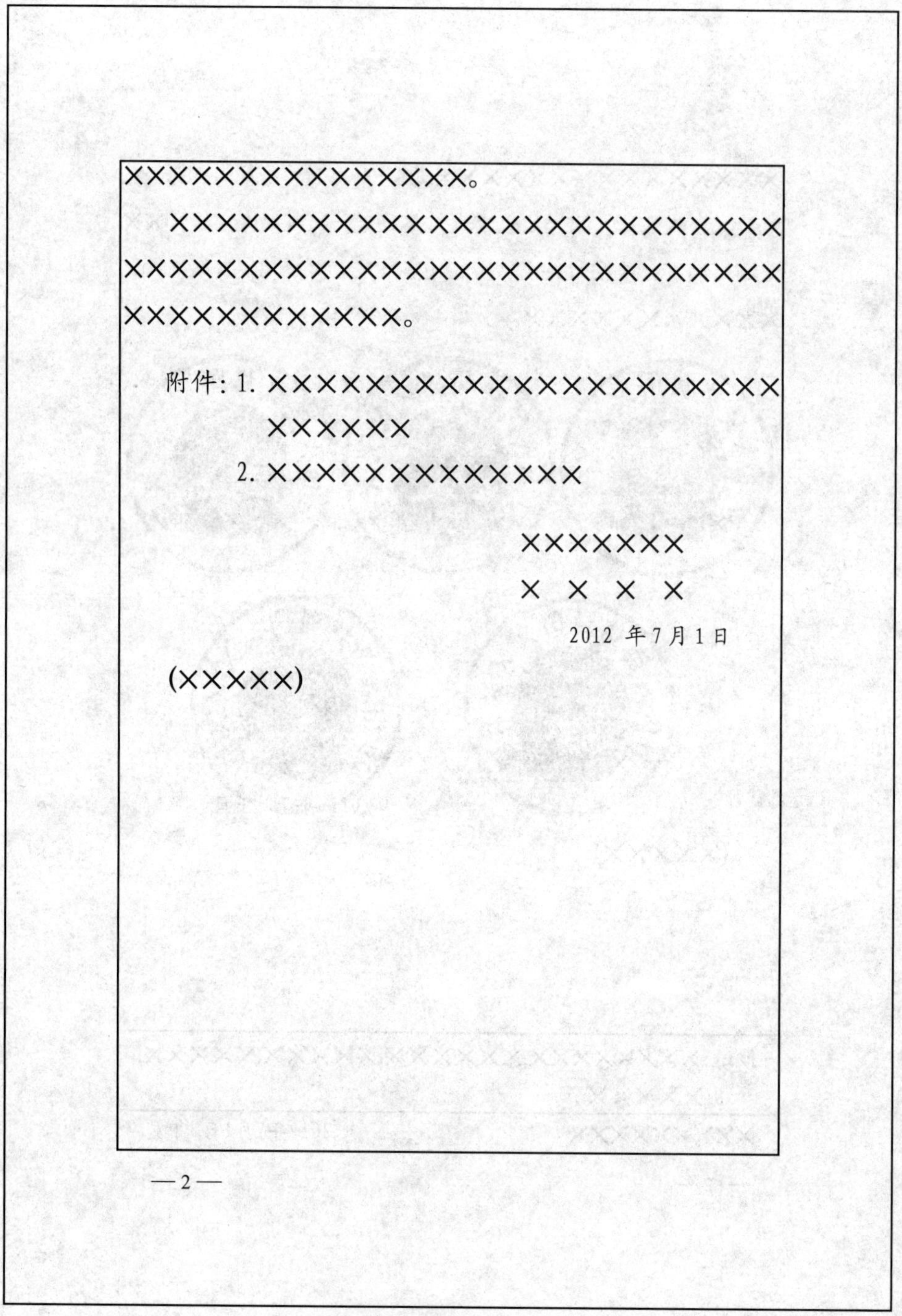

××××××××××××。
　××××××××××××××××
××××××××××××××××××
××××××××××××。

　附件:1.×××××××××××××××
　　　　××××××
　　　2.×××××××××××

　　　　　　　　　××××××
　　　　　　　　×　×　×　×
　　　　　　　　2012 年7月1日

(×××××)

图9　附件说明页版式

注:版心实线框仅为示意,在印制公文时并不印出。

附件2

×××××××××××

　　××。

　　×××。

抄送:×××××××,×××××××,××××××,×××××,
　　×××××。

×××××××× 　　　　　　　　　2012年7月1日 印发

—4—

图 10　带附件公文末页版式

注:版心实线框仅为示意,在印制公文时并不印出。

中华人民共和国×××××部

000001 ×××〔2012〕10号

机　密

特　急

×××××关于×××××××的通知

×××××××：

　　×××××××××××××××××××××
×××××××××××××××××××××
×××××××××××××××××××××
×××××××××××××××××××××
×××××××××××××××××××××
×××××××××××××××××××××
×××××××××××××××××××××。
　　×××××××××××××××××××××
×××××××××××××××××××××
×××××××××××××××××××××
×××××××××××××××××××××
×××××××××××××××××××××
×××××××××××××××××××××。

图11　信函格式首页版式

注：版心实线框仅为示意，在印制公文时并不印出。

第×××号

×××××××××××××××××××××

×××××××××××××××××××××

×××××××××××××××××××××

×××××××××××××××××××××。

部　长　　×××

2012 年 7 月 1 日

图 12　命令(令)格式首页版式

注:版心实线框仅为示意,在印制公文时并不印出。

参考文献

[1] 荣乐娟. 现代文秘写作[M]. 西安:西安出版社,2002.

[2] 陈纪宁,等. 现代应用文写作大全[M]. 北京:中华工商联合出版社,2003.

[3] 陈佩玲,许国英. 应用文写作[M]. 北京:化学工业出版社,2005.

[4] 林宗源. 应用文写作[M]. 北京:中国轻工业出版社,2006.

[5] 罗爽. 实用建筑语文[M]. 北京:机械工业出版社,2008.

[6] 施云燕. 应用文写作基础[M]. 北京:原子能出版社,2009.

[7] 刘中黎,吴波. 应用文写作案例剖析精讲[M]. 长沙:湖南人民出版社,2009.

[8] 王佳,顾洪波. 应用文写作基础[M]. 天津:南开大学出版社,2009.

[9] 张建. 应用写作[M]. 2版. 北京:高等教育出版社,2010.

[10] 李振辉. 新编应用写作[M]. 北京:清华大学出版社,2012.